Gerhard Göhler (Hrsg.)
Grundfragen der Theorie politischer Institutionen

Gerhard Göhler (Hrsg.)

Grundfragen der Theorie politischer Institutionen

Forschungsstand – Probleme – Perspektiven

Westdeutscher Verlag

CIP-Kurztitelaufnahme der Deutschen Bibliothek

Grundfragen der Theorie politischer Institutionen:
Forschungsstand – Probleme – Perspektiven /
Gerhard Göhler (Hrsg.). – Opladen: Westdeutscher
Verlag, 1987.
    ISBN 3-531-11844-7

NE: Göhler, Gerhard [Hrsg.]

Alle Rechte vorbehalten
© 1987 Westdeutscher Verlag GmbH, Opladen

Das Werk einschließlich aller seiner Teile ist urheberrechtlich geschützt.
Jede Verwertung außerhalb der engen Grenzen des Urheberrechts-
gesetzes ist ohne Zustimmung des Verlags unzulässig und strafbar. Das
gilt insbesondere für Vervielfältigungen, Übersetzungen, Mikrover-
filmungen und die Einspeicherung und Verarbeitung in elektronischen
Systemen.

Umschlaggestaltung: Horst Dieter Bürkle, Darmstadt
Druck und buchbinderische Verarbeitung: Lengericher Handelsdruckerei, Lengerich
Printed in Germany

ISBN 3-531-11844-7

Inhaltsverzeichnis

Einleitung (*Gerhard Göhler*) 7

1. Politische Institutionen und Politikwissenschaft

Gerhard Göhler
Institutionenlehre und Institutionentheorie in der deutschen Politikwissenschaft nach 1945 15

Klaus v. Beyme
Institutionentheorie in der neueren Politikwissenschaft 48

Rolf Ebbighausen
Institutionentheorie im historisch-gesellschaftlichen Kontext 61

2. Politische Institutionen und allgemeine Institutionentheorie

Arno Waschkuhn
Allgemeine Institutionentheorie als Rahmen für die Theorie politischer Institutionen 71

Michael Th. Greven
Über Institutionalisierung, verbleibende Kontingenz und mögliche Freiheit 98

3. Politische Institutionen und das Recht

Claus-E. Bärsch
Der Institutionenbegriff in der deutschen Rechtswissenschaft und das dem Grundgesetz gemäße Verständnis von Institutionen 107

Ingeborg Maus
Verrechtlichung, Entrechtlichung und der Funktionswandel von Institutionen . . 132

4. Politische Institutionen und Systemtheorie

Richard Münch
Zwischen Handlungstheorie und Systemtheorie: Die Analyse von Institutionen . 173

Karl-Peter Markl
Zum handlungstheoretischen Defizit der soziologischen Institutionenlehre oder: Verantwortet sich die Institutionalisierung selbst? 188

Ernst Vollrath
Handlungshermeneutik als Alternative zur systemtheoretischen Interpretation politischer Institutionen 204

5. Institutionenkritik

Kurt Lenk
Kritische Theorie als Institutionenkritik 213

Bernard Willms
Kritik der Institutionenkritik. Das institutionelle Defizit der „Kritischen Theorie" als fortgeschlepptes Erbe von Aufklärung und Sozialismus 222

Peter Brokmeier-Lohfing
Kann der Marxismus Institutionen begründen? 229

Zusammenfassende Literaturhinweise 242

Die Autoren des Bandes 246

Einleitung

Es hat den Anschein, als habe sich die bundesdeutsche Politikwissenschaft der letzten zehn bis zwanzig Jahre wenig um politische Institutionen gekümmert; jedenfalls sah sich die Konrad-Adenauer-Stiftung vor einiger Zeit genötigt, ein Handbuch mit dem teils vorwurfsvollen, teils resignativen Titel „Die ‚vergessenen' Institutionen" herauszugeben, um der Mißachtung der Institutionenlehre entgegenzuwirken. In den großen theoretischen Debatten der 70er Jahre – Staatsableitung, Legitimationsprobleme, Unregierbarkeit – erscheinen politische Institutionen kaum mehr als reale Gebilde in ihrer Wirklichkeit und Wirksamkeit. Bei näherem Hinsehen wird man zwar nicht geradezu von einer Absenz der politischen Institutionen in der deutschen Politikwissenschaft sprechen können, vorherrschend bleibt jedoch der Eindruck, bis in die 80er Jahre hinein seien politische Institutionen „kein Thema" gewesen. Ein weiteres Defizit kommt hinzu. In den Nachbarwissenschaften, insbesondere der Soziologie, gibt es eine breite Debatte zur Theorie gesellschaftlicher Institutionen, sei sie systemtheoretisch, verstehend-interaktionistisch oder kulturanthropologisch orientiert (um nur einige Ansätze herauszugreifen). Diese allgemeine Institutionentheorie wurde zwar mehr oder minder auch von der Politikwissenschaft rezipiert, trat hier aber eher sporadisch und in unspezifischen Rückgriffen auf einzelne Ansätze in Erscheinung. Es gibt kaum ausgearbeitete Ansätze für eine Theorie spezifisch politischer Institutionen und wenig Klarheit über ihren Stellenwert innerhalb der allgemeinen Institutionentheorie, die sich mit gesellschaftlichen Institutionen generell befaßt. Die Probe aufs Exempel ist leicht gemacht. Man versuche, über das Stichwort „Institutionen", „politische Institutionen" oder gar „Institutionentheorie" eine nennenswerte Bibliographie für die Politikwissenschaft zusammenzustellen. Eine systematische Prüfung, welche anthropologischen und gesellschaftstheoretischen Grundannahmen für die Theorie politischer Institutionen leitend sein könnten, steht ebenso aus wie eine Klärung des Institutionenbegriffs in der Politikwissenschaft selbst. Gemeinhin sind Regierung, Parlament oder Gerichte, auch der Staat selbst, die politischen Institutionen; es besteht aber bereits begrifflich Unklarheit darüber, ob und in welchem Sinn auch solche vertrauten Gebilde wie Parteien oder Verbände, Wahlen oder Rechtsnormen als politische Institutionen aufzufassen sind und was dies institutionentheoretisch bedeutet.

Diesen hier nur zu behauptenden, in den nachfolgenden Beiträgen belegten Defiziten stehen seit Beginn der 80er Jahre in zunehmendem Maße aktuelle Problemlagen und auch Entwicklungen innerhalb der Politikwissenschaft selbst gegenüber, die politische Institutionen wieder empirisch und theoretisch unmittelbarer in das Blickfeld rücken. Die häufig konstatierte Überfrachtung des Staates mit einer Vielzahl finanziell und organisatorisch kaum mehr zu bewältigender Aufgaben, die zudem und gleichwohl in ihren Konsequenzen die Lebenswelt des Individuums bedroht, erfordert eine Be-

sinnung auf Funktionsbedingungen und Leistungsgrenzen staatlicher Institutionen. Andererseits erfahren auch die neuen systemkritischen Bewegungen, im Maße wie sie politischen Einfluß gewinnen und ausüben, eine Institutionalisierung, die das Verharren auf schlicht anti-institutionalistisch verstandenen basis-demokratischen Positionen (etwa im Rotationsprinzip) zunehmend erschwert und die Auseinandersetzung mit institutionellen Formen, Möglichkeiten und Zwängen politischer Daseinsgestaltung unumgänglich macht. Innerhalb der Politikwissenschaft hat vor allem die neuerdings geführte Diskussion über den Stellenwert einer segmentierten Politikfeldforschung (die sogen. „Bindestrich-Politiken": Umwelt-Politik, Arbeitsmarkt-Politik usw.) auch für die Bundesrepublik die Aufmerksamkeit wieder auf politische Institutionen als einen der entscheidenden Faktoren für Politikergebnisse gerichtet. In der gegenwärtigen Verrechtlichungsdebatte gewinnen Prozesse der Institutionalisierung und Entinstitutionalisierung, die sozialwissenschaftlich sonst auf eher abstraktem Niveau abgehandelt werden, politikwissenschaftlich konkrete Gestalt.
Die Politikwissenschaft macht Institutionen jetzt wieder „zum Thema". Das heißt nicht, daß ihr Gegenstand nun primär institutionell bestimmt sei. In der geläufigen Einteilung von „politics" (Prozessen), „polity" (Strukturen) und „policy" (Inhalten der Politik) gehören die Institutionen zur „polity" als Rahmen politischer Prozesse. Sie sind die Organisationsfelder und Normierungen, innerhalb und vermittels derer die politischen Akteure handeln, und so beeinflussen sie auch die Ergebnisse dieser Prozesse, die Politikinhalte. Es wird jetzt allerdings wieder deutlicher sichtbar als noch in den 70er Jahren, daß auch der institutionelle Aspekt von Politik eine erhebliche Rolle spielt und daß politische Institutionen über die empirische Einzelanalyse hinaus vor allem selbst der umfassenden Erklärung und Begründung bedürfen, wenn Politik überhaupt zureichend analysiert werden soll. Das ist die Perspektive für die Theorie politischer Institutionen.
Was ist unter der „Theorie politischer Institutionen" zu verstehen, was sind ihre „Grundfragen"? Die Theorie politischer Institutionen soll diese erstens *erklären*. Die Erklärung kann Zusammenhänge aufweisen bezüglich Genese und Wandel, Struktur, Funktion oder Sinnverständnis von Institutionen: Wie sind sie historisch entstanden, folgt der Wandel von Institutionen allgemeinen Entwicklungsprinzipien? Welche Strukturen bilden sie im gesellschaftlichen Kontext und in der Interaktion der Individuen, gibt es in der geschichtlichen Vielfalt von Institutionen und Institutionenentwicklungen Konstanten der institutionellen Konfiguration? Welche Funktionen erfüllen sie, lassen sie sich im historischen und gesellschaftlichen Kontext übergreifenden funktionalen Erfordernissen zuordnen? Sind sie aus Sinnvorstellungen der Gesellschaft und der Repräsentation dieser Sinnvorstellungen zu verstehen? Die Theorie politischer Institutionen soll diese zweitens *normativ begründen*: bestehende Institutionen auf das Wünschbare und Mögliche hin analysieren, geltende Legitimationsmuster überprüfen, Prozesse der Institutionalisierung und Entinstitutionalisierung im Hinblick auf Lösungspräferenzen für aktuelle Problemanlagen beurteilen, Institutionenkritik als Diskurse selbst institutionalisieren, Alternativen für bestehende Institutionen entwerfen und diskutieren. Diese vielfältigen Aspekte, die sich eher im rigiden Wissenschaftsverständnis als in der Forschungspraxis voneinander säuberlich trennen

lassen, sind insgesamt Aufgabenstellungen der Theorie politischer Institutionen, aber sie können durchaus (und legitimerweise) zu unterschiedlichen Ergebnissen führen. Wie stets in sozialwissenschaftlichen Theorien geht es darum, von verschiedenen Ansätzen aus möglichst erklärungskräftige oder gut begründete Zusammenhänge aufzuweisen, die möglichst viele Aspekte politischer Institutionen möglichst konsistent aufeinander beziehen. Wenn hier abkürzend von „der" Theorie politischer Institutionen die Rede ist, so ist nicht die große umfassende Antwort auf alle Fragen, sondern der *Fragehorizont* gemeint, um den es bei der theoretischen Beschäftigung mit politischen Institutionen geht. In diesem Fragehorizont gibt es unterschiedliche theoretische Ansätze, aber auch durchgehende Dimensionen, die thematisiert, übergreifende Probleme, auf die eine Antwort gesucht wird. Welches diese Ansätze sind, welcher Forschungs- und Diskussionsstand jeweils erreicht ist, welche Dimensionen es zu berücksichtigen gilt, welche Probleme in der Theoriediskussion für politische Institutionen aktuell sind — das sind die „Grundfragen" der Theorie politischer Institutionen, und damit beschäftigt sich dieser Band.

Er steht im Zusammenhang einer längerfristig konzipierten Diskussion der Sektion *Politische Philosophie und Theoriengeschichte* in der *Deutschen Vereinigung für Politische Wissenschaft*. Die Sektion veranstaltet seit ihrer Gründung regelmäßig Arbeitstagungen, um unterschiedliche Ansätze, Dimensionen und Problemstellungen der Theorie politischer Institutionen aus der Sicht der Politikwissenschaft und mit Bezug auf ihre Fragen interdisziplinär aufzuarbeiten. Diese Arbeitstagungen sind nicht verbandsintern. Auf der ersten Arbeitstagung vom 15.–18. November 1984 in Heidelberg — an dieser Stelle sei dem Institut für Politische Wissenschaft in Heidelberg für organisatorische und dem Institut für interkulturelle Forschung e. V. in Heidelberg für technische Unterstützung gedankt — wurde der Versuch unternommen, den Problemkreis „Theorie politischer Institutionen" als Voraussetzung für die weitere Arbeit gewissermaßen einmal „abzuschreiten". Ausgearbeitete Beiträge dieser Tagung sowie weitere Beiträge, die vom Herausgeber zur Vervollständigung angeregt und erbeten wurden, sind in diesem Band vereinigt. Er ist in erster Linie als Einführung und Überblick zur Theorie politischer Institutionen konzipiert; in einer vorsichtigen und eher vorläufigen Systematik werden Grundlagen und Grundfragen diskutiert, von denen die Theorie politischer Institutionen gegenwärtig auszugehen hat. An erster Stelle der einzelnen Abschnitte steht eine Bestandsaufnahme; Schwierigkeiten, die sich dabei angesichts des gegenwärtigen Diskussions- und Forschungsstandes in der Politikwissenschaft ergaben, waren selbst für die Autoren bisweilen überraschend (in einigen Beiträgen schimmert das noch durch). Es folgen Kritik und Diskussion von Alternativen sowie der Versuch, Perspektiven für weiterführende Fragestellungen aufzuzeigen. Daß dieser Aufbau nicht schematisch durchgehalten ist, liegt nicht zuletzt auch an den unterschiedlichen Problemlagen.

Die Beiträge spannen in fünf Abschnitten den Bogen von der Beschäftigung der Politikwissenschaft mit Institutionen über den Rahmen allgemeiner Institutionentheorie zur rechtlichen Dimension politischer Institutionen, ihrer systemtheoretischen Modellierung bis zur Institutionenkritik in Marxismus und Kritischer Theorie. Die nächstliegende, aber keinesfalls am leichtesten zu beantwortende Grundfrage der Theorie politischer Institutionen betrifft die Entwicklung und den Stand in der Politikwissenschaft selbst, als Voraussetzung für alle weiterführenden Diskussionen. *Gerhard Göhler* untersucht die Beschäftigung mit politischen Institutionen in der deutschen Politikwissenschaft nach 1945 und gelangt für die Institutionenlehre zu einigen überraschenden Ergebnissen; weniger überraschend ist das durchgängig festzustellende Defizit an ausgearbeiteten Ansätzen zur Theorie politischer Institutionen im eingangs skizzierten Verständnis. *Klaus v. Beyme* bestimmt den Stellenwert von Institutionen in neueren Entwicklungen der Politikwissenschaft im internationalen Vergleich. Er konstatiert eine insgesamt deutliche Zunahme institutionentheoretischer Bemühungen, die gegenüber früheren legalistischen Ansätzen freilich selbst weniger institutionenfixiert sind. *Rolf Ebbighausen* betont die gesellschaftsgeschichtliche Dimension für die Beschäftigung mit politischen Institutionen und fragt, in kritischer Ergänzung zu Göhler, nach der Auswirkung gesellschaftlicher Entwicklungen bei Veränderungen im Institutionenverständnis der deutschen Politikwissenschaft.

An dieser Stelle sei auf zwei Grundprobleme von Institutionentheorie hingewiesen, die bereits die Bestandsaufnahme erheblich berührten. Zum einen besteht bisher wenig Klarheit über den Begriff „politische Institutionen", so daß die Bestandsaufnahmen entsprechend dem jeweiligen Verständnis sehr unterschiedlich ausfallen können. Göhler hat zur erforderlichen Operationalisierung zwischen einem engeren und einem weiteren Begriff politischer Institutionen unterschieden (näher S. 17f.), aber das bedarf noch weiterer Diskussion. Zum anderen besteht, wenn es um institutionentheoretische Probleme geht, ein Unterschied zwischen Institutionentheorie und institutionellem Ansatz als Methode; v. Beyme weist nachdrücklich darauf hin. Göhler vermutet den maßgeblichen Unterschied dieser beiden in der Forschungspraxis kaum zu trennenden Dimensionen institutionentheoretischer Fragestellung im unterschiedlichen Bezug auf Institutionen: In der Institutionentheorie geht es um die Erklärung *von* politischen Institutionen, im institutionellen Ansatz um die Erklärung politischer Phänomene *vermittels* Institutionen oder institutioneller Aspekte. In diesem Fall dürfte der Neo-Institutionalismus, auf den v. Beyme stark Bezug nimmt, vornehmlich letzterem zuzurechnen sein.

Politische Institutionen sind gesellschaftliche Institutionen und können als ein Sonderfall gesellschaftlicher Institutionen aufgefaßt werden; sie sind dann jene gesellschaftlichen Institutionen, in denen und vermittels derer allgemeinverbindlichen Entscheidungen hergestellt und durchgeführt werden. Insofern sind Theorien gesellschaftlicher Institutionen — die Dimension der allgemeinen Institutionentheorie — der umfassende Rahmen für den Fragehorizont der Theorie politischer Institutionen; institutionentheoretische Ansätze der Politikwissenschaft nehmen, explizit oder implizit, auf Theoreme der allgemeinen Institutionentheorie Bezug (besonders häufig auf die Lehre von der „Entlastung" durch Institutionen bei Gehlen). Nun ist die Subsumtion politischer unter gesellschaftliche Institutionentheorie keineswegs unproblematisch; vorstellbar ist ein Politikverständnis, welches politische Institutionen gerade durch ihren Eigenwert, ihre Inkompatibilität mit gesellschaftlichen Institutionen gekennzeichnet sieht. Dann würde sich jede Subsumtion unter eine allgemeine Institutionentheorie, die für das Grüßen oder die Familie ebenso wie für das politische Entscheidungszentrum zu gelten hätte, vom Ansatz her verbieten (der Begriff des Politischen als Freund-Feind-Verhältnis bei Carl Schmitt weist in diese Richtung). Aber selbst bei weniger radikaler Sicht der Eigenart politischer Institutionen bleibt es ein Problem, ob allgemeine Erklärungsmuster gesellschaftlicher Institutionen auch für politische Institutionen einen Erklärungswert besitzen, der der Politikwissenschaft weiterhilft. Wenn schließlich auch dies grundsätzlich zugestanden wird, so ist es wiederum nicht belanglos, welche Ansätze der allgemeinen Institutionentheorie für die Ausarbeitung einer Theorie politischer Institutionen herangezogen werden: Unter demokratietheoretischem Aspekt kann es durchaus entscheidend werden, ob überpersonale, dem Individuum enthobene Institutionen dieses Individuum nicht nur von Gefahren der Lebensführung, sondern auch von seinen Partizipationsmöglichkeiten „entlasten". In diesem Problemzusammenhang gibt *Arno Waschkuhn* eine Bestandsaufnahme von Ansätzen der allgemeinen Institutionentheorie: Hauriou, Gehlen, Schelsky, Parsons, Luhmann sowie der verstehend-interaktionistische Ansatz. Er markiert ihre Leistungen und Grenzen aus politikwissenschaftlicher Sicht und fragt, wie funktionale Grundbedingungen der Demokratie (Partizipation, Vertrauen) institutionentheoretisch abzusichern sind. In dezidiert kritischer Wendung plädiert *Michael Th. Greven* dafür, die Theoreme der allgemeinen Institutionentheorie stets erneut am Kriterium jeweils historisch möglicher Freiheit und Gleichheit zu bemessen. Der Verdinglichung von Institutionen besonders in konservativen Positionen (Hauriou, Gehlen) stellt er eine „Dialektik von Institutionenkritik und institutioneller Phantasie" gegenüber.

Unmittelbarer als andere gesellschaftliche Institutionen ist das Recht mit politischen Institutionen verbunden, die rechtliche Dimension ist von der Theorie politischer Institutionen nicht zu trennen. Dies zunächst und zuallererst in dem sehr elementaren Sinn, daß politische Institutionen stets auch rechtlich normiert, durch Verfahrensvorschriften strukturiert sind. Moderne politische Institutionen sind geradezu durch ihre rechtliche Verfaßtheit gegenüber nicht-politischen gesellschaftlichen Institutionen charakterisiert. Das Recht ist aber noch in einem weiteren Sinn institutionentheoretisch relevant. Rechtsnormen sind stabilisierte Verhaltensmuster (ein bestimmtes Verhalten wird zur Norm erhoben), welche ihrerseits das Verhalten ihrer Adressaten stabilisieren (abweichendes Verhalten ist Normverletzung und wird bestraft). Insofern sind Rechtsnormen, zumindest solange sie faktisch gelten, selbst gesellschaftliche Institutionen und möglicherweise im weitesten Sinne sogar politische Institutionen; sie bedürfen lediglich der Durchsetzungsgarantie durch „realere" politische Institutionen. Damit wird für die Theorie politischer Institutionen der Stellenwert von institutionell verstandenen Rechtsnormen sehr komplex, zumal in der Justiz die spezifisch der Rechtsprechung und -durchsetzung dienenden politischen Institutionen selbst bereitgestellt sind. Man muß diese Zusammenhänge vor Augen haben, um aus politikwissenschaftlicher Sicht zu verstehen, daß die Rechtswissenschaft über einen Institutionenbegriff verfügt, der nicht mit politischen Institutionen identisch ist, diese aber auch umfassen kann. *Claus-E. Bärsch* geht diesem Problem in einer historisch orientierten Bestandsaufnahme nach. Er sucht den Institutionenbegriff im Privatrecht, in den Grundrechten und im Verwaltungsrecht auf, verfolgt das Institutionenverständnis der institutionellen Rechtsauffassung bis ins 19. Jahrhundert zurück und stellt ihr das Institutionenverständnis des Grundgesetzes gegenüber. Der Zusammenhang von Recht als Institution und politischen Institutionen wird derzeit besonders am Problem der Verrechtlichung diskutiert. Bedeutet die ständig zunehmende rechtliche Durchdringung aller sozialen Tatbestände ihre zunehmende Institutionalisierung, oder sind mit der Verrechtlichung zugleich Entrechtlichungstendenzen verbunden, die sich — bezogen auf das Recht als Institution — wiederum als Entinstitutionalisierung auswirken? Welche Rückwirkungen hat dieser vielschichtige Vorgang auf die beiden unmittelbar involvierten, im engeren Sinne politischen Institutionen: die Verwaltung und die Justiz? Mit diesen Fragen beschäftigt sich *Ingeborg Maus*. Ausgehend von der These, daß in die gegenwärtig herrschende Verrechtlichung die Entrechtlichungstendenzen selbst eingebaut seien, untersucht sie den Funktionswandel der politischen Institutionen Verwaltung und Justiz; diskutiert Möglichkeiten und Bedingungen gesellschaftlicher Selbstregulierung und weitet ihre Analyse der Verrechtlichung auf gesellschaftliche Institutionen, zu einer Auseinandersetzung mit Habermas' Abgrenzung von System und Lebenswelt aus.

Die Institutionentheorie führt im Einsatz umfassender gesellschaftstheoretischer Erklärungsmuster überhaupt zu einer bemerkenswerten Konstellation. Institutionen sind in besonderem Maße stabilisierende Elemente sozialer Systeme, also entscheidend für die Systemerhaltung, und somit von besonderem Interesse für die Systemtheorie. Sie lassen sich mit hoher Plausibilität systemtheoretisch modellieren, sei es in ihrer Funktion der Ordnung und Regulierung sozialer Beziehungen und Repräsentation ihrer Sinnzusammenhänge (Parsons), sei es in ihrer gesellschaftlichen Steuerungsfunktion (kybernetische Systemtheorie), sei es zur Reduktion von Außenkomplexität und zum erwartungssichernden Aufbau von Eigenkomplexität in der Gesellschaft (Luhmann). Politische Institutionen fügen sich dieser Modellierung zwanglos ein. Auf der anderen Seite sind Institutionen nicht nur überpersonale, durch Systemimperative bestimmte Gebilde, sondern menschliche Einrichtungen, die aus dem Handeln von Individuen resultieren und nur durch individuelles Handeln in der Gesellschaft bestehen. Politische Institutionen wie etwa Regierung, Parlament, Verwaltung, Justiz fungieren besonders augenfällig durch das Handeln einzelner Akteure. Das bestreitet die Systemtheorie natürlich nicht. Steht aber diese Sichtweise im Vordergrund, so dominiert das handlungstheoretische Erklärungsmuster. Institutionen markieren daher gewissermaßen die Schnittstelle zweier grundlegender, miteinander konkurrierender gesellschafts-theoretischer Erklärungsmuster, der Systemtheorie und der Handlungstheorie. Von beiden Seiten werden sie erfaßt und erklärt, und sie sind damit ihrerseits geradezu die „Nagelprobe", welches der beiden Erklärungsmuster insgesamt angemessener und fruchtbarer ist. Angesichts dieser Konstellation liegt es nahe, insbesondere in der Befassung mit Institutionen beide Sichtweisen miteinander zu kombinieren, um unnötige Einseitigkeiten zu vermeiden. Integrationsversuche haben aber ihre eigenen Probleme. Es kann sein, daß die eine Seite sich auf subtilere Weise durchsetzt, indem sie die andere integriert; wenn etwa die systemtheoretische Perspektive die handlungstheoretische überlagert, kann damit individuelles Handeln letztlich doch wieder ausgeblendet sein. Welche möglicherweise unerwünschten Konsequenzen dann tatsächlich eintreten und wie weit die Ergebnisse letztlich auseinanderliegen, dürfte freilich weniger grundsätzlich als vielmehr erst anhand der jeweiligen Faktenverarbeitung zu ermessen sein. *Richard Münch* legt die wichtigsten Elemente einer auf

Handlungstheorie aufgebauten Systemtheorie zur Erklärung von Institutionen dar, exemplifiziert sie für die Entstehung des modernen Rechts als Institution und entwirft mit ihnen das Modell einer institutionellen Ordnung des politischen Handelns. *Karl-Peter Markl* macht gegen Münch die handlungstheoretischen Aspekte in ihrer Spannung zu systemischen Ordnungsprinzipien geltend und stützt sich dabei gerade auf (den jungen) Parsons, von dem auch Münch ausgeht. *Ernst Vollrath* stellt dem systemtheoretischen Handlungsverständnis ein hermeneutisches gegenüber, welches Handlungen auf ihren Sinn in ihrem Vollzug hin auslegt, und entwickelt daraus eine handlungshermeneutische Alternative zu systemtheoretischen Erklärungsmustern.
Die verhandelten Ansätze, Positionen und Sichtweisen enthalten allesamt, wenn auch mehr oder weniger ausgeprägt und dezidiert, eine institutionenkritische Dimension, insbesondere gegenüber politischen Institutionen. Aber Institutionentheorie kann radikaler auch Institutionen als solche in Frage stellen. Man wird, stark vereinfacht, drei Stufen der Verschärfung von Institutionenkritik ansetzen können: Zunächst die in politischen Auseinandersetzungen, in denen es um grundsätzliche Interessenlagen geht, programmatisch vorgetragene und auch theoretisch untermauerte Infragestellung der Legitimität bestehender Institutionen (etwa des von Gott eingesetzten Königtums); sodann der kontrastierende Entwurf eines gänzlich neuen Bildes gesellschaftlicher Verhältnisse und ihres Institutionengefüges als Kritik an bestehenden Verhältnissen und ihren Institutionen (Platon, Rousseau, v. a. die Utopisten von Morus bis zu den Frühsozialisten und zu Skinner); schließlich die Verneinung von politischen Institutionen schlechthin (im Anarchismus). Marx und Marxsche Nachfolgepositionen nehmen zwischen Stufe zwei und drei eine interessante Zwischenstellung ein. Einerseits verfallen die politischen Institutionen der bestehenden Gesellschaft, in der „Vorgeschichte", der radikalen Kritik als Überbau-Phänomene zur Absicherung der Herrschaft des Kapitals durch Niederhaltung des Proletariats. Andererseits ist diese Institutionenkritik streng auf die „Vorgeschichte" begrenzt. Für die Zielprojektion der klassenlosen Gesellschaft im Kommunismus, nachdem sich die Diktatur des Proletariats selbst überlebt hat, sind Institutionen weder positiv noch negativ belegt, also politische Institutionen durchaus möglich. In der Marx-Nachfolge hat die Kritische Theorie durch eine auch sozial-psychologisch fundierte Entfremdungstheorie die Institutionenkritik am subtilsten ausformuliert. Sie steht aber, wie jede Position in der Marx-Nachfolge, vor dem Dilemma, ob der radikalen Negation bestehender Institutionen antizipierend bereits positive und wünschenswerte Formen entgegengestellt werden können — und das bedeutet in einem materialistisch strengen Sinn (im Gegensatz zu bloßem Idealismus und Utopismus): ob bereits in der klassengespaltenen Gesellschaft Grunddispositionen und -erfordernisse auszumachen sind, die ein Bild politischer Institutionen ohne Klassenherrschaft andeuten und möglicherweise bereits realiter vorbereiten könnten. Der Umgang mit diesem Dilemma dürfte entscheidend für die Frage sein, ob Marxismus und Kritische Theorie prinzipiell unfähig zum Entwurf von politischen Institutionen sind (es sei denn solcher, die die Repressionsfunktion auch in den Sozialismus transportieren), oder ob auch auf marxistisch-materialistischer Grundlage ein Weiterdenken über Institutionen, über den lapidaren Verweis auf das „ganz Andere" einer klassenlosen Gesellschaft hinaus, produktiv möglich ist.

Kurt Lenk stellt, neu erschlossen aus den Quellen, die Institutionenkritik der Kritischen Theorie dar. Er faßt sie in den Theoremen von Fortschritt der Produktionsverhältnisse und Verdinglichung der Psyche einerseits, Verlust des historischen Subjekts und Fetischismus andererseits. In fundamentaler Kritik stellt *Bernard Willms* die Unfähigkeit der Kritischen Theorie zur Begründung von Institutionen fest und sucht die Wurzel des institutionellen Defizits im Einfluß der vorrevolutionären bürgerlichen Aufklärung. *Peter Brokmeier-Lohfing* schließlich stellt sich eben diese Frage: Kann der Marxismus Institutionen begründen? Er untersucht die Bedingungen und Möglichkeiten einer Theorie politischer Institutionen bei Marx und Engels aus einer neuen Perspektive, um über das Konzept der gesellschaftlichen Arbeit zu einem vertieften Verständnis des Überbaubegriffs und damit zu einer Institutionenbegründung im Marxismus zu gelangen.

Die Grundfragen der Theorie politischer Institutionen sind systematisch gestellt – Vollständigkeit ist dabei aber nicht beansprucht. Mühelos ließe sich aufzählen, was noch alles „fehlt": etwa die ideengeschichtlich/theoriegeschichtliche Dimension oder der ökonomische Theorienansatz. Sie sind derzeit Gegenstand der Sektionsarbeit und geplanter weiterer Publikationen.

Gerhard Göhler

1. Politische Institutionen und Politikwissenschaft

Institutionenlehre und Institutionentheorie in der deutschen Politikwissenschaft nach 1945

Gerhard Göhler

1. Auffindungsschwierigkeiten

Es geht um einige eigentlich recht einfache Fragen:
— Welchen Stellenwert hat die Institutionenlehre in der deutschen Politikwissenschaft nach 1945? Läßt sich eine Entwicklung, lassen sich Schwerpunktverlagerungen feststellen?
— Sind Ansätze für eine Theorie politischer Institutionen entwickelt worden: für ihre Erklärung und/oder ihre normative Begründung?
— Welche Verbindungen von Politikwissenschaft zu allgemeiner Institutionenlehre sind hergestellt?

Die Beantwortung dieser Fragen kann von einem — wie es scheint — recht gesicherten Vorverständnis ausgehen. Institutionenlehre ist „konventionelle", „traditionelle" Politikwissenschaft, die nach ihrer Wiederbegründung im westlichen Nachkriegsdeutschland als „Demokratiewissenschaft" betrieben wurde. Es bestand ein konzeptioneller „Grundkonsens", und man beschäftigte sich vornehmlich mit den für die Demokratie wichtigen politischen Institutionen. Um der die Analyse verengenden Tradition des deutschen Staatsbegriffs zu entgehen, übernahm man das amerikanische „government" als Lehre vom „Regierungssystem", und das eben ist der traditionell institutionenbezogene Ansatz. Um das Genre-Bild über die deutsche Politikwissenschaft noch abzurunden, müßte hinzugefügt werden, daß der Blick vom „Regierungssystem" in den 60er Jahren sich ausweitete auf das „politische System" (vgl. Stammen 1983), und hinzu oder dazwischen trat eine Aufspaltung in affirmative und kritische Positionen, eine „Desintegration" (Kastendiek 1977), die sich schließlich in eine Aufspaltung in einzelne Politikfelder um- oder fortsetzte (Knütter 1984). Was davon im einzelnen wirklich zutrifft, werden künftige Forschungen noch zu erweisen haben; insbesondere der vielbeschworene „Grundkonsens" der deutschen Politikwissenschaft dürfte sich als ein Mythos erweisen[1].

Um die Beschäftigung der deutschen Politikwissenschaft mit politischen Institutionen festzustellen, bedarf es zunächst eines forschungspraktisch einigermaßen brauchbaren Institutionenbegriffs. Da treten allerdings ganz unerwartete Schwierigkeiten auf. Wenn die landläufige Meinung zutrifft, Institutionenlehre habe in der deutschen Politikwissenschaft eine bedeutende Rolle gespielt, der „institutionelle Ansatz" sei sogar der vorherrschende gewesen[2], so hätte sich das doch terminologisch niederschlagen müssen. Man sollte also zunächst in einschlägigen Wörterbüchern und Begriffsdarstellungen das Stichwort „Institution" bzw. damit gebildete Wortverbindungen finden. Der Befund ist weitgehend negativ. Das Stichwort „Institution" ist zwar durchweg in soziologischen Wörterbüchern vertreten, bis vor kurzem aber kaum in Nachschlagewerken zur Politik zu finden. Erst neuerdings, nach dreieinhalb Jahrzehnten Politikwissenschaft im westlichen Nachkriegsdeutschland, sind „Institution" und „Institutionentheorie" lexikalisch erfaßt (Waschkuhn 1985)[3]. Was besagt diese lange Abstinenz? Sicherlich nicht, daß Institutionen als Gegenstand nicht Aufmerksamkeit gefunden hätten. Hättich hat eine ganze „Institutionenlehre" (1969b: 3. Teil), v. d. Gablentz eine umfangreiche „Institutionslehre" (1965: 2. Teil) verfaßt. Der Begriff „Institution" wird in aller Regel umgangssprachlich verwendet, selbst kaum thematisiert oder gar problematisiert und jedenfalls nicht in den Rang einer eigens zu bestimmenden Zentralkategorie, wie etwa „Ordnung", „politisches System" oder „Regierungssystem", erhoben. Dies ist ein erster Hinweis darauf, daß die deutsche Politikwissenschaft nach 1945, soweit sie sich mit Institutionen beschäftigt, eher an einer Institutionen„lehre" als an einer Institutionen„theorie" interessiert ist.

Was hat die deutsche Politikwissenschaft nun bislang des näheren unter „Institutionen" verstanden? Um einen Institutionenbegriff zu erhalten, der einerseits dem gegenwärtigen Diskussionsstand entspricht, andererseits am Selbstverständnis der bisherigen Beschäftigung mit politischen Institutionen nicht vorbeigeht, wird man auf drei Ebenen nachzufragen haben:

(1) Auf der Ebene der *allgemeinen Institutionentheorie* (Gehlen, Schelsky, Hauriou, Parsons, Luhmann u.a.) sind Merkmale und Funktionen sozialer Institutionen formuliert, die auch politische Institutionen mit umfassen, sofern diese als spezifische Ausprägung sozialer Institutionen verstanden werden. Es gibt jedoch einige Schwierigkeiten, wenn daraus ein untersuchungsleitendes Verständnis des Institutionenbegriffs für die Politikwissenschaft erschlossen werden soll. Zunächst ist es keineswegs ausgemacht, ob sich aus den unterschiedlichen Ansätzen eine konsensfähige und zugleich noch hinreichend aussagekräftige Definition von Institutionen überhaupt gewinnen läßt. Sodann setzt eine Konkretisierung der allgemeinen Institutionentheorie auf politische Institutionen einen konsensfähigen Begriff des Politischen voraus, der seinerseits in einer Theorie der Politik verankert sein müßte; hierzu gibt es wenig ausgearbeitete Ansätze auf der Ebene von „general theory" und kaum einen gemeinsamen Bestand. Schließlich weist die deutsche Politikwissenschaft auch wenig Versuche auf, politische Institutionen explizit auf Ansätze der allgemeinen Institutionentheorie rückzubeziehen (ich komme am Schluß darauf zurück). Damit ist diese Ebene für das Institutionenverständnis in der deutschen Politikwissenschaft freilich nicht völlig irrelevant. In der Befassung mit politischen Institutionen schwingen, mehr oder weniger ausformuliert, häufig Topoi der allgemeinen Institutionentheorie mit, etwa die verhaltensstabilisierende oder die entlastende Funktion von Institutionen[4]. Solche vagen Anklänge lassen es untunlich erscheinen, die Beschäftigung mit Institutionen in der deutschen Politik-

wissenschaft mittels einer vorangestellten allgemeinen Definition zu vermessen (die überdies mit den genannten Schwierigkeiten zu kämpfen hätte), wohl aber wird man davon ausgehen können, daß das Thema „Institutionen" ein allgemeines Institutionenverständnis etwa folgender Art mit einschließt: *Institutionen* sind relativ auf Dauer gestellte, durch Internalisierung verfestigte Verhaltensmuster und Sinnorientierungen mit regulierender sozialer Funktion. Sie sind relativ stabil und damit auch von einer gewissen zeitlichen Dauer; ihre Stabilität beruht auf der temporären Verfestigung von Verhaltensmustern. Sie sind soweit verinnerlicht, daß die Adressaten ihre Erwartungshaltung, bewußt oder unbewußt, auf den ihnen innewohnenden Sinn ausrichten. Institutionen sind prinzipiell überpersönlich und strukturieren menschliches Verhalten; sie üben insoweit eine Ordnungsfunktion aus. In diesem Sinne sind *politische* Institutionen Regelsysteme der Herstellung und Durchführung allgemeinverbindlicher Entscheidungen; hier kommt es nicht nur auf die Adressaten, sondern auch auf die handelnden Akteure an — politische Institutionen sind in ihrer Funktion zwar überpersönlich, realiter aber zumeist Organisationen und vor allem durch das Verhalten angebbarer Personen bestimmt (vgl. Greven 1983: 515)[5].

(2) Politische Institutionen sind, in einem sehr unmittelbaren, von der Alltagserfahrung bestimmten Zugriff, *Gegenstand* der Politikwissenschaft: das ist die Beschäftigung mit Institutionen, die üblicherweise als Institutionen„lehre" oder Institutionen„kunde" firmiert. Nach der UNESCO-Gliederung von 1949 geht es dabei um die Verfassung, die jeweiligen Regierungsformen, die öffentliche Verwaltung, wirtschaftliche und soziale Aufgaben des Staates sowie um vergleichende Institutionenlehre (Schneider 1967: XVIII)[6]. Ähnlich Ellwein in der ersten umfassenden Darstellung des Regierungssystems der Bundesrepublik Deutschland: Zum Regierungssystem rechnet er insgesamt den Staat mit seinen Institutionen und den zugehörigen Prozeß der politischen Willensbildung in seinen normierten wie nichtnormierten Faktoren (Ellwein 1983: 3 f.). Politische Institutionen sind dabei die staatlichen Institutionen, also in erster Linie Verfassungsorgane in Legislative, Exekutive und Jurisdiktive. Allerdings kann das Institutionenverständnis auch einen erheblich weiteren Gegenstandsbereich umfassen. So rechnet Brunner 1979 zu den „Institutionen der politischen Grundentscheidung" neben den „staatlichen Herrschaftsträgern" auch die „gesellschaftlichen Machträger", nämlich Parteien, Interessenverbände und öffentliche Meinung; ähnlich unterscheidet Hättich zwischen politischen Institutionen im engeren Sinn, die mit allgemeinverbindlicher Entscheidungs- und Ausführungskompetenz ausgestattet sind und das „Regierungssystem" bilden, und politischen Institutionen im weiteren Sinn, die am politischen Entscheidungsprozeß beteiligt sind und das „politische System" bilden (Hättich 1969b: 96). Hier treten nun aber Verfassung oder Wahlen nicht mehr als Institutionen auf. Insgesamt kann also von einem einheitlichen Verständnis politischer Institutionen als Gegenstandsbereich der Politikwissenschaft durchaus nicht die Rede sein: „Die zur Zeit geläufigen Klassifizierungen von Institutionen sind nicht mehr als zusammengewürfelte Relikte fehlgeschlagener umfassenderer Theorien" (Mackenzie 1970: 47). Mit eher pragmatischen Überlegungen läßt sich hier freilich ein durchaus brauchbares Verhältnis politischer Institutionen als Gegenstandsbereich erreichen. Der Rahmen

darf nicht zu eng gefaßt sein — Parteien, Verbände oder Verfassung lassen sich mit guten Gründen auch als Institutionen auffassen —, er darf andererseits nicht so weit sein, um den institutionellen Bereich konturenlos zu machen. Als politische Institutionen verstehe ich daher im Folgenden:
— im engeren Sinn den Staat mit Regierung (Staatsoberhaupt, Kabinett, Ministerien), Parlament, Verwaltung, Gerichten, föderativen und kommunalen Einrichtungen);
— im weiteren Sinn gesellschaftliche Organisationen (Parteien, Verbände, Massenmedien) sowie verbindliche, insbesondere rechtlich normierte gesellschaftliche Verhaltensmuster (Verfassung, Gesetze, Wahlen, Mehrheitsprinzip usw., vgl. Waschkuhn 1985: 376).

Gegenstand der Institutionenlehre sind die genannten politischen Institutionen im engeren und im weiteren Sinne. Das ist für die Institutionen im engeren Sinne tautologisch, wirft aber für die Institutionen im weiteren Sinne Probleme auf. Man wird nicht jede Beschäftigung mit solchen Institutionen schon als „Institutionenlehre" deklarieren können. Verfassungsexegesen sind nach intuitivem Verständnis ebensowenig schon „Institutionenlehre" wie die empirische Untersuchung von Aktivitäten einer Partei oder eines Verbandes, insbesondere wenn sie in generalisierende Verhaltensaussagen mündet. Die Untersuchung von Rechtsnormen und Verfahrensvorschriften besagt für sich noch nicht, daß sie ihnen als *politischen* Institutionen gilt (es kann sich auch um eine rein juristische Interpretation und deshalb um eine Fragestellung der Rechtswissenschaft handeln), die politikwissenschaftliche Untersuchung gesellschaftlicher Organisationen braucht diese keineswegs als politische *Institutionen* zu thematisieren. Da die Grenzen zwar fließend, für die Bestimmung des Anteils der Institutionenlehre an der deutschen Politikwissenschaft aber durchaus belangvoll sind, mag folgende Feststellung genügen: Die Beschäftigung mit politischen Institutionen im weiteren Sinn ist im Falle verbindlicher gesellschaftlicher Verhaltensmuster, insbesondere rechtlicher Normierungen, dann (zumindest auch) Institutionenlehre, wenn die handelnden Personen, die Akteure, thematisiert sind (so daß ein konkreter Bezug zu einem gegebenen politischen System in seinen Handlungsabläufen besteht)[7]; sie ist im Falle gesellschaftlicher Organisationen umso eindeutiger Institutionenlehre, je stärker der strukturelle oder „polity"-Aspekt, insbes. Organisationsform und rechtlicher Rahmen von Parteien, Verbänden usw., gegenüber Prozessen und Inhalten der Politik zum Thema wird (vgl. Böhret 1979: 32 f.; 1985: 229 ff., Scharpf 1985). Oder in einer mißverständlichen Ausdrucksweise: wenn sie primär mit einem institutionellen Ansatz untersucht werden.

(3) Es liegt eigentlich nahe, zur Charakterisierung von Institutionenlehre neben ihrem Gegenstandsbereich auch einen spezifischen methodischen Ansatz heranzuziehen — also insbesondere in den Fällen, in denen der Gegenstand nur in sehr weitem Sinn auch als Institution aufgefaßt werden kann, als Kriterium für Institutionenlehre die Verwendung eines *institutionellen Ansatzes* zu verwenden. Aber damit hat es eine eigenartige Bewandtnis. Man scheint wohl intuitiv zu wissen, worum es dabei geht — entsprechende Charakterisierungen der Vorgehensweise der traditionellen Politikwissenschaft finden sich zuhauf —, und braucht dann das Vorverständnis nicht näher zu explizieren.

Bei näherem Hinsehen besagt es allerdings nur, daß ein institutioneller Ansatz da vorliegt, wo es vordringlich um Institutionen geht, die dann wiederum gegenstandsadäquat abgehandelt werden müssen[8]. Allenfalls wird man sagen können, daß „Institutionenlehre" im traditionellen Sinn methodologisch durch eine Präferenz für juristisch-legalistische, ideengeschichtlich-normative und überhaupt historische Betrachtungsweisen gekennzeichnet ist — was aber nicht ausschließt, daß politische Institutionen auch mit ganz anderen Ansätzen (z.B. funktionalistischen) „gegenstandsadäquat" untersucht werden.

Auf das Verhältnis von Institutionenlehre, institutionellem Ansatz und Institutionentheorie gehe ich weiter unten näher ein. Hier ist festzuhalten, daß die Beschäftigung der deutschen Politikwissenschaft mit politischen Institutionen vor allem vom Gegenstandsbereich her zu fassen ist. Bezüge zur allgemeinen Institutionentheorie schwingen mit, ein institutionentheoretischer Ansatz im Sinne von methodischen Präferenzen mag eine Rolle spielen — als Indikatoren für das Verständnis von Institutionen und Institutionenlehre sind sie von untergeordneter Bedeutung.

2. Die Beschäftigung mit Institutionen in der deutschen Politikwissenschaft

Diese Vorklärungen sollen es nun zunächst ermöglichen, für die deutsche Politikwissenschaft nach 1945 Anteil und Entwicklungstendenzen in der Beschäftigung mit politischen Institutionen festzustellen. Ich werte zunächst Darstellungen und Einschätzungen zur Lage der Politikwissenschaft („state of the art"), sodann quantitative Analysen der Entwicklung von Forschung und Lehre für politische Institutionen aus.

2.1 Darstellungen

Die Geschichte der deutschen Politikwissenschaft ist seit Mitte der 70er Jahre zum Gegenstand von pointierten Untersuchungen und scharfen Diskussionen geworden. Zu den Monographien von Kastendiek 1977 und Arndt 1978, die die Diskussion eröffneten und — durch Kastendieks politökonomische Orientierung, durch Arndts These von der „Lagevergessenheit" der deutschen Politikwissenschaft — anhaltende Kritik hervorriefen[9], sind inzwischen weitere Monographien getreten (Ebbighausen 1981; Günther 1985; Mohr 1985), in denen zunehmend eine Tendenz zu differenzierter Bewertung und detaillierterer Materialaufbereitung sichtbar wird. Darüberhinaus gibt es eine Vielzahl von Aufsätzen und Äußerungen über Stand und Entwicklung der deutschen Politikwissenschaft im Verlaufe dieser Entwicklung selbst[10]. Aus all dem läßt sich das Bild zusammenfügen, das die Disziplin von sich selbst über ihre Beschäftigung mit Institutionen, über die „Institutionenlehre" (wenn man sie nicht nur als Lehre, sondern auch als Forschung über Institutionen versteht), gewonnen hat. Bei der Durchsicht fällt zunächst die verwirrende Vielzahl dessen auf, was erwähnt, hervorgehoben oder vermißt wird. Natürlich verbinden die Autoren ihre mehr oder minder umfassenden Literaturkenntnisse des Fachs mit subjektiven Präferenzen entsprechend ihren Forschungsinteressen, ihrer Wissenschaftsauffassung und ihrer politischen Haltung. Bei näherem Zusehen bestehen jedoch – wenigstens für die erste Phase der deutschen Politikwissenschaft bis zur zweiten Hälfte der 60er Jahre – mancherlei Übereinstimmungen, was die Benennung von Schwerpunkten und die Konstatierung von Defiziten betrifft. Man kann also mit aller Vorsicht unterstellen, daß Schwerpunkte und Defizite, die besonders häufig genannt werden, aus der Sicht der Disziplin einen besonderen Stellenwert besitzen, und so ergibt sich bei Zusammenstellung der verschiedenen Nennungen in Umrissen, wie die Politikwissenschaft selbst sich sieht. Für die erste Phase der deutschen Politikwissenschaft sind die benannten Schwerpunkte und Defizite, sofern die Angaben konkret genug waren und nicht vereinzelt blieben, in den Tabellen 1 und 2 erfaßt. Als Schwerpunkt (Tab. 1) steht der politische Willensbildungsprozeß mit Wahlen, Parteien und Interessengruppen/Verbänden deutlich an erster Stelle, gefolgt von historischen Ansätzen und Darstellungen insbesondere zum Ende der Weimarer Republik und zum Nationalsozialismus. Die Rubrik über institutionellen Ansatz, Regierungssystem und politische Institutionen läßt sich nicht einfach zum politischen Willensbildungsprozeß addieren, denn hierzu können neben Parlament und Regierung auch wiederum Institutionen des Willensbildungsprozesses gehören. Zusammen mit „Parlament" und „Regierung", ev. auch den vergleichenden Methoden, ist der Bereich der Institutionenlehre jedenfalls der deutlichste Schwerpunkt. Auf historische Themen folgt die Ideengeschichte, in der Gewichtung etwas geringer als gemeinhin angenommen[11]; man sollte sie freilich mit den „Prinzipien der Demokratie" zusammensehen, die vornehmlich ideengeschichtlich entwickelt wurden. Daß der Totalitarismus ein wichtiges Thema war, ist nicht überraschend; die Autoren, welche die erste Phase um das Jahr 1960 herum nochmals aufteilen (Arndt, Grosser, Kastendiek), sehen übereinstimmend eine abnehmende Tendenz. Im übrigen ändert die zeitliche Aufteilung das Gesamtbild nicht wesentlich, allenfalls kristallisiert sich noch eine Verminderung der Ideengeschichte und eine Verstärkung der empirischen Analyse heraus.

Der Bereich der Institutionenlehre ist in dieser ersten Phase zwar dominierend, aber bei näherer Betrachtung liegt das Schwergewicht auf dem politischen Willensbildungsprozeß, mithin auf Institutionen im weiteren Sinn – und im Hinblick auf Institutionen im engeren Sinn nur auf dem Parlament; die Beschäftigung mit Regierung wird in eher geringem Maße registriert. Das Parlament steht hier offensichtlich im Zusammenhang und als Endpunkt demokratischer Willensbildungsprozesse, für die in Deutschland ja auch der stärkste Nachholbedarf bestand.

Die Konstatierung von Defiziten müßte der Benennung von Schwerpunkten komplementär sein: das trifft im Groben auch zu. In Tab. 2 sind alle Bereiche aufgelistet, die mindestens von zwei Autoren benannt sind; so ergeben sich Defizite für politische Prozesse generell, insbesondere bei Regierung und Verwaltung, sowie für internationale Beziehungen und empirische Untersuchungen. Die Untersuchung politischer Prozesse im Bereich von Regierung und Verwaltung wird mit Abstand am stärksten vermißt, wenn man sie mit den Defiziten an Empirie und behavioristischen Studien zusammensieht. Dabei sind die Vorstellungen über gravierende Defizite durchaus nicht mit wissenschaftlichen oder politischen Grundpositionen kongruent; es ist bemerkenswert, daß ein Mangel an gesamtgesellschaftlich-ökonomischer Fundierung der Politikwissen-

Tabelle 1: Entwicklung der deutschen Politikwissenschaft nach 1945: Schwerpunkte 1. Phase (bis zweite Hälfte der 60er Jahre)

Nennungen	AR	BE	BR	FA	GA	GR	JÄ	KA	KO	LE	MO	OB	SN	SW	ST	Auszählung
Wahlen, Parteien, Interessengr./Verbände = polit. Willensbildungsprozeß	+x	*			+	x		+x	*	+	*			+	+	9,0
histor. Ansatz/Zeitgesch./WR/NS	+x	*		*		+x	*	+		+			+	+		7,5
inst./legalist. Ansatz, Regierungssystem, pol. Inst. u. Organisationen		*		*			*	+x			*	*			+	5,5
Parlament		*	+		+	+		+		*	*			+	+	4,5
Totalitarismus	+										*		+	+		3,5
Ideengeschichte	+			*		+x		+		+	*			+		3,5
Prinzipien der Demokratie						+		+			*	*	+			2,5
vergleich. Meth., Vergl. Lehre, Staatsformenvergleich		*		*												2,5
Regierung, Verwaltung			+						*							1,5
internat. Bezieh., auswärt. Pol.	+					x								+		1,5
empirische Analyse						x		x							+	1,5
systemat. Polit. Theorie					+									+		1,0
Entwicklungsländer	x					x										1,0

bis 1960: +   nach 1960: x   keine Aufteilung: *   Auszählung: + = 0,5   x = 0,5   * = 1,0

AR = Arndt 1978[1]   GR = Grosser 1968   MO = Mohr 1985
BE = v. Beyme 1974   JÄ = Jäger 1975   OB = Oberndörfer 1971
BR = Bracher 1965   KA = Kastendiek 1977   SN = Schneider 1967
FA = Faul 1979   KO = Kogon 1971   SW = Schwarz 1962
GA = v. d. Gablentz 1962   LE = Lepsius 1961   ST = Stammer 1960

1 für + = Referierung Sternberger 1960 (= Arndt 1978: 259 ff.).

Institutionenlehre in der deutschen Politikwissenschaft nach 1945

Gerhard Göbler

Tabelle 2: Entwicklung der deutschen Politikwissenschaft nach 1945: Defizite 1. Phase (bis zweite Hälfte der 60er Jahre)

Nennungen	AR	BE	EB	GA	GR	GÜ	JÄ	KA	KO	LE 61	LE 79	MO	OB	SW	Auszählung
Regierung(stätigkeit), Willensdurchsetzung insges., Ablaufuntersuchung pol. Prozesse, decision making	o			o			o		o	(o)		o			5–6
Empirie					o	o							o		3
behaviorist. Studien				o							o				2
internat. Beziehungen, Weltpolitik	o				o					o	o				4
ökonomisch-gesamtgesellsch. Bezüge			o	o			(o)	o						(o)	2–4
vergleichende Studien über Parteien, Parteientheorie			o	o	o										3
grundlegende Kritik													o	o	3
Verwaltung		o										o		o	3
Theorie						o						o			2

Abkürzungen der Verfasser: siehe Tab. 1, sowie
EB = Ebbighausen 1981
GÜ = Günther 1985
LE 79 = Lepsius 1979

Nennungen in Klammern, wenn nicht völlig eindeutig

schaft und ein Mangel an grundsätzlicher Kritik am politischen System der Bundesrepublik Deutschland von entgegengesetzten Seiten her und nicht nur zu Beginn der 70er Jahre für die erste Phase der deutschen Politikwissenschaft beklagt wird.

Aus den benannten Schwerpunkten und Defiziten ergibt sich für die Beschäftigung mit Institutionen bei näherem Hinsehen ein sehr differenziertes, fast schon diffuses Bild. Die Institutionenlehre ist der am stärksten hervorgehobene Schwerpunkt, aber auch unter den benannten Defiziten taucht sie an hervorgehobener Stelle auf. Die Beschäftigung mit Institutionen galt — so sieht es die Disziplin — vornehmlich der Institutionenlehre als politischer Willensbildung, also den Institutionen im weiteren Sinn, aber wiederum nicht als Untersuchung politischer Prozesse, sondern eher — wie man wohl schließen darf — ihrer strukturellen Aspekte (dem „institutionellen Ansatz", was immer das auch heißen mag). Institutionen im engeren Sinn sind — mit Ausnahme des Parlaments — erstaunlich gering berücksichtigt. Die Politikwissenschaft hatte es in ihrer ersten Phase — in ihrer Selbsteinschätzung — also relativ wenig mit klassischen Institutionen zu tun, betrieb durchaus nicht vorrangig klassische „Institutionenlehre", und sie interessierte sich recht wenig für ihre empirischen oder theoretischen Aspekte. Dieses im Ergebnis doch wohl etwas überraschende Bild mag überpointiert sein — in den politikwissenschaftlichen Schriftenreihen bis Mitte der 60er Jahre sind Arbeiten über politische Institutionen im weiteren und auch im engeren Sinn durchaus gut vertreten[12]. Es signalisiert jedoch, daß bereits für die erste Phase der deutschen Politikwissenschaft die Bedeutung der Institutionenlehre nicht überschätzt werden darf; quantitative Auswertungen werden dies bestätigen.

Vermutlich ging es der deutschen Politikwissenschaft nach ihrer Neubegründung gar nicht so sehr gezielt um politische Institutionen. Bei der anstehenden Beschäftigung mit politischen Phänomenen und Problemen, insbesondere im Zusammenhang mit den für sie vordringlichen Fragen um Demokratie und Totalitarismus, mag sich die institutionelle Seite als besonders griffig erwiesen und daher für eine Bearbeitung geradezu angeboten haben[13]. Auf den Gründungskonferenzen ist in den programmatischen Formulierungen von „Institutionen" terminologisch gar nicht, der Sache nach nur wenig die Rede. In Waldleiningen wird 1949 die Errichtung von Lehrstühlen gefordert, „insbesondere etwa der Weltpolitik, der politischen Soziologie, der vergleichenden Staatenkunde, der auf die Gegenwart bezogenen Universalgeschichte und der politischen Theorien u.a.m." (Waldleiningen 1949: 155). Die Institutionenlehre ist hier in der vergleichenden Staatenkunde und im „u.a.m." enthalten. In den Berliner „Feststellungen" von 1950 geht es vor allem um Macht und Gesittung; Institutionen sind nur indirekt angesprochen, wo es für die Politikwissenschaft um den „inneren politischen Aufbau", allenfalls noch, wo es überhaupt um „Gestaltung" geht (Weber/Kogon 1950: 27)[14]. Wie es scheint, war ein spezifisches Interesse an „Institutionen" eher partiell; Loewenstein hat gerade der Institutionenlehre in der deutschen Politikwissenschaft ein vernichtendes Zeugnis ausgestellt (in Maier 1965: 212). Der Anstoß, den Hennis 1965 mit seiner „Regierungslehre" zu geben versuchte[15], ist von daher wohl begründet, auch wenn die Politikwissenschaft sich von ihm nicht zu einer klareren Konturierung ihres Bildes von Institutionenlehre hinreißen ließ.

In der zweiten Phase der Politikwissenschaft, seit der zweiten Hälfte der 60er Jahre, ist die Institutionenlehre, folgt man den entsprechenden Darstellungen, auf einmal so gut wie nicht mehr präsent. Ein „Bild" von Institutionenlehre analog zur ersten Phase läßt sich so nicht mehr gewinnen. Zwar wurden Defizite beseitigt, und dies wird auch – neben den je nach eigenem Standort gebrandtmarkten Unerfreulichkeiten – durchaus registriert. Die deutsche Politikwissenschaft orientierte sich weltweit und kritisch (Faul 1979: 92), sie verstärkte ihre empirische, verhaltenswissenschaftliche Ausrichtung, was fast – soweit es Protestbewegungen zuließen – einem Aufbruch zu neuen sozialwissenschaftlichen Ufern gleichkam (v. Beyme 1974: 268), sie entfaltete (nicht zur allgemeinen Begeisterung) ihren gesamtgesellschaftlichen Anspruch und gab ihm eine ökonomische Fundierung (Kastendiek 1977: passim). Ob sie sich mit einem systematisch-theoretischen Anspruch versehen konnte (Faul 1979: 92) oder ihn nur in illustrierende Empirizismen einkleidete (Arndt 1978: 307), mag dahingestellt bleiben – bei aller (beanspruchten oder auch erreichten) Behebung von Defiziten wird Institutionenlehre kaum mehr zum Thema. Sie mag in einigen der neuen „Entwicklungspfade" mit inbegriffen sein: kapitalismus-kritische Faschismus-Analyse, Marxsche Politische Ökonomie, strukturelle Gewalt (Massing 1980: 89), Friedensforschung, Politikberatung, Planungskonzeptionen, Verwaltung, Politikverflechtung (Faul 1979: 96) – soweit sich das Interesse auf Institutionen selbst richtet, geht es eher spektakulär um ihre Kritik als emanzipationshemmende Herrschaftsinstrumente (Negt 1971: 161 f.). Dabei gibt es natürlich wichtige Arbeiten in der Institutionenlehre. Merkl scheint der einzige Beobachter der Entwicklung der deutschen Politikwissenschaft zu sein, der das für die zweite Phase zu würdigen weiß. Trotz der aktuellen „großen Themen" haben deutsche Politikwissenschaftler „better and more solid monographs on parties and institutions than ever" verfaßt (Merkl 1977: 1098). Doch auch dieses Urteil bestätigt indirekt: Die „großen Themen" seit Ende der 60er Jahre gehen am Fokus der Institutionenlehre vorbei und prägen der Entwicklung der Disziplin ihren Stempel auf: Theoriebegriffe, Demokratisierung, Legitimationsprobleme, Staatsableitung, Neokorporatismus, Policy-Forschung. Ergebnis für die Institutionenlehre ist ihr von den verschiedensten Positionen bemerkter Mangel: ein Plädoyer, sich auf die „institutionellen Bedingungen politischer Freiheit und des politischen und sozialen Friedens" rückzubesinnen (Veen, in Bracher 1982: 9); ein auch für marxistische Politiktheorie konstatiertes Defizit an institutionentheoretischer Fundierung (Bermbach 1983); schließlich empirisch der Verweis auf die häufig unterschätzte Bedeutung von Institutionen für die Erklärung von Politikergebnissen (v. Beyme 1984b; 1985). Dies zeigt das gegenwärtige Interesse an Institutionen und entspricht einem Trend zum neuen Institutionalismus auch in der Politikwissenschaft (March/Olsen 1984), dem es in seiner „aufgeklärten" Form vornehmlich um die „kontingente Relation zwischen institutionellen Bedingungen und Politik-Inhalten" geht (Scharpf 1985: 167). Aus den einschlägigen Darstellungen wird aber nicht ersichtlich, ob die Institutionenlehre in der zweiten Phase der Politikwissenschaft nur aus ihrem Bild oder auch aus ihr selbst verschwunden ist[16]. Letzteres ist sie nicht, dies wird die Auswertung quantitativer Analysen zur thematischen Entwicklung der Politikwissenschaft erhärten.

2.2 Zahlen

Es gibt bisher noch keine quantitativen Analysen der deutschen Politikwissenschaft, aus denen sich Anteil und Entwicklung der Beschäftigung mit Institutionen unmittelbar entnehmen ließen (was angesichts der beschriebenen Schwierigkeiten ihrer genaueren und doch nicht unzulässig einengenden Bestimmung auch nicht verwundert). Die bisher vorliegenden quantitativen Analysen lassen sich aber mit einiger Vorsicht auch für Institutionenlehre auswerten. Mohr hat 1980 und 1985 die Entwicklung der politikwissenschaftlichen Lehre durch Auszählung der Lehrveranstaltungen in den Vorlesungsverzeichnissen untersucht; Arndt hat 1978 versucht, den „Werdegang" der deutschen Politikwissenschaft für die Forschung durch Inhaltsanalyse der wichtigsten politikwissenschaftlichen Zeitschriften zu bestimmen; Böhret hat 1985 die Ergebnisse einer im Vorjahr durchgeführten Befragung westdeutscher Politikwissenschaftler zum Stand und zur Orientierung der Disziplin vorgelegt. Diese Untersuchungen weisen zwar keine Kategorie „Institutionen" oder „Institutionenlehre" im erforderlichen Umfang auf (allenfalls erscheinen „Institutionen" als Stichwort in der näheren Beschreibung), es lassen sich aber jeweils diejenigen Kategorien heraussortieren, die für Institutionen im engeren oder im weiteren Sinn einschlägig sind oder sein können. Das dürfte für politische Institutionen im engeren Sinn (Regierung, Parlament, Verwaltung usw.) zu einer einigermaßen zutreffenden Umfangsbestimmung führen, für politische Institutionen im weiteren Sinn (Parteien, Verbände, Verfassung) zu überhöhten Zahlen, da hier der institutionelle Aspekt nur einer neben anderen sein wird. Genaue Zahlen über den tatsächlichen Anteil der Institutionenlehre an der deutschen Politikwissenschaft sind über diese Sekundäranalyse natürlich nicht zu erhalten, wohl aber einigermaßen verläßliche Größenordnungen, zumal die Sachprobleme der „Bindestrich-Politiken" (Arbeitsmarkt-Politik etc.) sowie der Bereich der Außenpolitik eindeutig abtrennbar sind[17]. Durch die einheitliche Zuordnung der Kategorien werden die verschiedenen Untersuchungen in ihrer Auswertung für Institutionenlehre untereinander bis zu einem gewissen Ausmaß kompatibel, so daß unabhängig davon, inwieweit die herangezogenen Kategorien für die Beschäftigung mit Institutionen tatsächlich maßgebend sind, Vergleiche und Trendaussagen möglich sind.

Tabelle 3: Anteil der Institutionen in der Lehre[18]
(1) Mohr 1980, (2) Mohr 1985

			insges.	1950	1955	1960	1965	1970	1975	1979/80
Inst. i. e. S.	(1)	%	13,6	10,6	9,0	11,1	13,3	15,4	14,2	11,0
	(2)	%	11,1	11,0	10,2	11,2	11,9			
Inst. i. w. S.	(1)	%	10,0	12,2	16,8	8,8	8,1	7,5	10,0	10,0
	(2)	%	11,4	10,0	18,7	9,0	9,2			
Inst. insges.	(1)	%	23,6	22,8	25,8	19,9	21,4	22,9	24,2	21,0
	(2)	%	22,5	21,0	28,9	20,2	21,1			

Die Zusammenstellung der für Institutionenlehre einschlägigen Kategorien bei Mohr zeigt eine verhältnismäßig kontinuierliche, undramatische Entwicklung in der Lehre; die revidierten Zahlen von 1985 verstärken diesen Eindruck eher noch. Die Beschäftigung mit Institutionen insgesamt hat in der Lehre in den Jahren 1955 und 1975 einen Höchststand erreicht; er resultiert 1955 aus einer besonders hohen Anzahl von Lehrveranstaltungen im Bereich der Institutionen i.w.S., aber nicht zu Parteien oder Verbänden, sondern zu Verfassung und Justiz (deren Zuordnung weniger eindeutig ist). Sonst scheint in der Lehre das Schwergewicht eher auf Institutionen i.e.S. gelegen zu haben, am deutlichsten zwischen 1960 und 1975, was angesichts der zuvor untersuchten Darstellungen mit ihrem für beide Phasen der Politikwissenschaft abweichenden Bild von Institutionenlehre einigermaßen bemerkenswert ist. Mit Institutionen hat sich also die deutsche Politikwissenschaft in ihrer Lehre durchgängig und ohne gravierende Veränderung der Größenordnung befaßt; der Anteil liegt, wenn man den Bereich der Institutionen i.w.S. als Faustregel nur zur Hälfte rechnet, anhand der Analyse von Mohr bei ca. 15—20 %.

Tabelle 4: Anteil der Institutionen in der Forschung (Arndt 1978)[19]

		1. Phase	2. Phase	1.+ 2. Phase
Inst. i.e.S.	N	46	67	113
	%	11,4	11,2	11,3
Inst. i.w.S.	N	89	82	171
	%	22,1	13,7	17,1
Inst. insges.	N	135	149	284
	%	33,5	24,9	28,4
Beiträge insges.		403	599	1002

1. Phase: ZfP 1954—64, PVS 1960—68
2. Phase: ZfP 1965—77, PVS 1969—76 (einschl. Sonderheften), Leviathan ab 1973

Die Forschung im Bereich der Institutionen, ermittelt aus der Inhaltsanalyse von Arndt, zeigt zunächst einen niedrigeren Anteil für Institutionen i.e.S. und einen deutlich höheren Anteil für Institutionen i.w.S., verglichen mit der Lehre, ermittelt nach Mohr. Bei genauerem Zusehen sind die Diskrepanzen zwischen Forschung und Lehre der Institutionen allerdings nicht so groß. Die Kategorien von Arndt erlauben eine genauere Zuordnung zu den Institutionen i.e.S., so daß die Zahlen gegenüber Mohr hier niedriger liegen müßten, und eine umfassendere Zuordnung zu den Institutionen i.w.S., so daß hier nun umgekehrt die Zahlen höher liegen müßten. Mit dieser Korrektur dürfte der jeweilige Anteil von Forschung und Lehre bezüglich politischer Institutionen recht ähnlich sein, nämlich für die Forschung bei knapp 20 %. Auffällig ist allerdings die starke Abnahme der Beschäftigung mit Institutionen i.w.S. von der 1. zur 2. Phase. Sie resultiert vornehmlich aus einem Rückgang bei Parteien und Verbänden[20].

Da bei Mohr ein solcher Trend nicht feststellbar ist, wird man folgern müssen, daß in der ersten Phase der deutschen Politikwissenschaft die Beschäftigung mit politischen Institutionen i.w.S., insbesondere Parteien und Verbänden, erheblich stärkeren Umfang hatte als in der Lehre[21]. Wenn die Disziplin ihren Schwerpunkt bei Institutionen i.w.S. sah, so ist diese Wahrnehmung allein in der Forschung begründet. In der zweiten Phase geht der Anteil der Beschäftigung mit Institutionen i.w.S. in der Forschung zurück, der Anteil der Beschäftigung mit politischen Institutionen i.e.S. bleibt — entgegen dem Bild, das die Disziplin sich hier machte — in der zweiten Phase erstaunlich konstant.

Tabelle 5: Gegenwärtiger Anteil der Institutionen in der Forschung (Böhret 1985)[22]

		bisher	derzeit	geplant	zukünftig relevant
Inst. i.e.S.	N	74	88	64	122
	%	11,1	15,4	13,4	14,7
Inst. i.w.S.	N	72	61	43	42
	%	10,9	10,7	9,0	5,1
Inst. insges.	N	146	149	107	164
	%	22,0	26,1	22,4	19,8
Nennungen insges.		663	571	478	827

Die Erhebung von Böhret führt die Analyse von Arndt auf einer anderen Basis — der Umfrage — bis zur Gegenwart fort und gibt eine Zukunftsprojektion. Angesichts dieser veränderten Basis einerseits, der deutlichen Zunahme der (hier nicht zu berücksichtigenden) Politikfeld-Forschung von 1978 bis 1985 andererseits ist die Konstanz im Anteil der Beschäftigung mit politischen Institutionen bemerkenswert. Besonders von Interesse ist, was die Befragten bisher, d.h. etwa innerhalb der letzten fünf Jahre, geforscht haben und was sie derzeit forschen. Für die Institutionen i.e.S. stimmt der Anteil der Beschäftigung mit Institutionen mit dem von Arndt für Mitte der 60er bis Mitte der 70er Jahre ermittelten Zahlen überein; erst neuerdings hat das Interesse zugenommen. Der Anteil der Beschäftigung mit Institutionen i.w.S. liegt niedriger als bei Arndt, aber bezogen auf die 2. Phase durchaus in ähnlicher Größenordnung. Der Rückgang in der zukünftig als relevant angesehenen Forschung zu Institutionen i.w.S. ist übrigens nur relativ, nicht absolut. Insgesamt ergibt sich auch aus Böhret ein Anteil der Institutionenforschung an der Politikwissenschaft von 15—20 %, allerdings mit derzeit steigender Tendenz.

Zusammengefaßt führt die Auswertung der qualitativen und quantitativen Analysen für die Institutionenlehre zu drei Ergebnissen und einer Vermutung:

(1) Der Anteil der Beschäftigung mit Institutionen ist erstaunlich konstant geblieben; wirklich gravierende Verschiebungen haben nicht stattgefunden. Insbesondere ist die Institutionenlehre keineswegs aus der Politikwissenschaft der 70er Jahre verschwunden.

(2) Der Anteil der Beschäftigung mit Institutionen in der Politikwissenschaft ist beträchtlich, er sollte aber nicht überschätzt werden; bei ca. 15—20 % in Forschung und Lehre kann von einer Dominanz keine Rede sein.
(3) In der 1. Phase lag das Schwergewicht der Beschäftigung mit Institutionen in der Forschung eher bei Institutionen i.w.S., in der 2. Phase eher bei Institutionen i.e.S. (was wenig wahrgenommen wurde). Aber bereits für die 1. Phase erweist sich das Bild der Institutionenlehre bei qualitativer Analyse von Thematik und Ansätzen als sehr diffus.
(4) Dies führt zu einer Vermutung: Wenn die doch so deutlich wahrgenommene Beschäftigung mit Institutionen in der 1. Phase bereits diffus war, dürfte auch ihre drastisch verminderte Wahrnehmung in der 2. Phase mit dieser Schwierigkeit zusammenhängen. Die Institutionenlehre wäre also „übersehen" worden nicht nur wegen der Dominanz der „großen Themen", sondern auch aufgrund ihrer eigenen Unschärfe — die „großen Themen" wurden nicht zuletzt auch wegen der Unschärfe der Institutionenlehre in der Politikwissenschaft dominant. Im allgemeinen Theoretisierungs-Schub wurden ausgearbeitete Ansätze für eine *Theorie* politischer Institutionen nur wenig sichtbar.

3. Ansätze für eine Theorie politischer Institutionen

Ging es bisher um die Beschäftigung mit politischen Institutionen insgesamt, verstanden als „Institutionenlehre", so interessiert nun des näheren ihre theoretische Dimension. Dazu bedarf es einiger Differenzierungen. Gegenüber einer primär deskriptiven Befassung mit politischen Institutionen (etwa als Institutionen„kunde") ist die Beschäftigung mit politischen Institutionen auf der Theorie-Ebene dadurch gekennzeichnet, daß sie in einen Erklärungszusammenhang und/oder in einen normativen Begründungszusammenhang gestellt werden. Das kann freilich zweierlei bedeuten: Zum einen können politische Institutionen zur Erklärung von politischen Sachverhalten herangezogen werden, zum anderen sind sie selbst zu erklären bzw. normativ zu begründen.

— Als „unabhängige Variable" sind politische Institutionen oder institutionelle Aspekte Bestandteile wissenschaftlicher Erklärungen, wenn implizit oder explizit davon ausgegangen wird, daß politische Sachverhalte ohne ihre Thematisierung nicht oder nicht hinreichend erklärt werden können[23]. Dies ist z.B. der Fall, wenn in der Policy-Forschung zunehmend institutionelle Rahmenbedingungen zur Erklärung von Politikergebnissen herangezogen werden (siehe oben) oder wenn die vergleichende politische Systemanalyse den Zustand politischer Entwicklung vermittels Modernisierungstheorien (Eisenstadt, Huntington) durch die Institutionalisierung politischer Entscheidungen und Verhaltensweisen bestimmt (Hartmann 1980: 32 ff.). Auch und gerade die „klassische" Institutionenlehre geht — zumindest implizit — von der Voraussetzung aus, daß Institutionen und damit der formal-strukturelle Aspekt für die wissenschaftliche Erfassung politischer Sachverhalte besonders wichtig sind oder sogar ihr Wesen ausmachen. Ich vermute, daß die Heranziehung von Institutionen als „unabhängige Variable" auf der Theorie-Ebene eine genauere Charakterisierung des *institutionellen Ansatzes* ist, der sich bisher nur durch seinen Gegenstandsbezug auf Institutionen umschreiben ließ (vgl. Scharpf 1985: 166). Die Vorbehalte gegen institutionelle Erklärungen politischer Sachverhalte beginnen (zu Recht),

wenn der institutionelle Aspekt überbewertet oder sogar verabsolutiert wird. Erklärungen vermittels Institutionen sind also nicht per se „richtig" oder „falsch", sondern mehr oder weniger sachangemessen und zureichend (vgl. v. Beyme in diesem Band).
- Als „abhängige Variable" werden politische Institutionen selbst erklärt bzw. normativ begründet; hier handelt es sich in genauerem Sprachgebrauch um *Theorie politischer Institutionen* oder, vorsichtiger und dem gegenwärtigen Diskussionsstand angemessener ausgedrückt, um Ansätze für eine solche Theorie. Die wissenschaftliche Erklärung politischer Institutionen erfolgt (wie jede wissenschaftliche Erklärung) durch Einfügung in umfassendere Zusammenhänge: historische Entwicklung, gesellschaftliche Funktionsbestimmung, empirische Verallgemeinerungen, kategoriale/anthropologische/ontologische Rahmensetzung, subjektive oder objektive Sinnzurechnung usw. Die normative Begründung politischer Institutionen, vorfindlich besonders in der politischen Ideengeschichte, betrifft die philosophisch, naturrechtlich, politisch usw. argumentierende Explikation ihrer Prinzipien, ihre Legitimation, aber auch ihre Kritik und alternative Entwürfe. Theorien politischer Institutionen (oder Ansätze für solche Theorien) unterstehen grundsätzlich dem Kriterium von „richtig" oder „falsch", sie können akzeptiert oder verworfen werden.

In der Forschungspraxis, insbesondere bei komplexeren Problemstellungen auf der Theorie-Ebene, gehen „institutioneller Ansatz" und „Theorie politischer Institutionen" meist ineinander über und sind nur analytisch und im nachhinein voneinander zu trennen; politische Institutionen können aus umfassenderen politischen Zusammenhängen erklärt werden, und sie bilden ihrerseits den Rahmen zu erklärender politischer Sachverhalte. Dies mag mit ein Grund dafür sein, daß eine „Theorie politischer Institutionen" (im genaueren Sinne) in der deutschen Politikwissenschaft nach 1945 als Titel oder Programm nicht auftritt; neben relativ wenigen explizit zur Theorie politischer Institutionen formulierten Ansätzen (in der Regel in umfassenderen politiktheoretischen Zusammenhängen) sind die implizit vorhandenen Ansätze und Beiträge der deutschen Politikwissenschaft zur Theorie politischer Institutionen erst noch zu erschließen (so wäre es reizvoll, den institutionentheoretischen Ertrag der großen Diskussionen der 70er Jahre, etwa der Legitimations-Debatte, aufzuarbeiten). Hier suche ich, in einem ersten Zugriff, Ansätze für eine Theorie politischer Institutionen bei den „Gründervätern" der deutschen Politikwissenschaft auf und gehe abschließend auf Arbeiten ein, in denen politische Institutionen auf Ansätze der allgemeinen Institutionentheorie bezogen sind.

3.1 Das institutionentheoretische Potential bei den „Gründervätern" und der Reflex in der Einführungsliteratur

Man könnte geneigt sein, das Werk der „Gründerväter" als überholt oder doch zumindest nicht mehr lohnend für heutige Überlegungen anzusehen, da sie weder über die heutige Materialfülle noch über das hochentwickelte und ausdifferenzierte methodische Instrumentarium verfügten, das heutzutage zum wissenschaftlichen Standard gehört (Wildenmann 1967). Zweifellos hat die Politikwissenschaft inzwischen große Fortschritte gemacht, und es wäre widersinnig, die Wissensakkumulation einfach für irrelevant zu erklären. Trotzdem lohnt es, bei den Gründervätern Rückfrage zu halten, und zwar aus zwei Gründen: Erstens wird man die Entwicklung der Institutionenlehre, zumal sie nicht so recht befriedigend verlaufen zu sein scheint, von ihrem historischen Ursprung her, und das heißt zumindest seit der Wiederbegründung nach 1945 verfolgen müssen. Zweitens, und wichtiger: Der damals relativ wenig fortgeschrittene Stand der Diskussion in Deutschland (eine „tabula rasa" gab es angesichts der Weimarer Tradition und der Entwicklung der angelsächsischen „political science" keineswegs) kann geradezu ein Vorteil sein, wenn es um konzeptionelle Fragen, um Ansätze zu einer Theorie der politischen Institutionen geht. Der Blick ist unverstellter, klarer auf das Dringliche gerichtet, Unterschiede der Position sind erkannt und ausgesprochen, ohne verabsolutiert zu sein. Dieser Eindruck entsteht jedenfalls, wenn man programmatische Ausführungen der Gründerväter liest; selbstverständlich fehlt ihnen unsere weitergeschrittene historische Erfahrung. Deshalb ist es auch gar nicht so verwunderlich (obwohl nach Aussagen von Beteiligten in der Lehre davon wenig durchschlug), daß bei ihrer Beschäftigung mit Institutionen durchaus auch ein Potential an Ansätzen für eine Theorie politischer Institutionen aufzufinden ist; systematisch durchgeführt freilich sind sie kaum.

Das betrifft auch nur einen Teil der Gründungsväter. Manche von ihnen haben sich intensiv mit politischen Institutionen befaßt, ohne einen umfassenderen Erklärungs- oder Begründungszusammenhang zu konturieren. So hat *Theodor Eschenburg* nahezu alle Institutionen der Bundesrepublik behandelt mit einem Schwerpunkt auf Verbänden (Eschenburg 1955b). Seine Vorgehensweise ist historisch beschreibend und juristisch bewertend, die Institutionen werden in ihrer Entwicklung und Funktionsweise dargestellt und an den sie betreffenden Verfassungsbestimmungen kritisch gemessen. Eine systematische Erklärung oder Begründung der Institutionen wird von Eschenburg selbst nicht angestrebt (vgl. 1956, Vorwort), es sei denn im Sinne der von Dahrendorf berichteten These, die Institutionen dienten dem Schutz vor der Schlechtigkeit der Menschen (Dahrendorf 1965: 24). *Otto Stammer* untersucht politische Institutionen in einer dezidiert empirisch ausgerichteten „politischen Soziologie" (Stammer 1955, 1956, 1965a; Sammter/Weingart 1972), im Zusammenhang von „Herrschaftsordnung und Gesellschaftsstruktur" (Stammer 1951). Institutionen sind Teil der „politischen Ordnung", enthalten den staatlichen Herrschaftsapparat als Teilmenge und sind ihrerseits in die „gesellschaftliche Ordnung" eingebettet. Der Forschungsschwerpunkt liegt auf Parteien und Verbänden sowie dem Parlament (vgl. bes. 1965b), auch Regierung und Verwaltung werden untersucht. Stammer gibt auch Hinweise für eine umfassendere Erklärung politischer Institutionen — sie sind historisch-genetisch im Zusammenhang des Strukturwandels der modernen Demokratie zur Massendemokratie zu erfassen (1953: 23 ff.) und funktional im Stellenwert für den bürgerlichen Staat zu bestimmen —, aber es geht ihm primär um ihre unmittelbare empirische Erforschung (und schon gar nicht um ihre normative Begründung[24]).

Natürlich ist die Einschätzung, wann in der Beschäftigung mit Institutionen implizit auch ein Ansatz zur Theorie politischer Institutionen vorliegt, letztlich sehr subjektiv; mit dieser Kautele lassen sich fünf verschiedene Ansätze bei den Gründervätern ausmachen, die trotz ihrer sehr unterschiedlichen Ausdifferenzierung den Umriß einer

Typologie des institutionentheoretischen Potentials der wiederbegründeten deutschen Politikwissenschaft ergeben.

(1) Politische Institutionen werden zur Erklärung und Begründung in einem formalen Ansatz erfaßt; das wird besonders deutlich bei *Ferdinand Alois Hermens*. Er versucht Institutionen, vornehmlich solche im weiteren Sinn, als Formen im Bezug auf soziale Realität zu erfassen. So hat er bereits vor dem Ende der Weimarer Republik in einer „Soziologie der Staatsformen" die alleinige Angemessenheit der Demokratie an den voll entwickelten Kapitalismus vertreten (Hermens 1931) und sich danach intensiv mit Problemen des Wahlrechts in seinen politischen Auswirkungen befaßt (1951). Seine „Theorie der Verfassung" ist eine „Theorie der politischen Form" (1964: 1); geschriebene und ungeschriebene Regeln sind das Medium, über das sozialökonomische Kräfte auf das politische Geschehen einwirken (26, 173). Der formale Aspekt erhält für Demokratien entscheidende Bedeutung: im vollentwickelten demokratischen Konstitutionalismus sind Personen der Herrschaft der Institutionen untergeordnet (168). Wenn auch wenig ersichtlich wird, wie ein solch formaler Ansatz zu einer Theorie politischer Institutionen führen soll, die auch ihre Akteure umfaßt – hier dürfte ein verbreitetes implizites institutionentheoretisches Verständnis benannt sein.

(2) Geradezu die Gegenposition stellt der historisch-funktionale Ansatz von *Wolfgang Abendroth* dar. In seiner Ausrichtung auf die deutsche Arbeiterbewegung befaßt er sich im Institutionenbereich mit ihren Parteien und Interessenvertretungen (SPD und Gewerkschaften) sowie den Institutionen im politischen System der Bundesrepublik, die aus der Verfassungsinterpretation thematisch werden. Wenn er nun Regierung, Parlament, Verwaltung, Justiz, Parteien, Verbände etc. in ihrer Funktion im politischen System durch eine „dynamische" Verfassungsinterpretation aus dem „Strukturprinzip der verfassungsrechtlichen Ordnung" (Abendroth 1954a: 110) bestimmen will, aus dem Verfassungsgrundsatz der demokratischen und sozialen Rechtsstaatlichkeit, so muß die politische Willensbildung, die das Grundgesetz enthält und aus der es resultiert, ihrerseits historisch analysiert werden (1967: 13 f.). Eine historische Rekonstruktion der Grundentscheidungen der Verfassungsväter kann zwar erklären, was diese gemeint haben und somit eine Entstehungstheorie politischer Institutionen liefern, aber sie liefert empirisch noch keine Grundlage für die Zurechnung von Entwicklungstendenzen und Veränderungsmöglichkeiten. Erforderlich ist – um ein gesellschaftskritisches Potential begründet einbringen zu können – ein zweiter Ansatz, der soziologisch bei der Machtverteilung der sozialen Gruppen in der Gesellschaft ansetzt (1967: 10) und sie historisch-genetisch aus der Struktur der kapitalistischen Gesellschaftsformation in ihrer Totalität herleitet, wie sie von Marx und Engels grundlegend expliziert wurde. Dies ist die innere Logik des Abentrothschen Ansatzes einer Theorie politischer Institutionen; der Ansatz ist darum trotz seiner stark juristischen Ausrichtung grundlegend und konsequent historisch-funktional.

Im Einführungsband seiner Schüler (Abendroth/Lenk 1968) wurde er zusammenhängend expliziert. Ähnlich wie bereits von Habermas (1958; 1962) formuliert, wird ein Funktionswandel der öffentlichen Herrschaft und ihrer Institutionen vom klassischen

Liberalismus bis zum gegenwärtigen „sozialstaatlichen Modell" vorgeführt (Kammler), der sich vor allem in einer Verselbständigung der Herrschaft als Verbund von Regierung, Parteien, Verbänden und Verwaltung manifestiert. Lediglich die Entwicklung der Parteien kann als „Fortschritt der liberalen parlamentarischen Demokratie angesehen werden" (260, F. Neumann). Gewonnen werden diese Ergebnisse aus der „Logik" der Ideen wie der „gesellschaftlichen Notwendigkeit" (64, Kühnl), sofern man die Institutionen nicht nur verfassungsrechtlich interpretiert, sondern auf die Machtstruktur der Gesellschaft in den verschiedenen Stadien ihrer historischen Entwicklung bezieht. Die Festigkeit des Klassenstandpunkts fördert freilich nicht immer die inhaltliche Überzeugungskraft; es bleibt zudem unklar, ob dieser als Kritik verstandene historisch-funktionale Ansatz eine radikale Decouvrierung des im bürgerlichen Staat ohnehin Abzulehnenden oder eine Analyse vorhandener Institutionen auf ihr Veränderungspotential bezwecken soll. *Franz L. Neumann*, profiliert durch seine marxistisch orientierte Analyse des Nationalsozialismus, hat Anfang der 50er Jahre geplant, eine sehr viel umfassendere „social theory of political institutions" auszuarbeiten. Sie sollte den Zusammenhang politischer Systeme und soziökonomischer Entwicklungen, die anthropologische Begründung politischer Institutionen und ihre Funktion der Sicherung sozialer Bedürfnisse mit einschließen (Neumann 1952); dazu ist er leider nicht mehr gekommen.

(3) Für viele Gründerväter (u. a. Stammer, Abendroth, Neumann) ist Macht das zentrale politische Phänomen; seltener aber wird die Institutionenproblematik unmittelbar mit dem Konzept der Macht verbunden. Ein solcher Versuch liegt, freilich mehr in Form von Hinweisen, bei *Carl J. Friedrich* vor. Er behandelt politische Institutionen auf zweierlei Art. Zum einen handelt er sie — insbesondere in seinem „Verfassungsstaat der Neuzeit" (1953) — geradezu umfassend ab. Sie werden ideengeschichtlich, in ihrer historischen Entwicklung, in ihren gegenwärtigen Formen, ihrer Normierung und ihrem Funktionieren, unter jedem nur denkbaren Aspekt beschrieben — sie sind Bestandteil einer großen Darstellung des „government". Das ist, wenn man so will, die „empirische" Seite. Die zweite Art ist „empirisch" in ganz anderem Sinn. In seinem nicht minder voluminösen Werk „Man and his Government" (deutsch 1967 und 1970)[25] versucht er, „die politische Erfahrung in ihrer Gesamtheit zu überblicken und zusammenzufassen" (1970: Vorwort). Dies leistet er vornehmlich durch Explikation grundlegender, diese Erfahrung aufnehmender Begriffe und ihre Ordnung in Typologien. Ausgangsbasis ist die Macht (1970: 29 ff.); sie ist eine Beziehung zwischen Menschen, in der Gefolgschaft geleistet wird. Die Macht kann durch Befehl oder durch Einfluß, seltener auch durch Kontrolle wirksam werden; Zwang und Zustimmung brauchen sich nicht gegenseitig auszuschließen. Jede Macht tendiert zur Stabilisierung, d.h. dazu, sich in Herrschaft zu verwandeln. Diese Stabilisierung leisten die Institutionen: „Herrschaft ist institutionalisierte politische Macht" (49). Die politische Institution ist daher ein Derivat der Macht: „Eine politische Institution ist ein gefestigtes Machtgebilde, in dem sich die Konformität des Verhaltens nach festen Regeln vollzieht, d.h. sie ist zu einer Gestalt (configuration) geworden" (50). Diese Bestimmung klingt von der allgemeinen Institutionentheorie her geläufig, impliziert hier aber für eine Theorie

politscher Institutionen den spezifischen Ansatz, aus Erscheinungsformen der Macht bestimmte Institutionen als ihre Gestalten abzuleiten und typologisch zu systematisieren. Charakter, Funktion und Entwicklung einzelner politischer Institutionen — etwa Parlament oder Parteien — wären theoretisch mit der empirischen Analyse von Machtstrukturen einer Gesellschaft verbunden. Friedrich geht diesen Weg einer Institutionentheorie nicht weiter; die nachfolgenden Typologien und Erörterungen stehen in keinem Zusammenhang mehr mit der Institutionendefinition. Die Institutionen, die Friedrich vor allem im „Verfassungsstaat" beschreibt, wären in die Grundlinien des „Man and his Government" zu integrieren.

Diesen Ansatz deutet auch Kurt Lenk in seiner „Politischen Soziologie" an; Institutionen sind durch den Zusammenhang mit Herrschaft bestimmt. Herrschaft ist ein „institutionalisiertes Machtverhältnis" (Lenk 1982: 37); zur Herrschaft gehört das Moment der Institutionalisierung, „wodurch aus Herrschaftspositionen Herrschaftsstrukturen entstehen" (36), die dann Entlastungsfunktion für die Individuen besitzen.

(4) Politische Institutionen werden normativ-ontologisch gesehen und dezidiert begründet. Ontologisch ist ihre Sichtweise, wenn sie aus einer Wesensbestimmung des Menschen und der Gesellschaft abgeleitet werden; normativ ist sie, wenn daraus Folgerungen über „gute" und „richtige" Institutionen gezogen werden. Von einer solchen Sichtweise geht v. d. Gablentz aus[26], und explizit, wenn auch nicht allzu genau expliziert, liegt sie bei Bergstraesser vor. *Otto Heinrich v. d. Gablentz* hat in seiner „Einführung in die Politische Wissenschaft" (1965) eine umfangreiche „Institutionslehre" verfaßt und dabei die meisten Institutionen im engeren und weiteren Sinn abgehandelt; in seinem Gesamtwerk allerdings spielen Institutionen eine deutlich geringere Rolle. Die Institutionenbegründung erfolgt funktional auf der Grundlage von Wesensbestimmungen. Die Funktion der Politik ist „Sicherung und Ordnung der Gesellschaft im Ganzen" (1965: 38), ihre Grundelemente sind Macht, Recht und Gestaltung. Daraus ergeben sich, spezifiziert über die Formen des Gemeinwesens, die Institutionen in funktionaler Ausdifferenzierung: Regierung für Integration; Parlament für Repräsentation, Gesetzgebung und Kontrolle; Parteien und Verbände für gesellschaftlichen Kräfteausgleich usw. Die historische Entwicklung gesellschaftlicher Funktionen ist für ihren Charakter und damit auch für den logischen Aufbau der sie untersuchenden Wissenschaft unerheblich (1952: 46).

Ausgeprägter noch als diese gefestigte Funktionsbestimmung ist das Institutionenverständnis von *Arnold Bergstraesser* ein Ausdruck der „Sorge um das rechte Daseinsgefüge" (1955: 478); er fragt deshalb nach dem „Sinn von Institutionen in Ansehung der menschlichen Art" (1962/63: 197). Bergstraesser hat sich in seinen Schriften selbst wenig mit politischen Institutionen beschäftigt, aber mit seiner programmatischen Bestimmung der Politikwissenschaft und ihrer aus einer Gesamtkonzeption heraus begründeten Einteilung in Soziologie, Innere Politik, Internationale Politik und Staatsphilosophie (1957/58: 22 ff.) wegweisend gewirkt. Hier sind die Institutionen fest verankert. Politik richtet sich auf das „Daseinsgefüge des menschlichen Zusammenlebens", nämlich die Ordnung der Arbeit, der mitmenschlichen Beziehungen und die Herrschaftsordnung. Sie gilt es jeweils gefügegerecht zu verwirklichen. Die Gefüge sind

Vorfomen der Institutionen, aber die politischen Institutionen sind hervorgehoben, weil in ihnen, in der Aufgabe des Gemeinwohls, Entscheidungen für das Ganze eines Gemeinwesens getroffen werden. Institutionen geben die sanktionierte Verfahrensform (1957/58: 22 f.). Was Berstraesser hier selbst nur skizziert, ist Theorie politischer Institutionen in Form eines sehr geschlossenen Bildes: Die (von ihm natürlich nicht geleugnete) gesellschaftliche und historische Dynamik ist in Ordnungsformen eingefaßt, die zugleich normativ zum Zwecke des richtigen Lebens aufgegeben sind; solche Ordnungsformen sind in besonderem Maße die politischen Institutionen. Die Ontologie dürfte nicht jedermanns Sache sein; die Notwendigkeit normativer Überlegungen zur Begründung politischer Institutionen läßt sich freilich nicht abweisen.

(5) Bei v. d. Gablentz und Bergstraesser ist die funktionale Bestimmung von Institutionen mit einer normativ-ontologischen Sichtweise verbunden (bei dem ersteren überwiegt das funktionale, bei dem letzteren das normativ-ontologische Element), bei Fraenkel und Sternberger mit einer ideengeschichtlichen Erklärung und Begründung — bei Fraenkel partiell, bei Sternberger systematisch. *Ernst Fraenkel*, der Begründer der (Neo-)Pluralismustheorie in Deutschland, hat sich sehr intensiv mit Institutionen befaßt, vor allem mit normativer und verfassungsrechtlicher Ausrichtung. Schwerpunkte sind Regierung und Parlament, auch öffentliche Meinung (Fraenkel 1960; 1979); Parteien behandelt er nur im Kontext seiner Erörterungen zur Pluralismustheorie, Verbände sind trotz ihres hohen Stellenwerts in der Pluralismustheorie nirgends systematisch oder zusammenhängend dargestellt. In seiner Institutionenlehre entwickelt er einen funktionalen Zusammenhang aus fünf Komponenten: Verbände bündeln den Individualwillen zu Partikularinteressen, Parteien und Parlament befördern die Partikularwillen in die Regierung, und die öffentliche Meinung steht den Institutionen der Willensbildung auf allen Stufen kontrollierend gegenüber (1958b). Das System von „checks and balances" ist so ausbalanciert, daß keine Komponente die andere absorbiert. Diese Erklärung ist für Fraenkel zugleich normative Begründung und wird, auf der Grundlage naturrechtlicher Vorstellungen, ideengeschichtlich angereichert. Das Parlamanet ist Träger des Repräsentativgedankens, es ist der vom Willen der Wähler unabhängige, wohl aber an den Imperativ der Gerechtigkeit gebundene „authentische Interpret des Gemeinwohls" (1958a: 120), und diese Idee ist trotz allen historischen Wandels auch heute weiterhin gültiger Maßstab. Es ist bei Fraenkel nicht immer klar auszumachen, wo eine funktionale in eine ideengeschichtliche (einem politischen Theoretiker entlehnte) Begründung übergeht, wo er idealtypisch und wo er historisch argumentiert; sein Ansatz für eine Theorie politischer Institutionen enthält jedenfalls zumindest implizit die ideengeschichtliche Dimension dergestalt, daß politische Ideen sich in der Ausformung politischer Institutionen niederschlagen.

Dolf Sternberger hat den ideengeschichtlichen Ansatz in seinem Alterswerk auf seine Weise in beeindruckender Geradlinigkeit vorgeführt. In Heidelberg hatte er mit seinen Schülern politische Institutionen, insbesondere Parlament und Parteien, vornehmlich empirisch untersucht (Sternberger 1956); in den „Drei Wurzeln der Politik" (1978) gibt er nun ihre systematische ideengeschichtliche Erklärung und normative Begründung. Er verfolgt drei Begriffe der Politik — das institutionelle Politikverständnis des

Aristoteles, Politik als Machtkalkül bei Machiavelli und die gesellschaftsverändernde Eschatologie bei Marx und schon bei Augustin – in der jeweiligen Realisierung ihrer Grundidee bis hin zu modernem Verfassungsstaat, Naziregime und Bolschewismus. Was Aristoteles, Machiavelli und Augustin formuliert haben, sind nicht nur drei klassische Theorien, sondern „zugleich drei Phänomene, drei Erfahrungsbereiche", die wir „in unserer empirischen Beobachtung und in unserer historischen Erfahrung ... wirklich und tatsächlich identifizieren" können (Bd. 1, 384). Sternberger verfolgt die „Nachahmung der Alten" mit unterschiedlichen, historisch bedingten Motiven und Ausprägungen als „Wandlungen oder Verpflanzungen eines identischen geistigen Prinzips in historisch seinem Ursprung fremde Regionen", im Sinne des Goetheschen Begriffs der Metamorphose. Die entscheidende Station für den modernen Verfassungsstaat ist die amerikanische Verfassung: eine Verbindung der aristotelischen Politik in ihrer Lehre von der gemischten Verfassung mit dem Gleichheitspostulat des modernen Naturrechts. Infolgedessen lautet Sternbergers „These von der Wiederkehr der Polis in der Metamorphose des modernen Verfassungsstaats" (405):

„Der moderne Verfassungsstaat mit seinen fundamentalen persönlichen und kollektiven Freiheiten, seinen repräsentativen Körperschaften und bürgerlichen Wählerschaften, seiner unabhängigen Gerichtsbarkeit, seiner gesellschaftlichen Rekrutierung der Führungs-Eliten, seiner festen Bestimmung der entscheidenden und kontrollierenden Instanzen und ihrer Befugnisse, seiner stetigen öffentlichen Information und Diskussion, seiner legitimen Möglichkeit des Widerspruchs, seinen mannigfachen Arten der ‚Partizipation' mit Hilfe der Vereine, Verbände und Partei-Organisationen, seine Pluralität, sein Streit und Widerstreit der Parteien ... läßt einige Wesenszüge des aristotelischen Urbilds wiedererkennen" (410 f.).

Die ideengeschichtlichen Überlegungen Sternbergers haben einen sehr konkreten Institutionenbezug, und sie zeigen damit die Brisanz eines konsequenten ideengeschichtlichen Ansatzes. Nicht Institutionen selbst werden übertragen, sondern sie werden anhand überdauernder Prinzipien jeweils konkret ausgestaltet (vgl. 156). Ideen brauchen keineswegs im Hegelschen Sinne als tätige Subjekte aufzutreten[27] – sie sind in diesem Ansatz der vorhandene Bestand, den jeweils die Menschen zur Ausgestaltung ihrer politischen Ordnung aktualisieren und bei dem sie sich entscheiden müssen. Insofern sind Institutionen die Verkörperung politischer Ideen und als solche analysierbar[28].
Eric Voegelin hat in einer institutionentheoretischen Diskussion einmal Ähnliches angedeutet: Institutionen als Komplexe relativ konstanter Verhaltensweisen sind auf Typen des Handelns zur Verwirklichung von Ordnung in der Gesellschaft zurückzuführen, was wiederum zur Frage der menschlichen Natur und ihrer richtigen Ordnung führt (Voegelin 1964). In der Einführungsliteratur geht Stammen 1971 von Voegelins Bestimmung der politischen Realität als politische Praxis, politische Institutionen und beide normierende politische Ordnungskonzeptionen aus unf faßt die Ausbildung politischer Institutionen als Artikulierung politischer Ordnungskonzeptionen, vermittelt über kommunikative Prozesse[29]. Die demokratischen Institutionen sind nur „Ausgestaltung" (65) der modernen politischen Ordnungsvorstellungen oder zumindest durch sie „motiviert" (61). Wie er sich genauer die Folgebeziehung zwischen politischen Ordnungsvorstellungen und Institutionen vorstellt, läßt Stammen hier allerdings offen.

Überblickt man die Ansätze für eine Theorie politischer Institutionen, die von den Gründervätern angedeutet oder näher formuliert worden sind, so bleibt ein formaler, ein historisch-funktionaler, ein machtanalytischer, ein normativ-ontologischer und ein ideengeschichtlicher Ansatz. Funktionale Erörterungen durchziehen mehr oder minder fast alle Ansätze; allein sind sie offensichtlich unbefriedigend, zumindest wenn auch normativ argumentiert werden soll. In der Einführungsliteratur gibt es einige Reflexe dieser institutionentheoretischen Ansätze, nicht aber ihre systematische Rezeption. All dies zeigt, daß in der deutschen Politikwissenschaft spezifisch institutionen*theoretische* Fragen bisher wenig gestellt, mögliche Ansätze wenig diskutiert worden sind. Unterstellt man, daß Einführungen, wenn auch aus der Perspektive des eigenen Standorts, den als einigermaßen gesichert angesehenen Stand der Disziplin wiedergeben wollen, so bleibt die institutionentheoretische Dimension tatsächlich wenig besetzt. Das Gros der Einführungsliteratur faßt Institutionen im alltagsweltlichen, umgangsprachlich formulierten Verständnis[30]. Thematisiert werden nicht „Institutionen", sondern die Gebilde, die im Alltagsverständnis Institutionen sind, wie Regierung und Parlament, ggf. auch Parteien usw.; sie werden aufgezählt und beschrieben. Es gibt begriffliche Klärungen (Lehmbruch 1967; Hättich 1969b; Böhret 1979), eine Skizzierung des „institutionellen Ansatzes" (v. Beyme 1972/1984a), aber auch den Ausdruck ihrer Geringschätzung (Narr/Naschold 1969 ff.: Bd. 3, 98; Tudyka 1973: 47 ff.).

Ein Nachtrag bleibt zu vermerken: Einige Werke der Einführungsliteratur richten die systemtheoretische Perspektive — theoretische Diskussionen, die bei den Gründervätern (noch) nicht geführt wurden — auch auf politische Institutionen und verweisen somit auf einen die bisherige Typologie ergänzenden systemfunktionalen Ansatz. Berg-Schlosser/Maier/Stammen 1974 fassen Institutionen als „Regelsysteme politischen Verhaltens" (40) und entfalten sie als Teilbereich des politischen Systems entsprechend den Konzepten von Easton und Almond. Input-, Umwandlungs- und Output-Strukturen sind „interdependente Muster von politischen Rollen" (163); das sind — hier wird es wieder vertrauter — politische Willensbildung, zentrales politisches System (Regierung) und die Durchführung politischer Entscheidungen (Verwaltung). Gibt diese systemtheoretische Betrachtungsweise nur erst den Rahmen für die Einordnung politischer Institutionen[31], so entwickelt Offe 1969 im Einführungsband von Kress/Senghaas die Konturen für einen systemfunktionalen Ansatz der Theorie politischer Institutionen. Dem Staatsapparat im Spätkapitalismus geht es um eine „sachgesetzliche" Bewältigung von Überlebensfragen für das Gesamtsystem (180), und es sind die Institutionen der politischen Willensbildung, die „die wertneutralen Imperative der Technokraten zu konsensfähigen politischen Maximen umstilisieren" (187); sie sind die „wichtigsten Instrumente zur Erhaltung der stabilitätsnotwendigen Massenloyalität" (188). Sie üben Filterfunktion aus und unterdrücken Interessen, die „nur in Institutionen solidarischer Willensbildung und kollektiver Reflexion zur Sprache kommen könnten" (174; zur „Selektivität" politischer Institutionen dann Offe 1972: 65 ff.). Die Legitimationsdebatte in den 70er Jahren hat diese Themen ausgebreitet, ohne freilich damit explizit eine Theorie politischer Institutionen zu formulieren[32].

Der systemfunktionale Ansatz soll die Typologie des institutionentheoretischen Potentials der deutschen Politikwissenschaft beschließen. Bisweilen werden politische Institutionen in der Einführungsliteratur auch in allgemeinere institutionentheoretische Zusammenhänge gestellt. So sind sie von Rohe als dauernde Einrichtungen gefaßt, genetisch gesehen geronnene Interessen, die der Regelung und Steuerung gesellschaftlicher Prozesse dienen, um Berechenbarkeit von Handlungsabläufen zu gewährleisten und alltägliche Situationen von einem Übermaß an Problemstellungen zu entlasten (Rohe 1978: 32 ff.; vgl. Lenk 1982)[33]. Ich sehe darin keinen zusätzlichen Ansatz für eine Theorie politischer Institutionen und schwerlich einen Reflex auf entsprechende institutionentheoretische Diskussionen in der deutschen Politikwissenschaft. Vielmehr erscheint es für alle institutionentheoretischen Ansätze geboten, für die politikwissenschaftliche Analyse auch allgemeinere Theorien heranzuziehen, und dies ist in der deutschen Politikwissenschaft in elaborierter Form bisher wenig geschehen. Der letzte Abschnitt wird daher kürzer ausfallen.

3.2 Theorie politischer Institutionen im Rückbezug auf allgemeine Institutionentheorie

In der allgemeinen Institutionentheorie sind derzeit, angesichts unterschiedlicher Gliederungsversuche und neuerer Diskussionen, folgende Ansätze auszumachen (vgl. auch den Beitrag von Waschkuhn in diesem Band)[34]:
(1.1) kulturanthropologisch: Mängelnatur des Menschen und institutionelle Humanisierung (Gehlen);
(1.2) kulturanthropologisch: Bedürfnisstruktur und Kulturreaktion (Malinowski, Schelsky);
(2.1) strukturell-funktional: Integration und Internalisierung (Parsons; Luhmann z. T.);
(2.2) verstehend-interaktionistisch: Schaffung von Sinnzusammenhängen zur Ermöglichung des gemeinsamen Handelns und der Selbstfindung (Mead, Berger/Luckmann; Luhmann z. T.);
(3.1) rechtsphilosophisch: idée directrice (Hauriou);
(3.2) sozialphilosophisch: ontologische Begründung im Ordnungsdenken der katholischen Soziallehre[35];
(4) ökonomisch: gleichgewichtssichernde Verhaltensregelmäßigkeiten auf der Grundlage von Nutzenerwägungen rationaler Akteure[36].

Das Verhältnis von allgemeiner und politischer Institutionentheorie läßt sich auffassen analog dem Verhältnis von allgemeiner Wissenschaftstheorie und speziellen Wissenschaftstheorien: Die allgemeine Institutionentheorie entwickelt jene Konzepte der Erklärung und normativen Begründung, die für alle sozialen Institutionen gelten, und verbleibt damit auf einer hohen Abstraktionsebene; die Theorie politischer Institutionen entwickelt auf dieser Grundlage ihre eigenen, konkreteren Konzepte und wendet sie in der Institutionenlehre an. Dies ist nicht als formelle Abgrenzung zu verstehen, sondern bezeichnet die Ebenen der Fragestellung: Stößt die Theorie politischer Institutionen auf Bestände, die nicht nur in der Politikwissenschaft thematisiert werden, so ist früher oder später die allgemeine Institutionentheorie involviert. Über den anzustrebenden Grad von Partizipation in demokratischen Institutionen läßt sich nicht ohne Rückgriff auf die nahezu schon Allgemeingut gewordene Lehre diskutieren, daß Institutionen das menschliche Handeln von einem Übermaß an Entscheidungen entlasten. Die Diskussion über die „Grenzen des Wohlfahrtstaates" führt auf die Frage, ob Institutionen, indem sie Bedürfnisse befriedigen, zugleich neue Bedürfnisse (und neue bedürfnisbefriedigende Institutionen) schaffen. Wie Institutionen durch ihre Leitidee sinnorientierend wirken (sollen), wie sich bei den prinzipiell überpersönlichen Institutionen das Verhältnis von Adressaten und Akteuren stellt, daß schließlich Institutionen nicht als völlig überzeitliche Gebilde, sondern nur als von relativer Dauer und somit vornehmlich als Institutionalisierungs- und Entinstitutionalisierungsprozesse zu fassen sind — all das sind Themen, die in der allgemeinen Institutionentheorie diskutiert werden, aber sehr direkt auch die Theorie politischer Institutionen betreffen. Es erscheint fraglich, ob man die verschiedenen Ansätze allgemeiner Institutionentheorie als Grundlage einer Theorie politischer Institutionen einfach zusammenfassen kann; bereits die Möglichkeit einer übergreifenden Definition von „Institution" ist umstritten[37]. Gewiß lassen sich einige gemeinsame Elemente herausdestillieren, die ein Grundverständnis ermöglichen (siehe oben), aber eine aussagekräftige Institutionentheorie kommt so noch nicht zustande. So haben sich auch die wenigen politiktheoretischen Arbeiten, die die „Institution" systematisch explizieren und dabei auf die allgemeine Institutionentheorie mehr als nur in allgemein-plausiblen Wendungen Bezug nehmen, ihrerseits eher an bestimmten Ansätzen orientiert[38].

Hans Buchheim nimmt in seiner „Theorie der Politik" (1981) vor allem Elemente des verstehend-interaktionistischen Ansatzes auf und entwickelt Institutionen als normierte soziale Dispositionen aus einer Analyse der in Situationen sinnhaft agierenden Personen. Das meint: Eine Interaktion, die sich selbständig mit der Lösung der Probleme einer Situation befassen kann, verlangt eine handlungsfähige, autarke und darum politische Instanz (hier kommt Carl Schmitt hinzu). Wenn ein gemeinsames Problem einer Gesellschaft besteht, das nur durch gesamtsoziale Interaktion gelöst werden kann, entwickelt sich der Verband, in der Neuzeit der Staat. Indem die Gesellschaftsmitglieder sich an gesamtsozialer Interaktion orientieren, entwickeln sie eine politische Disposition, die Gestaltung ihrer Beziehungen. Wird sie von einzelnen Personen normiert, so entsteht eine Institution, sofern sie „immer wieder von anderen Personen als die stets gleiche wahrgenommen wird" (146). So ist der Verband „Institution", wenn „seine Angehörigen ihre politische Disposition als Resultat in bestimmten Formen sanktionieren" (148); als „Instanz" ist er nicht nur dem Sinn, sondern auch der Modalität nach handelndes politisches Subjekt. Mit dieser sehr subtilen (hier nur vergröbert wiederzugebenden) Argumentation werden Institutionen als „normierte soziale Dispositionen" konstitutives Element einer Theorie der Politik, die Buchheim dann weiter ausdifferenziert und konkretisiert.

Bernard Willms (1971; 1977; 1979) fügt Institutionen als ein notwendiges Allgemeines in eine von der Selbstbehauptung des Einzelnen ausgehende „politische Dialektik" ein und rekurriert dabei auf die Kulturanthropologie von Gehlen und Schelsky. Der Mensch muß seine Gesellschaftlichkeit erst bewußt verwirklichen, dies ist die Arbeit der Politik, und sie besteht vornehmlich aus Institutionalisierung durch Internalisierung. Als Resultat ist die Institution auf Dauer gestellte Bedürfnisbefriedigung, die angesichts des weiterhin möglichen Widerspruchs zur Freiheit des Einzelnen auch den Zwang involviert (1979: 114 ff.). Das bedeutet nicht, daß für das Individuum kein allgemeines Interesse als eigenes mehr sichtbar wäre. Das grundlegende Interesse des Individuums ist sein Interesse an diesem Interesse selbst — hier kommt Hobbes hinzu —, und damit ein allgemeines Interesse. „Die Institution des allgemeinen Interesses ist der Staat" (126), als gegenwärtiger Endpunkt der Entwicklung. Wird die Herrschaft des Allgemeinen zugleich mit den politischen Prinzipien der Bürgerfreiheit realisiert, so besteht Demokratie mit strenger Formalität der Vermittlung von Besonderem und Allgemeinem, deren institutionelle Prinzipien Willms sodann näher entwickelt (1977: 86 ff.).

Görlitz erfaßt „Institutionalisierung" in seiner auf das politische System hinführenden Propädeutik ebenfalls vermittels Gehlen und Schelsky (Görlitz 1972: 139 ff.)[39], und Bracher entfaltet eine vornehmlich auf Gehlen gründende institutionentheoretische Argumentation, um angesichts der Erfahrungen der Weimarer Republik für ein „Gehäuse gefügter Institutionen" zu plädieren (Bracher 1985: 13)[40]. Guggenberger, der für den demokratischen Verfassungsstaat ganz ähnlich das Erfordernis einer institutionellen Verfaßtheit der Freiheit betont — „allein die institutionelle Verfaßtheit unseres Handeln schützt und ermöglicht die Freiheit jedes einzelnen" (1979: 43) — sieht die Basis alles Institutionellen in der Ethik, um dem Menschen Orientierung zur Unterscheidung zwischen Gut und Böse zu geben. Er geht dabei auf Hauriou zurück; durch die „idée directrice" wird die Institution in ihrer Funktion der Willensvereinheitlichung zur „moralischen Person" (47; vgl. insgesamt auch Guggenberger 1985). Der strukturell-funktionale Ansatz wird eher von der politischen Soziologie institutionentheoretisch verarbeitet (vgl. den Beitrag von Münch in diesem Band).

Insgesamt sind die Verbindungen zwischen Ansätzen der allgemeinen Institutionentheorie und den verschiedenen Ansätzen einer Theorie politischer Institutionen noch nicht allzu eng geknüpft[41]. Es scheint, daß die Politikwissenschaft eher in Verlegenheit gerät, wenn über allgemeinere Verweise hinaus genauer angegeben werden soll, welchen Erkenntnisgewinn der Rückbezug denn nun erbringen soll — was der Politikwissenschaftlicher vermittels allgemeiner Institutionentheorie für politische Institutionen besser erklären und besser normativ begründen kann. Einige Bezüge sind offenkundig. Der systemfunktionale Ansatz in der Politikwissenschaft beruht auf strukturfunktionalen Vorgaben, hat sich allerdings auch handlungstheoretisch mit den in politischen Institutionen besonders wichtigen Akteuren und Adressaten der Institutionen zu befassen. Alle ontologischen Bestimmungen politischer Institutionen sind, sofern sie nicht selbst darauf rekurrieren, mit den Theoremen der kulturanthropologischen Ansätze in der allgemeinen Institutionentheorie zumindest zu konfrontieren, wobei die Politikwissenschaft ihrerseits deren politische Implikationen und die damit verbundenen demokratietheoretischen Probleme aufweisen und zu Lösungsansätzen führen müßte. Unter diesem Aspekt scheint sodann das Potential der verstehend-interaktionistischen Ansätze in der allgemeinen Institutionentheorie noch wenig ausgeschöpft: Wenn Institutionen Sinnzusammenhänge durch das Ineinanderpassen der Handlungsperspektiven von Akteuren konstituieren (Lau 1978: 50), so sind damit einseitige Herrschaftsgefälle nicht bereits durch Institutionen präjudiziert. Alle ideengeschichtlichen Erklärungen und normativen Begründungen von politischen Institutionen schließlich stehen oder fallen mit der Annahme einer real wirkenden Leitidee von Institutionen, sei es die „idée directrice" (Hauriou) oder die „charter" (Malinowski). Die Politikwissenschaft sollte diese Bezüge systematisch aufarbeiten und in unterschiedlichen Ansätzen konkretisieren: es würde sie institutionentheoretisch einen Schritt voranbringen.

Anmerkungen

1 Vf. führt derzeit ein Forschungsprojekt über Politikwissenschaft in Berlin nach 1945 durch, in dem manche der bisher gängigen Annahmen über die Geschichte der deutschen Politikwissenschaft bei näherer Analyse als zweifelhaft erscheinen.
2 Dagegen wendet sich lediglich Greven 1983. Die nähere Analyse erfolgt unten in Abschn. 2.
3 Daß Institutionen vor 1945 kein relevanter Topos waren, mag mit der Staatszentriertheit der deutschen Politikbeschäftigung zu tun haben. Das Staatslexikon von Rotteck und Welcker (1839) verzeichnet ein Stichwort „Institution" ebensowenig wie das von Paul Herre 1923 herausgegebene Politische Handwörterbuch, das von Elster, A. Weber und Wieser herausgegebene Handwörterbuch der Staatswissenschaften aus dem gleichen Jahr oder das Staatslexikon der Görres-Gesellschaft von 1937. Nicht zufällig fehlt deshalb wohl auch die „Institution" in den „Geschichtlichen Grundbegriffen" (Brunner, Conze, Koselleck 1983), welches ja die „politischsoziale Sprache" in Deutschland verzeichnet. Ein „geschichtlicher Grundbegriff" scheint „Institution" nicht gewesen zu sein. Bemerkenswerter ist die Lage nach 1945. Fraenkel und Bracher kennen in ihrem Fischer-Lexikon „Staat und Politik" keine Institutionen, nicht einmal im Register; Fehlanzeige ebenfalls jeweils im „Handlexikon der Politikwissenschaft" der Herausgeber Görlitz (1972) und Mickel (1983). Die erste lexikalische Erfassung innerhalb der Politikwissenschaft stammt von Hilligen, einem politischen Didaktiker, im Lexikon „Gesellschaft und Staat" (Hilligen 1984). Er setzt sich auch in seiner Didaktik kritisch mit Institutionen auseinander und plädiert für neue Institutionen zur Regelung von Konflikten und Erfüllung neuer Aufgaben, mit denen zugleich gegen Gewalt optiert wird (Hilligen 1976: 183 f.). – Das „Handwörterbuch der Sozialwissenschaften" und das „Staatslexikon" der Görres-Gesellschaft geben Auskunft über Institutionen, freilich ersteres rein soziologisch (v. Wiese), letzteres teils ebenfalls soziologisch (Bellebaum), teils sozialphilosophisch und historisch aus der Sicht der katholischen Soziallehre (Gundlach, Bauer). „Institution" ist auch nicht eigenes Thema oder Gegenstand einer Definition im „Handbuch Politischer Theorien und Ideologien" von Franz Neumann (1977) und in den Darlegungen von Grundbegriffen durch Hättich (1969a) und Schlangen (1977), obwohl bei ihnen oftmals von „Institutionen" die Rede ist. Pipers Wörterbuch zur Politik 1985 füllt insofern eine echte Lücke.
4 Vgl. den Beitrag von Waschkuhn in diesem Band; Rohe 1978: 34; Lenk 1982: 37 f. So definiert auch Bracher, ausgehend von der allgemeinen Institutionentheorie, politische Institutionen als „öffentliche Einrichtungen, die zur regelmäßigen, rechtlich geordneten Erfüllung bestimmter Funktionen auf Dauer geschaffen und in ihrer Verfassung oder Staatsordnung verankert sind" (Bracher 1985: 11).
5 Es wäre in diesem Zusammenhang wünschenswert, klar zwischen „Institution", „Organisation" und „Assoziation" unterscheiden zu können. In der soziologischen Diskussion herrscht in der Tradition MacIvers ein Institutionenverständnis vor, welches Institutionen in Abgrenzung gegen Assoziationen und Organisationen als „Art und Weise, wie bestimmte Dinge getan werden müssen", definiert (König 1958: 135). Die Folge ist: „Einer Assoziation gehört man an als Mitglied; einer Institution kann man nicht angehören, man ist ihr vielmehr unterworfen" (138). Ähnlich Prätorius (1984: 15): „Institutionen sind ... Orientierungsgrößen, Organisationen sind Handlungszusammenhänge". Damit ist aber nicht festgelegt, welches der umfassendere Begriff ist; das kommt auf die Blickrichtung an. Die Institution kann gegenüber der Organisation der weitere Begriff sein, wenn es um Verfahrensregelungen für Personengruppen und den Grad ihrer Verfestigung geht; bei der Bündelung auf ein bestimmtes Ziel kann es genau umgekehrt sein (Görlitz 1972: 151). Weiterhin kann Organisation als Mittel zur Strukturierung und Funktionserfüllung von Institutionen und Assoziationen verstanden werden usw. – Für politische Institu-

tionen ist zu bedenken, daß sie im konkreten Fall – Regierung, Parlament usw. – durchaus auch durch Personen bestimmt sind, und zwar durch ihre Adressaten ebenso wie vor allem durch die in ihnen handelnden Akteure selbst. Insofern können politische Institutionen zugleich Organisationen, müssen es aber nicht sein.

6 Parteien, Verbände und öffentliche Meinung sind bei der UNESCO nachfolgend als gesonderter Teil der Politikwissenschaft aufgeführt; so auch die Gliederung der Innenpolitik bei Lepsius: „Politische Institutionenlehre, Aufbau und Formen von Gesetzgebung, Regierung, Verwaltung und Rechtsprechung auf Bundes-, Länder- und Gemeindeebene" (Lepsius 1961: 82).

7 Um den Institutionenbegriff nicht zu überdehnen, scheint es sinnvoll, die vielmals erörterten Staatsformen, Typologien politischer Ordnung, Prinzipien der Demokratie eher als konstitutive Grundlage politischer Institutionen statt selbst als politische Institutionen zu fassen; somit können sie – bezogen auf die klassische Einteilung der Politikwissenschaft – in der Politischen Theorie oder in der Institutionenlehre abgehandelt werden. Diese analytische Klärung impliziert kein Plädoyer für eine Aufspaltung in „institutionelle" und „ideelle" Analyse, wie sie Günther 1985 (30 ff., 89 ff.) zu Recht kritisch rezipiert.

8 Brunner 1979: 19. Greven bewertet den „institutionellen Ansatz" in der deutschen Politikwissenschaft kritisch als lediglich phänomenologische Beschreibung bestehender Institutionen (1983: 523). v. Beyme hat sich die Mühe gemacht, in der systematischen Erfassung methodischer Ansätze politikwissenschaftlicher Forschung auch verschiedene Ausformungen des „institutionellen Ansatzes" darzustellen. Alle Einzelinformationen haben freilich nur das Grundmuster des Gegenstandsbezugs gemeinsam (v. Beyme 1984a: 84–90). Am konsequentesten ist da Robert Schmidt; in seinem Sammelband über „Methoden der Politologie" 1967 – zu einer Zeit, in der die Institutionenlehre eigentlich in Blüte gestanden haben müßte – benennt er weder einen „institutionellen Ansatz" noch möglich Äquivalente.

9 Vgl. dazu: Faul 1979, Mols 1979 und die Diskussionsbeiträge von Hättich, Kastendiek und Arndt in PVS 21 (1980).

10 Eine ausgezeichnete Zusammenstellung für die Jahre 1965–1979 gibt Faul 1979: 102 f., Anm. 84. Dagegen erbringt die Umfrage zur „Situation der Politischen Wissenschaft in Deutschland" (Maier 1965) nicht allzuviel. 25 Persönlichkeiten sollten in Kurzform zu Stand und Entwicklungsmöglichkeiten der Politischen Wissenschaft in Deutschland Stellung nehmen; geantwortet haben 13, darunter 5 Fachvertreter, von denen 3 an deutschen Universitäten lehrten. Soweit überhaupt einzelne Angaben erfolgten, entsprechen sie dem nachfolgend ermittelten Bild.

11 Bermbach 1984 hat sich bereits mit guten Gründen gegen eine Überschätzung der Bedeutung der politischen Ideengeschichte für die Politikwissenschaft gewandt; wie hier ersichtlich, hat auch die Disziplin insgesamt ihr keine dominierende Rolle zuerkannt.

12 Vgl. die Zusammenstellung bei Mohr 1985: 415–422. Institutionen i. w. S. wurden besonders in den „Schriften des Instituts für politische Wissenschaft" (Berlin, Stammer) behandelt, Institutionen i. e. S. besonders in der Schriftenreihe „Parteien, Fraktionen, Regierungen" (Sternberger). Die DHfP bzw. (seit 1959) das Otto-Suhr-Institut in Berlin ließ 1956–63 die wichtigsten „Regierungssysteme" darstellen (BRD, SU, F, GB, USA).

13 Die beherrschende Rolle von Demokratie- und Totalitarismusanalyse in der ersten Phase der deutschen Politikwissenschaft betont neuerdings wieder Mohr (1985: 384). Er kommt dann freilich zu dem hier nicht nachvollziehbaren Ergebnis, Politikwissenschaft sei als Demokratieanalyse = Institutionenkunde gewesen (405 f.).

14 Ich folge hier nicht der Interpretation, die Frage nach der „Gestaltung" sei einfach die Frage nach Institutionen gewesen (v. d. Gablentz 1960: 155). Dieser Institutionenbegriff wäre viel weiter, als v. d. Gablentz selbst ihn ansonsten faßt.

15 Hennis 1965 und 1977; vgl. auch die Diskussion von Bußhoff, Lehner und Hennis in PVS 21 (1980) sowie Laufer 1971, Brunner 1979, Stammen 1983.

16 Eine gewisse Verflüchtigung der Institutionen ist auch den Prüfungsordnungen von Deutscher Hochschule für Politik / Otto-Suhr-Institut / Fachbereich Politischer Wissenschaft in Berlin zu entnehmen. In der Diplomprüfungsordnung von 1955 wird für die Theorie (!) der Politik gefordert, „daß der Kandidat ... Einsicht in Wesen und Entwicklung der politischen Institutionen" besitze (§ 14) – also strenggenommen eine Institutionentheorie! In den Diplomprüfungsordnungen von 1962 und 1970 sind Institutionen nicht mehr eigens erwähnt, man kann sie aber den Anforderungen für Innenpolitik (politisches System, Verfassungsrecht und Verwaltung) entnehmen (§ 14). In der Ordnung von 1981 ist „Innenpolitik" dann zu „Innerstaatliche Politik und Funktionsbedingungen politischer Systeme" geworden (§ 7, 6).

17 Eine erste Zeitschriftenanalyse, und zwar als Vergleich deutscher und amerikanischer politikwissenschaftlicher Fachzeitschriften, gibt Pfotenhauer 1972 für die Jahre 1960–61, 1964–65 und 1968–69 (für den Hinweis danke ich A. Mohr). Eine Auswertung für den Anteil der Institutionenlehre ist kaum möglich bzw. führt selbst bei Extrapolation zu überhöhten Zahlen, da sowohl für Gegenstandsbereiche (Pfotenhauer 1972: 563, Tab. 2) wie für Approaches (578, Tab. 11) die Kategorien zu wenig differenziert sind. Das gleiche gilt für die Berichte, die die Redaktion der PVS seit 1978 über inhaltliche Schwerpunkte eingegangener und veröffentlichter Manuskripte gibt.
18 Mohr 1980: 209; 1985: 273. Herangezogen sind folgende Kategorien:
   – für Institutionen i. e. S.: Theorie politischer Systeme, Vergleich politischer Systeme, Kommunalpolitik/Verwaltung. Der institutionelle Aspekt steht angesichts der näheren Umschreibung durch Mohr (208) nur in den ersten beiden Kategorien im Vordergrund.
   – für Institutionen i. w. S.: Parteien/Verbände, Gewerkschaften, Verfassung/Justiz. Außer Betracht bleiben Wahlen/Massenmedien, denn sie sind hier unter Partizipation/Sozialisation eingeordnet und machen dabei nur einen Bruchteil der Themen aus; v.a. für die 70er Jahre dürfte hier von Mohr v.a. die vermehrte Beschäftigung mit Bürgerinitiativen, Protestbewegungen und Feminismus erfaßt sein.
19 Arndt 1978: 228 f. Herangezogen sind folgende Kategorien:
   – für Institutionen i. e. S.: Vergleiche (ganzer Einheiten), juristisch betonte Gesamtanalysen, „Führung"/„Gesamtrepräsentation", einzelne Länder/Föderalismus, Kommunalwesen (zu Willensbildung), Parlament und Parlamentarismus, Regierung, Verwaltung, „Exekutive" insgesamt;
   – für Institutionen i. w. S.: Parteien und Verbände, Wahlen, öffentliche Meinung/Massenmedien, Willensbildung insges., Rechtsprechung und Gerichtswesen.
   Die Kategorien zu Institutionen i. e. S. enthalten vermutlich einige, die Kategorien zu Institutionen i. w. S. beträchtliche Redundanzen bezüglich Institutionenlehre. Die Überschneidungen für 1965–68 in der Phaseneinteilung stammen von Arndt.
20 Das entspricht konstatierten Defiziten in der Parteien- und Verbandsforschung (Faul 1979: 97) bzw. der Vernachlässigung des bestehenden Parteiensystems in den 70er Jahren durch marxistische Politikwissenschaft (Ebbighausen 1981: 179 ff.).
21 Mohr stellt selbst fest, daß für 1950–65 die traditionellen Gebiete der politischen Soziologie in der Lehre relativ schwach vertreten sind (Parteien, Verbände, Gewerkschaften etc., also Institutionen i. w. S.), am stärksten dabei noch die Parteien (Mohr 1985: 274).
22 Böhret 1985: 240 f. (Tab. 7A + 8A), 290 f. (Tab. 31 + 32). Herangezogen sind folgende Kategorien:
   – für Institutionen i. e. S.: Regierung/Verwaltung, Analyse von Regierungssystem(en), Komparatistik;
   – für Institutionen i. w. S.: Verbände, Parteien/Parteiensysteme, Wahlstudien/Wählerverhalten, Recht und Politik (mit Verfassung).
   Die Nennungen insges. enthalten auch die bei Böhret gesondert aufgelisteten Politikfeldanalysen (i. e. S.) und Länderstudien; sie sind schon bei Arndt gesondert aufgeführt (dort freilich noch mit geringerem Anteil, was der Entwicklung der Policy-Forschung entspricht).
23 Das gleiche gilt grundsätzlich auch für normative Begründungen in der Politikwissenschaft vermittels institutioneller Aspekte (worauf ich hier zur Verminderung von Komplexität nicht näher eingehe).
24 Diese Feststellung wird auch durch Ebbighausen (1981: 13 ff.) nicht relativiert.
25 „Man and his Government" (1963) ist in der deutschen Übersetzung in zwei Teilen in zwei verschiedenen Verlagen erschienen, die ersten acht Kapitel 1967, der Rest 1970 mit einer neuen Einleitung.
26 Für v. d. Gablentz sollte man diese Etikettierung nicht überbewerten. Er gewinnt seine grundlegenden Bestimmungen vor allem aus Anthropologie und Soziologie (v. d. Gablentz 1954; 1965: 28 ff., 33 ff.), erhebt sie aber in den Charakter eher unumstößlicher Wesensmerkmale.
27 Euchner 1981: 9 f.; eine hegelianisierende Interpretation, der er zuzuneigen scheint, ist sicherlich überzogen.
28 Ähnlich sieht Siegfried Landshut Ideen durch Personen in Institutionen manifestiert: „Was in der Repräsentation für die Öffentlichkeit präsent wird und was ohne bestimmte Personen nicht präsent sein kann, das ist die für die Gemeinschaft verbindliche sittliche Idee der Lebensführung. Die Entscheidungen solcher Personen, durch die sich die allgemeine Idee für den einzelnen

Fall und wechselnde Umstände konkretisiert und manifest wird, geschehen in Institutionen ..." (Landshut 1969: 321).

29 „Politische Institutionen lassen sich demnach als Regelsysteme kommunikativer Art, als durch- und ausgebildete Ensembles von sprachlich vermittelten, intersubjektiv geltenden Regeln verstehen, die politische Praxis bestimmen und die ihrerseits wieder von konkreten, ebenfalls durch sprachliche Vermittlung zu intersubjektiver Gelatung gelangten Ordnungskonzeptionen abhängig sind" (Stammen 1971: 57 f.).

30 Eine Durchsicht der Einführungsliteratur läßt das unschwer erkennen. Soweit im Folgenden Einführungsliteratur zitiert ist, wird in der Regel die 1. Auflage benannt.

31 Was in der Systemtheorie das kybernetische Konzept speziell zur Erklärung politischer Institutionen erbringt, ist schwer auszumachen. In der großen Einführung von K. W. Deutsch in „politics and government" bilden die kybernetische Analyse von Steuerung und Kommunikation und die Behandlung politischer Institutionen des „government" zwei gesonderte, weithin unverbundene Kapitel (Deutsch 1974: Kap. 7 und 8). Die Definition von „Institution" ist durchaus nicht kybernetisch gefaßt: „An institution is an orderly and more or less formal collection of human habits and roles — that is, of interlocking expectations of behavior — which results in a stable organization or practice whose performance can be predicted with some reliability" (195). Die „Politische Kybernetik" (Deutsch 1969) gibt keine Definition und verwendet „Institution" im umgangsprachlichen Sinn; aus kybernetischer Sicht wird lediglich vor einer Verfestigung und Überbewertung von Institutionen angesichts variabler Funktionserfüllung gewarnt (1969: 307).

32 Das bekannte Leitmotiv von Habermas ist primär auf Kritik eingestimmt: „Der Diskurs ist keine Institution, er ist Gegeninstitution schlechthin" (Habermas 1971: 201).

33 Weitere Bezugnahmen auf allgemeine Institutionentheorie: Görlitz 1972 (siehe unten Abschn. 3.2); mehr beiläufig: Naschold 1970: 44; v. Beyme 1984: 85 f.

34 Schelsky 1970: 17; Käsler 1973: 252 ff.; Lau 1978: 58 ff.; Bühl 1978. Ich folge für (1.1)–(2.2) E. E. Lau.

35 Vgl. Gundlach 1959.

36 Schotter 1981; Voss 1985; vgl. auch Buchanan 1975.

37 Verzicht auf eine allgemeine Definition: Käsler 1973: 252; Lau 1978: 42. Dafür: Dubiel 1973: 16 f.

38 Eine Ausnahme macht hier Waschkuhn 1974.

39 Görlitz 1980 bezieht sich dagegen für Institutionen v.a. auf Parsons (128 ff.).

40 Bereits Kammler 1968 gelangt zu politischen Institutionen über eine vor allem auf Gehlen fußende Herleitung von Institutionen; er führt allerdings die politischen Institutionen in diesem Zusammenhang nicht mehr genauer aus.

41 Einen Versuch, solche Fragen gezielt zu stellen, unternimmt — m.E. erstmals — Greven 1983. Ohne schon einen systematischen Beitrag zur Theorie politischer Institutionen zu beanspruchen, versucht er, Themenstellungen des Kongresses „Gesellschaftliche Probleme als Anstoß und Folge von Politik" institutionentheoretisch zu erfassen, mit positivem Bezug v.a. auf den verstehend-interaktionistischen Ansatz (E. E. Lau).

Literatur

Abendroth, W., 1954a: Zum Begriff des demokratischen und sozialen Rechtsstaates im Grundgesetz der Bundesrepublik Deutschland. In ds. 1967, 109–138.
Abendroth, W., 1954b: Die deutschen Gewerkschaften. Heidelberg.
Abendroth, W., 1965: Wirtschaft, Gesellschaft und Demokratie in der Bundesrepublik. Frankfurt.
Abendroth, W., 1967: Antagonistische Gesellschaft und pluralistische Demokratie. Neuwied, Berlin.
Abendroth, W., 1975: Arbeiterklasse, Staat und Verfassung. Frankfurt, Köln.
Abendroth, W./Lenk, K., 1968: Einführung in die politische Wissenschaft. München.
Andrews, W. G. (Hg.), 1982: International Handbook of Political Science. Westport.
Arndt, H.-J., 1978: Die Besiegten von 1945. Berlin.
Berg-Schlosser, D./Maier, H./Stammen, Th., 1974: Einführung in die Politikwissenschaft. München.
Bergstraesser, A., 1955: Die wissenschaftliche Politik. GWU 6. 476–480.

Bergstraesser, A., 1957/58: Die Stellung der Politik unter den Wissenschaften. In ds.: Politik in Wissenschaft und Bildung. Freiburg 1961. 17—29.
Bergstraesser, A., 1962/63: Der Einzelne, die Vielen und die Ordnung. In ds.: Weltpolitik als Wissenschaft. Köln, Opladen 1965. 194—215.
Bermbach, U., 1983: Defizite marxistischer Politik-Theorie. PVS 24. 15—30.
Bermbach, U., 1984: Über die Vernachlässigung der Theoriengeschichte als Teil der Politischen Wissenschaft. In ds. (Hg.): Politische Theoriengeschichte. Sonderheft 15 der PVS. Opladen. 9—31.
v. Beyme, K., 1972/1984a: Die politischen Theorien der Gegenwart. München 1972, 5. Aufl. 1984.
v. Beyme, K., 1974: Bibliographical Essay on the State of Research in Political Science in the Federal Republic of Germany. In: German Political Studies. London. 253—284.
v. Beyme, K., 1984b: Neuere Entwicklungstendenzen von Theorien der Politik. In: Aus Politik und Zeitgeschichte. B 38/84. 3—13.
v. Beyme, K., 1985: Policy Analysis und traditionelle Politikwissenschaft. In: Hartwich 1985, 7—29.
Böhret, C. (u. a.), 1979: Innenpolitik und politische Theorie. Opladen.
Böhret, C., 1985: Zum Stand und zur Orientierung der Politikwissenschaft in der Bundesrepublik Deutschland. In: Hartwich 1985, 216—330.
Bracher, K.-D., 1965: Wissenschaftliche und zeitgeschichtliche Probleme der Politikwissenschaft in Deutschland. KZfSS 17. 445—464.
Bracher, K.-D. (u. a.), 1982: Entwicklungslinien der Politikwissenschaft in der Bundesrepublik Deutschland. Melle.
Bracher, K.-D., 1985: Politische Institutionen in Krisenzeiten. VfZ 33. 1—27.
Brunner, G., 1979: Vergleichende Regierungslehre. Bd. 1, Paderborn.
Buchanan, J. M., 1975: The Limits of Liberty. Between Anarchy and Leviathan. Chicago.
Buchheim, H., 1981: Theorie der Politik. München, Wien.
Dahrendorf, R., 1965: Gesellschaft und Demokratie in Deutschland. München.
Deutsch, K. W., 1969: Politische Kybernetik (am. 1963). Freiburg.
Deutsch, K. W., 1974: Politics and Government. Boston 2. Aufl.
Dubiel, H., 1973: Identität und Institution. Düsseldorf.
Ebbighausen, R., 1981: Politische Soziologie. Opladen.
Ellwein, Th., 1983: Das Regierungssystem der Bundesrepublik Deutschland. Opladen, Wiesbaden 1963, 5. Aufl. 1983.
Eschenburg, Th., 1952a: Der Beamte in Partei und Parlament. Frankfurt.
Eschenburg, Th., 1952b: Verfassung und Verwaltungsaufbau des Südweststaates. Stuttgart.
Eschenburg, Th., 1955a: Ämterpatronage im Parteienstaat. Stuttgart.
Eschenburg, Th., 1955b: Herrschaft der Verbände? Stuttgart.
Eschenburg, Th., 1956: Staat und Gesellschaft in Deutschland. Stuttgart.
Eschenburg, Th., 1964 ff.: Zur politischen Praxis in der Bundesrepublik. München.
Euchner, W., 1985: Pseudopolitik und wahre Politik. PVS-Lit. 22. 8—11.
Faul, E., 1979: Politikwissenschaft im westlichen Deutschland. PVS 20. 71—103.
Fraenkel, E., 1958a: Die repräsentative und die plebiszitäre Komponente im demokratischen Verfassungsstaat. In ds. 1979, 113—151.
Fraenkel, E., 1958b: Parlament und öffentliche Meinung. In ds. 1979, 152—172.
Fraenkel, E., 1960: Das amerikanische Regierungssystem. Köln, Opladen.
Fraenkel, E., 1979: Deutschland und die westlichen Demokratien. Stuttgart 7. Aufl.
Friedrich, C. J., 1953: Der Verfassungsstaat der Neuzeit. Berlin, Göttingen, Heidelberg.
Friedrich, C. J., 1963: Zur Theorie und Politik der Verfassungsordnung. Heidelberg.
Friedrich, C. J., 1967: Prolegomena der Politik. Berlin.
Friedrich, C. J., 1970: Politik als Prozeß der Gemeinschaftsbildung. Köln, Opladen.
v. d. Gablentz, O. H., 1952: Macht, Gestaltung, Recht — Die drei Wurzeln politischen Denkens. In ds. 1964, 36—58.
v. d. Gablentz, O. H., 1954: Politik als Wissenschaft. In: Schneider 1967, 41—71.
v. d. Gablentz, O. H., 1960: Politische Forschung in Deutschland. In: Stammer 1960, 153—173.
v. d. Gablentz, O. H., 1964: Der Kampf um die rechte Ordnung. Köln, Opladen.
v. d. Gablentz, O. H., 1965: Einführung in die Politische Wissenschaft. Köln, Opladen.
Görlitz, A., 1972: Politikwissenschaftliche Propädeutik. Reinbek.
Görlitz, A., 1980: Politikwissenschaftliche Theorien. Stuttgart.

Greven, M. Th., 1983: Gesellschaftliche Probleme als Anstoß und Folge von Politik — institutionelle Aspekte. In: Hartwich, H.-H. (Hg.): Gesellschaftliche Probleme als Anstoß und Folge von Politik. Opladen. 510—525.
Grosser, D., 1968: Entwicklungstendenzen in der deutschen Politikwissenschaft. Schweiz. Jb. f. Polit. Wiss. 8. 31—44.
Günther, K., 1985: Politisch-soziale Analysen im Schatten von Weimar. Frankfurt.
Guggenberger, B., 1979: Die „vergessenen" Institutionen. In: Rüther 1979, 17—51.
Guggenberger, B., 1985: Parlamentarische Parteiendemokratie, Bürokratie und Justiz. Aspekte der Theorie und Praxis politischer Institutionen in der Bundesrepublik. In: Fetscher/Münkler (Hg.): Politikwissenschaft. Reinbek. 495—544.
Gundlach, G., 1959: Die Institutionen in sozialphilosophischer Sicht. In: Staatslexikon. Hg. Görres-Gesellschaft. Bd. 4, Freiburg. Sp. 324 ff.
Habermas, J., 1958: Zum Begriff der politischen Beteiligung. In ds. (u.a.): Student und Politik. Neuwied 3. Aufl. 1969. 13—55.
Habermas, J., 1962: Strukturwandel der Öffentlichkeit. Neuwied.
Habermas, J./Luhmann, N., 1971: Theorie der Gesellschaft oder Sozialtechnologie — Was leistet die Systemforschung? Frankfurt.
Hättich, M., 1969a: Grundbegriffe der Politikwissenschaft. Darmstadt.
Hättich, M., 1969b: Lehrbuch der Politikwissenschaft. Bd. 2: Theorie der politischen Ordnung. Mainz.
Hartmann, J., 1980: Vergleichende politische Systemforschung und komparative Methode. In ds.: Vergleichende politische Systemforschung. Köln, Wien. 19—59.
Hartwich, H.-H., 1985: Policy-Forschung in der Bundesrepublik Deutschland. Ihr Selbstverständnis und ihr Verhältnis zu den Grundfragen der Politikwissenschaft. Opladen.
Hennis, W., 1965: Aufgaben einer modernen Regierungslehre. In ds.: Politik als praktische Wissenschaft. München 1968. 81—104.
Hennis, W. (Hg.), 1977 ff.: Regierbarkeit. 2 Bde. Stuttgart.
Hermens, F. A., 1931: Demokratie und Kapitalismus. Ein Versuch zur Soziologie der Staatsformen. München, Leipzig.
Hermens, F. A., 1951: Demokratie oder Anarchie? Untersuchung über die Verhältniswahl. 1951.
Hermens, F. A., 1964: Verfassungslehre. Frankfurt, Bonn.
Hilligen, W., 1976: Zur Didaktik des politischen Unterrichts I. Opladen 2. Aufl.
Hilligen, W., 1984: Art. „Institution". In: Gesellschaft und Staat. Lexikon der Politik. Baden-Baden 6. Aufl.
Jäger, W., 1975: Ethik, Politik, Ökonomie — Zur Entwicklung der Wissenschaftlichen Politik in Deutschland. In: Oberndörfer/Jäger (Hg.): Die neue Elite. Freiburg. 383—402.
Käsler, D., 1973: Wege in die soziologische Theorie. In: Bahrdt: Wege zur Soziologie. München 7. Aufl. 219—277.
Kammler, H., 1968: Zur anthropologischen Fundierung der Theorie der Institutionen. PVS 9. 353—371.
Kastendiek, H., 1977: Die Entwicklung der westdeutschen Politikwissenschaft. Frankfurt.
Knütter, H. H., 1984: Ein Königsweg, auf dem fast nur noch Bettler schreiten. In: Rhein. Merkur v. 19.10.84.
Kogon, E., 1971: Die Lage der Politischen Wissenschaft in der Bundesrepublik Deutschland. In: Probleme der Demokratie heute. PVS-Sonderheft 2. Opladen. VII—XX.
König, R., 1958: Art. „Institution". In ds. (Hg.): Soziologie. Fischer-Lexikon, Frankfurt.
Landshut, S., 1969: Kritik der Soziologie und andere Schriften zur Politik. Neuwied, Berlin.
Lau, E. E., 1978: Interaktion und Institution. Berlin.
Laufer, H., 1971: Regierungslehre. Gegenstände, Aufgaben, Zwecke und Methoden einer politikwissenschaftlichen Disziplin. In: Reinisch 1971, 79—90.
Lehmbruch, G., 1967: Einführung in die Politikwissenschaft. Stuttgart.
Lenk, K., 1982: Politische Soziologie. Stuttgart.
Lepsius, M. R., 1961: Denkschrift zur Lage der Soziologie und der Politischen Wissenschaft. Wiesbaden.
Lepsius, M. R., 1979: Die Entwicklung der Soziologie nach dem 2. Weltkrieg 1945—1967. In: Lüschen (Hg.): Deutsche Soziologie seit 1945. Sonderheft 21 der KZfSS. Opladen 1979. 25—70.
Ludz, P. C., 1979: Die Bedeutung der Soziologie für die politische Wissenschaft. In: Lüschen (Hg.): Deutsche Soziologie seit 1945. Sonderheft 21 der KZfSS. Opladen 1979. 264—293.

Mackenzie, W. J. M., 1972: Politikwissenschaft. Hauptströmungen der sozialwissenschaftlichen Forschung. Frankfurt, Berlin, Wien.
Maier, H., 1965: Zur Situation der Politischen Wissenschaft in Deutschland. Eine Umfrage. ZfP 12. 201–223.
Maier, H., 1969: Zur Lage der politischen Wissenschaft nach dem 2. Weltkrieg (1962, Nachtrag 1969). In ds.: Politische Wissenschaft in Deutschland. München. 88–112.
March, J. G./Olsen, J. P., 1984: The New Institutionalism: Organizational Factors in Political Life. APSR 78. 734–749.
Massing, O., 1980: Politikwissenschaft in Perspektive. Entwicklungspfade und Karrierechancen. PVS 21. 187–197.
Merkl, P. H., 1977: Trends in German Political Science. APSR 71. 1097–1108.
Mohr, A., 1980: Zur Situation und zur Entwicklung der politikwissenschaftlichen Lehre in der Bundesrepublik Deutschland (1950–1979/80). PVS 21. 205–211.
Mohr, A., 1985: Politikwissenschaft als Alternative. Stationen einer Disziplin auf dem Wege zu ihrer Selbständigkeit in der Bundesrepublik Deutschland 1945–1965. phil. Diss. Heidelberg.
Mols, M., 1979: Pluralität oder Desintegration? Zum gegenwärtigen Stand der westdeutschen Politikwissenschaft. Pol. Studien 30. 297–304.
Narr, D./Naschold, F., 1969 ff.: Einführung in die moderne politische Theorie. 3 Bde. Stuttgart.
Naschold, F., 1970: Politische Wissenschaft. Freiburg, München.
Negt, O., 1971: Die Neue Linke und die Institutionen. In ds.: Politik als Protest. Frankfurt. 159–174.
Neumann, F. L., 1952: Political Institutions: Introduction. The Context of the Book. Landesarchiv Berlin, Nachlaß Suhr, Mp. 67.
Oberndörfer, D. (Hg.), 1962: Wissenschaftliche Politik. Freiburg.
Oberndörfer, D., 1971: Zur Lage der Politikwissenschaft in der Bundesrepublik Deutschland. In: Steger (Hg.): Die aktuelle Situation Lateinamerikas. Frankfurt. 63–84.
Offe, C., 1969: Politische Herrschaft und Klassenstruktur. Zur Analyse spätkapitalistischer Gesellschaftssysteme. In: Kress/Senghaas (Hg.): Politikwissenschaft. Eine Einführung in ihre Probleme. Frankfurt. 155–189.
Offe, C., 1972: Strukturprobleme des kapitalistischen Staates. Frankfurt.
Pfotenhauer, D., 1972: Conceptions of Political Science in Western Germany and the United States, 1960–1969. Journal of Politics 34. 554–591.
Prätorius, R., 1984: Soziologie der politischen Organisationen. Eine Einführung. Darmstadt.
Reinisch, L. (Hg.), 1970: Politische Wissenschaft heute. München.
Rohe, K., 1978: Politik. Begriffe und Wirklichkeiten. Stuttgart.
Rohrmoser, G., 1982: Die Krise der Institutionen. München.
Rüther, G. (u.a.), 1979: Die „vergessenen" Institutionen. Melle.
Scharpf, F. W., 1985: Plädoyer für einen aufgeklärten Institutionalismus. In: Hartwich 1985, 164–170.
Schelsky, H. (Hg.), 1970: Zur Theorie der Institutionen. Düsseldorf.
Schelsky, H., 1980: Die Soziologen und das Recht. Opladen.
Schlangen, W. (Hg.), 1977: Politische Grundbegriffe. Stuttgart.
Schmidt, R. H. (Hg.), 1967: Methoden der Politologie. Darmstadt.
Schmölz, F.-M. (Hg.), 1964: Der Mensch in der politischen Institution. Wien.
Schneider, H., 1967: Aufgabe und Selbstverständnis der politischen Wissenschaft. Darmstadt.
Schotter, A., 1981: The Economic Theory of Social Institutions. Cambridge.
Schwarz, H.-P., 1962: Probleme der Kooperation von Politikwissenschaft und Soziologie in Westdeutschland. In: Oberndörfer 1962, 297–333.
Stammen, Th., 1971: Zur Geschichte der modernen demokratischen Institutionen. In: Reinisch 1971, 53–66.
Stammen, Th. (Hg.), 1976: Vergleichende Regierungslehre. Darmstadt.
Stammen, Th., 1983: Art. „Regierungssystem". In: Mickel (Hg.): Handlexikon zur Politikwissenschaft. München. 436–441.
Stammer, O., 1951: Herrschaftsordnung und Gesellschaftsstruktur. In ds. 1965a, 3–42.
Stammer, O., 1953: Die Wissenschaft von der Politik in unserer Zeit. In: Die Kulturpolitik der Sozialdemokratie. Regensburg. 23–45.
Stammer, O., 1955: Politische Soziologie. In: Gehlen/Schelsky (Hg.): Soziologie. Düsseldorf, Köln. 277–333.

Stammer, O., 1956: Gesellschaft und Politik. In: Ziegenfuß (Hg.): Handbuch der Soziologie. Stuttgart. 531–611.
Stammer, O. (Hg.), 1960: Politische Forschung. Opladen.
Stammer, O., 1960a: Zehn Jahre Institut für politische Wissenschaft. In ds. 1960, 175–211.
Stammer, O., 1965a: Politische Soziologie und Demokratieforschung. Berlin.
Stammer, O. (u.a.), 1965b: Verbände und Gesetzgebung. Köln, Opladen.
Stammer, O./Weingart, P., 1972: Politische Soziologie. München.
Sternberger, D., 1956: Lebende Verfassung. Meisenheim.
Sternberger, D., 1971: Nicht alle Staatsgewalt geht vom Volke aus. Stuttgart.
Sternberger, D., 1978: Drei Wurzeln der Politik. 2 Bde. Frankfurt (Schriften II, 1.2.).
Tudyka, K., 1973: Kritische Politikwissenschaft. Stuttgart.
Voegelin, E., 1964: Der Mensch in Gesellschaft und Geschichte. In: Schmölz 1964, 1–13.
Voss, Th., 1985: Rationale Akteure und soziale Institutionen. Beitrag zu einer Theorie des sozialen Tauschs. München.
Waldleiningen, 1949: Die politischen Wissenschaften an den deutschen Universitäten und Hochschulen. Gesamtprotokoll der Konferenz von Waldleiningen v. 10. und 11. Sept. 1949. Frankfurt o. J.
Waschkuhn, A., 1974: Zur Theorie politischer Institutionen. phil. Diss. München.
Waschkuhn, A., 1985: Art. „Institution(en)", „Institutionentheorie". In: Pipers Wörterbuch zur Politik, Bd. 1: Politikwissenschaft. Hg. Nohlen/Schultze. 376–380.
Weber, A./Kogon, E., 1950: Die Wissenschaft im Rahmen der politischen Bildung. Berlin.
Wildenmann, R., 1967: Politologie in Deutschland. Der Politologe 8, Nr. 23. 13–23.
Willms, B., 1971: Institution und Interesse. In ds.: Funktion – Rolle – Institution. Düsseldorf. 73–90.
Willms, B., 1977: Selbstbehauptung und Anerkennung. Wiesbaden.
Willms, B., 1979: Einführung in die Staatslehre. Paderborn.

Abkürzungen

APSR   American Political Science Review
GWU   Geschichte in Wissenschaft und Unterricht
KZfSS Kölner Zeitschrift für Soziologie und Sozialpsychologie
PVS   Politische Vierteljahresschrift
VfZ   Vierteljahreshefte für Zeitgeschichte
ZfP   Zeitschrift für Politik

Institutionentheorie in der neueren Politikwissenschaft

Klaus von Beyme

1. Der institutionelle Ansatz in der Konkurrenz mit anderen Methoden

Seit die Vorherrschaft eines unreflektierten Institutionalismus gebrochen ist, setzt wieder ein Bemühen um eine Theorie der Institutionen ein. Weniger sinnvoll als die Unterscheidung von Institutionenlehre und Institutionentheorie erscheint mir die Unterscheidung von „Institutionentheorie" und „institutionellem Ansatz". Die alte Annahme von Erik Allardt (1969: 17), daß die Politikwissenschaft schlechthin mit einem „institutionellen Ansatz" arbeite, während die Soziologie den Schichtungsaspekt in den Vordergrund stellt, ist doppelt schief. Einmal sind Schichtungsansatz und institutioneller Ansatz keine Gegensätze auf einer gemeinsamen logischen Ebene. Schichtung kann wie Eliten oder Gruppentheorie zu einem Grundbegriff für die Erklärung politischen Wandels gemacht werden. Aber es ist eine Variante einer vornehmlich dynamisch konzipierten politischen Theorie. Ein Ansatz wie der institutionelle Ansatz hingegen ist im Methodenbereich angesiedelt. Luhmanns (1970: 31) Plädoyer für eine schärfere Sonderung von Theorie und Methode kann nicht oft genug wiederholt werden, weil gerade holistische Theorien wie die Systemtheorien, soweit sie eine funktionalistische Logik beschwören, und nicht nur metaphorisch eingesetzt werden, oder auch marxistische Ansätze beides immer gern vermengen. Theorien können falsifiziert werden, Methoden sind nicht erledigt, wenn gewisse Theorien, die man mit einer Methode zu stützen versucht hatte, sich nicht bewähren. Der institutionelle Ansatz ist nicht obsolet, seit man zu Recht argumentiert, daß im modernen Parlamentarismus das Gewaltenteilungstheorem überholt erscheint. Die Revision der mechanistischen Gewaltenteilungsannahmen geschah schließlich auch durch einen Ansatz, der institutionell genannt werden muß. Inhaltlich gefaßte theoretische „Ansätze" haben schon unsere Terminologie verwirrt, die „Ansatz" mal auf „Methode", mal zur Abschwächung von Theorieansprüchen benutzt haben — wie die Interessengruppentheorie gehören sie nicht in eine Reihe mit institutionellen, genetischen, behavioralistischen oder funktionalistischen Theorien. Bei Apter (1977: 293) beginnt denn das Kapitel über Pluralismus bezeichnenderweise mit dem Eingeständnis, daß Pluralismus sowohl auf Institutionalismus wie auf Behavioralismus basieren kann.

Die Verwirrung von Theorie und Methode kann jedoch gerade beim Institutionalismus — mehr als bei Ansätzen, die so stark auf bestimmte Forschungstechniken geeicht sind, wie der behavioralistische Ansatz — immer wieder mildernde Umstände beanspruchen. Dem Institutionalismus lag eine politische Theorie zugrunde, er verkörperte sogar den „Mainstream" politischen Denkens seit Aristoteles. Sternberger (1978: 383) hat seine drei Wurzeln der Politik als Politologik (repräsentiert durch Aristoteles), Dämonologik (repräsentiert durch Machiavelli), und als Eschatologik (repräsentiert durch Augustinus oder Marx) bezeichnet. In der Kurzfassung sind die drei Konzeptionen der Politik institutionell, prozessual und intentional benannt worden.

Der institutionellen Politik-Konzeption lag überwiegend die Vorstellung prinzipieller Offenheit des politischen Prozesses und prinzipieller politischer Gleichheit der Vollbürger zugrunde. Es gab keine Trennung von Fürsten und Massen, Erleuchteten und Unerleuchteten, proletarischer Avantgarde und bürgerlichen Relikten. Eine eher prozedurale Auffassung von Politik, die sich nur auf einige Prinzipien des Minimalkonsenses festlegt, ist allen Institutionalisten gemeinsam. Modernisierung im freiheitlichen Sinne wurde in allen relevanten Theorien seit Max Weber als Prozeß der Institutionenbildung begriffen. Bei Max Weber ist die okzidentelle Sonderentwicklung vor allem mit der institutionellen Differenzierung weltlicher und geistlicher Herrschaft und der Herausbildung der Stadt, als von patrimonialen und feudalen Herrschaftsmustern der Zeit abweichend, erklärt worden. Inter-institutionelle Konflikte sind typisch für die okzidentellen Prozesse (Lepsius 1977: 21). Neben die Inter-Organkontrollen traten noch die Intra-Organkontrollen (K. Loewenstein), wie innerparlamentarische Gegensätze im Zweikammersystem zum Beispiel. Die klassischen Institutionalisten seit Montesquieu und Tocqueville waren nie gedankenlose Institutionalisten, welche Institutionen absolut setzten. Sie sahen sie in einem Systemzusammenhang, und jede Institution war an besondere soziale Träger gebunden. Deistische, mechanistische Uhrwerksideen gediehen nur selten zu jenem Formalismus, der politische Gruppen zum Schein in Mützen und Hüte aufteilte, um so zu einem Zweikammer- oder Zweiparteiensystem zu gelangen.

Die historische Soziologie hat den Institutionen seit Max Weber eine zentrale Rolle zugewiesen, selbst wenn sie dabei immer formalistischer wurde, und den Institutionenbegriff zum Teil aufgab. Die amerikanische Systemtheorie, die von Max Weber beeinflußt war, definierte institutionelle Muster als das Rückgrat des sozialen Systems, versuchte sie aber zu entmystifizieren und ihre substanzhaften Auffassungen durch Untersuchung der Rolle, die sie im sozialen System spielten, zu entziehen (Parsons 1954: 239). Die amerikanische Soziologie, welche weniger von Europa her beeinflußt war, und sich stärker an naturwissenschaftlichen Systemvorstellungen als an den zeitgenössischen Varianten einer Evolutionstheorie orientierte, erwähnte den Institutionenbegriff kaum oder ersetzte ihn durch Ausdrücke wie „Struktur". Jedes System hat politische Strukturen, die Strukturen haben im Gegensatz zum älteren institutionalistischen Ansatz keine feste vorgeschriebene Rolle. Die gleichen Funktionen können von unterschiedlichen Strukturen erfüllt werden und umgekehrt (Almond/Coleman 1960: 11). Gleichwohl zeigten die Typologien von Strukturen häufig eine schlichte Reproduktion der *institution-chose* im Sinne Haurious — in Anlehnung an die klassischen drei Gewalten — oder die *institutions-groupes*, welche Interessenaggregation und Interessenartikulation wahrnehmen (Dahl 1982: 65 f.). Die daraus abgeleitete Komparatistik kam zur Klassifikation von vier Grundinstitutionen (Exekutive, Bürokratien, Parlamente, Parteien), von denen historisch gesehen einige Prärequisiten für die anderen sind (z.B. Parlamente für die Parteien) (Holt und Turner 1970: 92).

Die deutsche Systemtheorie von Luhmann bis Münch hatte weit weniger Aversionen gegen den Institutionenbegriff entwickelt und folgte auch terminologisch der Weber-Parsons-Tradition in vielem. Wo die Schulen Eastons und Almonds den Ausdruck „Institution" geflissentlich vermieden und vielfach „Struktur" an seine Stelle setzten, brauchte Luhmann (1965: 13) beide Begriffe gelegentlich synonym: „Institutionen sind zeitlich, sachlich und sozial generalisierte Verhaltenserwartungen und bilden als solche die Struktur sozialer Systeme." Der Neoinstitutionalismus entwickelte sich vor allem in der Modernisierungs- und Entwicklungstheorie. Das Movens dieses Prozesses wurde von Behavioralisten in kognitiven Prozessen, von Ökonomisten in Bevölkerungs- und Wachstumsentwicklungen gesehen. Eine Minderheit der Theoretiker aber betonte die Entwicklung politischer Institutionen als die treibende Kraft. Wo Konflikte fehlen, sind politische Institutionen nicht nötig, wo sie zu stark sind, werden sie unmöglich. Bei schwacher Institutionalisierung überwiegt ein Hobbesianischer Kampf aller gegen alle von sozialen Gruppen, Familien, Klanen, der Ethnien. Die Binnenmoral vorrationaler Gesellschaften führt zum amoral familism, clanism, groupism oder classism (Huntington 1968: 24). Alte Webersche Wertungen schimmern in diesem Ansatz durch: Bürokratien sind besser als parchiale oder feudale Eliten. Über Weber hinaus wies die Ansicht, daß Parteiendemokratien hinwiederum im ganzen bürokratischer Herrschaft vorzuziehen seien.

Die Haltung der politischen Theorie zu den Institutionen erscheint also geistigen Traditionen verhaftet. Zwar gibt es einen älteren Institutionalismus, der nicht an einzelne Länder gebunden ist. Es war eher ein Stadium, das die gesamte Politikwissenschaft in Ablösung von der legalistischen Betrachtungsweise der Jurisprudenz durchlief. Aber in der angelsächsischen Tradition war der Institutionalismus immer pluralistischer, und nicht so stark in *einer* Institution gebündelt wie in der politischen Theorie des europäischen Kontinents. Hier wurden nicht nur einzelne Institutionen verdinglichter aufgefaßt, sondern auch der *Staat* als Institution der Institutionen magisch überhöht. Die *institution-groupe*, die immerhin in Haurious (1965) Institutionenlehre vorgesehen war, wurde eher diskriminiert und nicht gleichberechtigt mit *institution-chose* behandelt. In der angelsächsischen Welt war der Institutionalismus auf einen beschränkteren Begriff konzentriert. Nicht der Staat stand im Zentrum der Bemühungen, sondern *government*. Der Staatsbegriff hatte universalistische Nebenbedeutungen, der Staat hatte eine einzigartige Mission, selbst noch im limitierten neoliberalen Verständnis in der Ordnungspolitik (Dyson 1980: 209), die dem angelsächsischen Denken fremd war. „Staat" hatte für die angelsächsischen Länder eine autoritäre oder eine marxistische Konnotation.

Nachdem Amerika die Anfänge der Politikwissenschaft mit starken Einflüssen bei der deutschen Staatslehre überwunden hatte, setzte die anti-institutionelle Welle schon früh ein. Im 20. Jahrhundert entwickelte sich auch die angelsächsische Tradition auseinander, weil England zwar einem limitierten, aber dennoch stark entwickelten Institutionenbegriff verhaftet blieb. Britische Theoretiker der Politik haben den „uncriticized instutionalism" abgelehnt, der Institutionen verdinglicht und den Institutionalismus zum Kult einer Gruppe für ihre präferierte Institution macht (Barker 1961: 166). Aber sie haben nicht aufgehört, „government" als einen Zentralbegriff anzuer-

kennen. In Amerika hingegen hat die Welle der „New Science of Politics" (Falter 1982: 99) bereits vor dem Behavioralismus eine entschiedene Abkehr vom älteren Institutionalismus eingeleitet. Institutionen wurden nur im vagen Allgemeinsinn der Soziologie oder der Ethnologie noch gebraucht (vgl. Lasswell und Kaplan 1950: 47). Der Neomarxismus — in Amerika häufig nur so genannt und de facto allenfalls ein neuer Radikalismus — hat dem Konzept des Staates auch in der angelsächsischen Debatte wieder stärker zum Durchbruch verholfen. Easton (1981: 322) sorgte sich 1981, daß der Staat das politische System zu belagern begänne und befürchtete einen Rückfall mit schlimmen Folgen. Es blieb ihm jedoch der Trost, daß auch Autoren wie Miliband oder Poulantzas zunehmend Anleihen bei der Systemtheorie gemacht hatten. In der Tat ist die Annäherung von politökonomischer Staatstheorie und Systemtheorie einer der bemerkenswertesten Prozesse in der neuen Theorieentwicklung. Gleichwohl handelt es sich gerade wegen dieser Annäherung nicht um einen „romantischen Rückfall". Die Welle der Policy-Orientierung, welche die globalen Debatten um die „letzten Dinge" Ende der 70er Jahre abzulösen begann, bedurfte für die Konzeptualisierung der Interventionsfelder und Interventionsarten doch wieder so etwas wie einen zentralen Akteur. Selbst Neoliberale wie Olson, die aller Vermachtung politischer wie wirtschaftlicher Märkte abhold waren, bedurften einer Art *deus ex machina*. Sie nannten es nicht Staat, aber forderten gleichwohl ein „kohärentes Programm" eines staatlichen Akteurs (Olson 1982: 237). Doch wie an anderer Stelle zu zeigen versucht wurde (von Beyme 1984: 32) ist diese Revitalisierung des Staatskonzepts eine pragmatische. Weder die Linke noch die Rechte, weder Neosozialismus noch Neokonservatismus sind von einer neuen Staatsvergottung gekennzeichnet, sondern haben auch in der Staatsdebatte eher Ideen der Deregulierung oder Dezentralisierung entwickelt.
Holistische Theorien beginnen sich zu berühren. Nur der dogmatische Behavioralismus schien von dieser Annäherung ausgenommen. Eine Staatsdebatte im Behavioralismus war undenkbar, aber Institutionen spielten noch eine gewisse Rolle. Selbst die Pioniere des Behavioralismus haben den institutionellen Ansatz, den sie theoretisch kritisierten, nicht völlig aus der Politikwissenschaft verbannt. Zwar hat der Ansatz beim Individuum die Verdinglichung von großen Entscheidungskollektiven bei den Institutionalisten wie Nationen, Regierungen, Parlamente, Bürokratien, Parteien oder Interessengruppen nicht akzeptiert. *Realistische* Hinnahme oberflächlicher Kollektivrealitäten und mangelnder Sinn für die *nominalistische* Skepsis, daß Gruppen mehr seien als die Summe der Mitglieder, deren Interaktionen es zu messen gelte, wurde dem Instituionalismus vorgeworfen. Aber auch Kritiker wie Heinz Eulau (1969: 1, 158) haben die Institutionen nicht zu den Akten gelegt, sondern das Instrument eines *behavioral-institutional research* entwickelt, das besonders in der Parlaments- und Gerichtsforschung zu immer stärker mathematisierten Konsequenzen getrieben worden ist. Hatte sich Heinz Eulau um die Verknüpfung von Mikro- und Makroprozessen noch intensiv bemüht, so ließ sich doch nicht leugnen, daß ein großer Teil der behavioralistischen Revolte in unkritischen Schlüssen von der Mikro- auf die Makroebene versank. Rollentypologien von Lobbyisten, Entscheidungsträgern oder Richtern waren das abstrakteste, was in diesem Forschungszweig mit seinem individualistischem Bias in der Regel zugelassen schien.

Eine simple Dichotomie zwischen Traditionalisten und Behavioralisten, die in vielen Erörterungen überwog, machte es schwer, den Anteil der eigentlichen Institutionalisten an den Traditionalisten auszumachen. John C. Wahlke (1979) hat in seiner Presidential Adress als Präsident der American Political Science Association der Behauptung einer siegreichen Revolte, für die seit Dahl bereits die ersten Nachrufe erschienen, widersprochen. Seine Aufstellung anhand von Review-Artikeln und Forschungsnotizen der American Political Science Revie gewonnener Daten lassen kein klares Bild über den Anteil der institutionellen Studien im engeren Sinne zu. Aber sie scheinen – zusammen mit dem Studium politischer Prozesse, soweit diese nicht als „political behaviour-studies" anerkannt waren – noch immer zu überwiegen, selbst in der American Political Science Review, die als Kampfblatt des siegreichen Behavioralismus gegolten hat.

Dem Behavioralismus wurde vielfach eine gewisse Theoriefeindschaft nachgesagt. Das erscheint bedeutungslos, wenn dies im Namen von Ableitungstheorien geschieht, die keinen Ansatz als Theorie gelten läßt, der nicht den eigenen Abstraktionsgrad und Standpunkt teilt. Aber der Vorwurf kam auch von einigen Funktionalisten und Systemtheoretikern, besonders jenen – wie Easton oder Deutsch – die sich der Welle des Postbehavioralismus und einer Wiederanerkennung der politischen Philosophie stärker öffneten (vgl. von Beyme 1984: 187 ff.). Viele Politikwissenschaftler, die bei uns häufig als Positivisten und Behavioralisten in einen Topf geworfen wurden, haben eher auf systemtheoretischer Grundlage makrotheoretische Theorien entwickelt. Gelegentlich haben sie, wie Gabriel Almond, behavioralistische Ansätze mit systemtheoretischen Räsonnement auch verbunden.

Die eigentliche Wiederbelebung der Institutionenforschung kam von der makrotheoretischen vergleichenden Politikwissenschaft. Sie war in der Regel eklektisch in den Methoden, aber empirisch-analytisch im metawissenschaftlichen Fundament, und hat Institutionen als eine Variable in der vergleichenden Systemanalyse behandelt. Je nach Fokus konnte dies die abhängige oder unabhängige sein. In keinem Fall kam es zu einer dogmatischen Wiederbelebung eines generell institutionellen Ansatzes.

2. Institutionen als Variable: die Differenzen der einzelnen Länder

Bisher wurde die Relativierung des institutionellen Ansatzes durch konkurrierende Theorie- und Methodenansätze betrachtet. Die USA waren dabei so dominant, daß es sich weitgehend um eine Theorieentwicklung Amerikas handelte. Dennoch verdeckt die genetische Behandlung der Theorieentwicklung die Abhängigkeit der Institutionentheorie von den kulturellen Traditionen einzelner Länder und deren konkreten politischen Problemen. Auch ein Vergleich intellektueller Stile kann interessante Einsichten in Theorietraditionen mit erstaunlicher Kontinuität vermitteln, etwa in Italien durch die Theorie Santi Romanos oder in Frankreich durch die Schule Maurice Haurious (vgl. Dyson 1980: 216 ff.). Meine These ist jedoch, daß der Stellenwert der Institution in den verschiedenen nationalen Traditionen weniger von traditionalen Denkstilen als von den konkreten Nachkriegsproblemen der Gesellschaften, in denen die Politikwissenschaft wirkte, bestimmt wird. Der „teutonische Stil", den Galtung für die *deutsch-*

sprachigen Länder konstruierte, kann eine Neigung zur Verdinglichung von Institutionen im traditionellen Denken erklären helfen. Diese Tradition führte dazu, daß bestehende Institutionen liebend überschätzt wurden und als Ansatzpunkt für Kampagnen zu ihrem Machtzuwachs dienten — wie etwa die Debatte um das Amt des Reichspräsidenten in der Weimarer Zeit — oder daß Gegeninstitutionen verklärt und zur Rezeption empfohlen wurden. Deutsche Anglophile oder Frankophile haben viele Vorschläge gemacht. Das System der Bundesrepublik ist das erste der deutschen Geschichte, das weder magisch überhöht als Modell wahrgenommen wird, noch komplexverzerrt grundsätzlich von weiten Teilen der Publizistik abgelehnt wird. Im Ausland wird sogar manchmal von einer gewissen Selbstgerechtigkeit der Deutschen bezüglich ihrer Einrichtungen gesprochen, geschürt durch die Tatsache, daß erstmals eine gewisse Vorbildrolle von deutschen Institutionen in der demokratischen Welt ausgegangen ist: das Wahlrecht, der Föderalismus, die Arbeitsbeziehungen, die Verfassungsgerichtsbarkeit haben solche Wirkungen entfaltet. Von einer „Krise der Institutionen" mochte auch die Konrad-Adenauer-Stiftung in ihrer Publikation über „Die vergessenen Institutionen" (Rüther 1979: 22 ff.) nicht sprechen.

In *Amerika* ist die traditionelle Einstellung zu den Institutionen immer eine ganz andere gewesen. Ohne die Instinkt-Kompensationsthese Arnold Gehlens überzustrapazieren, läßt sich zeigen, daß die Institutionen der repräsentativen Demokratie als verdinglichter Anknüpfungspunkt der Legitimation benutzt wurden — bis hin zum Flaggenkult, der manchen Europäer erstaunt. Mangels etablierter Verhaltensmuster und Einrichtungen mußten die rational von den Gründungsvätern geschaffenen politischen Institutionen eine größere Legitimationswirkung entfalten als In Europa. Umfragen seit Almonds und Verbas Vergleich politischer Kulturen zeigen immer wieder, daß der Stolz auf die eigenen politischen Institutionen in Amerika weit größer ist als in Europa. 85 % der Amerikaner — im Vergleich zu 46 % der Briten, 7 % der Deutschen und 3 % der Italiener äußerten Stolz auf ihre politischen Institutionen in der Civic-Culture-Studie (Almond und Verba 1963: 102). In den ideologisch fragmentierten Gesellschaften Europas hatten die jeweiligen Institutuionen auch im 19. Jahrhundert weit weniger legitimierende Kraft. Schon Bryce (1959: Bd. 1, S. 1) machte auch ohne Aufwand an Umfragen die Beobachtung, daß die Institutionen in Amerika eine besondere Rolle spielten: *„What do you think of our institutions?"* sei eine typisch amerikanische Frage, die einem Briten auf dem Kontinent kaum je gestellt würde. Gerade, weil das politische Kredo in den USA diffus und nicht ideologisch stringent strukturiert war und die numinosen Elemente der Legitimierung von Herrscherpersonen eine geringere Rolle spielten (ein Vorteil, der mit der Republikanisierung Europas ein wenig eingebüßt worden ist), erhielten die Institutionen in Amerika einen herausragenden Rang.

Ein Paradoxon der Entwicklung ist, daß die amerikanischen Publizisten von der Güte ihrer Institutionen überzeugt waren, aber sie gleichwohl für einmalig und unübertragbar hielten. Der amerikanische Konsens umfaßte Grundwerte, die sich vor allem auf institutionalisierte Konfliktschlichtung beschränkte, und keine inhaltlichen metaphysischen Glaubenssätze enthielt. Der Konsens wurde prozedural, nicht inhaltlich definiert. Parsons (1958: 199) sprach einmal vom *instrumentalen Aktivismus* der Amerikaner. Da Amerika keine exportierbare politische Theorie hatte, glaubten die meisten politischen Theoretiker auch auf den Export politischer Institutionen verzichten zu sollen. Trotz aller Vorwürfe hat Amerika als Weltmacht den Besiegten von 1945 in Deutschland, Japan und Italien seine Institutionen nicht aufgezwungen – und außer in Japan – nicht einmal sehr effizient nahegebracht. Die Distanz zu den Institutionen, die einerseits als gegeben und gottgewollt kaum je in Frage gestellt werden, andererseits im Mißtrauen gegen personalisierte Macht immer wieder mit Skepsis betrachtet werden, ist gelegentlich bemerkenswert. Der Niedergang des Ansehens der Institutionen wurde manchmal als der alarmierendste Prozeß der Entlegitimisierung in Amerika dargestellt. Inzwischen gibt es wieder optimistischere Deutungen: das amerikanische Kredo schließt eine ungewöhnliche Spannung zwischen Idealen und Institutionen ein. IvI gap (*Ideals versus institutions*) wurde dieses Phänomen genannt. Die Legitimität der amerikanischen Institutionen ist umgekehrt proportional zum Glauben an die amerikanischen Ideale, und es tritt nach Zeiten des Niedergangs eine beispiellose Selbstläuterung des Systems ein (Huntington 1981: 4).

Selbst die kritische politische Theorie der Neoradikalen und der Caususbewegung innerhalb der American Political Science Association hatte noch Teil an diesem amerikanischen Kredo. Sie wollten keine grundsätzlich andere Republik. Der bei uns weitverbreitete Trick der politischen Auseinandersetzung, dem politischen Gegner zu unterstellen, er wolle „eine andere Republik", hat kein Pendant in Amerika. Auch die Radikalen wollen im Grunde nur fundamentale Rückbesinnung auf die Ideale der amerikanischen Demokratie, nicht eine grundlegende Reform des Institutionensystems. Daher sind alle institutionellen Reformdebatten – wie Abschaffung des präsidentiellen Systems oder Schaffung eines verantwortlichen Zweiparteiensystems britischen Musters – esoterische Debatten von Intellektuellen geblieben, die nicht den geringsten Einfluß auf die Politik gehabt haben.

Frankreich ist vielfach als ein Gegenpol gegenüber den USA empfunden worden. Die schärfste Institutionenkritik auf dem Boden des demokratischen Systems kam lange von einem stark angelsächsisch orientierten Soziologen und Bürokratieforscher wie Michel Crozier. Er entwickelte für Frankreich die These von der „blockierten Gesellschaft". Auf der Mikroebene sah er die Blockierung darin bestehen, daß das Individuum revolutionär und antietatistisch gegenüber dem Staat auftritt, und konservativ als Mitglied von Gruppen ist, die außerordentlich revindikativ auftreten. Auf der Makroebene führt dies zur Blockierung aller staatlichen Institutionen, da der Bürger auf zwei Ebenen – der individuellen, wie der kollektiven – ständig gewinnt. Die Institutionen sind unflexibel im raschen sozialen Wandel, sie lassen kaum nichtmanipulierte Partizipation zu. Das System und seine Institutionen reagiert nicht auf Minikrisen, daher die französische Tradition, durch mittlere Systemzusammenbrüche die notwendigen Innovationen zu vollziehen (1940, 1958, 1968/69) (Crozier 1970: 172 ff.).

In der trilateralen Kommission, die die These von der Unregierbarkeit westlicher Industriegesellschaften erstmals stark publik machte, vertrat Crozier (1975: 17 ff.) ebenfalls eine institutionentheoretische Variante der Unregierbarkeitsdebatte. Das bürokratische Modell ohne Konsens wurde für die lateinischen Länder wie Frankreich und Italien als typisch dargestellt, während die nordwesteuropäischen Länder einen breiteren Konsens erzielen und so die Dominanz der bürokratischen Institutionen verhindern. Schweden schien ihm das gelobte Land mit konsensorientierten Arbeitsbeziehungen und mit Ombudsmann-Repräsentation gegen die Bürokratie. Die Institutionenkritik war nicht nur gegen staatliche Institutionen gerichtet: vor allem auch Betriebe und Universitäten entbehren der institutionellen Führerschaft, die sie angeblich in Amerika besitzen. Interviewdaten scheinen diesen Argumenten recht zu geben. Bürokratie, Universitäten, Medien und Unternehmer kommen bei Umfragen auch in Deutschland ungleich schlechter weg als in Amerika.

Tabelle: Vertrauen in wichtige Institutionen (1981)

	USA		BRD
	hoch	mittelhoch	hoch
Supreme Court/BVerfG	33	56	62
Militär	36	53	47
Congress/Bundestag	12	73	50
Kirchen	57	37	34
Universitäten	38	55	−2
Fernsehen	31	58	34

Quellen: Lipset/Schneider 1983: 60; INFAS (die Vergleichbarkeit ist nicht groß, weil die Trennung von hoch und mittelhoch in Amerika zu Verschiebungen führen muß).

Aber die qualitative Deutung von Zahlen kann solche Generalisierungen zum Teil akzeptieren. Unternehmer und Kirchen scheinen als Institutionen in Amerika dauerhaft größeres Ansehen, Gewerkschaften geringeres Ansehen zu besitzen als in Europa. Bei den staatlichen Einrichtungen hat die These Huntingtons vom IvI gap (ideals versus institutions) bereits impliziert, daß das Ansehen einzelner Institutionen erstaunlich kurzfristigen Schwankungen unterliegt. Die Institutionenkritik der Trilateralen Kommission erwies sich in ihren Teilen schlecht aufeinander abgestimmt. Während Crozier in dem Kapitel über Westeuropa argumentierte, daß in Europa die Unregierbarkeit größer sei als in Amerika, weil die traditionalen Bande aufgelöst würden, ohne daß die Bürger an die freie Kommunikation quer durch die Schichten und Segmente gewöhnt seien, hat Samuel Huntington im Kapitel über Amerika behauptet, Europa habe noch mehr traditionelle Bande als Amerika und sei daher leichter zu regieren. Einig waren sich beide Autoren nur, daß es Japan noch besser habe, wegen des Fortlebens der Traditionen plus der Entwicklung moderner Mittel sozialer Kontrolle. Ein Teil der Institutionenkritik scheint über klassische Werke mit globalen Thesen à la Tocqueville nicht hinausgekommen zu sein. Nicht ausgestorben ist auch die Neigung, ein besseres Institutionensystem in der Morgenröte eines möglichst fernen Landes zu erblicken.

Aber nicht alles an der Unregierbarkeitstheorie ist unbrauchbar für die Institutionenlehre. *Italien* regiert auf allen Unregierbarkeitsskalen an letzter Stelle in Westeuropa (vgl. Ph. Schmitter, in: Berger 1981: 304), aber die von Crozier stark dramatisierten Institutionenschwächen in Frankreich ließen sich im Licht quantitativer Studien so nicht erhärten. Frankreich rangiert mit den USA und Kanada im Bereich der *unruly*, aber stabilen *polities*, Italien mit Großbritannien in der Gruppe der „unruly und instabilen polities" und Deutschland ist in eine seltsame Mittelposition „hineingerechnet" worden, die allem, was der gesunde Menschenverstand suggeriert, widerspricht. Daß die Folgen mancher Unregierbarkeitsbefunde nicht so schlimm werden, ist durch eine institutionelle Variable erklärt: das Ausmaß neokorporativer Konfliktschlichtungsmuster.

Diese Skizze der Unregierbarkeitstheorien zeigt bereits einige typische Stränge der Institutionentheorie in der neueren Politikwissenschaft. Croziers Sonderung nordeuropäischer und südeuropäischer Demokratien hat einiges für sich. In Nordeuropa werden vor allem von neokonservativer Seite – und nur hier gibt es bezeichnenderweise eine starke neokonservative Tendenz, wie sie nicht einmal in der italienischen DC denkbar wäre – Systemmängel auf subjektive Faktoren zurückgeführt. Überhöhte Ansprüche, Gruppenegoismus, motivationelle Schwächen müssen die Gebrechen des Systems erklären. Selbst *Großbritannien* mit seinen hohen Werten, die in Richtung Instabilität und Unregierbarkeit deuten müßten, hält an der Mystik eines Zweiparteienparlamentarismus ohne Koalitionszwang fest. Britische Royal Commissions bereisen ganz Europa, sehen aber schließlich trotz mancher positiver Einrichtung keinen Grund zum institutionellen Wandel, ob es um *devolution* oder um die Arbeitsbeziehungen geht. Totalrevisionsbestrebungen sind entweder in Partialrevisionen (Schweden 1976, Niederlande 1983) oder ganz (Schweiz, Bundesrepublik) stecken geblieben.

In den lateinischen Ländern ist institutionell keineswegs mehr geschehen. Im ganzen beschränkt es sich in Italien, Frankreich und Spanien auf die Regionalisierung, die erfolgreich vorangetrieben wurde, in Italien sogar nach einem dreißig Jahre verschleppten Verfassungsauftrag. Im Zusammenhang mit der Institutionentheorie ist jedoch bedeutsam, daß die Politikwissenschaft in Frankreich und Italien weit mehr als in den nordeuropäischen Ländern grundlegende institutionelle Änderungen diskutiert. Während in Deutschland die institutionellen Deadlocks durch Föderalismus, Bundesbank und Bundesverfassungsgericht von der neokonservativen Literatur als heilsames Bremsmittel gegen sozialdemokratische Reformpolitik gepriesen wurden (vgl. v. Beyme 1984: 44), ist in *Italien* die Systemkrise in erster Linie auf das Versagen der Institutionen zurückgeführt worden (Pasquino 1980: 116). „Modernisierung", „Entbürokratisierung", „Entimmobilisierung" lauten die Schlagworte. Während in Deutschland die institutionelle Selbstgerechtigkeit die Parteien voll umfaßt, wird in Italien vor allem an den Parteien als Institutionen Kritik geübt. Giuseppe di Palma (1977: 5) ging soweit zu behaupten, daß die soziale und wirtschaftliche Krise ein Produkt der Ineffizienz der politischen Institutionen sei und nicht umgekehrt, und Paolo Farneti (1980: 200) hat das ganze System durch sein Parteiensystem charakterisiert. Vor allem die Intellektuellen und Politologen der Sozialistischen Partei, die Giuliano Amato (1981: 23 ff.) zu sammeln versucht, sind mit immer neuen Vorschlägen hervorgetreten, von einer Sperrklausel zur Wahlrechtsänderung, zur Präsidentialisierung des Systems nach dem Vorbild der Fünften Republik oder zur Föderalisierung und zum Einkammersystem. Die Kritik kommt von Rechts wie von Links. Gegen Wahlrechtsänderungen wurde von einem Nestor wie Norberto Bobbio die Schutzwürdigkeit jeder Partei, die das Risorgimento mitgetragen haben, vorgebracht. Im Klartext: es kann zwei Miniparteien wie den Republikanern und Liberalen nicht zugemutet werden, sich unter dem Druck von institutionellen Änderungen zusammenzuschließen (Corriere de la Sera, 5. Okt. 1985, S. 1). Nahesteher der Kommunisten, wie der Bologneser Politikwissenschaftler Pasquino (1982: 127; 1985: 176 ff.), der in den Senat auf einer kommunistischen Liste gewählt wurde, sind dem Eigennutz zur Aufwertung der Stellung der Sozialisten noch stärker gram. Institutionelle Reform ist mit dem Geruch des Betruges — wie sie einst die DC mit der *legge truffa* versuchte — behaftet. Die Fragmentierung ist so tief internalisiert, daß ein Ausweg aus dem Immobilismus kaum zu erwarten ist.

In *Frankreich* sind die Parteien im ganzen so schwach, daß die theoretische Kritik sich eher gegen die staatlichen Institutionen richtet. Parteien spielen nur insoweit eine Rolle, als Debatten um Änderungen des Wahlrechts und der Stellung von Präsident und Premierminister in ihren Auswirkungen auf die Parteien umstritten sind. Die Widersprüche der Verfassung der Fünften Republik, durch Änderungen des Wahlmodus des Präsidenten noch widersprüchlicher geworden, hat schon immer zu heftiger Institutionenschelte Anlaß gegeben:

Die Urteile lauteten von „der schlecht redigierteste Text unserer Verfassungsgeschichte" (René Capitant) und „constitution hors série" (Georges Burdeau) bis zu „régime inédit" (Quermonne 1980: 561). Zwischen Präsidentialisierung und Parlamentarisierung waren die Gruppen hin- und hergerissen, bis auch die Sozialisten die Grundzüge des Systems akzeptierten. Mitterand (1964; 1984: 91), der de Gaulle einst vorgeworfen hatte, die mildeste Form der Staatsstreiche gewählt zu haben, indem er den Parteiführern die Komödie schmackhaft machte, daß er demokratische Institutionen schaffen wollte, hat seit dem Machtantritt 1981 selbst ein reichlich manipulatives Verhältnis zu den Institutionen entwickelt. Vor allem durch die plötzliche Einführung eines Proporzwahlrechts, um seiner Partei die stärkste Position zu erhalten, unter Hinnahme einer möglichen Stärkung auch der extremen Rechten. In einer Situation, in der es zu *cohabitation* eines linken Präsidenten und einer rechten Parlamentsmehrheit kommt, werden die Möglichkeiten des Präsidenten und die Notwendigkeiten des institutionellen Wandels mit einem Eifer diskutiert, die außerhalb des Einflusses der traditionell institutionell gesonnenen französischen Politikwissenschaft befremdlich wirkt. Lediglich die Möglichkeit für Politologen, die Spalten der großen Gazetten mit immer neuen Szenarios zu füllen, könnten bei uns Neid und stillen Gram erregen. Aber man erinnere sich, als es in der Bundesrepublik noch um rein institutionelle Fragen wie die Wahlrechtsänderung ging, kamen institutionalistische Politikwissenschaftler wie Eschenburg und Sternberger auch weit häufiger zu Wort als ihre Schüler heute. (Möglicherweise liegt es allerdings auch ein bißchen an ihren Schülern, weil sie sich mit institutionellen Fragen kaum noch beschäftigen).

Institutioneller Immobilismus wird mit höchst unterschiedlichen Rezepten angegangen. Nur in sehr stabilen Systemen werden neue soziale Bewegungen als Mittel gepriesen, institutionelle Verfestigungen aufzubrechen, selbst von Systemtheoretikern (Münch 1984: 626). In den romanischen Ländern ist dieser Optimismus verloren gegangen. Es gab dort eine Reihe von sehr violenten sozialen Bewegungen. Das erstaunliche ist der geringe Einfluß, den sie dauerhaft auf das System ausübten. In *Italien* haben die anarchoiden freien Organisationsformen in den Betrieben letztlich zur institutionellen Festigung der stärksten Gewerkschaft und der ihr nahestehenden Partei geführt. In *Frankreich* hat Crozier (1970: 237) schon früh darauf hingewiesen, daß eine Kulturrevolution eben keine soziale Revolution sei, welche die herrschende Bürokratie zu Fall bringen könne. In *Deutschland* hingegen haben Neokonservative wie Schelsky (1973: 21) die Kulturrevolution in ihrem Marsch durch die Institutionen stark überschätzt. Wenn er behauptet, die Radikalen hätten die Möglichkeit in einem westlichen industriell-bürokratischen Modell realistischer eingeschätzt als dessen Herrscher und Verteidiger, so hat er zumindest Teil an der Blindheit von beiden, die solche Möglichkeiten angesichts einiger Seilschaften im Bildungssektor hoffnungslos überschätzten. Als die Welle der frontalen Systemattacken vorbei war, und sich neue soziale Bewegungen formierten, die größere Sorgfalt darauf verwandten, Bedürfnisse weiterer Bevölkerungskreise zu artikulieren und nicht nur die Bedürfnisse von stellvertretenden Intellektuellen, die für die Arbeiterklasse zu sprechen vorgaben, war gleichwohl erstaunlich, daß frühere und stärkere Bewegungen wie die ökologische Bewegung in Frankreich rascher steckenblieb als die deutsche. Die Bundesrepublik, das Land der institutionell stabilisierten Selbstgerechtigkeit, wurde binnen kurzem zum Mekka alternativer Bewegungen. Wie war dies möglich? Institutionelle Variablen erklärten im Vergleich die Varianz: der Föderalismus, die größere Gemeindeautonomie, die stärkere Dezentralisierung der Verwaltung, die ausdifferenzierte Gerichtsbarkeit im Verwaltungsgerichtswesen bot mehr Chancen der Durchsetzung der neuen Bewegung (Nelkin und Pollak 1982).

3. Konklusion: Die Unwahrscheinlichkeit einer aussagekräftigen allgemeinen Theorie der Institutionen

Die vergleichende Politikwissenschaft, vor allem in ihrer Erweiterung zum Policy-Vergleich, hat den Neoinstitutionalismus neuerer Ansätze gefördert. Hauptunterschied zum älteren Institutionalismus: es wird *nicht alles* mit Institutionen erklärt. Es kann Situationen wenig verfestigter politischer Prozesse geben, in denen selten etwas mit den Institutionen erklärt werden kann, und wenn, dann ist ein Ereignis nur subsidiär davon mitbedingt worden. Das gilt vor allem für die Dritte Welt. Der Untergang der Demokratie in Chile könnte aus dem institutionellen Umstand erklärt werden, daß Frei laut Verfassung nicht wiedergewählt werden konnte. Gegen einen starken Christdemokraten wie Frei hätte Allende kaum eine Chance gehabt, und dem Lande wäre bei einer weniger rigorosen Wiederwahlbeschränkung manches erspart geblieben. Aber niemand würde aus einem solchen singulären Befund schließen, der Prätorianismus des Militärs in der Dritten Welt ließe sich institutionell erklären. Je fester etabliert der politische Prozeß und je stärker fragmentiert die Institutionen, umso mehr Erklärungskraft hat der institutionelle Faktor.

Im Gegensatz zum älteren unreflektierten Institutionalismus, ist der institutionelle Ansatz heute kein von vorneherein intendierter. Gerade die Vergleichende Regierungslehre endet mit institutionellen Befunden, obwohl sie vielfach anderes suchte, ob sie nun erklären will, warum die SPD weniger sozialistische Politik trieb, als die britische

Labourparty oder die schwedische Arbeiterpartei (Fritz W. Scharpf), oder ob sie den Neokorporatismus benutzt, um Outputdaten (Manfred G. Schmidt), gewerkschaftliche Organisationsformen (Wolfgang Streeck) oder als Gegenmittel gegen Unregierbarkeit zu erklären (Philippe Schmitter). Deswegen macht es wenig Sinn, in allen diesen Fällen von Neoinstitutionalismus zu sprechen, weil kein durchgängig institutionalistisches Verständnis von Politik vorliegt. Verhaltensvariablen werden bei Eliten und Massen von dieser neueren Forschung selbst dann mit einbezogen, wenn die meisten Aggregatdatenforscher keine eigenen Surveys initiieren. Institutionalistisch — und damit einer Theorie nahe — ist dieser Ansatz allenfalls in seinen nicht intendierten Folgen, die zum Inkrementalismus, zum piece-meal-engeneering und zur Skepsis gegen einen raschen institutionell noch nicht abgesicherten Wandel führen können.

Institutionen sind wieder vom Überschwang der Gegenerklärungsmuster entlastet worden, die sich unter dem Druck von Behavioralismus, Systemtheorien oder politökonomischen Erklärungsansätzen entwickelten. Ihr Stellenwert wird für instabile Systeme normativ, für stabile Gesellschaften auch explikativ zunehmend wieder entdeckt. Ein Neoinstitutionalismus kann jedoch angesichts der Komplexität moderner Ansätze keinen Rückfall in unreflektierten Alt-Institutionalismus beinhalten. Selbst der Forscher, der sich auf Institutionen spezialisiert und alles andere zu abhängigen Variablen deklariert, kann damit nicht verhindern, daß ein anderer Forscher sich eine genauso legitime Fragestellung wählt, in der Institutionen nur eine abhängige Variable darstellen.

Daher ist einige Skepsis erlaubt, ob es eine allgemeine Institutionentheorie geben kann. Diese könnte nur relativ abstrakt sein, und müßte wie ein großer Teil der historischen Soziologie des zwanzigsten Jahrhunderts von Bendix bis Münch die Elemente des okzidentalen Rationalismus zur Erklärung von Modernität schlechthin benutzen. Langfristig scheinen solche Erklärungen richtig zu sein, selbst im Bereich der immer wieder gefährdeten Grundrechte. Aber Politikwissenschaftler haben es in der Regel nur mit mittelfristigen Prozessen zu tun. Für globale Systementwicklungstheorien ist ihr Erfahrungsausschnitt ohnehin zu schmal. Diese muß die Politikwissenschaft der historischen Makrosoziologie überlassen. Es gibt jedoch wenig Grund, die Soziologie um diese Möglichkeit zu beneiden. Eine allgemeine Theorie der Institutionenentwicklung bleibt wohl notwendigerweise so allgemein wie bei Münch (1984). Sein Werk ist selbst in der Verarbeitungsdichte vorliegenden Materials recht locker. In einigen Institutionenbereichen wie der Parteienforschung erscheinen Weber, Ostrogorski, und Michels als der neueste Forschungsstand. Es ist daher sicher kein Zufall, daß Luhmann mit seiner weit umfassenderen Detailverarbeitungskapazität sich in interessanten Einzelstudien von den Grundrechten bis zur „Legitimation durch Verfahren" der Theorie von Institutionen angenähert hat, ohne sich bisher an eine allgemeine Theorie der Institutionen zu wagen.

Im Lichte dieser Erfahrungen in den deutschen Sozialwissenschaften ist die Politikwissenschaft gut beraten, ihre Genugtuung über die Wiederentdeckung der Institutionen nicht in theoretische Kurzschlußhandlungen umschlagen zu lassen. Eine allgemeine Institutionentheorie, die informationsgesättigt und nicht blutleer formal bleibt, könnte kaum mehr als eine halbierte vergleichende Regierungslehre sein, halbiert vor allem um die Verhaltensapsekte politischer Prozesse. Auch die stärkste Institutionennostalgie kann die behavioralistische Revolte nicht gänzlich ungeschehen machen, sondern nur ihre Übertreibungen korrigieren.

Literatur

Allardt, E., 1969: Political Science and Sociology. Scandinavian Political Studies 4. 11–21.
Almond, G. A./Coleman, J. S. (Hg.), 1960: The Politics of the Developing Areas. Princeton.
Amato, G. (u.a.), 1981: Una costituzione per governare. Venezia.
Almond, G./Verba, S., 1963: The Civic Culture. Princeton.
Apter, D. E., 1977: Introduction to Political Analysis. Cambridge/Mass.
Barker, E., 1951/1961: Principles of Social and Political Theory. Oxford.
von Beyme, K., 1984: Die Rolle der Theoriegeschichte in der amerikanischen Politikwissenschaft. In: Bermbach, U. (Hg.): Politische Theoriengeschichte. Opladen. 181–193.
von Beyme, K., 1984a: Unregierbarkeit in westlichen Demokratien. Leviathan 13. 39–49.
von Beyme, K., 1985: The Role of the State and the Growth of Government. International Political Science Review 6. 11–34.
Bryce, J., 1959: The American Commonwealth (1888). New York, Bd. 1.
Crozier, M., 1970: La société bloquée. Paris.
Crozier, M. (u.a.), 1975: The Crisis of Democracy. New York.
Dahl, R. A., 1982: Dilemmas of Pluralist Democracy. New Haven.
Di Palma, G., 1977: Surviving without Governing. Berkeley.
Dyson, K. H. F., 1980: The State Tradition in Western Europe. A Study of an Idea and an Institution. Oxford.
Easton, D., 1981: The Political System Besieged by the State. Political Theory 9. 303–325.
Eulau, H., 1969: Micro-Macro Political Analysis. Chicago.
Falter, J. W., 1982: Der „Positivismusstreit" in der amerikanischen Politikwissenschaft. Opladen.
Farneti, J. W., 1982: Italy: Response to Overload. In: Rose, R. (Hg.): Challenge to Governance. Beverly Hills.
Hauriou, M., 1965: Die Theorie der Institution. Berlin.
Holt, R. T./Turner, J. E. (Hg.), 1970: The Methodology of Comparative Research. New York.
Huntington, S. P., (1968): Political Order in Changing Societies. New Haven.
Huntington, S., 1981: American Politics: The Promise of Disharmony. Cambridge/Mass.
Lasswell, H./Kaplan, A., 1950: Power and Society. A Framework for Political Inquiry, New Haven.
Lepsius, M. R., 1977: Modernisierungspolitik als Institutionenbildung. Kriterien institutioneller Differenzierung. In: Zapf, W. (Hg.): Modernisierungspolitik. Meisenheim. 17–28.
Lipset, S. M./Schneider, W., 1983: The Confidence Gap. New York.
Luhmann, N., 1965: Grundrechte als Institution. Berlin.
Luhmann, N., 1969: Legitimation durch Verfahren. Neuwied.
Luhmann, N., 1970: Soziologische Aufklärung. Köln, Opladen. Bd. 1.
Münch, R., 1984: Die Struktur der Moderne. Grundmuster und differentielle Gestaltung des institutionellen Aufbaus der modernen Gesellschaften. Frankfurt.
Nelkin, D./Pollak, M., 1982: The Atom Besieged. Cambridge/Mass. 2. Aufl.
Olson, M., 1982: The Rise and Decline of Nations. New Haven.
Parsons, T., 1954: Essays in Sociological Theory. Glencoe/Ill.
Parsons, T., 1958: Authority, Legitimation and Political Action. In: Friedrich, C. J. (Hg.): Authority. Cambridge/Mass. 197–221.
Pasquino, G., 1982: Degenerazioni dei partiti e riforme istituzionali. Bari.
Pasquino, G., 1985: La complessità della politica. Bari.
Quermonne, J.-L., 1980: Le gouvernement de la France sous la Ve République. Paris.
Rüther, G. (Hg.), 1979: Die „vergessenen" Institutionen. Melle.
Schelsky, H., 1973: Systemüberwindung, Demokratisierung, Gewaltenteilung. München.
Schmitter, Ph., 1981: Interest Intermediation and Regime Governability. In: Berger, S. u.a. (Hg.): Organizing Interests in Western Europe. Cambridge. 287–327.
Sternberger, D., 1978: Drei Wurzeln der Politik. Frankfurt.
Wahlke, J. C., 1979: Pre-Behavioralism in Political Science. American Political Science Review 73. 9–31.

Institutionentheorie im historisch-gesellschaftlichen Kontext

Rolf Ebbighausen

*1. Nachfragen an die politikwissenschaftliche Diskussionsentwicklung seit 1945:
Vom positiven Institutionenglauben zur relativen Institutionenungewißheit*

Das alltägliche Verhältnis der Bürger zu den politischen Institutionen, deren Anerkennung oder Infragestellung, klassen- oder generationenspezifische Änderungen ihrer Haltung und Einstellung sind rückgebunden in breitere Zeitströme oder Umwälzungen gesellschaftlicher Bewußtseinsformen und Lebensbedingungen. Davon nicht unberührt bleibt auch die Art und Weise der Thematisierung und Theoretisierung der Institutionenfrage auf der Ebene wissenschaftlicher Reflexion. Die von Göhler zunächst unter primär systematischen Aspekten unternommene Suche nach Ansätzen zu einer Institutionentheorie bzw. Institutionenlehre in der deutschen Politikwissenschaft seit 1945 ist aus dieser Sicht durch einige Nachfragen zum historisch-gesellschaftlichen Kontext seiner Befunde zu ergänzen. Denn hinter der sorgsamen Auflistung der mehr oder weniger durchgängig registrierten Defizite an systematischer Anstrengung bleibt jener grundlegende Wandel der Problemsichten, Einschätzungen und Optionen eher verborgen, der mir die wissenschaftliche Diskussionsentwicklung – quasi jenseits fortbestehender ideologisch-politischer Differenzen – gerade in dieser Thematik seit 1945 zu kennzeichnen scheint. Zugespitzt läßt sich dieser Wandel in die Formel der oben gewählten Zwischenüberschrift fassen: Vom positiven Institutionenglauben hin zu einer relativen Institutionen*un*gewißheit. Und diese relative Institutionen*un*gewißheit ist es ja offenbar, die unsere Thematik heute als eine politisch brisante ausweist und zu einer wissenschaftlich interessanten macht.

Freilich, mit einer solchen formelhaften Zuspitzung werden nicht die inneren Widersprüche und die Kontroversen erfaßt, die jene allgemeine Veränderung des gesellschaftlichen und politischen Bewußtseins in der Bundesrepublik wie des herrschenden Selbstverständnisses der Politikwissenschaft begleitet, provoziert und produziert haben. Dennoch: Die Tendenz ist unbestreitbar, und sie erhält ihre politische Brisanz, weil über ihre Bewußtmachung auch strukturelle Veränderungen und erhebliche Entwicklungsprobleme des modernen Kapitalismus und der Massendemokratie ins Blickfeld geraten. Den zeit- und gesellschaftsgeschichtlichen Bedingungen dieses Wandels der Problemlagen und der Problemsichten nachzuspüren, scheint daher förderlich für eine weitergehende Reflexion der Möglichkeiten und Grenzen einer Theorie politischer Institutionen heute, zu der die gegenwärtige Situation augenscheinlich drängt.

Was die zeitgeschichtliche Ausgangslage der wissenschaftlichen Diskussionsentwicklung im bundesrepublikanischen Nachkriegsdeutschland betrifft, sage ich dabei nichts

Neues: Den Gründervätern der deutschen Politikwissenschaft nach 1945 gemeinsam war bei allen Differenzen zwischen ihren Positionen ganz zweifellos eine insgesamt positive Institutionenorientierung. Politikwissenschaft wurde ja gleichsam unter dem Erfahrungsdruck des Scheiterns der Weimarer Republik und der nationalsozialistischen Herrschaft als Demokratiewissenschaft neugegründet, unter amerikanischem Einfluß und der Mithilfe der Emigranten, mit dem deklarierten bildungspolitischen Ziel, einen allgemeinen und tragfähigen Grundkonsens der westdeutschen Bevölkerung über die demokratischen Kernprinzipien zu erreichen – als wesentliche Voraussetzung für eine dauerhafte und in sich stabile Gesellschafts- und Staatsordnung. So ist es im übrigen kein Zufall, daß sich sehr unterschiedliche Positionen unter den Gründervätern nach 1945 – von Fraenkel bis Abendroth – auf Heller beziehen, dem es in Anbetracht der Auflösungserscheinungen der Weimarer Republik um die Schaffung eben eines solchen möglichst breiten, kulturell vermittelten Grundkonsens, insbes. zwischen Bürgertum und Arbeiterschichten, gegangen war. Vor dem Hintergrund dieses Selbstverständnisses als Demokratiewissenschaft hat H. Mommsen Heller den eigentlichen „Vater der modernen Politikwissenschaft" in der Bundesrepublik genannt (Mommsen 1962: 360).

Zu unterstreichen ist dabei für die Gründerväter vor allem deren Option einer wirksamen *Machtbindung und Machtkontrolle durch das politische Institutionensystem.* Diese Option vor dem Hintergrund eines durch das Scheitern der Weimarer Republik, das NS-Regime und z.T. die Emigration geprägten Erfahrungshorizonts offenbarte dabei ein Institutionenverständnis, das durchaus auch konservative Züge hatte: Institutionen als Mittel der Kontrolle, aber auch der Ordnung, im Sinne Hellers: die sittliche Bestimmung des Individuums zu achten und die Selbstbestimmung des Bürgers nicht zu hindern. Daß dabei auch die Gefahr der Verselbständigung der Institutionen gegenüber dem Einzelnen – das große Thema M. Webers – als dieser Option zugleich entgegenstehender Tendenz im Blick blieb, verstand sich aus der preußisch-deutschen Geschichte heraus gleichsam wie von selbst. Die Studien und Beiträge zur Institutionenfrage waren in diesem Selbstverständnis von Politikwissenschaft als Demokratiewissenschaft so doppelt durch geschichtliche Erfahrung vorgeprägt: durch das Scheitern der ersten Republik in Deutschland und durch die erfahrene Tradition und Entwicklungsfähigkeit der angelsächsischen Demokratien.

Entsprechend gestalteten sich die Fragezusammenhänge, die die frühen Untersuchungen der fünfziger Jahre dann zur Verfassungswirklichkeit in der Bundesrepublik prägten. Ich denke hier außer an die von Göhler genannten auch an Namen wie Gurland, F. L. Neumann u.a.. Ich denke in dem Zusammenhang aber auch an die etwas späteren Studien von Bracher u.a. über die Auflösung der Weimarer Republik und die nationalsozialistische Machtergreifung, die gleichfalls in diesem Kontext zu sehen sind. Durchaus solcherart einer positiven Institutionenorientierung im Sinne des Selbstverständnisses von Demokratiewissenschaft verpflichtet, kamen dann in den fünfziger Jahren auch – dies in erster Linie aus der sozialdemokratischen Denktradition heraus – Ansätze zu einer gleichsam immanenten Institutionenkritik hinzu: Kritik über erste Untersuchungen institutioneller Verselbständigung, Kontrollverluste, Zielverschiebungen im Kontext der erkennbaren gesellschaftlichen Restaurationstendenzen in der Bundesrepublik. Aber auch solche Kritik, selbst wo sie – wie bei Abendroth – schließlich erneut an

Marx direkt anzuknüpfen suchte, blieb noch einer durchaus positiven institutionenorientierten, institutionalistischen Perspektive verpflichtet: in der analytischen Orientierung wie in den politischen Optionen. Staat und Verfassung wurden in ihrer inhaltlichen und formalen Gestaltung als offen angesehen, die bürgerliche Gesellschaft praktisch zu verändern, von einer „politischen" Demokratie zu einer „sozialen" zu gelangen.

Auch in *dem* Zusammenhang wurde im übrigen an Heller angeknüpft. Zwar hatte Heller die Funktion des Staates einerseits „in der geschichtlichen Notwendigkeit eines gemeinsamen status vivendi für alle Interessengegensätze" begründet gesehen (Heller 1934: 203); aber es gibt mit der Hellerschen Auffassung von der Verpflichtung des Staates, die sittliche Bestimmung des Individuums zu achten und die Selbstbestimmung des Bürgers nicht zu hindern, auch den Gedanken von der Notwendigkeit einer gerechteren Gestaltung der Wirtschafts- und Güterordnung. In dem Sinne war zur „leitenden Hypothese" seiner Staatslehre „die Annahme von der Unhaltbarkeit der Klassenstruktur des heutigen Staates" geworden (Heller 1934: 59). Und es war schließlich diese Seite der Hellerschen Staatslehre, die von Autoren wie Abendroth, auch Stammer, Flechtheim u.a. im Klima der fünfziger Jahre, der Ära Adenauer, zunehmend hervorgekehrt wurde, angesichts von Tendenzen einer Zementierung der restaurierten ökonomischen und gesellschaftlichen Macht- und Kräfteverhältnisse, ihrer Einrichtung nicht jenseits, sondern im Rahmen des neuentstandenen politischen Institutionensystems. Zunehmend gewannen deren Studien und Beiträge zur Untersuchung der Verfassungswirklichkeit von daher auch eine gesellschaftskritische Dimension. Geräuschloser Abbau von Grundrechten und gleichsam informeller Umbau der durch das Grundgesetz vorgegebenen staatlichen Institutionen- und Kompetenzordnung im Kontext der politischen Befestigung restaurierter gesellschaftlicher Machtverhältnisse waren Angriffspunkte der Kritik.

Klar, daß sich in dieser Hinsicht rasch die Geister unter den Gründervätern, sieht man das Spektrum an politischen und wissenschaftlichen Positionen, schieden. Dennoch blieb es vor dem Hintergrund des Scheiterns der Weimarer Republik ihr Gemeinsames, die Bedeutung der Inhalte und Formen des politischen Institutionensystems und seiner konsensualen Fundierung jenseits von Klassen- und Interessenschranken erneut betont zu haben, deren Bedeutung gerade im Hinblick auf die notwendige Kanalisierung und Begrenzung gesellschaftlicher Macht.

Institutionenanalyse und -kritik erfuhren eine gewisse Wendung dann mit den aufkommenden ökonomischen Struktur- und Entwicklungsproblemen und dem ersten deutlicheren Kriseneinbruch in den sechziger Jahren. Einerseits rückte deutlicher die Frage nach der *Problemverarbeitungskapazität und -qualität* des Institutionensystems in den Blick (siehe hier u.a. auch schon den Hennis'schen Ansatz zu einer Regierungslehre), andererseits wurde mehr noch und deutlicher als zuvor das gesamte politische System unter dem Aspekt innerer Stabilisierung der etablierten gesellschaftlichen Machtverhältnisse zum Ansatzpunkt kritischer Analyse. Es ist hier nicht der Platz, die Diskussionsentwicklungen seit Ende der sechziger Jahre nachzuzeichnen, einerseits die Zuspitzung dieser Kritik in der marxistischen Staatsdiskussion, andererseits die an die Frage der Problemverarbeitungskapazität und -qualität anknüpfenden Entwicklungen der Planungs- und Verwaltungsforschung, schließlich der Implementations- und Evaluationsforschung, der Politikfeldanalysen. Natürlich sind hier die gesellschaftlichen und politischen Probleme der Zeit ins Fach durchgeschlagen — mit der Konsequenz, daß die Institutionen*gewißheit* der Gründerväter einer relativen *Un*gewißheit gewichen ist. Sie macht, wie gesagt, unsere Thematik heute zu einer interessanten.

2. Gesellschaftsgeschichtliche Dimensionen des Fragezusammenhangs

Offe hat Mitte der siebziger Jahren von einer „erhöhten Legitimationsempfindlichkeit" des „kapitalistischen Staates" gesprochen (Offe 1976: 81). Nun sollen hier nicht Diskussionen neu angezettelt werden, die in den siebziger Jahren geführt worden sind, in Zusammenhang mit der wirtschaftlichen Krisenentwicklung damals und den aufkommenden Protestbewegungen: Streit um die Frage eines gewachsenen Krisenbewußtseins oder einer Legitimationskrise des politischen Systems gar. Lange Zeit wurde ja und noch heute wird von konservativer Seite ein Schwund des Vertrauens in das bestehende politische Institutionen- und Herrschaftssystem als empirisch nicht zureichend nachweisbar bestritten (vgl. Kaase 1979, 1984). Aber klar ist, daß hier die von den Gründervätern so hervorgehobene notwendige allgemeine konsensuale Basis der institutionellen Bedingungen politischen Handelns heute in den Blick gerät. Dies auch, weil angesichts der ja keineswegs bestrittenen gewachsenen Anforderungen aus dem ökonomischen an das politische System inzwischen mit den im Zuge der konservativen Wende durchgesetzten neoliberalen *Ent*staatlichungsstrategien Einschätzungen und Bewertungen erkennbar werden, die m. E. eben diese Fundierung unseres politischen Institutionensystems in ihren gesellschaftsgeschichtlichen Voraussetzungen nur unzureichend bedenken. Darauf hier kurz einzugehen, erscheint mir lohnend.

Denn mit solchen Strategien verbunden ist die Option der Bewahrung der Formprinzipien unserer Ordnung. Und ins Blickfeld gerückt werden in der Tat — auch und gerade in der kritischen Auseinandersetzung mit der marxistischen Krisendiskussion — insbesondere die im Kampf gegen die vorbürgerlichen Verhältnisse bewußtseinsbestimmenden und schließlich mit der Durchsetzung der bürgerlichen Gesellschaft zur Anerkennung gelangten politischen Formprinzipien (so jüngst erneut: Mandt 1985). Unterbelichtet bleibt aber die *Fort*entwicklung der institutionellen Formen und Inhalte sowie ihrer soziokulturellen und politischen Fundierung im Zuge der weiteren Entfaltung des Kapitalismus und der bürgerlichen Demokratie — das nicht ohne Folgen für die Politik selbst: Der Rückgriff auf frühliberale Überzeugungsgehalte der Marktwirtschaft und des Rechtsstaats überschätzt nicht nur die immanenten wirtschaftlichen Regenerationschancen unter den heute erkennbaren internationalen ökonomischen und politischen Rahmenbedingungen; die These von der Unregierbarkeit oder jene von der Überforderung des Sozialstaats — in die Diskussion gebracht (wie die argumentative Anknüpfung an die „strikte" Rechtsstaatsinterpretation Forsthoffs zeigt), um die „ursprünglichen" bzw. „eigentlichen" Formprinzipien zu retten — führen vielmehr letztlich zu einer Politik, mit der das bestehende politische Institutionensystem heute in seinen fortentwickelten soziokulturellen und politischen Fundamenten, eben jener für die Gründerväter aus den Weimarer Erfahrungen heraus zentral wichtigen konsensualen Basis, quasi ungewollt gefährdet wird.

Denn – man muß sehen – solche Strategien und die ihnen zugrundeliegenden Einschätzungen verdrängen ein für die richtige Bewertung dieses Institutionensystems unabdingbares *gesellschaftsgeschichtliches Faktum*: daß sich nämlich die institutionellen Voraussetzungen breit angewachsener interventionsstaatlicher Maßnahmen ebenso wie jene der sozialstaatlichen Teilhabe als spezifisches historisches Folgeprodukt der Durchsetzung und Entfaltung unserer Wirtschaftsweise, des Kapitalismus, entwickelt haben: aus den immanenten ökonomischen Bestandsgefährdungen wie aus den Klassenauseinandersetzungen heraus als in sich durchaus widersprüchliche politische und rechtliche Formen der Krisenprophylaxe im weitesten Sinne, also nicht nur im Sinne der Absicherung erkämpfter Recht der Arbeiter von unten her, vielmehr auch und in erster Linie im Sinne der Sicherung der Reproduktionsbedingungen des Kapitals, damit der Überlebenschance der bürgerlichen Gesellschaftsformation insgesamt. Nicht zuletzt über die Formen einer relativen Stillegung der sich verschärfenden Klassenauseinandersetzungen, der politischen Integration der entstehenden Systemopposition der Arbeiterbewegung, haben sich im Rahmen des sich entwickelnden Kapitalismus – in Deutschland unter spezifischen national-kulturellen Bedingungen, schon der Massendemokratisierung, schließlich der Neuordnung nach 1945 – organisatorisch-politische Auffangmechanismen und institutionelle Elastizitäten herausgebildet, die erst eine entsprechende Reagibilität auf die sich verändernden ökonomischen und politischen Situationsbedingungen und so eine gewisse Bandbreite der Selbstadaption des kapitalistischen Systems ermöglicht haben. Diese materiale gesellschaftsgeschichtliche Seite unseres politischen Institutionen- und Herrschaftssystems im weiteren Sinne hat ihm wie seinen Teilen einerseits eine gewisse Stabilität verliehen. Andererseits hat sich auch seine Legitimationsempfindlichkeit im Sinne Offes erhöht. Der über lange Jahre „institutionalisierte Klassenkompromiß" (Habermas) ist fragil geblieben, ist stärker wieder in Gefahr: angesichts der angewachsenen ökonomischen Struktur- und Entwicklungsprobleme, ihrer politischen Bewältigungsschwierigkeiten heute und angesichts von Lösungsstrategien, die letztlich auf eine erneute Klassenpolitik hinauslaufen. Aber – um wiederum Heller zu zitieren – auch offene „bürgerliche Klassenherrschaft", erst recht jene in den Formen von Rechtsstaat und parlamentarischer Demokratie sich durchsetzende, trägt den Widerspruch ihrer gesellschaftsgeschichtlichen „Legitimationsgrundlage" weiter in sich, nach der sie „im Namen der Freiheit und Gleichheit ‚Aller' aufgerichtet worden" ist (Heller 1934: 116).

Natürlich bleibt die Frage gestellt, wie hoch diese Legitimationsempfindlichkeit unseres politischen Institutionen- und Herrschaftssystems konkret zu veranschlagen ist, dies auch und gerade im Bewußtsein der nach Weber immer wieder hervorgehobenen gleichsam eigendynamischen Tendenz der Beharrung, gar Befestigung institutioneller Strukturen. Die Kontroversen der letzten Jahre haben hier viele Aspekte beleuchtet – ich denke nicht nur an die Diskussion über die Bedeutung der neu aufgekommenen Protestbewegungen, das politische Potential der neuen sozialen Bewegungen insgesamt, an die Thesen über allgemeine soziokulturelle Veränderungstendenzen, ich denke auch an die neuere Korporatismus-Diskussion und -Forschung, an die Kontroversen und

Forschungen zur These vom „Ende" der Arbeiterbewegung, die Forschungen über Folgen der veränderten Arbeits- und Lebenssituation der Arbeiter, der gewachsenen Fragmentierung der Arbeiterschaft, ihrer kulturell verfestigten Fraktionierung, des fortbestehenden Etatismus und Institutionalismus der Organisationen der Arbeiterbewegung – Diskussions- und Forschungszusammenhänge, von denen jedenfalls eine gesellschaftsgeschichtlich orientierte Analyse des politischen Institutionensystems nicht abstrahieren kann, auch und gerade dann nicht, wenn sie einer praktischen Reflexion politischer Formprinzipien verpflichtet bleibt, die deren Relevanz für die Wirksamkeit demokratischer Kontrolle und Veränderung gesellschaftlicher Machtverhältnisse unterstellt.

3. Gesellschaftliche Entwicklungsprobleme heute, gesellschaftstheoretische Neuorientierungen und Theorie politischer Institutionen

Die neueren gesellschaftlichen Entwicklungserscheinungen und diese jüngeren Diskussions- und Forschungszusammenhänge haben gleichsam parallel zur Erörterung und zur Überprüfung überkommener gesellschaftstheoretischer Grundpositionen geführt, deren Resultate mir nicht ohne Belang erscheinen auch für eine Erörterung der Prämissen und Grenzen einer Theorie politischer Institutionen heute. Das gilt erst recht, sofern der umfassendere Aspekt der Bedeutung des politischen Institutionensystems im Kontext der Stabilisierung bzw. Destabilisierung gesellschaftlicher Machtverhältnisse im Blick bleibt – jener Aspekt, der für die Gründerväter zentral war, wenn auch unter anderen zeitgeschichtlichen Voraussetzungen.

Interessant erscheint mir hier die neuere Wendung der selbstkritischen Debatten zur Krise des Marxismus ebenso wie des relativ breiten Diskurses zu einer allgemeinen Theorie der Moderne. Auch im Hintergrund dieser Kontroversen steht natürlich – wenngleich in unterschiedlicher Weise akzentuiert – die die politikwissenschaftliche und soziologische Diskussion insgesamt begleitende und immer wieder beherrschende Frage nach den Chancen und inneren Schranken der Entwicklungsfähigkeit unserer Gesellschaftsformation.

Aus den selbstkritischen marxistischen Debatten heraus scheint mir für unseren Fragezusammenhang vor allem bemerkenswert, daß gegenüber radikaler Ideologiekritik, einem weitgehend ahistorischen Ableitungs-Marxismus und der ökonomistischen Überinterpretation der Marxschen Krisentheorie zu Anfang der siebziger Jahre nun eine deutlichere *gesellschaftsgeschichtliche* Orientierung innerhalb der marxistischen Diskussion und Forschung und dabei vor allem eine stärkere analytische Ausrichtung auch auf die *individuelle, sozialkulturelle und institutionelle* Seite der Gesellschaftsgeschichte des modernen Kapitalismus erkennbar wird. Basis dafür war die Neuentdeckung der politischen Unabdingbarkeit individueller Menschen- und Freiheitsrechte als Voraussetzung sozialistischer Umgestaltung, dies in Auseinandersetzung mit Entwicklungen in den Ländern des „real existierenden Sozialismus". Basis dafür waren aber auch und vor allem Fehleinschätzungen über erwartete Entwicklungstendenzen bei uns in den kapitalistischen Industrieländern: Die aus der wirtschaftlichen Krisenentwicklung in den siebziger Jahren „abgeleiteten" erneuten Klassenauseinandersetzungen waren ausgeblieben; die arbeitenden Klassen und die Organisationen der Arbeiterbewegung blieben in das soziale und politische System des Kapitalismus eingebunden. Die neuere marxistische Diskussion hat sich so inzwischen deutlicher nicht nur in Richtung einer Untersuchung der Gesamtheit der Lebensverhältnisse der arbeitenden Menschen, sondern deutlicher auch zur gesellschaftsgeschichtlichen Analyse eigendynamischer Entwicklungen von Politik und Kultur öffnen müssen. Sie hat u.a. an die Diskussionen in Frankreich und insbesondere in Italien (hier in der Nachfolge von Gramsci) anknüpfen können, in denen analytische und instrumentelle Verkürzungen des Politischen weit weniger durchgeschlagen waren als in manchen Positionen eines Ableitungs-Marxismus in der Bundesrepublik. Sie ist dabei in jüngerer Zeit insbes. beeinflußt worden auch durch Debatten und Forschungen, wie sie im Zusammenhang mit den Ansätzen zu einer Sozialgeschichtsschreibung von unten her, vor allem in Großbritannien, entstanden sind. Die Suche nach dem „revolutionären Subjekt" und die Enttäuschung über die Entwicklung der Großorganisationen der Arbeiterbewegung waren auch hier Anlaß zur Kritik und zur Umorientierung von Forschungsperspektiven. Verbunden mit Namen wie Thompson und Hobsbawm, führte das relativ breite Programm einer gegen ökonomistischen Reduktionismus und linearen Evolutionismus gerichteten materialistischen Geschichtsschreibung über die Entstehung und Entwicklung des englischen Kapitalismus seit der Krise des Feudalismus dort schon in den sechziger Jahren in Richtung einer Untersuchung der entstandenen eigenständigen Klassenstruktur, ihrer Verwurzelung in vorbürgerlichen und vorindustriellen Arbeits- und Lebenszusammenhängen, der Bedeutung solcher sozialkulturellen Voraussetzungen für Organisation und Politik der Arbeiterbewegung, für die Gestaltung der Formen und Inhalte des politischen Dissens, aber eben auch für die Prozesse der Anpassung an das überkommene Institutionensystem wie für dessen immanente Veränderung.

Nicht nur in diesen Debatten — insgesamt gesehen, hat in der sozial- und politikwissenschaftlichen Diskussion der Gegenwart *die Neuentdeckung der sozialkulturellen Seite* aktueller Tendenzen und Erscheinungen im politischen System den Blick erneut stärker auf *langfristige kultur- und gesellschaftsgeschichtliche Entwicklungsverläufe* rückgewendet. Das gilt insbes. auch für jene neueren Ansätze zu einer Theorie der Moderne, in denen Gesellschaftsgeschichte selbst noch Programm bleibt. Ich kann hier nicht im einzelnen auf diese neueren Ansätze eingehen: die Theoriestränge und -entwürfe sind insgesamt gegenwärtig ja auch in der Bundesrepublik in einer breiten Diskussion, erneut angestoßen durch den großen Entwurf von Habermas (1981) und die Luhmann- und Habermas-Kritik von Münch (1984) im Rahmen seines Versuchs einer Rekonstruktion und Weiterentwicklung der Parsonschen Theorie. Sicherlich am wichtigsten in Zusammenhang mit den selbstkritischen marxistischen Debatten ist dabei der Habermassche Entwurf. Auch bei Habermas, der das kapitalistische Muster der Modernisierung dadurch gekennzeichnet sieht, daß die symbolischen Strukturen der Lebenswelt unter den Imperativen der über Geld und Macht ausdifferenzierten und verselbständigten Subsysteme „verformt" werden, richtet sich der Blick insbesondere auf die Lebensbereiche der kulturellen Reproduktion, der sozialen Integration und der Sozialisation — eben jene in der marxistischen Diskussion der siebziger Jahre analytisch vernachlässigten Bereiche, ohne die gleichwohl weder die gegenwärtig erkennbare Ausweitung der Grenzen des Kapitalismus noch das gewachsene Spannungsverhältnis zwischen den neu aufgekommenen sozialen Bewegungen und dem etablierten politischen Institutionen- und Herrschaftssystem ausreichend erklärbar werden.

Auch wenn die in Zusammenhang mit diesen Debatten schließlich geäußerte Überlegung (Berger 1983) eher fragwürdig erscheint: nämlich die „theoretisch tragenden Teile" der Marxschen Kapitalismus-Analyse — d.h. trotz aller immanenten Probleme insbes. ihr Kernstück, die Werttheorie — gleichsam aus dem politischen Diskurs der Arbeiterbewegung zu lösen und in den wissenschaftlichen Diskurs einer allgemeinen Theorie der Moderne zu überführen (vgl. dazu Ebbighausen 1985: 92 ff.), so haben diese Debatten dennoch auch im Rahmen der marxistischen Diskussion die analytische Perspektiven weiten und die Problemsicht schärfen helfen. Sie haben vor allem die Marxsche Theorie selbst erneut aus den Fesseln ihrer ökonomistischen und objektivistischen Interpretationen befreit.

Das macht zumindest die jüngste Entwicklung der marxistischen Krisendiskussion erkennbar, die mir insbes. in der neuentfachten Debatte über die „Theorie der langen Wellen" (Altvater 1982; Mandel 1983; Prokla 1984) einige für unsere Thematik interessante analytische Aspekte hervorzukehren scheint. Es geht in dieser Debatte um die Frage, ob der seit Mitte der siebziger Jahre erkennbare tiefgreifende Kriseneinbruch nicht jenseits der normalen zyklischen Krisen ähnlich wie die große Depression der siebziger und achtziger Jahre des letzten Jahrhunderts und wie die Weltwirtschaftskrise der dreißiger Jahre ein historischer Einschnitt im Prozeß kapitalistischer Entwicklung ist, an dem sich angesichts struktureller Verwertungsschranken erneut eine tiefgreifende gesellschaftliche Umwälzung abzuzeichnen beginnt, verbunden mit einer Reorganisation der technologischen und gesellschaftlichen Produktions- und Verwertungsbedingungen, der bestehenden Arbeits- und Klassenverhältnisse etc. (vgl. in dem Kontext auch die sog. Fordismus-Theorie, die sich auf dieser Grundlage mit der Entwicklung aus den dreißiger Jahren heraus, dabei insbes. mit dem Nachkriegskapitalismus und seiner Krise heute, befaßt: u.a. Aglietta 1976; Palloix 1979; Hirsch 1985a, 1985b).

Ins Blickfeld der Analyse gerät hier mit den strukturellen Verwertungsschranken notwendig das gesellschaftliche Herrschaftsgefüge insgesamt. Ins Blickfeld geraten die gleichsam verfestigten industriellen, sozialen und politischen Strukturen und Standards, die gesellschaftsgeschichtlichen Bedingungen ihrer technologischen, politischen und ideologischen Umwälzung und Reorganisation sowie die politisch verfügbaren und einsetzbaren Strategien einer solchen Umwälzung mit dem Ziel, den Akkumulationsprozeß auf neuer gesellschaftlicher Basis wieder in Gang zu setzen. Ins Blickfeld geraten so auch und gerade Faktoren, die bezogen auf das überkommene politische Institutionensystem von Relevanz sind: institutionen*immanente* sozialkulturelle, organisatorische und politische Schranken, die der Durchsetzung solcher Strategien und der Etablierung eines neuen „hegemonialen" Blocks (im Sinne Gramscis) entgegenstehen, aber auch Widerspruchsformen eines mit der strukturellen Krise und dem Umbruchsprozeß *außer*institutionell entstehenden sozialkulturellen oder politischen Dis-

sens: soziale Gegen- bzw. Protestbewegungen und ihr „hemmendes" bzw. veränderndes politisches Potential.
Und im Blickfeld der Analyse bleibt damit das m.E. gesellschaftsgeschichtlich Spezifische unseres politischen Institutionensystems heute: In seinen Formprinzipien einerseits Resultat der bürgerlichen Revolution, auch Resultat eines langen Prozesses okzidentaler Kulturentfaltung — im Sinne Webers: mit der zunehmenden Tendenz formaler Rationalisierung in der Moderne —, ist es andererseits im Wandel seiner konkreten Formen und Inhalte in starkem Maße eben rückgebunden auch in den Prozeß der realen Durchsetzung und Entfaltung der kapitalistischen Produktionsweise selbst. Es ist *zugleich* Produkt eines langen in sich widersprüchlichen Prozesses der Anpassung *vor*bürgerlicher Optionen, Strukturen und Funktionskomplexe an die Erfordernisse des sich entfaltenden Kapitalismus sowie *Folge*produkt der Durchsetzungsformen, der immanenten Entwicklungsprobleme und Entwicklungsschübe des sich entfaltenden, d.h. des immer wieder auch an immanente Grenzen stoßenden und diese Grenzen hinausschiebenden Kapitalismus.
So wie ohne Frage die Kapitalismus-Analyse den Blick sozial- und kulturgeschichtlich nicht verstellen darf, wäre gleichermaßen eine zwar universalgeschichtlich angeleitete, dennoch philosophiegeschichtlich oder kultursoziologisch dominierte analytische Gradlinigkeit der Entwicklungsperspektive verhängnisvoll. Der Versuch, ohne Scheuklappen Prämissen und Grenzen einer Theorie politischer Institutionen heute zu bedenken, stößt daher rasch auch auf die Bedeutung dieses historisch-gesellschaftlichen Kontextes.

Literatur

Abendroth, W., 1967: Antagonistische Gesellschaft und politische Demokratie. Aufsätze zur politischen Soziologie, Neuwied, Berlin.
Aglietta, M., 1976: Regulation et crises du capitalisme. L'experience des Etats-Unis. Paris.
v. Alemann, U. (Hg.), 1981: Neokorporatismus. Frankfurt, New York.
Altvater, E., 1982: Der Kapitalismus vor einem Aufschwung? Über Theorien der „langen Wellen" und der „Stadien". In: Wirtschaft und Gesellschaft, Festschrift für Theodor Prager u. Philip Rieger. Wien, 195—223.
Berger, J., 1983: Das Ende der Gewißheit — zum analytischen Potential der Marxschen Theorie. In: Leviathan 11. 474—493.
Blanke, B., 1983: Die Marxsche Kritik und die „Krise des Marxismus". In: Leviathan 11. 233—242.
Bracher, K.-D., 1971: Die Auflösung der Weimarer Republik. 5. Aufl. Villingen.
Bracher, K.-D./W. Sauer/G. Schulz, 1962: Die nationalsozialistische Machtergreifung. Köln/Opladen.
Ebbighausen, R., 1981: Politische Soziologie — Zur Geschichte und Ortsbestimmung. Opladen.
Ebbighausen, R., 1985: Politische Soziologie zwischen marxistischer Krisenanalyse und Modernisierungsforschung. Polit. Vierteljahresschrift 26. 83—97.
Ebbighausen, R./F. Tiemann (Hg.), 1984: Das Ende der Arbeiterbewegung in Deutschland? Opladen.
Flechtheim, O. K., 1982: Die Institutionalisierung der Parteien in der BRD. Zeitschrift für Politik 9. 97 ff.
Forsthoff, E. (Hg.), 1968: Rechtsstaatlichkeit und Sozialstaatlichkeit. Darmstadt.
Fraenkel, E., 1979: Deutschland und die westlichen Demokratien. 7. Aufl. Stuttgart.
Habermas, J., 1981: Theorie des kommunikativen Handelns. 2 Bde., Frankfurt.
Heller, H., 1930: Rechtsstaat oder Diktatur? Tübingen.

Heller, H., 1934: Staatslehre. Hg. G. Niemeyer. Leiden.
Hirsch, J., 1985a: Fordismus und Postfordismus. Polit. Vierteljahresschrift 26. 160—182.
Hirsch, J., 1985b: Auf dem Wege zum Postfordismus? Das Argument 151, 27. Jg. 325—342.
Hobsbawm, E. J., 1964: Labouring Men. Studies in the History of Labour. London.
Kaase, M., 1979: Legitimationskrise in westlichen demokratischen Industriegesellschaften: Mythos oder Realität? In: H. Klages/P. Kmieciak (Hg.): Wertewandel und gesellschaftlicher Wandel. Frankfurt. 328 ff.
Kaase, M., 1984: Legitimitätsbezeugungen und Systemakzeptanz in westlichen Demokratien. Vortrag auf der zweiten Jahrestagung der Deutschen Gesellschaft für Politikwissenschaft, in den zentralen Thesen referiert in dem Bericht von E. Jesse: Aktuelle Herausforderungen der repräsentativen Demokratie. Zeitschrift für Politik 32 (1985). 89—94.
Kastendiek, Hans, 1977: Die Entwicklung der westdeutschen Politikwissenschaft. Frankfurt, New York.
Mandel, E., 1983: Die langen Wellen des Kapitalismus. Frankfurt.
Mandt, H., 1985: Kritik der Formaldemokratie und Entförmlichung der politischen Auseinandersetzung. Zeitschrift für Politik 32. 115—132.
Marx, K., 1968: Das Kapital III. MEW 25, Berlin (DDR).
Marx, K., 1953: Grundrisse der Kritik der politischen Ökonomie. Berlin (DDR).
Mommsen, H., 1962: Zum Verhältnis von Politischer Wissenschaft und Geschichtswissenschaft in Deutschland. Vierteljahresschrift für Zeitgeschichte 10. 341 ff.
Münch, R., 1984: Die Struktur der Moderne. Frankfurt.
Neumann, F. L., 1950: Die Wissenschaft der Politik in der Demokratie. Heft 1 der Schriftenreihe der DHfP Berlin. Berlin.
Offe, C., 1976: Überlegungen und Hypothesen zum Problem politischer Legitimation. In: R. Ebbighausen (Hg.): Bürgerlicher Staat und politische Legitimation. Frankfurt. 80—105.
Palloix, C., 1977: Procès de production et crise du capitalisme. Grenoble.
Prokla 57, 1984: Krise der Ökonomie — Versagen der Krisentheorie? Mit Beiträgen von Paul Mattik, Alfred Kleinknecht, Rod Coobins u. a. Berlin.
Reister, H., 1984: Fragmentierung der Arbeiterklasse: Krisenbewältigungsstrategien und betriebliche/gewerkschaftliche Interessenpolitik. In: Ebbighausen/Tiemann 1984, 443—473.
Schmitter, P. C./G. Lehmbruch (eds.), 1979: Trends Towards Corporatist Intermediation. Beverly Hills, London.
Spohn, W., 1984: Krise des Marxismus und Sozialgeschichte der Arbeiterbewegung. In: Ebbighausen/Tiemann 1984, 128—144.
Stammer, O., 1956: Gesellschaft und Politik. In: W. Ziegenfuß (Hg.): Handbuch der Soziologie. Stuttgart. 530 ff.
Stammer, O., 1966: Politische Soziologie. In: A. Gehlen/H. Schelsky (Hg.): Soziologie. 6. Aufl. Düsseldorf, Köln.
Thompson, E. P., 1963: The Making of the English Workung Class. London.
Weber, M., 1972: Wirtschaft und Gesellschaft. 5. rev. Aufl. Tübingen.

2. Politische Institutionen und allgemeine Institutionentheorie

Allgemeine Institutionentheorie als Rahmen für die Theorie politischer Institutionen

Arno Waschkuhn

Institutionen sind, allgemein gesprochen, ein universelles Merkmal menschlichen Zusammenlebens. Sie sind Manifestationsformen oder Symbolnetze von Handlungsregelmäßigkeiten oder -gewohnheiten, die im öffentlichen Gebrauch sind und soziohistorisch als auf „relative Dauer" gestellt zu betrachten sind. Hinzu kommt, ebenfalls noch sehr vereinfacht gesagt, daß durch Institutionen menschliche Bedürfnisse befriedigt und soziale Interaktionen strukturiert werden. Es werden damit zugleich Machtpositionen festgelegt, Handlungsmöglichkeiten ausgegrenzt, gesellschaftliche Freiheitschancen eröffnet und individuelle Freiheitsschranken errichtet. Institutionen sind auch Regeln in unseren Köpfen und eine kollektive Gedächtnisstütze einmal getroffener, verbindlicher und verpflichtender Festlegungen. Institutionen stehen somit im Spannungsfeld und Bedingungszusammenhang von Bedürfnissen und Interessen, sozialen Normen und kulturellen Werten, im Kontext von Arbeit, Sprache, Interaktion und Herrschaft.[1]
Politische Institutionen sind hierbei, vor allem in systemtheoretischer Sicht, auf den Bereich der Herstellung allgemeinverbindlicher Entscheidungen und ihre Durchsetzbarkeit bezogen. Im weitesten Sinne strukturieren sie den gesamtgesellschaftlichen Meinungs-, Willensbildungs- und Entscheidungsfindungsprozeß, der demokratietheoretisch, jedenfalls normativ, auf eine kommunikative Öffentlichkeit ausgerichtet ist. Im Blick auf die prozessual-dynamische Kategorie des sozialen und politischen Wandels müssen nicht nur Institutionalisierungsleistungen für eine Sozietät als funktional notwendig oder „eufunktional" erachtet werden, sondern es sollten auch vermeintlich „dysfunktionale" Entinstitutionalisierungsprozesse möglich sein, die wiederum zu neuen Institutionalisierungen führen, indem sie mehrheitlich anerkannten oder kollektiv zu vereinbarenden Sinngehalten entsprechen, die eine neue soziokulturelle Gemeinsamkeit als nunmehr „selbstverständlich" begründen bzw. neu definieren, jedoch im geschichtlich-gesellschaftlichen Prozeß nach wie vor modifiziert und überschritten werden können. Damit ist zugleich die jeweils gesellschaftsspezifische Frage nach der Öffentlichkeit und Verbindlichkeit von Herrschaft, von systemisch strukturierten Handlungs- und Entscheidungsregeln sowie ihrer Legitimation gestellt, insofern jede politische Kultur ihre eigenen Werte und Normen instituiert, woran sich die vergesellschafteten Individuen für ihren Handlungsvollzug zu orientieren haben.
Nach diesem institutionentheoretischen „Vorverständnis" möchte ich in komprimier-

ter Weise die einschlägigen Ansätze von Maurice Hariou (1.), Arnold Gehlen (2.), Helmut Schelsky (3.), Talcott Parsons (4.) und Niklas Luhmann (5.) sowie den verstehend-interaktionistischen Ansatz (6.) erörtern, um zum Schluß einige Folgerungen für eine politikwissenschaftliche Institutionentheorie (7.) zu ziehen. Es soll damit zugleich ausgesagt sein, daß es eine solche — zumindest in stringenter Weise — bislang kaum gibt, allenfalls ein paar orientierende Wegzeichen oder Richtungsmarkierungen.[2]

1. Hauriou: Leitideen als Vitalprinzip

Die Institutionenlehre des französischen Rechtsgelehrten und Soziologen Maurice Hauriou (1856—1929) ist als ein Beitrag zur sozialwissenschaftlichen Grundlagenforschung anzusehen, bezogen auf die Komponenten ordre, équilibre, institution.[3] Hauriou will in pragmatischer Weise subjektive und objektive, traditionelle und progressive Elemente miteinander verbinden. Institutionen als Realkategorien von vergleichsweise beständiger Dauer seien (rechtlich) vor allem von ihrem Gründungsaspekt her aufzuschließen, insofern sie „auf Ideen zurückgehen, die im Unterbewußtsein einer unbestimmten Zahl von Einzelpersonen vorhanden sind ... Es sind Objekte, die in uns wohnen" (Hauriou 1965: 28).

Hauptbezugspunkt Haurious sind verbandsmäßige Institutionen, die in sich differenziert sind erstens durch eine soziale „Werksidee" (idée de l'oeuvre à réaliser), zweitens über eine organisierte Macht im Dienste dieser Idee verfügen und drittens auf hierauf gerichtete „Gemeinsamkeitsbekundungen" angewiesen sind (35 f.). Am wichtigsten aber ist die eigentümlich unbestimmte, in sich selbst ruhende „Leitidee" (idée directrice), insbesondere des Staates, die prinzipiell etwas anderes meint als von außen festgelegte Zwecke oder Funktionsbestimmungen im Sinne eines lediglich organisatorischen Verfügens. Die den Institutionen inhärente Leitidee vermittelt eine „soziale Individualität" mit dem Anspruch objektiver Qualität trotz subjektiver Auslegungsmöglichkeiten, die organisierte Führungsmacht einer Institution verstärkt diesen Ideengehalt noch und befördert die kollektive Aktion der Verbandsmitglieder, wodurch die Institutionen in dreistufiger Weise verkörpert, personifiziert und dynamisiert werden. Exemplarische Verbandsperson ist für Hauriou der Staat als eine weithin ungreifbare Substanz, und „das Unglück will es, daß die objektiven Ideen von den Menschen nur über subjektive Vorstellungen erfaßt werden" (56), so daß erst die subjektiven Kontinuitäten in der Erfassung der Idee sich als tatsächlich sozialverpflichtend auswirken können. Der Gründungsvorgang aus gemeinsamem Willen[4], die Abfassung einer Satzung, die Einrichtung und Anerkennung der Rechtsfähigkeit einer Institution, die Überführung individueller Willensäußerungen in ein Sozialgebilde sind darüber hinaus Prozesse mit einer gewissen Verselbständigungstendenz (59). In ideologiekritischer Hinsicht ist indes der Hinweis Haurious bemerkenswert, daß es sich bei der gemeinsamen Gründung nicht nur um einen Einigungsakt, sondern auch um Machtentfaltung handelt, weswegen der Staat sich vor der Konkurrenz spontan entstehender Gebilde hüten müsse, mit der politisch-hoheitlichen Konsequenz, „sich nur allzuoft gegenüber der Freiheit zur Gründung feindlich zu zeigen" (59).

Alles in allem vertraut Hauriou jedoch auf den Primat der Leitideen, die für ihn das Vitalprinzip der sozialen Institutionen ausmachen (66). Die leitende Idee als raison d'être ist es also, die, bildhaft gesprochen, „den Sauerteig abgibt, ohne den das Brot nicht gebacken werden kann" (62). Zentrale Elemente dieser institutionellen Ideenlehre hat insbesondere Arnold Gehlen aufgegriffen, worauf noch zurückzukommen sein wird. Vorab ist jedoch anzumerken, daß es einigen Kritikern und auch mir unklar bleibt, „welchen Vorteil es mit sich bringt, die Schwierigkeiten der Metaphysik Platons hier wieder einzuführen" (Davy 1968: 16). Für eine politikwissenschaftliche Institutionentheorie der Moderne, die von Mystifikationen nach Möglichkeit freizuhalten ist, können von dem spekulativen Entwurf Haurious daher nach meinem Eindruck bestenfalls ein paar Anregungen ausgehen; vor allem der Handlungsaspekt der Gründung von Institutionen, der Verweis auf den Machtfaktor (Hauriou 1965: 60f.) und die Frage der Konsensabhängigkeit von Herrschaft („Gemeinsamkeitsbekundungen") verdienen im Kontext einer allgemeinen politikwissenschaftlichen Institutionentheorie unsere weitere Aufmerksamkeit.

2. Gehlen: Institutionen als „Entlastung"

Der Sozialphilosoph und Soziologe Arnold Gehlen (1904–1976), ein Konservativer besonderer Art (Brede 1980; Rehberg 1978), hat — vor allem in seinen einschlägigen Werken „Der Mensch" und „Urmensch und Spätkultur" — eine anthropo-biologisch fundierte Institutionenlehre vorgelegt[5], wobei sich analytisch zwei Handlungsbegriffe gegenüberstehen, wie ich es in Analogie zur Theoriekonstruktion von Talcott Parsons noch deutlicher zeigen werde.
In seiner elementaren Anthropologie („Der Mensch") stellt Gehlen die zweckrational gerichtete Naturveränderung ins Lebensdienliche, also die Verfügbarmachung von „Welt" als primäres Erfordernis des *instinktreduzierten* „Mängelwesens" Mensch heraus. Der „natürliche" wie „weltoffene" Mensch figuriert sich im Umgang mit der ihm äußeren Natur, und seine ihn befreiende Tat im Handbarmachen der Dinge wirkt auf sein entartungsbereites und zuchtbedürftiges Innenleben zurück: der Mensch besetzt seine Bedürfnisse mit „Sacherfordernissen" der Handlung. Dieser existentiell notwendige Vorgang der „Selbstentfremdung" beinhaltet für Gehlen zugleich die Möglichkeit des Menschen, zu sich selbst zu kommen.
Indem der Mensch sich selbst entäußert, vereinnahmt er die Außenwelt. Es erhebt sich daher die (auf die Institutionenproblematik bezogene) grundsätzliche Frage, wie der gegenüber der Animalität auf das Konstituens eigener Handlung in der Welt verwiesene Mensch überhaupt zu kulturspezifischen Regelmäßigkeiten als gleichsam „zweiter Natur" in seinem Daseinsverhalten gelangen kann:

„So fragen, heißt das Problem der Institutionen stellen. Man kann geradezu sagen, wie die tierischen Gruppen und Symbiosen durch Auslöser und durch Instinktbewegungen zusammengehalten werden, so die menschlichen durch Institutionen und die darin erst ‚sich feststellenden' quasiautomatischen Gewohnheiten des Denkens, Fühlens, Wertens und Handelns, die allein als institutionell gefaßte sich vereinseitigen, habitualisieren und damit stabilisieren. Erst so werden sie in ihrer Vereinseitigung gewohnheitsmäßig und einigermaßen zuverlässig, d.h. voraussehbar" (Gehlen 1978: 79).

In „Urmensch und Spätkultur" entwickelt Gehlen seinen institutionstheoretischen Ansatz näher. Insbesondere geht es darum, Institution und Handlung miteinander zu verflechten; denn: „Alles gesellschaftliche Handeln wird nur durch Institutionen hindurch effektiv, auf Dauer gestellt, normierbar, quasiautomatisch und voraussehbar" (1964: 42), und „der Stoff, aus dem die Institutionen sich erheben, sind wiederum die ineinander verschränkten, regulierten, obligatorisch gewordenen wirklichen Handlungen selbst" (9). Jedoch verbürgt ein primär an den Sacherfordernissen lebensdienlicher Handlung direkt orientiertes, subjektiv-zweckmäßiges Verhalten nicht unbedingt auch ein gut verspanntes, daseinssicherndes Institutionennetz; nach Gehlen muß ganz wesentlich ein „ideatives Bewußtsein" (sic!) hinzukommen, um die perspektivisch verorteten sekundär-objektiven Zweckmäßigkeiten festzuhalten: „Die Institutionen halten also objektive, übergreifende Zweckmäßigkeiten fest, sie kristallisieren sie, nachdem sie durch ein ideatives Verhalten freigelegt wurden, und deshalb ist ihre Idée directrice, ihre Führungsnorm stets diejenige Idee, an der sich das ideative Bewußtsein zuerst orientiert hatte." (1978: 403). Das ideative, institutionell festgemachte Welt-Bewußtsein stellt „Leitideen" bereit, die sich mit ideengeführten Handlungsgeflechten habituell verbinden und diese schließlich übersteigen. Der ideative Topos selbst wird zum Leitmotiv sozialer Interaktionen, um den Menschen auf Dauer zu entlasten von der Drangsal subjektiver Motivationen und fallweiser Entscheidungszumutungen: seine Institutionen treten fortan als „große Vereinfacher" auf, indem sie ihm soziale Sicherheit verheißende Verhaltenskodizes andienen, um sodann vom Kalkül ausschließlichen Nutzerfolges für das Individuum abzusehen und es schließlich auf invariante Aktionsformen zu verpflichten, deren Außengaranten sie sind. Die „Hintergrundserfüllung" biologischer Vitalinteressen, die kanalisiert oder „trivialisiert" werden mittels institutionell beisichbehaltener „Bedürfnisdeckungslagen" und der ideativ sich aufschließende Normgehalt der Institutionen machen somit die spezifische „Dialektik" in der Vermittlung von Bios und Nomos bei Gehlen aus. Das Ensemble gesellschaftlicher Institutionen tritt sonach in die „Selbständigkeit des Eigenauthentischen" ein:

„Das Umschlagen von Handlungsverläufen und Gewohnheiten in die Eigengesetzlichkeit, ihre Emanzipation von ersten Bedürfnissen und ihre Selbststeigerung zum Eigenwert ist ... auf die Herausarbeitung neuer Aspekte und Eigenschaften der Sachen selbst bezogen, mit denen die Handlung umgeht. Solche produktiven Verhaltensweisen, ineinander verschränkt, verselbständigen sich zu einer überpersönlichen Ordnung, und diese schlägt im Bewußtsein der Beteiligten zu einer eigenauthentischen Gültigkeit, zum ‚Selbstwert im Dasein' um" (1964: 59).

Gehlen gibt dadurch den „kurzschlüssigen Funktionalismus" seiner elementaren Anthropologie auf, deren adäquate Praxisform („erster" Handlungsbegriff) sonst im bedingungslosen Herstellen praktisch-technischen Verfügenkönnens läge und die Weltdinge lediglich zum bloßen Werkzeuggebrauch ansetzte, zugunsten einer der Tendenz nach positiven Ontologie der Institutionen. Die geforderte institutionelle Selbstentfremdung des Menschen wird als ein „Sachzwang" mit hoher Eigendynamik interpretiert, und im Zuge der Antithese von Handeln und Reflexion gilt für Gehlen jedwedes Sinn-Verständnis als ein nur noch derivatives, das allenfalls qua „kontemplative Rückempfundenheit" in den Blick kommt: „In dem völlig unproblematischen Erlebnis des

Vollzugs einer Handlung ist jede Reflexion ausgehängt, man kann nicht gleichzeitig handeln und reflektieren, sondern nur sein Handeln anschauen" (26 f.).
Im Zusammenhang der Vermittlung von Individuum, Außenwelt und Gesellschaft führt Gehlen jetzt das „rituell-darstellende Verhalten" als affirmativen („zweiten") Handlungsbegriff ein. Der „Ritus" ist exemplarisch für darstellendes Verhalten und das „Darstellen" wiederum der gesuchte Gegenbegriff zum „Verfügen" zweckrationaler Handlungen (das war der „erste" Handlungsbegriff). Allein im Darstellungscharakter menschlichen Weltverhaltens wird das Gesollte für Gehlen gegenständlich und verobjektiviert sich zum Seienden: der darstellende Ritus wird somit zum Webmuster oder Prototyp gesellschaftlicher Institutionen (Weiß 1971: 109 ff.). Die Strukturaffinität von darstellendem/institutionalisiertem Verhalten befördert die tätige Identifikation zu einer mimetischen Hinnahme, und durch das „Sich-konsumieren-lassen" seitens omnipotenter (und zugleich unverfügbarer) Institutionen soll die „Geburt der Freiheit aus der Entfremdung" glücken:

„Der Mensch kann zu sich und seinesgleichen ein dauerndes Verhältnis nur indirekt festhalten, er muß sich auf einem Umweg, sich entäußernd, wiederfinden, und da liegen die Institutionen. ... Die Institutionen sind die großen bewahrenden und verzehrenden, uns weit überdauernden Ordnungen und Verhältnisse, in die die Menschen sich sehenden Auges hineinbegeben, mit einer für den, der wagt, vielleicht höheren Freiheit als der, die in ‚Selbstbestätigung' bestünde" (Gehlen 1963: 245).

Ohne hier auf die kulturkritischen Akzentuierungen und Zeitdiagnosen Gehlens (1973 und 1975) einzugehen, kann für unser Thema festgehalten werden: Die Institutionenlehre Arnold Gehlens ist im Lichte von Emanzipationsbestrebungen des „homo creator" eine Theorie verflossener Handlungsmöglichkeiten. Menschlich-gesellschaftliches Handeln wird zu rituell-darstellendem Verhalten generalisiert, das sich als Nachvollzug des in Institutionen bereits befaßten Handelns ausdrückt und strenggenommen erst post actum auftritt. Die „Verifikation" seiner Hypothesenhierarchie kann Gehlen bestenfalls, wenn überhaupt, für archaische, d.h. wenig differenzierte Kulturen gelingen. Für eine politikwissenschaftliche Institutionentheorie geben seine Ausführungen insgesamt nur wenig her, insofern er Entinstitutionalisierungsprozesse vernachlässigt und darüber hinaus die soziohistorische Dynamik und womögliche Wirkkraft interaktiver Handlungs- wie sozialkommunikativer Lernprozesse stillstellt resp. extrem vereinseitigt zu einem dem „Pflichtethos des Staates" vermeintlich angemessenen „Aktivismus des Dienens". Daneben sind biologische Konstanten (wie „Mängelhaftigkeit" und „Weltoffenheit") alles in allem viel zu allgemein gehalten, um „eindeutige gesellschaftliche Zielperspektiven zu eröffnen", und „es läßt sich auch durchaus anzweifeln, ob die archaischen Institutionen tatsächlich jemals im idealen Sinne funktionierten" (Zentgraf 1983: 152).

3. Schelsky: Person und Institution

Der Soziologe — die spätere, polemisch gemeinte Selbstbezeichnung als „Anti-Soziologe" übernehme ich hier, d.h. im institutionstheoretischen Kontext, nicht (Schelsky

1975) —, (Sozial- und Rechts-)Philosoph wie „politische Schriftsteller" Helmut Schelsky (1912—1984), Assistent, Schüler und jahrelanger Freund Arnold Gehlens, der im Jahre 1970 die Freundschaft und intensive „Arbeitsgemeinschaft" mit Schelsky einseitig aufkündigte (Schelsky 1980a, 1980b), interessiert uns in diesem Zusammenhang vor allem wegen seiner Ansätze zu einer allgemeinen Institutionentheorie, insbesondere hinsichtlich der sogenannten „personfunktionalen" Akzentuierung (Schelsky 1970, 1980c).

Schelsky bevorzugt den Begriff der „Institution" gegenüber dem des „sozialen Systems" wegen seines geringeren Abstraktionsgrades. Während in den modernen Systemtheorien die Subjektivität des Individuums fast völlig verschwindet oder an den Rand gedrängt wird, hält Schelsky ausdrücklich an dem spannungsreichen Verhältnis zwischen individueller Subjektivität und sozialer Objektivität fest: die Institutionentheorie muß in der Erörterung und Analyse des Verhältnisses zwischen „kritisch-reflektierender Subjektivität" und dem „Anspruch der Institutionen" und „zugleich in der Bestimmung von Kategorien des sozialen Wandels ihre Leitideen haben" (Schelsky 1970: 11). Hierbei nimmt die Kulturanthropologie des Bronislaw Malinowski (1951; 1975: 31 ff., 150 ff.) eine Schlüsselposition ein. Analog zu Haurious Vorstellung einer „idée directrice" gründet für Malinowski jede Institution in einer sie beherrschenden „charter", jedoch beziehen sich die Institutionen auf die Bewußtseinssubjektivität des Menschen als Träger von Bedürfnissen, die durch kollektives Handeln zu erfüllen sind. Es bilden sich hiernach „um alle bedürfnisbedingten Funktionen oder Aktivitäten Institutionen als organisierte Gruppenstützung dieses Verhaltens" (Schelsky 1970: 15; 1980c: 102) aus. Entscheidend für diese „Anthropologie der Institution" ist die Ableitung von Kulturbedürfnissen, ferner die Auffassung einer Institution als Bedürfnissynthese (Schelsky 1970: 17), d.h. es gibt keine „point-for-point correlation between sociological need and institutionalised response" (19).

Schelsky resümiert für seinen Ansatz: „1. Jede Institution befriedigt zugleich mehrere Bedürfnisarten (Bedürfnissynthese der Institution); jede Bedürfnisart findet ihre Befriedigung in mehreren Institutionen (funktionale Äquivalenz der Institutionen). 2. Vitale, biologisch bedingte Grundbedürfnisse erfüllen sich in Primärsituationen, die aus sich heraus aber neuartige Folgebedürfnisse, sozusagen abgeleitete Bedürfnisse 1. Grades entwickeln, die wiederum in neuen Institutionen ‚2. Grades' erfüllt werden, die ihrerseits neue Bedürfnisse aus sich hervortreiben usw.; damit entsteht eine prinzipielle Hierarchie von Bedürfnissen und damit auch Institutionen aufgrund der notwendigen Entwicklung abgeleiteter Bedürfnisse und ihrer institutionellen Erfüllung, die wir den Aufbau einer Kultur nennen können" (19).

Hieraus folgt für die Stabilitätsanalyse der Institutionen bzw. die „Aufdauerstellung" sozialer Verhaltensweisen und Handlungsregelmäßigkeiten als Determinationsbündel: (1) „die relative Konstanz der in ihr befriedigten Bedürfniskorrelationen und Antriebskombinationen", (2) „die Aufrechterhaltung der wechselseitigen Leistungsabhängigkeit des hierarchischen Bedürfnisaufbaus", (3) „die Fortführung der hierarchischen Entwicklungsrichtung der Kultur dadurch, daß die sich aus jeder Institution ergebenden Folgebedürfnisse jeweils ihre neue institutionelle Lösung und Erfüllung finden" (20). Der letzte Beziehungsaspekt bezeichnet nach Schelsky einen „stabilen sozialen

Wandel" im Rahmen eines beständigen Bedürfnis-Institutionenaufbaus der Kultur, dem ein formalisierter Fortschrittsgedanke sozialen Wandels inhärent ist: „Sozialer Wandel besteht also institutionstheoretisch darin, daß die Institutionen jeweils höchsten Grades (übrigens auch weiterhin die anderen) neue Bedürfnisse produzieren, die ihre institutionelle Erfüllung verlangen und damit immer neue Institutionen und damit wiederum neue Bedürfnisse aus sich hervortreiben" (20).

Schelsky besteht in Rücksicht auf die „Bedürfnisse der Reflexionssubjektivität des Individuums" insbesondere darauf, die Überdeterminiertheit der Institutionen zu durchbrechen und zu „entzaubern" in Richtung auf eine „Intersubjektivität der Verständigung" (23 ff.). Gegenüber der hohen „funktionalen Durchorganisiertheit der Gesellschaft" hält er an der „Integrität und Autonomie der Person" im Lichte seiner „neuen Schutzbedürftigkeit" fest (1980c: 137), insofern wir „sozialwissenschaftlich heute in einer Begrifflichkeit denken, die die freie bewußte Zweckhandlung der Person weitgehend bereits in sozial gesteuerte Verhaltensweisen aufgelöst hat" (139). Gegen die antipersonale systemfunktionale Analyse[6] geht es für ihn darum, die moralische und psychische Ganzheit und Kontinuität einer Handlungseinheit „Person" zu stabilisieren. In diesem Kontext lautet sein institutionstheoretisches Postulat: „Die soziologische Theorie der Institution wird daher in Zukunft sowohl die Freiheit der Subjektivität des einzelnen wie den sozialen Wandel der Institutionen, auch gegen ihre Funktionalität selbst als institutionelle Prozesse erfassen müssen" (1970: 26).

Ohne hier auf die Technokratiethesen Schelskys, seine zeitkritisch-politischen Schriften, insbesondere seine Intellektuellenschelte und die Zurückweisung von gesellschaftlichen Demokratisierungsbestrebungen, näher einzugehen, ist festzuhalten, daß Schelsky in seiner (bis heute ziemlich unbeachtet gebliebenen) „fragmentarischen Institutionentheorie" (10) prinzipiell auf das Spannungsverhältnis – die traditionelle „Freiheitsproblematik" – von Person und Institution (Pohlmann 1980) abstellt und dabei in „Abweisung einer abstrakten Behandlung des Menschen" (26) von der „ersten" Handlungskategorie her denkt, wie wir sie oben bei der Behandlung der Gesamtkonzeption Gehlens herausgestellt haben und bei Parsons erneut aufgreifen werden.

Ungeklärt bleibt allerdings die Frage nach den konkreten sozialen Handlungschancen personaler Entfaltung (Rotter 1978: 500). Will die sozialwissenschaftliche Institutionentheorie darüber hinaus nicht im Status einer „indirekten Morallehre" (Schelsky 1980a: 29) mit normativem Anspruch verharren, ist ferner der Zusammenhang von Bedürfnissen, Bewußtsein und soziopolitischem Wandel (in personal- wie systemfunktionaler Perspektive) zu thematisieren. Im Hinblick auf den Ansatz von Schelsky ist für den heutigen (gewiß vorläufigen) Forschungsstand zu konstatieren, daß die Malinowski nachempfundene „institutionelle Bedürfnisaufschaukelungstheorie" keinesfalls stringent ist.[7] Zudem bleibt die Herrschaftsfrage systematisch ausgeblendet und es ist nicht ersichtlich, wie „Person" und „Institution" näherhin eben „personfunktional" zusammenkommen. Die Behauptung einer gleichsam naturwüchsigen „Selbstaufstufung" jedenfalls bleibt mythisch affiziert.

4. Parsons: Institutionalisierung und Internalisierung

Der amerikanische Soziologe und (nach eigener Einschätzung) „unverbesserliche Theoretiker" Talcott Parsons (1902—1979) hat zunächst einen allgemeinen Handlungsbezugsrahmen (action frame of reference) entwickelt, wobei er Ansätze von Alfred Marshall, Vilfredo Pareto, Emile Durkheim und Max Weber rekonstruiert, kombiniert und „synthetisiert" (Parsons 1967). Es geschieht dies in Rücksicht auf eine „voluntaristische Handlungstheorie", die als Fundament einer sozialwissenschaftlichen „general theory" verstanden wird. Hiernach sind Zwecke (Ziele), Mittel, Bedingungen und Normen irreduzible Bestandteile des Handelns: sie sind Strukturelemente der Handlungseinheit (unit act). Dem interessegeleiteten, zielgerichteten Handlungssubjekt wird gelegentlich seiner Situationseinschätzung und Zweck-Mittel-Orientierung zugleich ein Wahlverhalten unterstellt, das sich nach Eigenprämissen und bestimmten normativen Standards richtet. Das antideterministische Postulat der analytischen Unabhängigkeit von Zielen und Normen wird zur Crux der Ordnungsproblematik, insofern die Annahme einer naturgegebenen Interessenidentität fiktiv und eine Interessenkomplementarität eher zufällig ist. Parsons versucht daher, das hobbesische Problem: „Wie ist Ordnung möglich?" vermittels eines „normativen Integrationsansatzes" zu lösen, bei welchem Institutionalisierungsprozesse und Internalisierungsvorgänge (jeweils abgenommen vom kulturellen System und transportiert in das soziale) zentral werden.

Nach der von Parsons wesentlich mitbegründeten „strukturell-funktionalen Systemtheorie" differenzieren sich, hier etwas verkürzt dargetan (man könnte auch noch eine organische bzw. physiko-chemische sowie eine telische Systemebene unterscheiden), die Konfigurationen menschlichen Handelns in ein personales, soziales und kulturelles System. Die wechselseitige Durchdringung (interpenetration) und Hierarchisierung (bzw. vertikale Differenzierung) personaler, sozialer und kultureller Systeme wird vornehmlich begrifflich-taxonomisch geleistet. So hat der Prozeß, den Parsons bei sozialen Systemen „Institutionalisierung" nennt, nahezu ausschließlich dem personalen Vorgang der „Internalisierung" von Werten (des kulturellen Systems) und Normen (des sozialen Systems) zu entsprechen. Die tragenden Kulturmuster werden über werthafte Handlungsorientierungen (durch Enkulturations- und Sozialisationsprozesse und generalisierte Interaktionsmedien (Parsons 1980) gefördert und unterstützt durch den Mechanismus der sozialen Kontrolle) zu Konstituanten von personalen und sozialen Systemen. Die dyadische Interaktion von ego-alter verschränkt sich somit zu einem System neuer Ordnung, das nicht einfach aus „Personen" besteht, sondern aus typisierten Verhaltensformen, die den interaktiven Handlungszusammenhang strukturell ausmachen. Hervorzuheben ist hier gleichfalls (in Analogie zu Gehlen) eine Schwerpunktverlagerung des analytischen Blickwinkels, insofern statt des „ersten" Handlungsbegriffes voluntaristischer Subjektivität jetzt ein generalisiertes „Systemhandeln" in den Vordergrund rückt („zweiter" Handlungsbegriff), das sich in der Verschränkung des Rollenbegriffs mit dem des Handlungssubjektes äußert.

Status-Rollen-Bündel sind dem einfachen Handeln überstellte Struktureinheiten des sozialen Systems; auf einer etwas höher angesetzten Ebene sind es die Institutionen. Sie sind für soziale Systeme von „strategischer" Bedeutung und haben eine relationale, regulative und kulturelle Funktion, indem sie das Geflecht sozialer Beziehungen ordnen, durch Ziel- und Mittelbegrenzung die Verteilung von sozialen Belohnungen sowie die Zuordnung gesellschaftlicher Positionen regeln und aufgrund ihres Vermitteltseins über Werte den Sinnzusammenhang des sozialen Systems repräsentieren (Parsons 1968: 51 ff.).

Allgemeiner betrachtet, verbinden sich Handlungskonzept und Systemmodell bei Parsons nahezu problemlos zu einer Einheit, die durch die Überbetonung normativer Komponenten abgesichert ist. Die harmonistische Annahme einer Kongruenz von Einzelnem und Allgemeinem in vorwiegend über Werte und Normen (sowie deren Verinnerlichung resp. Anerkennung und Befolgung) integrierten, institutionell-rollenmäßig befestigten und sanktionell gestützten sozialen Systemen ist wegen der Ausschaltung von sozialer Phantasie bzw. der Handlungskreativität individuell/kollektiv handelnder Menschen für die politische Praxis nicht schlüssig; denn hier wird auf verändernde politische Motivationen auf längere Sicht nicht zu verzichten sein, will man die Emanzipationsbestrebungen des Menschen von gesellschaftlich nicht mehr erforderten Zwängen ernst nehmen. Dies geht jedoch über Parsons hinaus, nach dessen systemtheoretischem Verständnis individuell-kollektive Interessenlagen, Bedürfnisdispositionen, soziale Normen und Wertpräferenzen notwendig zusammenfallen.

Darüber hinaus haben wir bei Gehlen und Parsons im Laufe ihrer Theorieentfaltung zwei diffundierende Handlungsbegriffe ausgemacht, die wir den „ersten" und den „zweiten" Handlungsbegriff genannt haben. Der *erste* Handlungsbegriff („zweckrationales Instrumentalhandeln" bzw. „voluntaristischer Handlungsakt") ist *subjekt*orientiert, während der *zweite* Handlungsbegriff („rituell-darstellender Verhaltenstypus" bzw. „verallgemeinertes Systemhandeln") auf *Institutionen* bezogen ist. Die „Institutionalisierung" erweist sich im Rahmen dieser Theorien als ein „generalisiertes Mißtrauen" (positiv als „Entlastung" verstanden) gegenüber den zumindest potentiell mit kritischer Vernunft, argumentativem Sprachvermögen und sinnhaften Politikvorstellungen begabten (und hierin womöglich verständigungsorientierten) konkret handelnden Menschen. Mit der institutionstheoretischen Akzentuierung erlischt im gleichen Maße auch die Bedeutung des noch subjektnahen Handlungsverständnisses, das fortan als hierin aufgehoben gilt: Handeln wird zu weithin rezeptivem oder adaptivem Verhalten generalisiert.

Die analytische Unterscheidung zwischen einem subjektnahen „ersten" und einem institutionsbezogenen „zweiten" Handlungsbegriff erachte ich — im Sinne von Problembegriffen — für das Institutionenthema als heuristisch sinnvoll. Wir können uns dabei auch auf Hans Haferkamp beziehen, wenn er in bezug auf die „Struktur elementarer sozialer Prozesse" von einem Veränderungs- und Verdinglichungszirkel spricht:

„Das auf die Produktionen, Typifikationen, Verteilungen und Verinnerlichungen folgende soziale Handeln kann eine Wiederholung vergangenen Handelns sein. Bei dauernden Wiederholungen handeln die Akteure immer in vorgegebenen Handlungsbahnen. Sie erkennen nicht mehr die Wirklichkeit als eine von ihnen geschaffene und daher auch zu verändernde. Wir nennen diesen Zusammenhang Verdinglichungszirkel. — Andererseits besteht die ursprüngliche Produktivkraft fort. Sie läßt neue Zusammenhänge von Produktionen, Typifikationen, Verteilungen und Verinnerlichungen entstehen. Wir nennen diesen Zusammenhang Veränderungszirkel" (Haferkamp 1973: 197).

Es ist offensichtlich, daß beide Dimensionen im Sinne einer dynamischen Institutionentheorie zusammengebracht werden müssen.[8] Ebenso wie wissenschaftstheoretisch „individualistische" und „kollektivistische" Erklärungsansätze als komplementäre Anschlußtheorien zu begreifen sind (Schmid 1982: 210 ff.), müssen „Form" und „Substanz", Institutionalisierungs- und Entinstitutionalisierungsprozesse gleichermaßen theoretisch-analytisch (zudem in systematisch-vergleichender wie gesellschaftskonstruktiver Weise) erfaßt werden. Die meisten Institutionentheoretiker kaprizieren sich jedoch auf die von ihnen hypostasierte Systemebene, die mit dem „zweiten" Handlungsbegriff angezielt wird, während der „erste" Handlungsbegriff lediglich für die (sozusagen „einmalige" und weit zurückliegende) Institutionengenese als konstitutiv erachtet wird. Eine rigorose, teilweise zynische Betrachtungsweise vom System her bevorzugt auch Niklas Luhmann, dessen Konzeption uns als nächste beschäftigen wird.

5. Luhmann: Reduktion von Komplexität

Der Bielefelder Soziologe Niklas Luhmann (geb. 1927) „radikalisiert" den Ansatz von Parsons zu einer sog. „funktional-strukturellen" Theorie, indem er keine umfassenden Systemstrukturen mehr als funktionales Bezugsproblem ansetzt, sondern gleich die „Welt" unter dem Gesichtspunkt ihrer Komplexität als Gesamtheit möglicher Ereignisse (Luhmann 1974a: 113 f.). Die Erfassung und Reduktion von Weltkomplexität sowie die Steigerung jeweils systemischer Eigenkomplexität können als die „Zauberformeln" seines systemtheoretischen Ansatzes betrachtet werden.
Soziale Systeme gewinnen ihre gegen die Umwelt abgrenzbare Einheit (Innen/Außen-Differenz) vor allem durch Sinnbeziehungen zwischen Handlungen: „Sinn ermöglicht Konstitution der Welt als eines permanent vergegenwärtigten ‚Woraus' der Selektion von Erleben und Handeln — als reduzierte Komplexität, die in der Reduktion als Reservoir von Möglichkeiten zugleich erhalten wird. Sinn impliziert daher stets mehr Möglichkeiten weiteren Erlebens und Handelns, als bewußt aktualisiert werden können und steuert das menschliche Verhalten von daher durch Überforderung und Selektionszwang" (Luhmann 1970: 29). Die reziproke Verhaltensabstimmung innerhalb einer sinnhaft konstituierten und deswegen hochkomplexen wie kontingenten Welt jedoch wird angesichts der Überfülle der weiter angezeigten anderen Möglichkeiten problematisch, da die „Erwartungserwartungen", wie Luhmann sie nennt, in der zwischenmenschlichen Interaktion hierdurch einem ständigen Enttäuschungsrisiko ausgesetzt sind. Hier greift auch für Luhmann der Mechanismus der Institutionalisierung von Verhaltenserwartungen ein: „Durch Institutionalisierung werden die minimalen, natürlich begrenzten Chancen zu aktuellem Konsens ausgeweitet. ... Man könnte auch formulieren: Institutionalisierung dient dazu, Konsens erfolgreich zu überschätzen." (30)
Das Problem regulativer Sinnsynthesen liegt für Luhmann in der Überdehnung der in situativen Kontakten unterstellten Selbstverständlichkeiten und Selbstfestlegungen auf relevante, potentielle bzw. anonyme Dritte bis hin zu „jedermann", wodurch die Konsensgeneralisierung aufgrund ungleicher Verteilung stritig wird. Die Institutionalisierung bedarf daher eines Prozesses der Institutionalisierung selbst, d.h. sie wird reflexiv.

Institutionen, das sind die Produkte von Institutionalisierungen, müssen auf einige wenige realisierbare Problemlösungen heruntergestuft werden, insofern nicht alles möglich ist. Der Abstand des Möglichen vom Wirklichen, die Differenz von Entscheidungsbedarf und Enttäuschungslast ist nur zu überwinden (vgl. Gehlen), wenn man sich auf Bindungen der Freiheit einläßt: „Nicht das Recht auf Selbstbestimmung, sondern das Faktum konkret festlegender Selbstverstrickung in den sozialen Prozeß ist die ‚Natur' des Menschen — das von selbst ihm Zuwachsende" (37).

Was das politische System betrifft, so ist dieses ein Teilsystem der Gesamtgesellschaft. Es erwächst und/oder stellt sich dar als gesellschaftliche Ausdifferenzierung bestimmter Handlungsbereiche (auf der Rollenebene durch Träger politisch-administrativer Funktionen) und ist hierin vergleichsweise autonom: das politische System ist funktional auf die Herstellung allgemeinverbindlicher Entscheidungen spezifiziert und von seiner systemischen Leistung her auf die Erzeugung gesellschaftlicher Macht gerichtet. Für das politische Teilsystem ist darüber hinaus die eigene Komplexität in der Regel geringer als die des umgebenden Gesellschaftssystems: „Diese Lage zwingt das politische System zu einem selektiven Verhalten in der Gesellschaft, und zwar zu einer Selektivität eigenen Stils. Das politische System kompensiert seine geringere Komplexität durch Macht" (1974b: 169). Kurzum: „Das politische System der Gesellschaft übernimmt die Erzeugung, Verwaltung und Kontrolle der Macht für die Gesellschaft" (1975a: 49).

Es ist dies angesiedelt vor dem ideologiekritisch und demokratietheoretisch unbefragten Hintergrund pauschaler Anerkennung und Entscheidungsermächtigung, insofern Luhmann herausstellt: „Ein politisches System muß in seiner gesellschaftlichen Umwelt relativ generell anerkannt sein, als System gleichsam politischen Kredit genießen, der nicht auf spezifischen Entscheidungsaussagen beruht, also nicht jeweils tauschförmig zustande kommt, und auch nicht bei jedem Mißerfolg zurückgezogen wird" (1974b: 157). Hieraus folgt: Legitimität ist Systemvertrauen in die Rationalität des politischen Systems; denn: „Legitim ist eine verbindliche Entscheidung des politischen Systems, deren kritiklose Anerkennung institutionalisiert ist, das heißt sozial erwartet und nicht persönlich zugerechnet wird." (1975b: 61). Den Individuen, die in der Zuschreibung Luhmanns komplementäre Publikumsrollen einnehmen, verbleibt dann nur noch „ein nahezu motivloses, selbstverständliches Akzeptieren bindender Entscheidungen" (1974b: 159).

Auch der allgemeinen Systemtheorie Luhmanns, so kann resümiert werden, gilt das Motivations- und Interessensubstrat interagierender Subjekte als peripher (Horn/Schülein 1976). Darüber hinaus besteht eine Affinität der „Zauberformel" Luhmanns: „Reduktion von Komplexität" mit dem für Gehlens Institutionenlehre zentralen Begriff der „Entlastung", wenngleich Luhman dies bestreitet.[9] Ich sehe eine Differenz jedoch allein darin, daß Gehlen sich auf „Handlungs-Institutionen" kapriziert, Luhmann hingegen ganz den Selektionsleistungen der „Systeme" vertraut, wie stets also von der Systemebene redet: Theoriesubjekt bei Luhmann ist allerwegen das System, „der Mensch" eine („alteuropäische"?) Residualkategorie (142). Dieser „Subjektivierung des System(begriff)s" entspricht „eine nahezu totale Entsubjektivierung konkreter Subjekte" (Narr und Runze 1974: 58) sowie ihre Reduzierung zu „Erwartungskollagen", so daß festgestellt werden kann: „Luhmanns Komplexitätsphilosophie weist zahlreiche Analogien zur Anthropologie Arnold Gehlens auf. ... Als Konsequenz folgt bei beiden Ansätzen, daß Institutionen bzw. Systeme qua Selektionsleistung, d. h. durch ihre notwendige Voraussetzung für menschliches Handeln und Überleben, Eigenwert bzw. ontologischen Status erhalten" (Schmid 1974: 129).

Der eigentümliche Ausfall des konstitutiven Reflexionssubjektes kommt insbesondere darin zum Ausdruck, wenn Luhmann in zugespitzter Weise ausführt, die soziologische Theorie sozialer Systeme wolle „den Menschen nicht mehr als Teil des sozialen Systems, sondern als dessen problematische Umwelt" (Luhmann 1975b: 36) erfassen. Dagegen ist darauf zu bestehen, daß der Mensch sowohl Teil des sozialen Systems als auch dessen Umwelt oder Bezugseinheit als Person-System ist. Es ist daher die entscheidende Schwäche (auch) des (institutionstheoretischen) Ansatzes von Luhmann, „das personale System als Bedürfnissystem nicht explizit als Bezugseinheit für die Konstruktion sozialer Systeme eingesetzt zu haben" (Hondrich 1973: 98). Dieser oftmals erhobenen Kritik[10] ist Luhmann lange Zeit im wesentlichen ausgewichen (bzw. er hat das Problem lediglich „systemtheoretisch umformuliert"). Seine zahlreichen Modifikationen[11] und neuerlichen Anmerkungen haben am grundsätzlichen Ansatz nichts geändert.[12] Erst in jüngster Zeit werden seine Angriffe gegen den Tenor der Kritik heftiger und in erwünschter Weise eindeutiger.

Es geht uns dabei — um Mißverständnissen vorzubeugen — nicht darum, Handlungs- und Systemtheorie gegeneinander auszuspielen, vielmehr sind beide Ausrichtungen (Berger 1978; Willke 1978) miteinander zu verknüpfen; denn, so Luhmann, „soziale Ordnung kann nicht handlungsfrei, Individualität nicht unsystematisch aufgefaßt werden" (Luhmann 1981a: 52). Dem soll auch gar nicht widersprochen werden. Allerdings ist es doch sehr die Frage, ob einfach behauptet werden kann, daß Systeme Handlungen konstituieren (und nicht auch umgekehrt bzw. wechselseitig, wenn man an der „Steigerungsbedingung" und Anschlußfähigkeit von Sinn festhält). Warum ist für Luhmann der Subjektbegriff kein Grundbegriff mehr (und die „alteuropäische Handlungslehre" eine „gefallene Theorie"), sondern nur noch ein „Problemhinweis" (59) hinsichtlich systemischer Zurechnungsregeln (unter Vernachlässigung des subjektiven Bewußtseins, gibt es denn ein — auch noch emergentes — „Systembewußtsein")? Luhmann hat alles in allem kein großes Interesse mehr an der „(inter)subjektiven Relevanz" politischer Entscheidungen.[13]

Heute reagiert Luhmann, wie gesagt, auf die Kritik allergischer (Luhmann 1984a). Wer heute noch von „Individualität", „Subjekt" etc. spreche, verwende, „wie jedermann", undurchdachte Trivialbegriffe einer heruntergekommenen philosophischen Terminologie; denn: „Nicht die Individuen konstituieren die Gesellschaft, indem sie sich — sei es vertragsförmig, sei es historisch-faktisch — zum Zusammenleben entschließen, sondern die Gesellschaft konstituiert (über Institutionen, A. W.) die Individuen, indem sie es ihnen ermöglicht, sich wechselseitig freiwillig zu binden, sich verantwortlich zu machen, sich zu sanktionieren" (5). Luhmanns Einlassungen enthalten ferner eine polemische Spitze gegen bestimmte sozialwissenschaftliche Ausprägungen und/oder politische Emanzipationsbestrebungen. Wenn von der „Dialektik von personaler und sozialer Identität" die Rede sei, handele es sich fast immer um einen „Appell an Magie". Außerdem wisse man wohl nicht, was dem Menschen als Subjekt durch seine Individualisierung *zugemutet* werde.[14] Darüber hinaus sollte man nach Luhmann einsehen, „daß Volloriginalität genau so wenig erreichbar ist wie Reflexionsidentität", so daß Individualität nicht an Genialität zu messen oder auf sie hin zu steigern ist (10). Die „traditionelle Gegenüberstellung individueller und sozialer, eigennütziger und gemeinnütziger Aspekte" produziere nur noch „folgenlose Appelle": „Man kann nur versuchen, eine Theorie der Gesellschaft zu entwickeln, die derart einfache Kontrastierungen hinter sich läßt und stattdessen der Frage nachgeht, welche Beschränkungen in der soziokulturellen Evolution zu erwarten sind, wenn das Gesellschaftssystem mit der Struktur seiner eigenen Reproduktion so hohe Varianz für individuelle Selbstkontinuierung freigibt" (11).

Es ist offensichtlich, daß Luhmann nunmehr endgültig Positionen Gehlens vertritt. Überdies ist es wohl als ziemlich paradox anzusehen, daß gerade dem Sozialanthropologen Gehlen wie auch dem Soziologen Luhmann im institutions/systemtheoretischen Kontext die Vernachlässigung des „menschlichen Faktors" (Waschkuhn 1981) bzw. konkret handelnder Menschen vorgeworfen werden muß. Cornelius Castoriadis (1984) stellt in seiner Arbeit „Gesellschaft als imaginäre Institution" (wenngleich in einem anderen Zusammenhang[15]) fest:

„Die Ersetzung des Menschen ... durch ein Ensemble von Teilfunktionen, die willkürlich nach einem willkürlichen System von Zwecken unter Rekurs auf eine nicht minder willkürliche Pseudo-Begriffsbildung ausgewählt wurden, sowie die dementsprechende Behandlung des Menschen in der Praxis verrät eine Vorherrschaft des Imaginären, die sich trotz aller ‚Systemeffizienz' von derjenigen in den ‚fremdartigsten' arachischen Gesellschaften in nichts unterscheidet. Die Behandlung eines Menschen als Ding oder rein mechanisches System ist nicht weniger, sondern in höherem Maße imaginär, als wenn man ihn als Käuzchen betrachtet" (Castoriadis 1984: 270 f.).

Daß der Mensch kein „Käuzchen" ist, sollte (um diese Metaphorik noch weiter zu überziehen) auch von Luhmann anerkannt werden, der in seine Systemtheorie offenbar derart viel Phantasie investiert hat, daß er alles Schöpferische nur noch *von dieser selbst* erwartet. Seine neuesten Ausrichtungen (Stichwort „Autopoiesis") bestätigen diese Interpretation nur noch.

6. Der verstehend-interaktionistische Ansatz

Die von Georg Simmel und Max Weber mitbegründete verstehende Soziologie umfaßt ein sehr breites Spektrum von Theorieansätzen (Bühl 1972a), worunter der (in der Tradition des Neukantianismus stehende) (Helle 1977) symbolische Interaktionismus wohl am bekanntesten geworden ist.[16] Insofern eine vollständige Deckung von Werten und Bedürfnisstrukturen, wie sie im Funktionalismus von Parsons noch intendiert war, eher unwahrscheinlich ist, andererseits die Anerkennung subjektiver Identitätsentwürfe nur in Interaktionen möglich ist (Krappmann 1972), ist es das Grundaxiom einer jeden verstehenden Soziologie, daß die interagierenden Subjekte hinter ihrem jeweiligen Handeln einen Sinn sehen, der dieses also zumindest mitbestimmt und daher auch in eine

Erklärung soziokultureller Phänomene, wie es gerade Institutionen sind, einzubeziehen ist. Entsprechendes gilt für Großgruppen und Kollektive, die nicht einfach als „statistische Anhäufungen von Individuen" anzusehen sind, vielmehr kommt „in ihnen die *Sinnkomponente* – durch Prozesse der Institutionalisierung, der Symbolisierung und Wissenskanonisierung – ebenso stark zur Geltung" (Bühl 1972b: 15).

In diesem Kontext kann hier nur auf zwei Ansätze näher eingegangen werden, die für die Institutionenproblematik aufschlußreich sind. So gehen Peter L. Berger und Thomas Luckmann, Schüler von Alfred Schütz[17], in ihrer Arbeit „Die gesellschaftliche Konstruktion der Wirklichkeit" von einer epistemologischen Trias aus, die die fundamentale gesellschaftliche Dialektik einfangen soll: „Gesellschaft ist ein menschliches Produkt" (Externalisierung); „Gesellschaft ist eine objektive Wirklichkeit" (Objektivation); „Der Mensch ist ein gesellschaftliches Produkt" (Internalisierung) (Berger und Luckmann 1971: 65). Eine Analyse der sozialen Welt könne keines dieser Elemente außer acht lassen: Externalisierung, Objektivation und Internalisierung sind grundsätzlich aufeinander verwiesen. Gesellschaft ist das Produkt menschlicher Externalisierung: „Sowohl nach ihrer Genese (Gesellschaftsordnung ist das Resultat vergangenen menschlichen Tuns) als auch in ihrer Präsenz in jedem Augenblick (sie besteht nur und solange menschliche Aktivität nicht davon abläßt, sie zu produzieren) ist Gesellschaft als solche ein Produkt des Menschen" (55). In Anlehnung an Gehlen konstituieren sich Institutionen aus Handlungshabitualisierungen: „Institutionalisierung findet statt, sobald habitualisierte Handlungen durch Typen von Handlungen reziprok typisiert werden. Jede Typisierung, die auf diese Weise vorgenommen wird, ist eine Institution" (58). Institutionen schlagen tendenziell in objektive Tatbestände (Durkheims „faits sociaux") um, die Gegenständlichkeit der institutionellen Welt aber ist eine von Menschen gemachte, eine nachgerade hergestellte Objektivität, so daß der „Doppelcharakter der Gesellschaft als objektive Faktizität *und* subjektiv gemeinter Sinn" (20) stets zu beachten bleibt: „,Die' Gesellschaft ... ist eine objektive Gegebenheit infolge der Objektivierung der menschlichen Erfahrung im gesellschaftlichen Handeln, in sozialen Rollen, Sprache, Institutionen, Symbolsystemen", aber sie ist „auch eine subjektive Wirklichkeit: sie wird vom Einzelnen in Besitz genommen, wie sie von ihm Besitz ergreift" (VI). Nach diesem Verständnis sind Institutionen „konstruierte" Objektivationen mit einem normativen Anspruch in bezug auf gewohnheitsmäßige Verhaltensmuster und reziproke Handlungsregelmäßigkeiten innerhalb symbolischer Sinnwelten.

Eine stärker interaktionistisch ausgeprägte Institutionenkonzeption hat Ephrem Else Lau (1978) entwickelt, wobei sie – wie auch Berger/Luckmann – an Überlegungen von George Herbert Mead[18] (und Herbert Blumer[19]) anschließt. „Institution" und „Institutionalisierung" werden als Phänomene der Alltagswelt thematisiert, ausgehend von der Sinngerichtetheit und Reflexivität menschlichen Handelns und der Einsicht, daß interagierende Individuen in bezug auf reziproke Einpassungen ihrer Handlungsperspektiven in der Regel aus einem bereits bestehenden Bedeutungszeichenvorrat schöpfen, also sozial und politisch kontexteingebunden sind. Insofern die Bedeutungen, Symbole und Zeichen keine starren Ansammlungen unveränderlicher Elemente darstellen, sondern ständigen Wandlungen durch die Benutzer unterworfen sind und jeder

Teilnehmer einen Hintergrund an Nebenbedeutungen mitbringt, wird die Interaktion zur Schaltstelle und zum „joint act" (Blumer), oder anders gesagt: „Jede aktuelle Interaktion transzendiert sich selbst. Dabei ist diese Transzendierung gerade die Thematik, die uns im Hinblick auf Institution und Institutionalisierung interessieren muß" (Lau 1978: 106).

In Rücksicht auf die Struktur und Dynamik von Institutionen wird herausgestellt, daß auch die Wiederholung schon eingefahrener, routinisierter Handlungen jeweils neue, wechselseitig abgestimmte Leistungen kooperativen Handelns erfordert, so daß die u.a. von Gehlen vertretene These von der Eigendynamik und Eigenmacht institutioneller Prozesse quer zu den Grundannahmen des symbolischen Interaktionismus und aller verwandten Ansätze steht, die von einem selbstbewußten und intentionalen Umgang des Menschen mit der Welt und seinesgleichen ausgehen (110 f.). Nach diesem Verständnis nämlich sind Institutionen Dauerleistungen menschlicher Akteure; sie existieren, indem sie in menschlichen Akten und Interaktionen aktualisiert werden, und sie entstehen durch menschliches Handeln als Netzwerkstrukturen ständig neu, werden stabilisiert oder verändert (119).

Analytisch kann in diesem Zusammenhang zwischen einem partnerorientierten und einem regelorientierten Handeln unterschieden werden. Damit ist gemeint, daß interaktives soziales Handeln das Zurückhandeln des Partners einkalkuliert, zugleich aber an nicht-interaktiven Objekten orientiert ist, in Sonderheit an übergreifenden Ordnungen in Form institutionalisierter Norm- und Sinnkontexte. Institutionalisierung heißt somit zum einen Ermöglichung gemeinsamen Handelns, Konstituierung von Handlungschancen und Erweiterung von Handlungsfeldern, zum anderen weisen Institutionen situationstranszendente Charakteristika einer sozialen Typisierung und Habitualisierung auf, stellen so Kontinuität sicher und verknüpfen die persönliche Geschichte von individuellen Ich-Identitäten mit der sozialen Geschichte kollektiver Art, die zusammen die politische Kultur einer Sozietät ausmachen. Institutionen haben gleichzeitig Prozeß- und Strukturcharakter, über institutionelle Handlungsverkettungen, in die einzelne Handlungsentwürfe sinnhaft eingefügt werden können, gelingt die „Koinzidenz von Vorgeformtem und Besonderem" in der interaktiv geglückten Handlung. Institutioneller Wandel tritt dann auf, wenn soziale Gegebenheiten nicht mehr unbefragt hingenommen, sondern bereits im Alltagshandeln problematisiert und relativiert werden. Es ist dies für Lau jedoch eher die Ausnahme, die beim einzelnen Individuum im Blick auf das Ganze „die Bereitschaft und die Chance der Verantwortung" voraussetzt (246).

Das Verdienst dieses Ansatzes ist zweifelsohne darin zu sehen, daß der Institutionenbegriff „konsequent auf dem sich aus der Interaktion konkreter Menschen sich ergebenden kontinuierlichen Prozeß aufgebaut ist" (Greven 1983: 512). Andererseits ist nicht zu verkennen, daß die Gefahr und Problematik der verstehend-interaktionistischen Sichtweise in der „Dramatisierung der Sinnproblematik" (Bühl 1972b: 12) liegt und in der Vernachlässigung ökonomischer Faktoren bzw. der unterschiedlichen Bedingungen der Produktion/Reproduktion materiellen Lebens aufgrund von Machtasymmetrien und Interessenunterschieden, die dem „freien Fluß" von Bedeutungen und Sinnvorstellungen ziemlich enge Grenzen setzen (Hauck 1984: 163). Die „interpretative Soziologie" dieser Ausrichtung (Giddens 1985: 64) unterliegt daher von vornherein praktischen Einschränkungen schichtenspezifischer oder klassenstruktureller Art; sie ist darüber hinaus nicht in der Lage, *politische* Institutionalisierungs- und Entinstitutionalisierungsprozesse angemessen einzufangen.

7. Einige Folgerungen für eine politikwissenschaftliche Institutionentheorie

Anfang der sechziger Jahre hat Theodor Eschenburg seine Sorgen hinsichtlich des Umganges mit den politischen Institutionen der modernen Demokratie, besonders denen in der Bundesrepublik, formuliert. Es geht ihm (analog einer neuerdings wieder in Übung gekommenen Fragestellung der politischen Kulturforschung) „um die innere Einstellung und die von ihr bestimmten Verhaltensweisen der im Bereich der Politik Wirkenden in den politischen Institutionen ... als auch gegenüber diesen" (Eschenburg 1961: 7). „Institutionengerechtes Verhalten" sei ein demokratisches Gebot, insofern „institutionenfremdes oder gar institutionenwidriges Verhalten" die Gefahr hervorruft, daß die Institutionen, die „empfindliche Gebilde" sind, „umgebogen oder verschoben" werden; denn: „Eine anhaltende unpflegliche Behandlung muß zwangsläufig zu einer Veränderung der Institutionen und damit des Institutionengefüges führen, auch dann, wenn eine dauernde Veränderung gar nicht gewollt ist" (8). Gegenüber dieser verfassungsbezogenen Common-sense-Philosophie des Staatsrechtlers Eschenburg plädiert der Politologe Fritz W. Scharpf ein Vierteljahrhundert später im Zusammenhang einer Diskussion um die Policy-Forschung in der Bundesrepublik Deutschland für einen „aufgeklärten Institutionalismus" (Scharpf 1985). Institutionen werden hier als „Restriktionen des politischen Handelns" angesehen, jedoch können sie den politischen Prozeß nur selten vollständig determinieren. Vermutlich sei die Hoffnung, politische Prozesse auf Institutionen reduzieren zu können, ebenso verfehlt wie diejenige, politische Prozesse ohne den Rückgriff auf institutionelle Bedingungen erklären zu können (166). Generell seien die Institutionen für die Politik von Bedeutung, weil sie Handlungspotentiale und Handlungsschranken darstellen, in eben dieser Bedeutung aber seien sie durchaus „kontingente Phänomene" (167).

Eines scheint demnach festzustehen: Wir kommen an Institutionen nicht vorbei — was aber mitbegriffen und mitanalysiert werden muß, ist der den sozialen und politischen Wandel bestimmende Umstand, daß es sich stets, langfristig und gesamtgesellschaftlich gesehen, um Institutionalisierungs- und Entinstitutionalisierungsprozesse handelt. Hierbei ist weder die Systemebene zu hypostasieren noch das vereinzelte Handlungssubjekt zu verabsolutieren, insofern politisches Handeln per definitionem kollektives Handeln ist und im Ergebnis auf Institutionalisierungen gestellt ist. Gegenüber den oben näher behandelten allgemeinen institutionstheoretischen Ansätzen von Hauriou, Gehlen, Parsons und Luhmann — mit der relativen Ausnahme des Ansatzes von Schelsky, bei ihm indes teilweise „individualistisch" verkürzt, was cum grano salis auch für den symbolischen Interaktionismus zutrifft — sind jedoch die kollektiv handelnden „Menschen" und ihr Sinnverständnis, gerade in Rücksicht auf den Institutionen*wandel*, wieder „einzubringen" (d.h. es ist auch dem „ersten" Handlungsbegriff erneute Aufmerksamkeit zu schenken). Auf keinen Fall kann, erkenntnistheoretisch betrachtet, so vorgegangen werden, als ob das System den Menschen mit seinen interaktiven Handlungsstrukturen, Interessen und Bedürfnissen erst a posteriori *setzt*. Andererseits ist nicht unbedingt ein „Diskursuniversum" anzustreben, und es muß auch nicht „Herrschaftsfreiheit" erzielt werden, sondern konkret geht es um die Legitimität, Qualität und Organisation öffentlicher Herrschaft, die auf Institutionen gerichtet ist.

Fassen wir hier einige Positionen und Ergebnisse der allgemeinen Institutionentheorie einmal kurz zusammen, so kann im Hinblick auf das Spannungsfeld und den Begründungszusammenhang von Institutionen resümiert werden:
− Institutionen sind Manifestationen von „Leitideen" (Hauriou, Gehlen), ihnen korrespondiert ein „ideatives Bewußtsein", das auf der Subjektseite „soziale Individualitäten" mit institutionalisierten Rollenintegraten oder werthaft festgelegten Sinnpräferenzen begründet.
− Institutionen als regulative Sinnsynthesen befördern der Tendenz nach einen affirmativen Handlungstypus des „rituell-darstellenden Verhaltens" (Gehlen) oder „verallgemeinerten Systemhandelns" (Parsons), so daß der voluntaristische oder zweckrationale Handlungsbegriff nicht mehr disponibel ist.
− Institutionen sind auch Regeln in unseren Köpfen bzw. „Objekte, die in uns wohnen" (Hauriou), d.h. ihre Normenstruktur wird über Sozialisationsprozesse internalisiert und auf legitimitätserzeugende Werte des übergeordneten kulturellen Systems bezogen (Parsons).
− Institutionen vereinseitigen, habitualisieren und stabilisieren Handlungsgewohnheiten zu kulturspezifischen Regelmäßigkeiten (Gehlen) des „Erlebens und Handelns" (Luhmann), die dank der „Hintergrunderfüllung" von Vitalinteressen (Gehlen) sowie ihres Entlastungs- und Verpflichtungscharakters wegen dazu führen (oder auch verleiten können), „Konsens erfolgreich zu überschätzen" (Luhmann).
− Institutionen erfüllen in der Regel (Malinowski, Schelsky) mehrere Bedürfnisarten (Bedürfnissynthese der Institution) und jede Bedürfnisart findet ihre Befriedigung in mehreren Institutionen (funktionale Äquivalenz der Institutionen), allerdings ist es fraglich, da Regressionen und Inversionen implizit ausgeschlossen werden, ob damit kulturell ein hierarchischer Institutionenaufbau verknüpft ist, wobei Bedürfnisse und Folgebedürfnisse von Institutionen erster, zweiter usw. Stufe jeweils vollständig abgegolten werden sollen, was zweifelhaft ist.
− Institutionen haben eine Verselbständigungs- oder Verdinglichungstendenz zum „Eigenauthentischen", dem aus anthropologischen Gründen eine „institutionelle Selbstentfremdung des Menschen" als Bedingung der Möglichkeit seiner besonderen „Freiheit" entspricht, sich von den Institutionen „konsumieren" zu lassen (Gehlen), auch politisch verstanden (Gehlen, Luhmann) im Sinne eines „nahezu motivlosen, selbstverständlichen Akzeptierens bindender Entscheidungen" (Luhmann).
− Institutionen bleiben generell zustimmungsbedürftig; sie sind auf „Gemeinsamkeitsbekundungen" (Hauriou) oder auf einen Vertrauensvorschuß („sozialen und politischen Kredit") angewiesen, um ihren normativen Verbindlichkeitsanspruch aufrechterhalten zu können; sie müssen reflexiv werden und bedürfen der Institutionalisierung selbst (Luhmann).
− Politische Institutionen sind, insbesondere in systemtheoretischer Perspektive, auf den Bereich der Herstellung allgemeinverbindlicher Entscheidungen und ihre Durchsetzbarkeit (über das Medium der Macht als „Steuerungssprache" und/oder die Mobilisierung spezifischer Ressourcen) bezogen; sie dienen der Erfassung/Reduktion von „Weltkomplexität" und der subsystemspezifischen Steigerung von „Eigenkomplexität" in Rücksicht auf die Herausforderungen, Erwartungen und Ansprüche der (internen/externen) Umwelt(en).
− Institutionen müssen (so Luhmann) daher in gewisser Weise unterspezifiziert und vom „Möglichkeitshorizont" her variabel bleiben, um prinzipiell wie aktuell die Erwartung der Kontinuität komplexitätsreduzierender Systeme soziohistorisch auf „relative Dauer" zu stellen.
− Hierbei sind Externalisierung, Objektivation und Internalisierung aufeinander verwiesen (Ber-

ger/Luckmann), wobei sich Institutionen aus Handlungshabitualisierungen konstituieren; sie sind „konstruierte" Objektivationen mit normativem Anspruch in bezug auf gewohnheitsmäßige Verhaltensmuster und reziproke Handlungsregelmäßigkeiten innerhalb symbolischer Sinnwelten.
– Interagierende Individuen handeln sozial und politisch kontexteingebunden, jedoch bleiben die Institutionen, auf die sie ihr Handeln beziehen, kontingente Phänomene (Scharpf) und sind dem gesellschaftlichen Wandel unterworfen, der ein kooperatives Handeln und neue Sinndimensionen erfordert. Institutionen sind sonach Dauerleistungen menschlicher Akteure, sie entstehen durch menschliches Handeln als Netzwerkstrukturen ständig neu, werden stabilisiert oder verändert (Lau).
– Institutionalisierung heißt zum einen Ermöglichung gemeinsamen Handelns, Konstituierung von Handlungschancen und Erweiterung von Handlungsfeldern, zum anderen weisen Institutionen situationstranszendente wie handlungsrestriktive Charakteristika einer sozialen Typisierung auf, die eine systemspezifische Kontinuität politischer Kultur(en) bewirken sollen. Institutionen haben somit Prozeß- und Strukturcharakter, sind aber zugleich auch abhängig von unterschiedlichen Bedingungen der Produktion/Reproduktion des materiellen Lebens aufgrund von Machtasymmetrien und Interessenunterschieden schichtenspezifischer oder klassenstruktureller Art.
– Institutionen strukturieren im *weitesten* Sinne den gesellschaftlichen Meinungs-, Willensbildungs- und Entscheidungsfindungsprozeß im Kontext von Arbeit, Sprache, Interaktion und Herrschaft. Im *engeren* Sinne werden damit zugleich Machtpositionen festgelegt, Handlungsmöglichkeiten ausgegrenzt, gesellschaftliche Freiheitschancen eröffnet und individuelle Freiheitsschranken errichtet.

Ungelöst, theoretisch-analytisch wie praktisch, bleibt das Problem oder die Fragestellung, wie „erster" und „zweiter" Handlungsbegriff, Subjekt und Objekt, Person und Institution, Handlungskonzept und Systemmodell in demokratietheoretisch überzeugender Weise „zusammengebracht" werden können, will man nicht den einen Aspekt vernachlässigen, den anderen überbetonen, was handlungs- und systemtheoretisch gleichermaßen unbefriedigend ist und institutionstheoretisch „aufgehoben" werden müßte im Sinne einer „dynamischen Institutionentheorie" (wenngleich die meisten Institutionentheoretiker dazu neigen, gegenüber dem voluntaristisch-disponiblen Handlungsbegriff (Subjektseite) die System- bzw. Institutionenebene zu hypostasieren).
Dieser Punkt steht im Zentrum der modernen institutionstheoretischen Diskussion. Für Richard Münch sind Institutionen spezifizierte normative Muster, deren „Überlebenserfolg" von der Einbettung in lebensweltlich-gemeinschaftliche Traditionszusammenhänge abhängt. Institutionen als Muster kollektiver Ordnungsleistungen bestehen unter dem Aspekt der verfestigten Regelhaftigkeit aus Normen, die in einem Kollektiv gemeinsam geteilt (shared) sind und in solidarischer Verbundenheit (obligation) aufrechterhalten werden; sie gehen jedoch nicht in der verfestigten Regelhaftigkeit auf (Münch 1984: 51 ff.). In diesem Kontext ist es das Verdienst von Münch, von einem voluntaristischen Handlungsbegriff auszugehen und darüber hinaus das Interpenetrationstheorem mit Akribie entfaltet zu haben. Die Pointe seines Ansatzes lautet, daß die zunehmende Interpenetration unter den Bedingungen gesellschaftlicher Differenzierung die allein noch mögliche Form der Integration im Bezugsrahmen moderner Gesellschaften darstellt. Ohne hierauf näher eingehen zu können, ist festzuhalten, daß Münch mithilfe zahlreicher kunstvoller Schemata ein sozialwissenschaftliches Zusammenhangsdenken anregt und dabei Vereinseitigungen auf „erste" oder „zweite" Handlungsbegriffe vermeiden hilft. Es bleibt aber die Frage, wie diese beiden Hand-

lungsbegriffe — außer durch Interpenetration, so die allgemeine Sicht — näherhin zu vermitteln sind. Hierfür werden von mir *Partizipation* und *Vertrauen* als die Subjektseite und die Institutionenebene *vermittelnde* Kategorien eingesetzt (Waschkuhn 1984). Es ist dabei davon auszugehen, daß bereits der Begriff der Gesellschaft einen umfassenden Handlungszusammenhang meint, der vieldimensional ist, so daß „erster" und „zweiter" Handlungsbegriff als reziproke Sinnvermittlungsebenen in Betracht kommen. Im Hinblick auf das ausdifferenzierte politische Teilsystem (im traditionellen Verständnis: Staat und Regierung) sind grob gesehen zwei Perspektiven möglich: Beteiligung an oder Vertrauen in Politik, wie sie ausgeübt werden sollte oder (raumzeitlich gebunden) tatsächlich gehandhabt wird. Diese Unterscheidung ist noch zu einfach, wenngleich bereits hier festgestellt werden kann: Partizipation und Vertrauen sind Elementarformen politischer Praxis und Bedingungen demokratischer Rationalität. In politikwissenschaftlicher Sicht kann zwischen einem „induktiven" und einem „deduktiven" Vertrauen unterschieden werden (Bußhoff 1975: 188 ff.). Deduktives Vertrauen (z.B. in die Regierung) und induktives Vertrauen (in bezug auf politisch neu einzubringende Sinnvorstellungen, z.B. seitens der sog. „neuen sozialen Bewegungen"[20]) verweisen zugleich auf unterschiedliche Partizipationsgrade und -formen. Man könnte auch formulieren: deduktives Vertrauen ist output-bezogen, induktives Vertrauen ist inputorientiert. Während deduktives Vertrauen nur indirekt auf Partizipation verwiesen ist[21], ist induktives Vertrauen direkt auf Partizipation gestellt. Hierzu gehören „Handelnkönnen" (Handlungskompetenz) und „Regelverständnis" (rule understanding) als ihre Verursachungskapazitäten, die aufeinander bezogen sind und darüber entscheiden, was sachlich jeweils kontinuiert/diskontinuiert werden kann und soll: Handelnkönnen hängt ab von den situativen Umständen sozialen Handelns sowie der Artikulations-, Organisations- und Konfliktfähigkeit der Betroffenen und Interessierten; Regelverständnis setzt die Informiertheit über die konstitutionellen/institutionellen Rahmenbedingungen sowie Geltungsüberzeugungen von Politikinhalten im jeweiligen System bzw. das Eingewiesensein in die spezifischen Strukturen und Entscheidungshierarchien im konkreten Anwendungsfall — für das fokale (Sub-)System und sein konstellatives Umfeld — voraus.

Wir können insoweit festhalten: (1) Politische Aktivität ohne handlungsbegleitende Regelkenntnis ist in bezug auf ihre Durchsetzungschancen sinnlos, wenn man den „revolutionären Sprung" (jedenfalls für hochentwickelte Industriegesellschaften) einmal außer Betracht läßt; (2) Regelverständnis ohne *aktuelle* Handlungsbereitschaft kann als politische Teilnahme aufgrund eines normativ-legitimatorisch geltenden und/oder sozialdominanten deduktiven Vertrauens betrachtet werden; (3) *manifeste* Handlungsabsichten *und* Regelverständnis kennzeichnen demgegenüber politische Beteiligungsformen aufgrund eines überwiegend induktiven Vertrauens ihrer Handlungsträger. (4) Der jeweilige Anlaß des Versuchs der Umsetzung von bislang vernachlässigten Handlungszielen in gesellschaftliche Praxis sowie die Aussichten ihres allgemeinverbindlichen Vollzugs können als „Schnittpunkte" verallgemeinerungsfähiger Interessen im Spannungsfeld von Ideologie und Realität bezeichnet werden, die auf die gesellschaftlich wiedereinzuholende oder *institutionell* erneuerungsbedürftige *Koordination induk-*

tiven/deduktiven Vertrauens im Rahmen einer dynamisch-responsiven Demokratie verweisen.
Hierbei handelt es sich um analytische Unterscheidungen, die in der Realität nicht so einfach zu trennen, sondern aufeinander bezogen sind. Dennoch kann eine tendenzielle Gewichtung der Rollengefüge und Korrelationsverhältnisse dahingehend erfolgen, daß deduktives Vertrauen sich im Kontinuum von Partizipation und Vertrauen eher hinordnet zum „pauschalen Systemvertrauen" ohne (jedenfalls nicht direkte) Partizipation und damit Abhängigkeitsstrukturen befestigt, induktives Vertrauen hingegen als „Machbarkeitsvertrauen" auf direkte Partizipation angewiesen ist. Mit anderen Worten: Die allgemeine Institutionentheorie, wie wir sie in den Grundzügen erörtert haben, bevorzugt deduktives Vertrauen („von den Institutionen abgeleitet") und vernachlässigt (auch aufgrund der „Funktionalisierung von Subjektivität") die partizipationsbetonte induktive Vertrauenskomponente, die auf schöpferisch zu Gestaltendes hindrängt. Für eine dynamisch-responsive Demokratie[22] als Manifestationsform öffentlicher Herrschaft, die auf Institutionalisierungs- und Entinstitutionalisierungsprozesse gestellt ist, kommt es daher insbesondere darauf an, induktives und deduktives Vertrauen zu koordinieren.
Im Unterschied zu den allgemeinen institutionstheoretischen Ansätzen, denen ich hier den Vorzug gegeben habe, werden unter politischen Institutionen in traditioneller Sicht insbesondere die Staatsorgane (z.B. Regierung, Parlament), bestimmte Organisationen (z.B. Parteien, Gewerkschaften) oder Verfahrensregeln (z.B. Wahl, Mehrheitsprinzip) verstanden. Aber auch hier hat sich die sozialwissenschaftliche Perspektive (und Terminologie) durchgesetzt. So wird die Regierung (government) als Teilkategorie des umfassenderen Konzept des politischen Systems angesehen, die den Umwandlungsprozeß von „inputs" in „outputs" leistet bzw. die Funktion erfüllt, allgemeingültige Regeln zu erlassen (rule making), diese auszuführen (rule application) und um ihre Einhaltung besorgt zu sein (rule adjudication). Ohne hier auf Einzelheiten eingehen zu können, ist für den gesamten Bereich der wirtschaftlichen, sozialen und politischen Institutionen von einer „funktionalen Politikverflechtung" auszugehen. Man kann aber auch von einer „Selektivität politischer Institutionen" sprechen, insofern bereits die institutionelle Struktur wie ein „Filtersystem" wirkt und neben bestimmten Handlungsregeln auch Ausschließungsregeln und Non-decisions produziert (Offe 1972: 65 ff.). Auch für Wahlen gilt, daß „nicht alles" gewählt werden kann bzw. der Einfluß (z.B. im Hinblick auf die Kandidatenaufstellung) ungleich verteilt ist. Darüber hinaus muß die Tendenz zur „Selbstperpetuierung der Machtpositionen politischer Eliten" (Offe 1984: 161) als problematisch eingestuft werden. Ebenso ist die Mehrheitsregel als Entscheidungsprinzip zumindest ambivalent zu beurteilen, wenn Entscheidungen in existentiell wichtigen (oder so behaupteten) Fragen anstehen, die hochrangig streitbefangen und womöglich langfristig irreversibel sind.[23] Die aktuelle Diskussion um die „Grenzen der Mehrheitsdemokratie" (Guggenberger/Offe 1984) muß daher als ein Indiz dafür gewertet werden, daß Institutionen, verstanden als *öffentliche Regelsysteme*, in Rücksicht auf ihren Geltungs- und Verpflichtungscharakter trotz der ihnen eigentümlichen „Beharrungskraft" (aufgrund ihres systemischen „Eigensinns", dem stets ein Autoritätsgefälle anhaftet) selbst dem Wandel unterworfen sind.

Eine politikwissenschaftliche Institutionentheorie muß daher (im Unterschied zur Institutionenkunde) die Auseinandersetzungen um den postmaterialistischen Wertwandel (Barnes und Kaase 1979; Klages und Kmieciak 1981) und vieles mehr (z. B. die Ansätze der vergleichenden Politikforschung und der politischen Kulturforschung) in diskursiver Weise miteinbeziehen. Praktisch gewendet sind im Lichte einer Konzeption differenzierter legitimer Politik stets aufs neue responsive Vermittlungs- und Konsensualisierungsprozesse in möglichst allen Politik- und Lebensbereichen zu instituieren.[24] Im Hinblick auf ein neues Paradigma politischer Ordnung[25] kann insoweit dem legitimationstheoretischen Axiom von Karl W. Deutsch gefolgt werden: „Die Zeiten, wo eine Regierung in allen Fragen für das Volk entscheiden konnte und von ihm gebührenden Dank und Passivität erwartete, sind im Schwinden. Immer stärker bricht die Notwendigkeit hervor, eher *mit* den Menschen als *für* sie zu handeln" (Deutsch 1976: 510). Der „erste" Handlungsbegriff und „induktives" Vertrauen sind daher für eine dynamische Institutionentheorie *kategorial unerläßlich.*

Anmerkungen

1 Vgl. Bühl 1978; Höffe 1980; Scharpf 1985; Waschkuhn 1974, 1981 und 1985.
2 Das gilt auch für die interessante Arbeit von Castoriadis 1984.
3 Siehe vor allem Hauriou 1965. Zur Diskussion um Hauriou (und Santi Romana) vgl. Schnur 1968.
4 Die „gemeinsame Gründung" (communion fondative) ist für Hauriou keine „Vereinbarung" im Sinne der Lehre vom Sozialkontrakt (Hauriou 1965: 60). Insbesondere die volonté générale Rousseaus ist mit dem „gemeinsamen Willen" bei Hauriou keineswegs angezielt, sondern es handelt sich um den Willen, an den fundamentalen Ideen festzuhalten, die bei der Bildung der Gruppe vorherrschten (Davy 1968: 15).
5 Vgl. insbesondere Apel 1973; Hagemann-White 1973; Jonas 1966; Weiß 1971.
6 Der Tenor der Kritik an der Systemtheorie seitens Schelsky, der immerhin Luhmanns Karriere maßgeblich gefördert hat (Käsler 1984), lautet: „So verschwindet die Subjektivität des Individuums in den modernen Theorien des ‚sozialen Systems' fast völlig, entweder indem das Individuum zum leeren Tragkörper (Habermas spricht vom ‚abstrakten Platzhalter', A. W.) funktionaler Bezüge oder zur Marionette sogenannter Normensysteme gemacht oder indem es selbst wieder als ‚personales System' ausgefällt und in sich als bloße Funktionseinheit betrachtet wird" (Schelsky 1970: 11).
7 Ziehen wir neuere Ansätze heran, so ist in bezug auf den „postmaterialistischen Wertwandel" (Inglehart 1977; Klages und Kmieciak 1981) festzuhalten, daß dieser abhängig ist von „formativen Perioden" im Sozialisationsprozeß, so daß sich dieser Prozeß (aufgrund der „Mangel- und Knappheitshypothese" Ingleharts) in Zukunft auch wieder umkehren kann. In Rücksicht auf den Ansatz von Schelsky bleibt daher zu konstatieren, daß er umstandslos auf „Linearität" setzt, „Regressionen" (oder neutraler: Umkehrungen) in soziologisch geradezu „naiver" Sichtweise implizit ausschließt. Auch der „wissenschaftliche Erkenntnisforschritt" verläuft keineswegs linear (Kuhn 1976; Lakatos und Musgrave 1974). Für die Bedürfnisproblematik vgl. Hondrich/Vollmer 1983. Hondrich führt dort u. a. aus: „Bedürfnisentwicklung ist kein Null-Summen-Spiel zwischen Grundbedürfnissen und Bedürfnisorientierungen, sondern beinhaltet Wachstum und Differenzierung von beiden. Damit ist allerdings nicht gesagt, daß Wachstum unablässig weitergeht. Es kann, wie das Wachstum aller lebenden Systeme, einen Gipfel überschreiten und dann mit negativen Vorzeichen weitergehen, bis zum Erlöschen des Systems" (Hondrich 1983: 32).
8 Um die Subjektseite und die politische Institutionenebene (resp. „ersten" und „zweiten" Handlungsbegriff) zu verknüpfen, führe ich weiter unten „Partizipation" und „Vertrauen" als Elementarformen politischer Praxis ein. Siehe auch Waschkuhn 1984.

9 Vgl. zu dieser Problematik Habermas/Luhmann 1971: 156 ff., 161 ff. und 306 f. (mit dortiger Anm. 29).
10 Siehe hierzu Esser u. a. 1977; Grünberger 1981; Hejl 1982; Oelmüller 1973.
11 Vgl. von Luhmann insbesondere die Aufsätze „Handlungstheorie und Systemtheorie", „Schematismen der Interaktion", „Interpenetration – Zum Verhältnis personaler und sozialer Systeme", alle wiederabgedruckt in: Luhmann 1981a: 50–66, 81–100, 151–169. Siehe ferner Luhmann 1980: 241, 246 f. (im Zusammenhang mit Temporalität), Luhmann 1981b: 244, 247 ff., 274 ff., Luhmann 1982a: 161 f. In seinem Aufsatz „Autopoiesis, Handlung und kommunikative Verständigung" (1982b) stellt Luhmann heraus, daß „die Struktur von Handlung nicht der Struktur von Bewußtsein (oder von ‚Subjekt' oder von ‚Individuum') verdankt ist, sondern den Erfordernissen der autopoietischen Reproduktion temporalisierter Systeme entspricht" (370). Andererseits wird dem theoretischen Bemühen um eine Logik des Sozialen, dem Verlangen „nach konsensfähigen Begründungen" und „nach kommunikativer Verständigung" immerhin konzediert: „Man kann sich der Berechtigung dieses Anliegens und der Faszinationskraft des Desiderats schwerlich entziehen" (372). Für Luhmann sind diese Ansätze und Postulate jedoch nur „gut gemeint"; denn Kommunikation wird von ihm sofort wieder als „Prozeß eines selbstreferentiellen Systems" verstanden und behauptet, daß man von „Rationalität" nur in bezug auf Systeme sprechen könne etc. – Die Theorie der rational argumentierenden kommunikativen Praxis, wie sie Habermas vertritt, wird schließlich in eine (vermeintlich bessere) Theorie autopoietischer Kommunikationssysteme „übersetzt".
12 Klaus Podak (1984) stellt in einer insgesamt durchaus wohlmeinenden Rezension fest: „Luhmann sieht sich gezwungen, den Begriff des Subjekts abzudrängen. Er kann jedoch nicht auf gewisse Eigenschaften der Subjektivität verzichten. Sie tauchen in den Bestimmungen selbstreferentieller Systeme wieder auf. Subjektivität, dem Namen nach verbannt, erscheint in verwandelter Form als selbstreferentielles System. Sie erscheint gleichsam ohne Kern, auseinandergezogen in das zirkuläre Spiel der selbstreferentiellen Selbstproduktion. ... Das soziale Geschehen verwandelt sich in ein subjektfreies Spiel der über Selbstreferenz laufenden Evolution sozialer Systeme. Hierin könnte man einen spezifischen, vielleicht sogar realistischen Pessimismus sehen, der alle kritischen Vorstellungen von Luhmanns angeblich sozialtechnologischer Ausrichtung unterläuft" (Podak 1984: 742). Zum „realistischen Pessimismus" vgl. Vobruba 1983: 159 ff. – Auf die von Podak behandelte neueste Arbeit von Luhmann (1984) gehe ich hier nicht eigens ein, da sie für das Thema einer allgemeinen Institutionentheorie unergiebig ist. Vgl. hierzu Käsler 1984 und Grünberger 1985.
13 Es ist Jürgen Habermas zuzustimmen, wenn er gegen Luhmann anführt: „Die Systemtheorie ersetzt ‚Subjekt' durch ‚System' ... und bringt die Fähigkeiten des Subjekts, Gegenstände zu erkennen und zu behandeln, auf den Begriff von Systemleistungen, die darin bestehen, die Komplexität der Umwelt zu erfassen und zu reduzieren. Wenn Systeme darüber hinaus lernen, sich reflexiv auf die Einheit des eigenen Systems zu beziehen, so ist das nur ein weiterer Schritt, die eigene Komplexität zu steigern, um der überkomplexen Umwelt besser gewachsen zu sein – auch dieses ‚Selbstbewußtsein' bleibt im Banne der Logik der Bestandssicherung von Systemen" (Habermas 1981a: 529 f.). Es verschwindet dabei zugleich „das Intersubjektivitätsproblem, also die Frage, wie verschiedene Subjekte dieselbe Lebenswelt teilen können (die „symbolisch strukturiert" und nicht systemisch „kolonialisiert" ist, A. W.), zugunsten des Interpenetrationsproblems, nämlich der Frage, wie bestimmte Arten von Systemen füreinander bedingt kontingente, aufeinander abgestimmte Umwelten bilden können" (Habermas 1981b: 197). Siehe auch Habermas 1985: 426 ff.
14 Ein markantes Textbeispiel dieser Auffassung lautet: „Kann das Individuum seine Freiheit ertragen? Kann es sich, der Autonomie ausgesetzt, darin zurechtfinden – Kann es sich selbst bestimmen, wenn ihm nicht einmal ein dafür gültiges Kriterium zur Verfügung gestellt wird? Wie macht sich kriterienlose Selbstreferenz bemerkbar, wenn sie zum Schicksal wird, an dem niemand mehr Anteil nimmt?" – Die alte Wunschliste der Individualität: Freiheit, Gleichheit, Selbstbestimmung, Selbstverwirklichung, Autonomie, Emanzipation, rückt mit solchen Fragen in ein anderes Licht. Folgt man der soziologischen Gesellschaftstheorie, sind dies nur Korrelate zunehmender gesellschaftlicher Differenzierung. Das Individuum wird zwangsläufig in die Individualität abgeschoben, und dazu wird ihm noch souffliert, daß dies seinen eigensten Wünschen entspreche. Fast fühlt man sich an Adam und Eva erinnert: keine Wohnung, keine Kleidung, keine Arbeit, nur einen Apfel für beide – und dann mußten sie es noch Paradies nennen. – Traum, Trauma, Traumatik der Emanzipation müßten demnach selbst einer Ideologiekritik un-

terzogen werden. Sie haben in den letzten beiden Jahrzehnten fast nur Befürworter gefunden, die als Partisanen des Subjekts sich die Frage gar nicht stellten, wie das Individuum seine Individualität handhaben könne, wenn dies ihm überlassen bliebe. Inzwischen sieht man freilich: Die Tempel der Emanzipation werden kaum noch betreten, und in den Ritzen wuchert das Unkraut. Aber man hat sich nur auf Ambitionen kleinerer Art zurückgezogen. Für den Theoriedefekt selbst fehlt noch jedes Verständnis" (Luhmann 1984a: 6f.).

15 Bei Castoriadis speziell bezogen auf die Ökonomie des modernen Kapitalismus, dessen angeblich rationale Organisation für ihn alle Merkmale eines „systemischen Wahns" aufweist. Die Heteronomie der Gesellschaft als „Selbstentfremdung" der „gesellschaftlichen Institution des Individuums" ist für Castoriadis nur zu überwinden („wenn wir es wollen") als „Setzung/Schöpfung einer neuen *Art* des Sich-Instituierens, eines neuen Verhältnisses der Gesellschaft und der Menschen zur Institution. Nichts, soweit man sehen kann, rechtfertigt die Behauptung, eine solche Selbstverwandlung der Gesellschaft sei unmöglich; nirgendwo – außer an jenem u-topischen und inkohärenten Ort, wo sich die identitätslogische Ontologie ansiedelt – ließe sich für eine solche Behauptung Bestätigung finden. Die Selbstverwandlung der Gesellschaft hängt von dem gesellschaftlichen und also im ursprünglichen Wortsinne *politischen* Tun der Menschen in der Gesellschaft ab – und von nichts sonst" (Castoriadis 1984: 609).

16 Siehe Arbeitsgruppe 1973; Lewis und Smith 1980; Meltzer u.a. 1975; Rock 1979; Steiner 1973; Stryker 1976.

17 Vgl. Schütz und Luckmann 1979, 1984; ferner Schütz 1974; Schütz und Parsons 1977.

18 Mead bezeichnet verallgemeinerte gesellschaftliche Handlungen und gleichsinnige Reaktionsweisen seitens aller Mitglieder einer Gemeinschaft auf eine bestimmte Situation als „Institution" (Mead 1973: 308). Institutionen stellen insoweit Lebensgewohnheiten der Gemeinschaft dar. Vorausgesetzt sind vernunftbegabte Menschen; denn nur ein vernunftbegabtes Wesen kann seinen Handlungen eine allgemeine Form geben (430). Jedoch „ist der symbolische Interaktionismus nicht als *die* autoritative Interpretation von Meads Werk anzusehen. Im Verständnis gesellschaftlicher Organisation wie in dem menschlicher Bedürfnisse, in der Reduktion des Handlungsbegriffs und im Fehlen jedes Bezugs zur Evolution und Geschichte liegen gewaltige Abweichungen von Mead" (Joas 1980: 12). Für Joas ist Meads Handlungsbegriff radikal intersubjektivistisch gedacht und bildet dadurch ein Hindernis für ein individualistisches Mißverständnis von Handlungstheorie wie auch ein Mittel gegen objektivistische Formen von Gesellschaftstheorie.

19 Soziale Interaktion ist für Blumer „eine Interaktion zwischen Handelnden und nicht zwischen Faktoren, die diesen unterstellt werden" (Blumer 1973; 87). Symbolische Interaktion beinhaltet die Interpretation reziproker Handlungen. Institutionen sind Produkte symbolischer Interaktion, auf die man sich bezieht. Als gemeinsame relevante Objekte einer Sozietät können sie einen Bedeutungswandel durchlaufen; denn vom Standpunkt des symbolischen Interaktionismus aus ist „das menschliche Zusammenleben ein Prozeß, in dem Objekte geschaffen, bestätigt, umgeformt und verworfen werden", und das Leben und Handeln von Menschen wandelt sich „notwendigerweise in Übereinstimmung mit den Wandlungen, die in ihrer Objektwelt vor sich gehen" (91). Entscheidend ist, daß „das soziale Handeln des Handelnden von ihm aufgebaut wird" (138). Die Ausrichtung seiner Handlungslinie führt zur Auseinandersetzung/Vermittlung mit anderen Handlungsentwürfen. Diese aktive/interaktive Komponente läßt als individuell-kollektive Dauerreflexion Hypostasierungen auf der Institutionenebene nicht zu; sie „entdinglicht" die institutionelle Frage zugunsten des „ersten" Handlungsbegriffs, wie wir es genannt haben.

20 Vgl. Alber 1985; Brand 1982; Brand u.a. 1983; Grottian und Nelles 1983; Mehlich 1983; Raschke 1985; Schultze 1980. – Allerdings können die ökologischen Ausrichtungen auch „neokorporatistisch" interpretiert werden, siehe hierzu den interessanten Ansatz von Schüll 1983. – Im übrigen kann den „Grünen" (als parteipolitischer Sonderform der neuen sozialen Bewegungen) in bezug auf die „Rotationsproblematik" auch unterstellt werden, daß sie sich mit dem deduktiven Vertrauen schwer tun.

21 Von hierher ist die Aussage verständlich: „Eine konsequent repräsentative Demokratie schließt Partizipation nicht aus, bedarf ihrer aber nicht unbedingt" (Ellwein u.a. 1975: 132). Es muß dann eine Sozialdominanz deduktiven Vertrauens angenommen werden.

22 Vgl. Etzioni 1968: 6ff., 503ff., 621ff.; Uppendahl 1981a, 1982. Siehe auch die Kontroverse zwisschen v. Alemann 1981 und Uppendahl 1981b.

23 Siehe Guggenberger und Offe 1984. Vgl. auch die anders geführte Diskussion bei Heun 1983 und Hueglin 1977.

24 In diesem Zusammenhang ist hervorzuheben, daß insbesondere induktives Vertrauen Demokratisierungsprozesse in allen gesellschaftlichen Teilsystemen voraussetzt, deren Grenzen dort liegen, wo deduktives Vertrauen sich noch oder wieder als sozialdominant erweist.
25 Vgl. hierzu auch Barber 1984. Auf die Argumentationsstruktur dieses Ansatzes kann hier leider nicht näher eingegangen werden. Siehe ferner Lea 1982 und Olsen 1982.

Literatur

Alber, J., 1985: Modernisierung, neue Spannungslinien und die politischen Chancen der Grünen. Politische Vierteljahresschrift 26. 211–226.
v. Alemann, U., 1981: Responsive Demokratie – ein Lob dem Mittelmaß? Zeitschrift für Parlamentsfragen 12. 438 ff.
Apel, K.-O., 1973: Arnold Gehlens „Philosophie der Institutionen". In ds.: Transformation der Philosophie I. Frankfurt/M. 197–221.
Arbeitsgruppe Bielefelder Soziologen (Hg.), 1973: Alltagswissen, Interaktion und gesellschaftliche Wirklichkeit. 2 Bde. Reinbek b. Hamburg.
Barber, B., 1984: Strong Democracy. Participatory Politics for a New Age. Berkeley, Los Angeles, London.
Barnes, S. H., Kaase, M., 1979: Political Action. Mass Participation in Five Western Democracies. Beverly Hills, London.
Berger, J., 1978: Intersubjektive Sinnkonstitution und Sozialstruktur. Zur Kritik handlungstheoretischer Ansätze der Soziologie. Zeitschrift für Soziologie 7. 327–334.
Berger, P. L./Luckmann, Th., 1971: Die gesellschaftliche Konstruktion der Wirklichkeit. Eine Theorie der Wissenssoziologie. 2. Aufl. Frankfurt/M.
Blumer, H., 1973: Der methodologische Standort des symbolischen Interaktionismus. In: Arbeitsgruppe Bielefelder Soziologen (Hg.): Alltagswissen, Interaktion und gesellschaftliche Wirklichkeit. Bd. 1: Symbolischer Interaktionismus und Ethnomethodologie. Reinbek b. Hamburg. 80–146.
Brand, K.-W., 1982: Neue soziale Bewegungen. Opladen.
Brand, K.-W., Büsser, D., Rucht, D., 1983: Aufbruch in eine andere Gesellschaft. Neue soziale Bewegungen in der Bundesrepublik. Frankfurt/M., New York.
Brede, W., 1980: Institutionen von rechts gesehen: Arnold Gehlen. In: Corino, K. (Hg.): Intellektuelle im Banne des Nationalsozialismus. Hamburg. 95–106.
Bühl, W. L. (Hg.), 1972a: Verstehende Soziologie. München.
Bühl, W. L., 1972b: Die alte und die neue Verstehende Soziologie. In ds. (Hg.): Verstehende Soziologie. München. 7–76.
Bühl, W. L., 1978: Art. Institution. In: Fuchs, W./Klima, R./Lautmann, R./Rammstedt, O./Wienold, H. (Hg.): Lexikon zur Soziologie. 2. Aufl. Opladen. 345 f.
Bußhoff, H., 1975: Systemtheorie als Theorie der Politik. Pullach b. München.
Castoriadis, C., 1984: Gesellschaft als imaginäre Institution. Entwurf einer politischen Philosophie. Frankfurt/M.
Davy, G., 1968: Das objektive Recht der Institution und die Ableitung des subjektiven Rechts. In: Schnur, R. (Hg.): Institution und Recht. Darmstadt. 1–22.
Deutsch, K.W., 1976: Staat, Regierung, Politik. Eine Einführung in die Wissenschaft der vergleichenden Politik. Freiburg i. Br.
Dubiel, H., 1973: Identität und Institution. Düsseldorf.
Ellwein, Th./Lippert, E./Zoll, R., 1975: Politische Beteiligung in der Bundesrepublik Deutschland. Göttingen.
Eschenburg, Th., 1961: Institutionelle Sorgen in der Bundesrepublik. Stuttgart.
Esser, H./Klenovits, K./Zehnpfennig, H., 1977: Wissenschaftstheorie 2: Funktionalanalyse und hermeneutisch-dialektische Ansätze. Stuttgart. 9–64.
Etzioni, A., 1968: The Active Society. A Theory of Societal and Political Processes. New York (dt. Opladen 1975).
Gehlen, A., 1963: Über die Geburt der Freiheit aus der Entfremdung. In ds.: Studien zur Anthropologie und Soziologie. Neuwied, Berlin. 232–246.

Gehlen, A., 1964: Urmensch und Spätkultur. Philosophische Ergebnisse und Aussagen. 2. Aufl. Frankfurt/M., Bonn (4. Aufl. Wiesbaden 1977).
Gehlen, A., 1973: Moral und Hypermoral. 3. Aufl. Frankfurt/M.
Gehlen, A., 1975: Einblicke. Frankfurt/M.
Gehlen, A., 1978: Der Mensch. Seine Natur und seine Stellung in der Welt. 12. Aufl. Wiesbaden.
Giddens, A., 1984: Interpretative Soziologie. Frankfurt/M.
Greven, M. Th., 1983: Gesellschaftliche Probleme als Anstoß und Folge von Politik. Institutionelle Aspekte. In: Hartwich, H.-H. (Hg.): Gesellschaftliche Probleme als Anstoß und Folge von Politik. Opladen. 510–525.
Grottian, P./Nelles, W. (Hg.), 1983: Großstadt und neue soziale Bewegungen. Basel, Boston, Stuttgart.
Grünberger, J., 1981: Die Perfektion des Mitglieds. Die soziologische Systemtheorie als eine Soziologie regelgeleiteten Verhaltens. Berlin.
Grünberger, J., 1985: Das Auge des Systems: Handeln und Beobachten in den sozialen Systemen N. Luhmanns. Politische Vierteljahresschrift. PVS-Literatur 26. Heft 1. 5–12.
Guggenberger, B./Offe, C. (Hg.), 1984: An den Grenzen der Mehrheitsdemokratie. Opladen.
Habermas, J./Luhmann, N., 1971: Theorie der Gesellschaft oder Sozialtechnologie – Was leistet die Systemforschung? Frankfurt/M.
Habermas, J., 1981a: Theorie des kommunikativen Handelns. Bd. 1: Handlungsrationalität und gesellschaftliche Rationalisierung. Frankfurt/M.
Habermas, J., 1981b: Theorie des kommunikativen Handelns. Bd. 2: Zur Kritik der funktionalistischen Vernunft. Frankfurt/M.
Habermas, J., 1985: Der philosophische Diskurs der Moderne. Frankfurt/M.
Haferkamp, H., 1973: Die Struktur elementarer sozialer Prozesse. Stuttgart.
Hagemann-White, C., 1973: Legitimation als Anthropologie. Eine Kritik der Philosophie Arnold Gehlens. Stuttgart.
Hauck, G., 1984: Geschichte der soziologischen Theorie. Reinbek b. Hamburg.
Hauriou, M., 1965: Die Theorie der Institution und zwei andere Aufsätze. Berlin.
Hejl, P. M., 1982: Sozialwissenschaft als Theorie selbstreferentieller Systeme. Frankfurt/M., New York.
Helle, H. J., 1977: Verstehende Soziologie und Theorie der Symbolischen Interaktion. Stuttgart.
Heun, W., 1983: Das Mehrheitsprinzip in der Demokratie. Berlin.
Höffe, O., 1980: Freiheit in sozialen und politischen Institutionen. In: Splett, J. (Hg.): Wie frei ist der Mensch? Düsseldorf. 54–82.
Hondrich, K. O., 1973: Systemtheorie als Instrument der Gesellschaftsanalyse. In: Maciejewski, F. (Hg.): Beiträge zur Habermas-Luhmann-Diskussion. Supplement 1. Frankfurt/M. 88–114.
Hondrich, K. O., 1983: Bedürfnisse, Ansprüche und Werte im sozialen Wandel. Eine theoretische Perspektive. In ds., Vollmer, R. (Hg.): Bedürfnisse. Opladen. 15–74.
Hondrich, K. O./Vollmer, R. (Hg.), 1983: Bedürfnisse. Stabilität und Wandel. Opladen.
Horn, K./Schülein, J. A., 1976: Politpsychologische Bemerkungen zur Legitimationskrise. In: Kielmansegg, P. (Hg.): Legitimationsprobleme politischer Systeme. Opladen. 123–178.
Hueglin, Th. O., 1977: Tyrannei der Mehrheit. Bern, Stuttgart.
Inglehart, R., 1977: The Silent Revolution. Changing Values and Political Styles Among Western Publics. Princeton.
Joas, H., 1980: Praktische Intersubjektivität. Frankfurt/M.
Jonas, F., 1966: Die Institutionenlehre Arnold Gehlens. Tübingen.
Käsler, D., 1984: Soziologie: „Flug über den Wolken". Spiegel 38, Nr. 50. 184–190.
Klages, H./Kmieciak, P. (Hg.), 1981: Wertwandel und gesellschaftlicher Wandel. 2. Aufl. Frankfurt/M., New York.
Krappmann, L., 1972: Soziologische Dimensionen der Identität. 2. Aufl. Stuttgart.
Kuhn, Th. S., 1976: Die Struktur wissenschaftlicher Revolutionen. Neuausgabe Frankfurt/M.
Lakatos, I./Musgrave, A. (Hg.), 1974: Kritik und Erkenntnisfortschritt. Braunschweig.
Lau, E. E., 1978: Interaktion und Institution. Zur Theorie der Institution und der Institutionalisierung aus der Perspektive einer verstehend-interaktionistischen Soziologie. Berlin.
Lea, J. F., 1982: Political Consciousness and American Democracy. University Press of Mississippi.
Lewis, J. D./Smith, R. L., 1980: American Sociology and Pragmatism. Mead, Chicago Sociology, and Symbolic Interaction. Chicago U. P., London.
Luhmann, N., 1970: Institutionalisierung – Funktion und Mechanismus im sozialen System der Gesellschaft. In: Schelsky, H. (Hg.): Zur Theorie der Institution. Düsseldorf. 27–41.

Luhmann, N., 1974a: Soziologie als Theorie sozialer Systeme. In ds.: Soziologische Aufklärung. Bd. 1. 4. Aufl. Opladen. 113–136.
Luhmann, N., 1974b: Soziologie des politischen Systems. In ds.: Soziologische Aufklärung. Bd. 1. 4. Aufl. Opladen. 154–177.
Luhmann, N., 1975a: Macht. Stuttgart.
Luhmann, N., 1975b: Politische Planung. Opladen.
Luhmann, N., 1980: Gesellschaftsstruktur und Semantik. Bd. 1. Frankfurt/M.
Luhmann, N., 1981a: Soziologische Aufklärung. Bd. 3. Opladen.
Luhmann, N., 1981b: Gesellschaftsstruktur und Semantik. Bd. 2. Frankfurt/M.
Luhmann, N., 1982a: Liebe als Passion. Zur Codierung von Intimität. Frankfurt/M.
Luhmann, N., 1982b: Autopoiesis, Handlung und kommunikative Verständigung. Zeitschrift für Soziologie 11. 366–379.
Luhmann, N., 1984a: Individuum und Gesellschaft. Universitas 39. 1–11.
Luhmann, N., 1984b: Soziale Systeme. Grundriß einer allgemeinen Theorie. Frankfurt/M.
Malinowski, B., 1951: Die Dynamik des Kulturwandels. Wien, Stuttgart.
Malinowski, B., 1975: Eine wissenschaftliche Theorie der Kultur. Frankfurt/M.
Mead, G. H., 1973: Geist, Identität und Gesellschaft. Frankfurt/M.
Mehlich, H., 1983: Politischer Protest und Stabilität. Entdifferenzierungstendenzen in der modernen Gesellschaft. Frankfurt/M., Bern, New York.
Meltzer, B. N., Petras, J. W., Reynolds, L. T., 1975: Symbolic Interactionism. Genesis, Varieties and Criticism. London, Boston.
Münch, R., 1984: Die Struktur der Moderne. Grundmuster und differentielle Gestaltung des institutionellen Aufbaus der modernen Gesellschaften. Frankfurt/M.
Narr, W.-D., Runze, D. H., 1974: Zur Kritik der politischen Soziologie. In: Maciejewski, F. (Hg.): Beiträge zur Habermas-Luhmann-Diskussion. Supplement 2. Frankfurt/M. 7–91.
Oelmüller, W., 1973: Zur Begründung von freiheitsfördernden Handlungszielen und Entscheidungskriterien. In: Böckle, F./Böckenförde, E.-W. (Hg.): Naturrecht in der Kritik. Mainz. 277–303.
Offe, C., 1972: Strukturprobleme des kapitalistischen Staates. Frankfurt/M.
Offe, C., 1984: Politische Legitimation durch Mehrheitsentscheidung? In: Guggenberger, B./Offe, C. (Hg.): An den Grenzen der Mehrheitsdemokratie. Opladen. 150–183.
Olsen, M. E., 1982: Participatory Pluralism. Chicago.
Parsons, T., 1967: The Structure of Social Action. 5. Aufl. New York, London (zuerst 1937).
Parsons, T., 1968: The Social System. 4. Aufl. pap. ed. New York, London (zuerst 1951).
Parsons, T., 1980: Zur Theorie der sozialen Interaktionsmedien. Opladen.
Parsons, T., 1982: On Institutions and Social Evolution. Selected Writings. Chicago, London.
Podak, K., 1984: Ohne Subjekt, ohne Vernunft. Bei der Lektüre von Niklas Luhmanns Hauptwerk „Soziale Systeme". Merkur 38 (Nr. 429). 733–745.
Pohlmann, R. (Hg.), 1980: Person und Institution. Helmut Schelsky gewidmet. Würzburg.
Raschke, J., 1985: Soziale Bewegungen. Ein historisch-systematischer Grundriß. Frankfurt/M., New York.
Rehberg, K.-S., 1978: Arnold Gehlen. In: Schrenck-Notzing, C. v. (Hg.): Konservative Köpfe. München. 157–166.
Rock, P., 1979: The Making of Symbolic Interactionism. London u. a.
Rotter, F., 1978: Der personfunktionale Ansatz in der Rechtssoziologie. Eine Auseinandersetzung mit dem Ansatz von Helmut Schelsky. In: Kaulbach, F./Krawietz, W. (Hg.): Recht und Gesellschaft. Festschrift für Helmut Schelsky. Berlin. 481–505.
Scharpf, F. W., 1985: Plädoyer für einen aufgeklärten Institutionalismus. In: Hartwich, H.-H. (Hg.): Policy-Forschung in der Bundesrepublik Deutschland. Opladen. 164–170.
Schelsky, H., 1970: Zur soziologischen Theorie der Institution. In ds. (Hg.): Zur Theorie der Institution. Düsseldorf. (2. Aufl. 1973). 9–26.
Schelsky, H., 1975: Die Arbeit tun die anderen. Klassenkampf und Priesterherrschaft der Intellektuellen. Opladen.
Schelsky, H., 1980a: Soziologie – wie ich sie verstand und verstehe. In ds.: Die Soziologen und das Recht. Opladen. 7–33.
Schelsky, H., 1980b: Zur Entstehungsgeschichte der bundesdeutschen Soziologie. Kölner Zeitschrift für Soziologie und Sozialpsychologie 32. 417–456.
Schelsky, H., 1980c: Systemfunktionaler, anthropologischer und personfunktionaler Ansatz der Rechtssoziologie. In ds.: Die Soziologen und das Recht. 95–146 (zuerst in: Jahrbuch für Rechtssoziologie und Rechtstheorie, Bd. 1. Gütersloh 1970. 37–89).

Schmid, G., 1974: Funktionsanalyse und politische Theorie. Düsseldorf.
Schmid, M., 1982: Theorie sozialen Wandels. Opladen.
Schnur, R. (Hg.), 1968: Institution und Recht. Darmstadt.
Schüll, B., 1983: Politische Ökologie – eine neue Ausprägung des Korporatismus. Magisterarbeit Phil. Fak. III, Univ. Würzburg.
Schütz, A., 1974: Der sinnhafte Aufbau der sozialen Welt. Frankfurt/M.
Schütz, A./Parsons, T., 1977: Zur Theorie sozialen Handelns. Frankfurt/M.
Schütz, A./Luckmann, Th., 1979/1984: Strukturen der Lebenswelt. 2 Bde. Frankfurt/M.
Schultze, R.-O., 1980: Nur Parteiverdrossenheit und diffuser Protest? Systemfunktionale Fehlinterpretationen der grünen Wahlerfolge. Zeitschrift für Parlamentsfragen 11. 292–313.
Stammen, Th., 1971: Zur Geschichte der modernen demokratischen Institutionen. In: Reinisch, L. (Hg.): Politische Wissenschaft heute. München. 53–66.
Steinert, H. (Hg.), 1973: Symbolische Interaktion. Arbeiten zu einer reflexiven Soziologie. Stuttgart.
Stryker, S., 1976: Die Theorie des Symbolischen Interaktionismus. In: Auwärter, M., Kirsch, E., Schröter, K. (Hg.): Seminar: Kommunikation, Interaktion, Identität. Frankfurt/M. 257–274.
Uppendahl, H., 1981a: Repräsentation und Responsivität. Bausteine einer Theorie responsiver Demokratie. Zeitschrift für Parlamentsfragen 12. 123–134.
Uppendahl, H., 1981b: Responsive Demokratie – ein neuer Ansatz. Zeitschrift für Parlamentsfragen 12. 440 ff.
Uppendahl, H., 1982: Responsive Demokratie. In: Thränhardt, D./Uppendahl, H. (Hg.): Alternativen lokaler Demokratie. Königstein/Ts. 85–111.
Vobruba, G., 1983: Politik mit dem Wohlfahrtsstaat. Frankfurt/M.
Waschkuhn, A., 1974: Zur Theorie politischer Institutionen. Phil. Diss. München.
Waschkuhn, A., 1981: Die Vernachlässigung des „menschlichen Faktors" und die „Verfestigung von Phantasie" in den institutionstheoretischen Ansätzen von Gehlen, Parsons und Luhmann. In: Schöpf, A. (Hg.): Phantasie als anthropologisches Problem. Würzburg. 177–211.
Waschkuhn, A., 1984: Partizipation und Vertrauen. Grundlagen von Demokratie und politischer Praxis. Opladen.
Waschkuhn, A., 1985: Art. Institution(en), Institutionentheorie. In: Nohlen, D., Schultze, R.-O. (Hg.): Politikwissenschaft. Theorien – Methoden – Begriffe. Pipers Wörterbuch zur Politik, Bd. 1. München/Zürich. 376–380.
Waschkuhn, A., 1986: Politische Systemtheorie. Darstellung, Kritik und Ausblick (im Erscheinen).
Weiß, J., 1971: Weltverlust und Subjektivität. Zur Kritik der Institutionenlehre Arnold Gehlens. Freiburg i. Br.
Willke, H., 1978: Systemtheorie und Handlungstheorie – Bemerkungen zum Verhältnis von Aggregation und Emergenz. Zeitschrift für Soziologie 7. 380–389.
Zentgraf, M., 1983: Die theologische Wahrnehmung von Institutionen. Diss. Bonn.

Über Institutionalisierung, verbleibende Kontingenz und mögliche Freiheit

Michael Th. Greven

Heute endet Leben gleich am ehernen Tor der Institutionen, ehe es richtig begonnen hat; jedenfalls scheint es den meisten so, als wäre ihr Wünschen und Träumen deren ‚ehernen Gehäusen' entgegengestellt und könnte sich in ihnen und durch sie nicht authentisch behaupten. Daran ist soviel richtig: Alles soziale oder politische Leben wird dem Individuum in der heutigen Welt institutionell vorgeprägt, das heißt genormt und durch Vorschrift geregelt. Wer mitmachen will, sich einzumischen gedenkt, der findet die Pfade seines Engagements ausgetreten. Noch der Protest, der sich gegen den als verfestigt wahrgenommenen Zustand richtet, verläuft schnell in den Bahnen des konventionellen Rituals einer Gegenöffentlichkeit, die dem, der dort mitmachen will, Anpassungsleistung abverlangt oder ihm als Zwang entgegentritt. Wenn G. Anders (1980: Bd. 2, 204) feststellt: „Denn was uns konform macht, ist kein ‚wer' mehr, sondern ein ‚was' ...", so wäre das auch auf dieses Alltagsbewußtsein einer ‚verwalteten Welt' anzuwenden, dem nicht mehr gegenwärtig ist, welche menschliche Praxis sie schuf und beständig reproduziert und ‚wer' es ist, der folglich über sie verfügt.

Ganz diesem Alltagsverständnis entsprechend rechnet die sich mit Politik beschäftigende Wissenschaft mit einem feststehenden Repertoire von Institutionen und Verfahren, über das die wissenschaftliche Reflexion sowenig hinausführt wie das Handeln in der sozialen Praxis. Beide bleiben gefangen im Status quo, dessen geschichtliche Konstitution aus der vergangenen Praxis der Menschen wohl allgemein bewußt ist, dessen gegenwärtige Geschichtlichkeit dem aktuellen Denken und Handeln in Wissenschaft und Politik gleichermaßen aber nicht als kontingent, also veränderbar, erscheint.

Der Wille zur Veränderung, zum Besseren hin, den es in Reflexion wie Praxis wohl gibt, bleibt dann aber ganz eingefangen in der harmlosen Alternative einer bloß reformistischen Diskussion der Inhalte der Politik bei gegebenem institutionellem Rahmen, der als unwandelbar gesehen wird, oder aber der praxislosen, weil totalen Negation des bestehenden institutionellen Rahmens, den es als ganzen abzuräumen[1] gelte, ohne daß soziale Phantasie sich schon den Problemen einer Neukonstitution zuwendete, die es ja niemals bedingungslos geben kann.

Die beiden Seiten dieser Alternative sitzen gleichermaßen, nur im affirmativen Positiven wie Negativen spiegelbildlich verzerrt, der Verdinglichung eines Institutionenbegriffs auf, wie ihn die sogenannte allgemeine Institutionentheorie in Soziologie und Anthropologie bereitgestellt hat.[2]

Diese Theorien, die vor allem mit den Namen Malinowski, Hauriou und Gehlen verbunden sind, gehen von der historisch unübersehbaren und alles gesellschaftliche Leben

prägenden Erfahrung aus, daß die menschliche Praxis, vor allem wenn nicht als vereinzelte begriffen, eher Regelmäßigkeit denn Zufälligkeit, eher die Befolgung von Konvention oder Norm als subjektive Freiheit widerspiegelt. Was so schon der Beobachtung im Alltag nicht entgehen kann, wird der allgemeinen Institutionentheorie zum wesentlichen Bestandteil der sozialen Praxis selbst: ihre Einbindung in Regelmäßigkeit und Norm. Deren Vorhandensein wie deren Zustandekommen werden vorab als gerechtfertigt in die Theorie eingebaut, so daß die Theorie bei der Anwendung auf die Wirklichkeit nach deren Rechtfertigung selbst nicht mehr zu fragen braucht. Die Gedankenfigur, die zu dieser Rechtfertigung regelmäßig führt, ist die der funktionalen Notwendigkeit.
Wie Alltagsverstand und sogenannte allgemeine Institutionentheorie leugnet auch die kritische Sicht der Dinge nicht die funktionale Notwendigkeit von Institutionen, sofern diese in ihrer reduziertesten Fassung als „generalisierte Normen", die sich über die Sozialisation der Menschen in der Gesellschaft als „internalisierte Verhaltenserwartungen" von relativer Dauer wechselseitig ergeben, konzipiert werden.[3] Vergesellschaftung vollzieht sich historisch nicht nur über die materielle Reproduktion der Menschen, ihren ökonomischen Verkehr untereinander und sich daraus ergebende funktionale Zwangsläufigkeiten, sondern bereits in diese Basis der historischen Reproduktion, die die Spezifik einer besonderen Gesellschaftsformation ausmacht, gehören historisch ausgebildete normative Systeme, die von Sitte und Brauch über häufig schichten- und klassenspezifisch ausgebildete generalisierte Verhaltenserwartungen bis hin zum codifizierten Recht sich erstrecken. Dieses gesamte historisch konstituierte Geflecht von Normen unterschiedlichster Regelungskraft und -reichweite ist mit einem ebenso differenzierten System von Sanktionen verbunden, die von der gesellschaftlichen Ächtung oder bloßen Mißachtung in ihren besseren Kreisen bis hin zum Einsatz der gesellschaftlich monopolisierten legitimen Gewalt im Staate reichen.
Der damit angesprochene Tatbestand von Vergesellschaftung, in den frühen Stadien der Soziologie zumeist zur „Kultur" als einer eigenständigen Sphäre veredelt, ist so evident, daß zwischen den verschiedenen theoretischen Richtungen nicht über seine Existenz, wohl aber über seinen historischen Charakter und über seine Bewertung gestritten werden. In diesen Streit tritt die sogenannte allgemeine Institutionentheorie als der Vertreter eines grundständigen Konservativismus ein. Auf der Grundlage anthropologischer Bestimmungen des Menschen als eines durch Instinkte nicht determinierten „Mängelwesens" sind ihr die historischen Institutionen, deren Mischung zwischen autorisierter Verhaltenserwartung und Zwang gegenüber dem einzelnen Gesellschaftsmitglied, nicht nur funktional notwendig, sondern auch willkommen. Sie stabilisieren angeblich von außen, was an mangelnder Instinktsicherheit von innen ihr bloß als grundsätzliche Gefährdung des Menschen erscheint. Institutionen werden damit zu einem quasi objektivierten überindividuellen Instinktersatz, die dem einzelnen Verhaltensunsicherheit ‚erspart' und die gesellschaftlich für erforderlich gehaltene Regelmäßigkeit herbeizwingt. So kommt es zu der berühmten Formulierung von Gehlen: „Über die Geburt der Freiheit aus der Entfremdung" (Gehlen 1971).
Was da ‚Freiheit' heißt, ist aus der kritischen Sicht freilich nur noch ein kümmerlicher Rest, der diesen Namen nicht verdient und der Vergessen macht und Vergessen machen soll, was unter ihrem Anspruch die Menschen historisch in die Geschichte bereits an

Praxis und Erwartung eingebracht haben. Der konservativen Sicht der Dinge erscheinen die Institutionen, „die großen und bewahrenden und verzehrenden, uns weit überdauernden Ordnungen und Verhängnisse" (1971: 245), als eben dieser Praxis und Zukunftsperspektive entzogen. Diese Institutionentheorie, sich selbst als säkularer Metaphysikersatz verstehend, vertritt selbst eine metaphysische Ontologie des gesellschaftlichen Seins, in der die Binsenwahrheit, daß Menschen für ihren wechselseitigen Verkehr normative Verhaltenserwartungen bedürfen und sie ausbilden, sich ihnen dann mal mehr mal weniger fügen, indem sie das tun, diese entwickeln und verändern, bis hin zu völlig neuen Ordnungen, zur großen pathetischen Apologie der bestimmten überkommenen Institutionen aufgebauscht wird. So werden vor allem Familie, Nation und Staat, jeweils in ihrer ganz historischen Ausprägung genommen, zum nicht mehr disponiblen Rahmen menschlichen Verhaltens verklärt; ihm soll jener Rest an ‚Freiheit', der noch zugestanden wird, sich fügen und gar erst verdanken.

Apologetisch ist diese Sicht im doppelten Sinne: zum einen, weil aus dem anthropologisch ganz unbezweifelbaren Tatbestand der nicht vorhandenen Instinktdetermination bloß eine „Gefährdung", nicht aber jene Kontingenz, die Freiheit erst ermöglicht, herausgelesen wird, über deren angemessenes Verhältnis doch nur gestritten werden kann, wenn beide Aspekte zugestanden werden; zum anderen, weil sie aus der funktionalen Notwendigkeit der Institutionalisierung die Rechtfertigung der bestehenden historischen Institutionen kurzschließt, deren unübersehbare Verquickung mit Ungleichheit und Herrschaft in der konkreten Gesellschaft damit der Kritik entzogen werden soll. Das steht aber dem genuinen Erkenntnisziel entgegen, das sich eine kritische Theorie der Politik stellt: die historische Konstitution von Ungleichheit und Herrschaft, die sich auch und vor allem in den überkommenen Institutionen ‚verfestigt', unter dem historischen Anspruch von Gleichheit und Freiheit zu kritisieren und die Bedingungen der Möglichkeit gesellschaftlicher Ordnung unter dem menschenwürdigen Ziel von Gleichheit und Freiheit zu prüfen. Kritik dabei im altmodisch umfassenden Sinne begriffen als das Verständnis und die Erklärung der historischen Konstitution von Ungleichheit und Herrschaft sowie in der parteilichen Perspektive für Gleichheit und Freiheit. Daß diese Perspektive unter den gegebenen Verhältnissen parteilich erscheinen muß, ergibt sich zwangsläufig aus einer Analyse der Interessen, die historisch jederzeit mit der bestehenden Ungleichheit und Herrschaft verbunden sind. Es kann nicht erwartet werden, daß die historischen Gewinner herrschaftlicher Ungleichheit sich an der Beseitigung des Zustandes beteiligen und daß ihnen eine kritische Sicht der Dinge angenehm wäre. Diese Art der Parteilichkeit ist freilich mit der Instrumentalisierung der kritischen Sicht im Interesse einer neuen Herrschaft nicht zu vermischen; sie gilt prinzipiell.

Indem also festgestellt wird, was von der sogenannten allgemeinen Institutionentheorie für eine kritische Theorie der Politik nicht zu erwarten ist, werden zugleich die Aufgaben einer kritischen Institutionenanalyse und -theorie angesprochen: Reflexion und Entfaltung der Dialektik von historischer Institutionenkritik und institutioneller Phantasie. Die Institutionenkritik ist zuerst eine Analyse der Verdinglichung von Institutionen im theoretischen Denken wie in der politischen und gesellschaftlichen Praxis. Gegen jeglichen Widerstand, zu dem die Apologie der Repräsentanten der Institutionen ebenso wie die Gewöhnung im alltäglichen Denken gehört, muß auf den historischen Echarakter der bestehenden institutionellen Ordnung insistiert werden. Ist der historische Charakter erst einmal wieder ins Bewußtsein erhoben, so ist Nichts was ist, einfach weil es ist, schon gerechtfertigt. Im Gegenteil erscheint es nunmehr in seiner Kontinuität und Persistenz als fraglich und schon unterhalb der Schwelle des bewußten planmäßigen Eingriffs der Veränderung prekär. Die historische Entwicklung von Institutionen entfernt diese bekanntlich und wie an vielen Beispielen zu belegen manchmal von ihren ursprünglichen Zwecken, das Bewußtsein ihres Mittelcharakters verliert sich in der bloßen Hinnahme ihrer alltäglichen Präsenz, und schließlich verbietet sich die Frage scheinbar von selbst, ob die einmal geschaffenen Institutionen den ursprünglichen Zwecken überhaupt noch opportun geblieben sind. Hierzu kommt, daß Institutionen ‚Wirklichkeit' definieren, indem in ihnen eine spezifische Sicht der Welt und ihrer Probleme verfügt ist: institutionalisiertes Handeln basiert „auf bereits gedeuteter Welt", die als „fact" erscheint (Anders 1980: Bd. 2, 264). So wie ‚Zwecke' und ‚Mittel' sich verschieben, so gerät auch die vielleicht früher einmal propriate ‚Deutung' in dem Maße in eine Schieflage, in dem sich Problem und Situation verändern. Solch ‚institutioneller Wandel' darf dabei freilich nicht als ein quasi naturgeschichtliches Ereignis begriffen werden[4], dem man sich bloß auszuliefern hätte und in das gesellschaftliche Praxis nicht verändernd und gestaltend eingreifen könnte. Wo immer dieses kritische gesellschaftliche Bewußtsein verloren geht und die Institutionen als Selbstzweck erscheinen, öffnen sie sich hinter den Kulissen dem interessenbedingten Zugriff. Offizieller Gehalt der Institution und informeller Funktionszusammenhang klaffen dann auseinander, so, wie in der Soziologie zwischen manifester und latenter Institutionalisierung oder zwischen formeller und informeller Organisation unterschieden wird, so daß zu dem verdinglichten Zustand der Institutionen in der gesellschaftlichen Wirklichkeit, in der sie dem praktischen Zugriff entzogen scheinen, noch ein verbreitetes Bewußtsein von Doppelbödigkeit sich hinzugesellt. Einem solchen diffusen ‚kritischen' Gesellschaftsbewußtsein sind Institutionen auf die Dauer nicht gewachsen, weil die von ihnen ausgehenden generalisierten Verhaltenserwartungen ja dann kaum noch als legitim empfunden werden. Im Gegensatz zu einer kritisch aufgeklärten Bewertung von Institutionen führt dieses diffuse Bewußtsein ihrer Doppelbödigkeit auf Seiten der ihnen Unterworfenen zu individuellen und gesellschaftlich disfunktionalen Strategien des Rückzugs aus den institutionalisierten Verhaltenserwartungen: so wie man zu viele und sich gar widersprechende Verkehrsschilder im Alltag des großstädtischen Verkehrs nicht mehr als vernünftige Regulierung durchschaut und daher auch zu akzeptieren vermag, und folglich beginnt, sich einen eigenen Weg durch das Verkehrsgetümmel zu bahnen, so läßt auch in ernsteren Bereichen die Bindungswirkung politisch gesetzter Verhaltensnormierung im Recht nach, wenn deren Bindungswirkung nicht mehr als vernünftig oder einfach auch nur verständlich hingenommen werden kann. Die politische Gestaltung von Vergesellschaftungsprozessen ist aber, sofern sie sich weithin der Institutionalisierungsform des Rechts bedient, auf die verbindliche Internalisierung solcher rechtlicher Verhaltenserwartungen angewiesen.[5] Gelingt letztere zunehmend oder regelmäßig nicht oder nicht mehr, so verliert Politik damit einen entscheidenden Gestaltungszugriff auf den Prozeß der Vergesellschaftung und gerät mehr und mehr in den Zwang, sich statt der bewußten und verstehbaren Generalisierung wechselseitiger Verhaltenserwartungen im Recht auf andere, autoritärere Gestaltungsmittel zu besinnen. Wie die angeblich durch eine ‚Überlastung' und daraus folgende Krise der Institutionen resultierende „Unregierbarkeit" von einigen als der willkommene Anlaß gesehen wird, die ‚Entlastung' der Institutionen im Sinne einer Privatisierung gesellschaftlicher Funktionen mit der Stärkung der mehr aus dem Gewaltmonopol des Staates resultierenden Regelungskompetenz zu verbinden, ist ja nach wie vor aktuell und bedürfte einer institutionentheoretischen Analyse.

Eine so ansetzende Institutionenkritik bleibt freilich unpraktisch, wenn sie sich nicht mit institutioneller Phantasie verbindet. Institutionelle Phantasie im Kontext einer kritischen Theorie der Politik zieht die Institutionen im Gegensatz zur sogenannten allgemeinen Institutionentheorie in den bewußten Prozeß der politischen Gestaltung hinein. Die Notwendigkeit relativ stabilisierter, öffentlich gerechtfertigter und jederzeit der theoretischen und praktischen Kritik geöffneter Institutionalisierungen wäre ihr keine Schranke der Politik, das heißt der bewußten Gestaltung der gesellschaftlichen Verhältnisse, sondern ihr Medium. Wo traditionell überkommene Institutionen ihren Zweck nicht mehr erfüllen, verlieren sie ihren legitimen Charakter. Funktionale Äquivalenz, deren praktischwerdende Erkenntnis, daß verschiedene Institutionalisierungsformen auf verschiedene Weise und damit auch mit unterschiedlichen ‚Nebenkosten' demselben Zweck[6] dienen können, öffnet politischen Gestaltungsspielraum.

Eine solche rationale Betrachtung der Institutionen als ‚Mittel' zur Erreichung gewisser für gesellschaftlich notwendig oder wünschenswert erachteter ‚Zwecke' würde aber rein immanent ansetzen, wenn sie nicht auch die ‚Zwecke' in die Reflexion einbezöge. Diese sind ja in modernen Zeiten nicht mehr einfach als irgendwie vorgegeben anzunehmen, sondern müssen unter denselben Ansprüchen und Bedingungen aus dem politischen Willensbildungsprozeß der Gesellschaft erst hervorgehen. Keine andere Rechtfertigungsmöglichkeit für Geltungsansprüche besteht nach einer selbstreflexiv gewordenen Aufklärung fort, die auch noch ihre zentralsten Vorstellungen von Vernunft aus der Sphäre des ‚objektiven Geistes', in den geschichtlichen Konstitutionsprozeß von Gesellschaften durch menschliche Praxis eingeholt hat.[7]

Der übliche Einwand der Konservativen, der sogenannten allgemeinen Institutionentheorie auf diese dynamische Betrachtung lautet hinsichtlich der Gesellschaft „Chaos", hinsichtlich des Individuums in ihr „Überforderung". Dabei wird zum ersten auf „die Angst vor dem Chaos" (Schumacher 1972) spekuliert, deren Kern die geschichtlich gerechtfertigten Bedürfnisse der Menschen nach Sicherheit und Ruhe und ihre beständige Gefährdung und Bedrohung in der bisherigen Geschichte ausmachen. Schnell wird dabei aber gegen den Begriff vom „Chaos" der einer „Ordnung" gestellt und gerechtfertigt, durch den angeblich die Gefährdung beseitigt werden soll. Geschichtlich verbirgt sich aber hinter dem so neutral klingenden Begriff von „Ordnung" das mit öffentlicher Herrschaft und in der Neuzeit dem Staat verbundene Gewaltverhältnis, das nach dem in konservativen Theorien überall untergründig wirkenden Hobbesianismus die einzig mögliche Gewährleistung der angestrebten Sicherheit bieten soll. Hält eine geschichtliche Betrachtung des Staates einer solchen Bewertung stand? Schon die Annahme eines Krieges aller gegen alle als eines ‚Naturzustandes' der menschlichen Gesellschaft, in den man zurückfallen könne, wenn nur jenes öffentliche Gewaltverhältnis gefährdet würde, verwechselt ja auf fragwürdige Weise ein theoretisches Denkmodell, das Geltung begründen soll, mit einer völlig fiktiven und problematischen Auffassung über die natürlichen Verhältnisse der Menschen untereinander. Mehr noch aber will es dem einen oder andern nicht erst heute so erscheinen, daß die mit dieser hypothetischen Konstruktion in ihrer legitimen Geltung begründeten öffentlichen Gewaltverhältnisse selbst eine beständige Gefährdung von Sicherheit und Ruhe der Menschen in ihrem gesellschaftlichen Zusammenleben ausmachen. Auch wenn man die positiven Aspekte des staatlichen Gewaltmonopols in der Geschichte der Neuzeit einmal hoch ansetzt, wie, im historischen Vergleich, relativ hohe Rechtssicherheit und den konstitutiven Beitrag zur materiellen Wohlfahrt, so kann doch nicht übersehen werden, daß im Innern der Gesellschaften wie vor allem auch zwischen ihnen die im Staat organisatorisch zusammengefaßte öffentliche Gewalt eine permanente Bedrohung der mit ihr dem Modell nach doch angestrebten Sicherheit und Ruhe, ja der menschlichen Existenz gewesen und angesichts der heute qualitativ neuartigen Gewaltpotentiale noch in verstärktem Maße geworden ist. So verkehren und wenden sich auch in dieser Theorie die ‚Mittel' gegen ihren ursprünglichen ‚Zweck'. Die „Angst vor dem Chaos", die die Menschen heute zunehmend verbunden mit der Angst um ihre schiere Existenz wirklich besitzen, resultiert aber nicht zuletzt aus ihrer Machtlosigkeit gegenüber eben jenen Institutionen, die ihnen angeblich Sicherheit verbürgen. Wie am Anfang gesagt, fühlt man sich ihnen auf verhängnisvolle Weise ausgeliefert. Die Politik wird tendenziell zum ‚Schicksal', das man erduldet, deren ‚demokratische' Qualität man aber keineswegs aus der Perspektive eines verantwortlichen Subjekts wahrnimmt. Bestenfalls gibt es ein Verständnis, daß es die einen etwas besser machen als die anderen, die zur ‚Wahl' stehen; daß man es nicht selbst besser machen kann, ist dabei a priori unterstellt; Politik und Demokratie das Geschäft von Fachleuten und Spezialisten, denen man mißtraut – so gesehen: zu Recht.

Daß ihnen die politischen Institutionen nicht länger als ihre eigenen Mittel erscheinen, über die sie in freier Vereinbarung entscheiden und disponieren könnten, ergibt sich aus der Verbindung mit dem anderen Einwand der sogenannten allgemeinen Institutionentheorie. Danach bedarf das einzelne Individuum ja der alltäglichen „Entlastung" durch eben jene verselbständigten Institutionen, weil ihm das alltägliche Engagement in den öffentlichen Angelegenheiten nicht zugemutet werden könne. So fürsorglich geht freilich der herrschaftliche Teil der Gesellschaft nur im Bereich der Politik mit den Unterworfenen um, während er ihm traditioneller Weise im Bereich der materiellen Reproduktion und alltäglichen Arbeit stets mehr zuzumuten sich getraute. Heute aber, wo technologisch bedingte Produktivitätsentwicklung im gesellschaftlichen Maßstab gesehen die Menschen viel mehr, vor allem auch zeitlich von der Plackerei der der materiellen Reproduktion dienenden Arbeit entlasten könnte, ist diese Argumentation für die Institutionen und gegen die in gemeinschaftlicher Praxis selbst geregelten öffentlichen Angelegenheiten erst recht als das Argument derer zu entlarven, die das Geschäft der Politik als ihr ureigenes angestammtes Privileg betrachten und es nur gegen Einmischung ‚instituionell' absichern wollen. Denn immer sind es ja Menschen und ihre Interessen, die die institutionellen Prozesse inhaltlich bestimmen; die sogenannte allgemeine Institutionentheorie, die das leugnet, deckt damit diese Interessen; das Alltagsbewußtsein, das sie verdinglicht, nimmt es resignativ hin und empört sich allenfalls über offenkundige ‚Skandale‘, die aber nicht ‚aufklärerisch‘ wirken, weil sie nur das allgemeine Mißtrauen, die ‚Doppelbödigkeit‘ bestärken, nicht aber die ‚Institution‘ selbst als angreifbar, als veränderbar, als Mittel der eigenen Praxis erscheinen lassen.

Der dagegen sich richtende Anspruch auf gesellschaftlich vollzogene Selbstbestimmung kann sich mit den einmal gegebenen institutionellen Möglichkeiten nicht dauerhaft zufriedengeben. Sie spiegeln historische Standards wieder, die, unabhängig davon, wieweit sie überhaupt heute schon in ihrem normativen Gehalt alltäglich realisiert sind, einer weitergehenden historischen Entwicklung der materiellen Voraussetzungen ebenso wie der bewußtseinsmäßigen Ansprüche nicht entgegengehalten werden können. Der historische Anspruch der Demokratie, die Selbstbestimmung der Bürger einer Gesellschaft in Freiheit und Gleichheit, realisiert sich aus der Perspektive einer kritischen Theorie der Politik nicht ein für alle mal in den politischen Formen, die das bürgerliche Emanzipationsstreben gegen die feudalen politischen Formen im 18. und 19. Jahrhundert proklamiert und teilweise erst im 20. Jahrhundert gesetzt hat. Versuche, im Geiste der allgemeinen Institutionentheorie auch die historisch einmal gesetzten und entwickelten Formen der Demokratie als unwandelbare Institutionen zu verdinglichen, denen sich das materiale Streben der Menschen nach Freiheit, Gleichheit und Sicherheit in Zukunft dauerhaft einzupassen hätte, können einer argumentativen Kritik der Verdinglichung ebensowenig standhalten wie den sich aus den weiterentwickelten Ansprüchen der Menschen ergebenden Formen der Praxis. Ob gewollt oder nicht gewollt wird diese Theorie bei jeder Anwendung auf konkrete politische Umstände der Gegenwart aus ihr immanenten Gründen zur ideologischen Rechtfertigung bestehender Herrschaft. Das ist auch kein Zufall, weil ihr historisch gesehen noch jede Herrschaft, in welcher Form auch immer, lieber war, als ihre jeweilige Kritik. Auch hier stellt sich also nur die Alternative eines schleichenden institutionellen Wandels mit seinen unabsehbaren Nebeneffekten oder aber einer bewußten kreativen Politik der Institutionalisierung, in der versucht wird, vorhandene und neue Institutionen als die bewußtgewählten Mittel für politische Zwecke wirksam werden zu lassen, die sich aus dem demokratischen Willensbildungsprozeß der Gesellschaft ergeben.[8] Die oben angesprochene und geforderte Dialektik von Institutionenkritik und institutioneller Phantasie kann in der gesellschaftlichen Praxis freilich nur fruchtbar wirksam werden, wenn diese politische Willensbildung nicht ausschließlich auf die Maßstäbe institutioneller und verfahrensmäßiger Rationalität reduziert wird. Es ist offenkundig und aus dieser Perspektive notwendig, daß sogenanntes unkonventionelles und sich den überkommenen Institutionen nicht einfügendes politisches Verhalten nicht einfach umstandslos nach den Maßstäben einer bloß buchstabengetreuen Legalität verpönt werden darf. „Wer will behaupten, daß diese Lernprozesse abgeschlossen sind? Auch heute dürfen wir uns nicht nur als die glücklichen Erben fühlen. Der Rechtsstaat im ganzen erscheint, aus dieser geschichtlichen Perspektive, nicht als ein fertiges Gebilde, sondern als ein anfälliges, irritierbares Unternehmen, das darauf angelegt ist, unter wechselnden Umständen eine legitime Rechtsordnung, sei es herzustellen oder aufrechtzuerhalten, zu erneuern oder zu erweitern. Weil dieses Projekt unabgeschlossen ist, sind auch Verfassungsorgane von dieser Irritierbarkeit keineswegs ausgeschlossen" (Habermas 1985: 87 f.). Weil dieses ‚Projekt' nicht nur nicht abgeschlossen (Greven, 1984), sondern unabschließbar ist und weil es für alle politischen Institutionen so gilt, bedeutete eine verdinglichte Sicht wie die der allgemeinen Institutionentheorie nicht nur das Ende jeder aktuellen Kritik im Spannungsfeld von Legalität und Legitimität, sondern auch die Preisgabe jedes Praxisanspruchs in der Gesellschaftsgeschichte, in dem die Menschen noch als Subjekte und Schöpfer ihrer ‚eigenen Welt' gedacht werden können. Die historisch kreative Dialektik von Institutionenkritik und institutioneller Phantasie kann nur in dem unausweichlichen Spannungsfeld zwischen formaler Legalität und einer an inhaltlichen Maßstäben der Demokratie als entwicklungsfähig unterstellten Legitimität wirksam werden. Dieses Spannungsfeld kann und darf nach keiner Seite hin einseitig aufgelöst werden, ohne daß einerseits Vorteile der Rechtsstaatlichkeit und der durch Institutionalisierung relativ zu gewinnenden Sicherheit und andererseits die Fähigkeit einer Gesellschaft zur friedlicher Weiterentwicklung auch im Institutionellen grundsätzlich geschädigt werden.

Anmerkungen

1 „Der destruktive Charakter kennt nur eine Parole: Platz schaffen; nur eine Tätigkeit: räumen ... Zu solchem apollinischen Zerstörerbilde führt erst recht die Einsicht, wie ungeheuer sich die Welt vereinfacht, wenn sie auf ihre Zerstörungswürdigkeit geprüft wird ... Dem destruktiven Charakter schwebt kein Bild vor ... Der destruktive Charakter tut seine Arbeit, er vermeidet nur schöpferische" (Benjamin 1972: 396 f.). Dieser 1931 geschriebene Text wäre heute erneut und entgegen seiner ursprünglichen Intention zu prüfen, ob das „apollinische Zerstörerbild" nicht heute in den Machtzentren nistet, wo die Welt ja nicht nur ‚ungeheuer vereinfacht' wahrgenommen, sondern auch ganz praktisch vorbereitend „auf ihre Zerstörungswürdigkeit geprüft wird" — jedenfalls auf jeder Hälfte des scheckligen Duopols jeweils die „Zerstörungswürdigkeit" der anderen Hälfte. ‚Erfolg' hätten sie freilich jeweils ganz.
2 Wie unreflektiert die zu Unrecht als ‚institutionalistisch' charakterisierte Politikwissenschaft mit dieser soziologischen oder anthropologischen Theorie von Institutionen umgeht, habe ich an anderer Stelle besprochen. (Greven 1983)
3 Eine solche Minimaldefinition holt den Institutionenbegriff alltagsweltlich ein, wie das beispielhaft wenn auch mit einem anderen Theoriekonzept als hier — E. E. Lau in ihrer Definition getan hat: „ ‚Institutionalisierung' soll der Prozeß heißen, in dem lebensweltlich Handelnde durch das Ineinanderpassen ihrer Handlungsperspektiven Sinnzusammenhänge schaffen. ‚Institutionen' sollen die sozialen Objekte alltagsweltlichen Handelns heißen, die sich in ‚Institutionalisierungsprozessen' konstituieren und denen aufgrund historischer Bewährung und Verankerung in persönlichen und gesellschaftlichen Wissensvorräten Geltung verliehen worden ist" (1978: 50). Es gehört nun aber gerade zur historischen Verdinglichung, daß so wie die Politik dem meisten nicht zum Alltag gehört, so auch der Politikwissenschaft die alltagsweltliche Konstitution ihres ‚Gegenstandes' nicht mehr bewußt ist.
4 „Nur als unerkannte Natur, als blinde Notwendigkeit wirkt das Gesellschaftliche zerstörend ... Es gilt, die unbeherrschte gesellschaftliche Natur, den sozialen ‚Überorganismus', dem Menschen dienstbar zu machen, nicht bloß die Erde, sondern jetzt auch die Gesellschaft zu durchdringen" (Horkheimer 1972: 79).
5 Gerade die Konstitution des Rechts ist natürlich für den Zusammenhang einer Theorie politischer Institutionen von zentraler Bedeutung — denn das Recht ist eine politische Institution par excellence. Siehe dazu immer noch vortrefflich H. Heller, wo es u. a. heißt: „Alle gesellschaftlichen Normordnungen sind Beschränkungen der Willkür; das Recht ist es als Verbot der Willkür im Sinne von Ungerechtigkeit ... Alle gesellschaftlichen Normordnungen verdanken

ihr Entstehen und Bestehen menschlichen Willensakten." (1971: 291) Wo das Letztgemeinte nicht mehr gesellschaftlich bewußt ist oder bewußt gemacht wird, tritt der hier gemeinte Zustand einer verdinglichten Institution auf.

6 Es muß hier klar sein, kann aber bloß unterstellt werden, daß gerade die ‚vernünftige Gestaltung der menschlichen Gesellschaft' weder bei einem bloß ‚abrufbaren' Begriff ‚objektiver Vernunft' ansetzen könnte, noch die bloße wechselseitige Abklärung ‚subjektiver Vernunft' vermittels demokratischer oder demoskopischer Methoden einen Ausweg bietet; zu diesem Dilemma als andauernder Krise der Gegenwart M. Horkheimer 1967, bes. S. 15–62 („Mittel und Zwecke")

7 Diese ‚Geltungsansprüche' sind freilich bloß politischer Natur und die transzendentalpragmatische Rückkopplung an den Wahrheitsbegriff, wie sie J. Habermas (1981) zu begründen versucht, ist nur in ihrer demokratietheoretischen Lesart, nicht aber in ihrem Integrationsversuch von Konsens- und Wahrheitstheorie überzeugend, der tendenziell hinter die selbstreflexiv gewordene Aufklärung zurückfällt.

8 P. L. Berger/T. Luckmann 1971, deren Kapitel über „Institutionalisierung" wohl die beste Einführung in eine nicht ontologisierende allgemeine Institutionentheorie darstellt, weisen zu recht darauf hin, daß die „Legitimation (von Institutionen, M. G.) sowohl eine kognitive als auch eine normative Seite hat", daß aber die normative Komponente dieser Legitimation aus der pragmatischen resultiere (100). Das heißt, daß keine historisch gebildete politische Institution ‚einen Wert an sich' darstellt.

Literatur

Anders, E., 1980: Die Antiquiertheit des Menschen. Bd. 2, München.
Benjamin, W., 1972: Der destruktive Charakter (zuerst 1931). In ds.: Gesammelte Schriften, Bd. IV, 1. Frankfurt. 396–398.
Berger, P. L./Luckmann, T., 1971: Die gesellschaftliche Konstruktion der Wirklichkeit. Frankfurt 2. Aufl.
Gehlen, A., 1971: Über die Geburt der Freiheit aus der Entfremdung. In ds.: Studien zur Anthropologie und Soziologie. Neuwied, Berlin. 2. durchgesehene und veränderte Auflage. 232–246.
Greven, M. Th., 1983: Gesellschaftliche Probleme als Anstoß und Folge von Politik – institutionelle Aspekte. In: Hartwich, H.-H. (Hg.): Gesellschaftliche Probleme als Anstoß und Folge von Politik. Opladen. 510–525.
Greven, M. Th., 1984: „Sachzwang" und demokratische Entscheidung – Überlegungen zu einer überfälligen Verfassungsreform. In: Vorgänge, 71, 14–29.
Habermas, J., 1981: Theorie des kommunikativen Handelns. Bd. 1, Frankfurt.
Habermas, J., 1985: Die Neue Unübersichtlichkeit, Frankfurt.
Heller, H., 1971: Staatslehre. In ds.: Gesammelte Schriften, Bd. 3. Leiden.
Horkheimer, M., 1967: Zur Kritik der instrumentellen Vernunft. Frankfurt.
Horkheimer, M., 1972: Invarianz und Dynamik in der Lehre von der Gesellschaft. In: Ds.: Gesellschaft im Übergang. Frankfurt. 73–81.
Lau, E. E., 1978: Interaktion und Institution. Berlin.
Schumacher, J., 1972: Die Angst vor dem Chaos. Über die falsche Apokalypse des Bürgertums. Frankfurt.

3. Politische Institutionen und das Recht

Der Institutionenbegriff in der deutschen Rechtswissenschaft und das dem Grundgesetz gemäße Verständnis von Institutionen

Claus-E. Bärsch

1. Einleitung

Der Zweck dieses Beitrages besteht darin, über das Verhältnis von Recht und Politik zu einigen Aspekten einer Theorie der Institutionen zu gelangen. Das setzt voraus, daß das Verständnis der Institutionen in der Rechtswissenschaft dargestellt werden muß. In der Rechtswissenschaft gibt es noch keine Theorie der Institutionen und noch keine wissenschaftlich ausgearbeitete Institutionenlehre. In der Rechtsphilosophie werden zwar die Grundprobleme des Rechts diskutiert, aber nicht unter dem Aspekt des Institutionellen. In der Staatslehre und im Staatsrecht ist der „Staat" der entscheidende Topos. Allein das Wort „Institution" oder „Institut" kommt selten vor. Herbert Krüger, der die, gemessen am Werk Jellineks, letzte groß angelegte „Allgemeine Staatslehre" 1963 veröffentlichte, plädiert zwar dafür, den Staat „institutionell" zu verstehen. Er konstatiert indes, „daß man ziemlich vergeblich nach einer überzeugenden und anerkannten Beschreibung dieses Gegenstandes suchen wird" (Krüger 1964: 172). Er selbst versucht „wenigstens einige Elemente" des Gegenstandes auf fünf Seiten zu bestimmen. Um dem Thema der Institutionen gerecht zu werden, gibt es nur zwei Möglichkeiten: Entweder man untersucht konkret alles das, was im Recht „Institution" oder „Institut" genannt wird oder man stellt abstrakt den Begriff der Institution bzw. des Instituts so dar, wie es in der Rechtswissenschaft geschieht. Die erste Möglichkeit würde den Rahmen der Untersuchung sprengen. Also blieb mir, als einem in die Politische Wissenschaft geflüchteten Volljuristen, nur eines übrig: Den Institutionenbegriff in den verschiedenen Zweigen der Rechtswissenschaft darzustellen und dabei auf bestimmte Probleme zu verweisen. Dieses Verfahren hat zumindest den Vorteil der Information. Die Gegenwart betreffend wird der Institutionenbegriff im Privatrecht (2.), eine spezifische Rechtsauffassung, nämlich die sogenannte „institutionelle", am Beispiel der Verfassung (3.) und der Institutionenbegriff im Verwaltungsrecht (4.) dargelegt. Aus der Sache selbst und den Filiationen der rechtswissenschaftlichen Dogmatik ergab sich die Notwendigkeit, einen Rückgriff auf den Institutionenbegriff der durch die „Historische Rechtsschule" beeinflußten Juristen etwas breit zu gestalten (5.). Mit der Sache selbst ist der philosophisch-ideologisch noch immer andauernde Konflikt zwischen der Aufklärung und der Romantik gemeint. Erst am Schluß sollen am Beispiel des Grundgesetzes einige theoretische Aspekte herausgearbeitet und davon ausgehend auf die Grundfragen einer Theorie der Institutionen verwiesen werden (6).

Zur allgemeinen, die Darstellung durchziehenden Problematik sind ausgehend vom allgemeinen Sprachgebrauch noch einige Vorbemerkungen zu machen. Meist wird in mehr oder weniger gelehrten Diskursen der Begriff „Institution" oder das Attribut „institutionell" verwendet, um bestimmte Aussagen zu machen. Konkrete Aussagen über das „Institutionelle" oder exakte Zuordnungen von Prädikaten zu dem Begriff „Institution" sind selten. Aber nur über die Prädikate oder das Verbum ist ein reflektierter Begriff zu erhalten. Und dies setzt eine philosophisch-theoretische Bildung des Begriffes voraus. Das ist jedoch nicht der Fall und wird enorme Schwierigkeiten bereiten, da das „Institutionelle" geradezu alle Probleme der gesellschaftlichen Existenz enthält. Dies soll mit folgenden Anmerkungen gezeigt werden.

Verwendet man Subjektnomina nicht kritisch, ist das Recht sowohl Institution von etwas und hat selbst wiederum Institutionen und Institute — wobei ein definitorischer Unterschied zwischen Institution und Institut sowohl in der Sprache der Rechtswissenschaft als auch im Lateinischen selbst gering und nur aus dem Kontext zu erkennen ist. Der Begriff „Institut" scheint mehr im Privatrecht gebraucht zu werden. Im Lateinischen kommt die Übersetzung von Einrichtung, Anordnung, Lehrunterweisung, Gewohnheit beiden Substantiva zu. Das Substantiv „institutum" kann weiterhin mit Herkommen und Brauch sowie mit Unternehmen, Absicht und Plan als auch mit Unterricht übersetzt werden.

Versucht man die Bedeutung eines Begriffes vom Verbum her zu verstehen, wird deutlich, inwiefern eine Theorie über oder der Institutionen besonderen Schwierigkeiten ausgesetzt ist. Wird gemäß des allgemeinen Sprachgebrauchs etwas institutionalisiert oder instituiert, wird eine typische Tätigkeit der Menschen bezeichnet. Es wird etwas auf Grund bestimmter Intentionen oder Zwecke und kraft bestimmter Beurteilungen verändert; es wird festgelegt, was zu tun und zu lassen ist. Gerade was von Natur oder aus Gewohnheit nicht war, erhält eine andere Form. Es wird etwas begonnen, gesetzt, geordnet, veranstaltet, eingeführt, aufgebaut, geregelt, errichtet und eben eingerichtet. Die Gegenstände dieser Handlungen sind wiederum Verhalten und Handlungen. Funktioniert der Zweck dieses Prozesses und hat er den Charakter der regelmäßigen Dauer, so ist etwas institutionalisiert, und man kann daher von Institutionen und Instituten sprechen. Institutionen gehören zur Welt der Tatsachen und sind somit u. a. in der Spannung von Möglichkeit und Wirklichkeit, Abhängigkeit und Selbständigkeit, Sein und Sollen zu begreifen. Allerdings gibt es keine Tatsachen, die nur so und nicht anders geschehen hätten können. Durch Rechtsgesetze werden aber bestimmte Verhaltensmodelle verpflichtend festgelegt. Es werden Handlungen verboten, geboten oder erlaubt. Es entsteht eine zweite Art von Wirklichkeit, weshalb die „Empirie" anders als mit an den Naturwissenschaften orientierten Methoden zu erfassen ist. Im Gegensatz zu den Dingen der Natur betrifft das Recht als Institution die Freiheit, hat gleichwohl Zwang zur Folge und dient meist der Herrschaft.

Institutionen werden von den historisch jeweils später lebenden Menschen als ihnen gegenüberstehende oder natürliche Macht empfunden — zum Entzücken der Konservativen und zum Leid der Progressiven. Gerade das Recht wird von der politischen

„Rechten" gern in ideologischen Anspruch genommen. Von den Plutokraten oft gebrochen und vom Volk gefürchtet, verschreckt „das" Recht viele Demokraten. Dabei geht die Entwicklung des Bewußtseins von der Politik nicht nur, wie Moses I. Finley es treffend beschreibt, mit der Entdeckung der Demokratie − „in jenem genauen Sinn, in dem Christoph Kolumbus und nicht irgendein seefahrender Wikinger Amerika entdeckt hat" (1980: 18) − einher. Entscheidend ist vielmehr die Realität einer normativkritischen Praxis in der Form einer allseitigen Mitwirkung der Bürger bei der Schaffung der Gesetze und − was bisher nicht wieder erreicht wurde − der Interpretation des Rechts. Die attische Demokratie war eine Gerichtsdemokratie. Beinahe jeder Bürger war auch als Richter tätig.

Die historische Reminiszenz diente nur dazu, den spezifischen Zusammenhang zwischen den Institutionen der in Gesellschaft handelnden Menschen und dem Recht, vor allem zwischen Demokratie und Recht, zu benennen. Entscheidend ist die enge Wechselbeziehung zwischen politischen Prozessen, die man auch als „Institutionalisierung" verstehen kann, und Recht. Im Gegensatz zu der Sprache und der Kunst, die man vielleicht auch als Institutionen verstehen kann, sind die Institutionen des Rechts oder das Recht als Institution von unmittelbar politischer Qualität. Insofern sich die Menschen als individuelle Träger einer von ihnen selbst geschaffenen Rechtsordnung verstehen, ist das Thema der Institutionen des Rechts ein authentisches Thema der Politischen Wissenschaft. Die Konzeption des von Menschen selbstgeschaffenen Rechts indiziert weiterhin den Zusammenhang zwischen der Demokratie, dem Recht und dem Habitus des Erklärens, Erkennens und Begründens. Wie auch immer dieser spannungsreiche Zusammenhang spezifiziert werden muß, so handelt es sich immer noch um die Postulate der Aufklärung, ob in der Antike, ob in der Renaissance oder in der Gegenwart. Das Verhältnis von Recht und Politik ist mithin ein Thema der politischen Theorie, wobei die Erkenntnisse der Biologie, Ökonomie, Psychologie, Soziologie, Ethnologie und Anthropologie zu beachten sind.

2. Der Institutionenbegriff im Privatrecht

Im Privatrecht, wo man immerhin das Eigentum, den Kauf und die Ehe als Institut respektive Institution versteht, wirkt immer noch die Dominanz derjenigen Wissenschaft vom römischen Recht, die im 19. Jahrhundert entwickelt wurde (Pandektenrecht, gemeines Recht). Als Quelle des reinen römischen Rechts galt seit der Rezeption des römischen Rechts im 15. Jahrhundert das allen Deutschen gemeine bzw. gemeinsame Recht, das „Corpus juris civilis" des Kaisers Justinian. Das erste Buch des „Corpus juris civilis" hat den Titel „Institutiones", und bis zum Inkrafttreten des BGB am 1.1.1900 mußten die Studenten der Rechtswissenschaft „Institutionen" pauken. Erstens, weil in vielen Teilen Deutschlands das sogenannte Pandektenrecht formelle Gesetzeskraft besaß und zweitens, weil die Kodifikationen, die in Deutschland neben dem Pandektenrecht z. B. in Preußen oder Sachsen vor dem BGB galten, vom „Geist" des römischen Rechts, wie die Kodifikation des späteren BGB auch, bestimmt waren. Drittens aber, weil die „institutiones" des Justinian, publiziert am 21. November 533 (in die Herrschaft des Justinian fällt auch das Verbot der Akademie in Athen) für Studierende des Rechts konzipiert waren, mithin den Charakter von Lehrunterweisungen hatten, und gleichzeitig formelle Gesetzeskraft besaßen. Sowohl Prinzipien als auch allgemeine Rechtssätze, z. B. über das Eigentum und die Ehe, stellen den Inhalt der „Institutionen" des Justinian dar. Daher fallen allgemeine Gedanken und Rechtssätze unter die Bedeutung des Wortes Institut oder Institution. Von dieser terminologischen Vieldeutigkeit hat sich die deutsche Rechtswissenschaft, als welchen Gründen auch immer, noch nicht befreit.

Justinian hatte — unter Berufung auf Christus — die Abfassung und Inkraftsetzung des Kodex, wie in der Einleitung zu den Institutionen versichert wird, mit der Absicht unternommen, daß nach dem Sieg über die äußeren Feinde nunmehr im Inneren des Reiches der Friede mit Hilfe des Rechts gesichert werden müsse. Die Verbindung von Herrschaft und Recht ist den meisten Rechtsgelehrten bewußt und fließt in viele Definitionen des Rechts ein. So definiert der bedeutende Romanist (Gelehrter des römischen Rechts) und Rechtshistoriker Rudolph Sohm Ende des 19. Jahrhunderts in seinem Institutionenlehrbuch („Die Institutionen des römischen Rechts"): „Das Recht ist das machtverteilende ethische Gesetz des menschlichen Gemeinlebens. Durch das Recht bestimmen, begrenzen, verteilen sich die Machtverhältnisse innerhalb der menschlichen Gemeinschaft nach Maßgabe des in der menschlichen Gemeinschaft (zunächst in der Volksgemeinschaft) lebendigen Ideals der Gerechtigkeit, dessen letzte Quelle der Glaube an die göttliche Gerechtigkeit ist" (Sohm 1891: 14). Was vom Recht gilt, gilt auch von den Institutionen des Rechts. Dieses Zitat erhellt, daß Institutionen aus Konstellationen zu begreifen sind. In der Definition des Rechts von Sohm wurde vornehmlich die Konstellation zwischen dem Verhalten (Ethos), den Machtverhältnissen, ihrer angeblichen und wirklichen Maßgabe (Kriterium, Ideal) sowie die angebliche oder wirkliche Bindung an eine letzte Quelle (Gott) berücksichtigt. Eine Definition, eine Lehre oder gar eine Theorie der Institutionen finden wir leider in dem Lehrbuch der „Institutionen des römischen Rechts" nicht. Die „Institutionen" des römischen Rechts betreffen das Privatrecht, dessen politischer Charakter allerdings nach der aus dem römischen Recht stammenden Unterscheidung von Zivilrecht und Öffentlichem Recht bestritten wird. Überhaupt neigen die meisten Juristen dazu, von einigen Ausnahmen abgesehen[1], bei der Rechtanwendung das Moment des Politischen zu leugnen.

Das *Privat- oder Zivilrecht* gilt immer noch als Zentrum des Rechts und der Rechtswissenschaft. Das ist insofern verständlich, weil in ihm diejenigen Verhältnisse der Menschen geregelt werden, für die sie sich am meisten plagen, nämlich diejenigen, die der Reproduktion des eigenen und des fremden Lebens gelten. Bekanntlich zählen zum Zivilrecht die Gegenstände des BGB (Schuldrecht, Sachenrecht, Familienrecht und Erbrecht), das Handelsrecht, das Aktienrecht, aber auch das Konkursrecht. Im Privatrecht wird der Ausdruck Rechtsinstitut bevorzugt. Nach einem führenden Lehrbuch, nämlich Enneccerus-Nipperdey, sind Rechtsinstitute eine bestimmte Art von Rechtsvorschriften: „Als Rechtsinstitute bezeichnet man den Inbegriff der auf Rechtsverhältnisse einer bestimmten Art bezüglichen Rechtsvorschriften"[2].

Diese Definition läßt die Tradition des römischen Rechts (genauer: der Form des römischen Rechts im 19. Jahrhundert) via Savigny, Puchta, Jhering und Windscheid erkennen. So hält sich Nipperdey an den Sprachgebrauch Bernhard Windscheids, der nicht nur ein führender Gelehrter des 19. Jahrhunderts war, sondern auch Mitverfasser des Bürgerlichen Gesetzbuches. In Windscheids Lehrbuch des Pandektenrechts — „unter Pandektenrecht wird verstanden, das gemeine deutsche Privatrecht römischen Ursprungs. Das gemeine deutsche Privatrecht ist dasjenige deutsche Privatrecht, welches für Deutschland als Deutschland, für Deutschland als Ganzes, gilt" (Windscheid 1906: 1) — begnügt sich Windscheid mit einem einzigen Satz über das, wozu Eigentum, Besitz, Schuldverhältnisse und Vertrag zu zählen sind. In dem über tausend Seiten starken Buch heißt es im § 37a, im zweiten Buch, welches den Titel hat „Von den Rechten überhaupt", nach der knappen Definition des Begriffes Rechtsverhältnisse: „Unter Rechtsinstitut versteht man die Gesamtheit der auf ein Rechtsverhältnis sich beziehenden Rechtsvorschriften. In diesem Sinne bezeichnet man z. B. das Eigentum und den Besitz auch als Rechtsinstitute, ebenso die Ehe, die Obligation, den Vertrag usw." (166). Windscheid weist in einer Fußnote darauf hin, daß die „Differenzen" zu Otto von Gierke, Ferdinand Regelsberger und Heinrich Dernburg „wohl nicht groß" seien. In der Darstellung des Pandektenrechts bei Ferdinand Regelsberger, veröffentlicht innerhalb des von Karl Binding herausgegebenen vielbändigen „Systematischen Handbuches der deutschen Rechtswissenschaft", kann die Funktion des Rechtsinstituts im Hinblick auf das von Josef Esser kritisierte Systemdenken des Rechts demonstriert werden. Folgendermaßen werden die Rechtsinstitute knapp und bündig definiert: „Die Rechtsinstitute sind die rechtlich geordneten Grundformen, in denen sich das Gemeinleben bewegt. Sie stehen unter sich im Zusammenhang" (Regelsberger 1893: 73, § 13). Die „Rechtsordnung" biete „im ganzen eine anstaltliche Erscheinung". Das gelte auch „für die einzelnen Glieder. Von dieser anstaltlichen Seite betrachtet, heißen die Glieder der Rechtsordnung Rechtsinstitute". Im „Institut" werde die „Gesamterscheinung, das Gebilde" ins Auge gefaßt (73). Den Ausgang der Systembildung bilden wiederum die Lebensverhältnisse, auf die sich die Rechtsverhältnisse beziehen: „Die Rechtsverhältnisse sind die vom objektiven Recht anerkannten Lebensverhältnisse" (71). In der „Verfolgung" des Zusammenhangs der „rechtlich geordneten Grundformen", in denen sich nun mal nach Regelsberger das Gemeinleben bewegt, zeige sich die „systematische Seite" des Rechts (72). „Die Rechtssätze sind angeschlossen an die Rechtsverhältnisse, die Rechtsverhältnisse sammeln sich im Rechtsinstitut, die Rechtsinstitute vereinigen sich zum Rechtsteil und die Rechtsteile bilden in ihrem Zusammenhang das Rechtsganze, die Einheit des Rechts" (73). Regelsberger verweist in dem von ihm knapp ausgeführten Kapitel „Rechtsverhältnis und Rechtsinstitut" u. a. auf Stahl, Savigny und Jhering, womit diese Tradition des Institutionenverständnisses hier belegt sein mag. Danach sind Rechtsinstitute aus der Relation von Leben und Recht zu begreifen. Ein Rechtsinstitut ist mithin nicht eine einzelne Rechtsvorschrift, wie z. B. der § 433 BGB, der die Pflichten von Käufern und Verkäufern einer Sache festlegt, sondern der Kauf oder das Eigentum oder das Darlehn oder die Ehe. Ernst Wolf faßt das Gemeinsame des Institutionenbegriffs dieser Tradition dahingehend zusammen, „daß alle Rechtsvorschriften, die sich auf Rechtsverhältnisse bestimmter Art beziehen, eine mit dem Namen Rechtsinstitut bezeichnete Gesamtheit oder Einheit sind" (Wolf 1970: 81). Daran

knüpft er seine scharfsinnige Kritik an, wobei hier nur folgender Satz zitiert werden soll: „Eine solche Einheit existiert nicht, weil mehrere Gegenstände nicht ein Gegenstand sind und auch nicht als ein Gegenstand gedacht werden können" (81).
Jens Meyer-Ladewig hingegen intendiert mit seinem Institutionenbegriff, in Fortsetzung der Arbeiten von Josef Esser und Reiner Schmidt, die methodisch überprüfbare Bindung bei der richterlichen Urteilsfindung. Im Gegensatz zum sogenannten „Gesetzesrecht" wird beim sogenannten „Richterrecht" der Umstand akzeptiert, daß der Richter bei der Urteilsfindung neben dem Gesetz und dem Gewohnheitsrecht selbständig allgemeine das Urteil tragende rechtliche Überlegungen (Prinzipien, Grundsätze usw.) heranzieht. Unter diesem Aspekt benutzt Meyer-Ladewig den Begriff Rechtsinstitut. Meyer-Ladewig versteht unter Institut einen „Satz des Richterrechts, eine Integrierung, eine Verkörperung eines mehr oder minder umfassenden, im Gesetz ausgedrückten oder außergesetzlichen Rechtsgedankens, Prinzips oder Grundbegriffs durch Rechtsprechung und Lehre, aus dem die Richter lege artis Schlüsse für die Rechtsfindung im Einzelfall ziehen können". Meyer-Ladewig ist der Ansicht, daß „das Institut in der modernen Methodik eine konkrete Gestalt erhalte" (Meyer-Ladewig 1962: 103). Institute seien im Gegensatz zu der herkömmlichen Auffassung weder „Systembegriffe" noch „tatsächliche Einrichtung des Lebens", sondern vielmehr sei ein Institut „nach moderner Auffassung" ein „Konglomerat aus gesetzlichen Gedanken, richterlicher Kasuistik und wissenschaftlicher Erörterung". Weiterhin betont Meyer-Ladewig, in Distanz zu der traditionellen Auffassung des Instituts im deutschen Privatrecht, „Rechtssätze" seien ebenfalls Institute (104). Die Vor- und Nachteile dieser Institutionenauffassung unter rechtswissenschaftlichen Aspekten hat Ernst Wolf behandelt (Wolf 1960: 87). Hier sei nur ein Einwand von ihm zitiert: „Ein Institut, das zugleich Rechtssatz und nicht Rechtssatz sein soll, ist paradox".
Nun könnte man konstatieren, dies sei ein innerrechtswissenschaftliches Problem und daher sozialwissenschaftlich nicht von Relevanz; und doch enthält die Position von Meyer-Ladewig und die hier mit einem Satz von Wolf zitierte Kritik die ganze Problematik. Wenn auch das Privatrecht nicht vornehmlich — sicher zu Unrecht — zum bevorzugten Gegenstand der Politischen Wissenschaft gehört, so haben die Problemkreise des „Richterrechts" ihre Bedeutung im Hinblick auf das Verhältnis der Gesellschaft zu ihrem Recht. Können die Bürger die kognitiven Prozesse bei der Rechtsanwendung nicht nachvollziehen, so mag dies in der viel zitierten „Natur der Sache" liegen, widerstrebt aber den Intentionen einer radikalen Demokratie. Außerdem ist es fraglich, ob man überhaupt noch vom Recht sprechen kann, wenn die Betroffenen weder die Rechtsbildung noch Rechtsanwendung erkennen können. Indes ist nicht zu verkennen, daß Meyer-Ladewig dem unkontrollierten Rückgriff der Richter auf allgemeine Prinzipien mit der Figur des Instituts begegnen will (Meyer-Ladewig 1962: 107 ff.). Trotz dieses Versuches, das in die Urteilsfindung einfließende Vorverständnis der Richter wenigstens wissenschaftlich zu diskutieren und zu disziplinieren, gibt die Unabhängigkeit der Richter sowie die Notwendigkeit der Rechtsfortbildung immer wieder Anlaß zur Kritik. Es ist offensichtlich, daß bei diesem Verständnis der Institution Sätze des Rechts zur Entscheidung über Geld und Gut angewendet werden, deren normativer Gehalt nicht vom Gesetzgeber unmittelbar formuliert wurde. Wird ein solcher Umstand

allgemein akzeptiert und ist Recht, fällt das Volk und das Parlament als Quelle des Rechts aus. Nun ist das kaum zu verhindern, aber als ein kritikwürdiges Faktum festzuhalten.

3. Grundrechte als Institutionen oder die Freiheit des Individuums

Der Problemkreis des sogenannten „Richterrechts" ist insbesondere im Hinblick auf die Kompetenz des Bundesverfassungsgerichts von politischem Interesse. Die sogenannte „Verrechtlichung der Politik" als Folge der in den Artikeln 1, 20 und 93 GG artikulierten Verfassungsnormen berührt das Verhältnis von Recht und Politik unmittelbar. Zum Verhältnis zwischen der parlamentarisch-legislativen und judikativen Einrichtung der in Gesellschaft handelnden Bürger soll hier jedoch noch nicht Stellung bezogen werden.

Im Verfassungsrecht werden von den Vertretern einer bestimmten Rechtsauffassung die Begriffe „Institution" und „Institut" gebraucht, um den Bereich der durch die Verfassung zu schützenden Organisations- oder Rechtsverhältnisse zu erweitern. Garantiert werden soll mit Hilfe der Verfassung etwas, was über das Konfliktmodell zwischen einzelnem Bürger (Individuum) und Staat[3] hinausgeht, nämlich nicht mehr nur das der Freiheit des Individuums dienende Abwehrrecht gegen die Maßnahmen der öffentlichen Gewalt. Dem Status eines Grundrechtes als Maß einer berechtigten Negation (status negativus der Grundrechte) staatlicher Gewalt wird das Prädikat „Institution" oder „institutionell" hinzugefügt. Der „Charakter" der Grundrechte wird verdoppelt, sie erhalten, wie es vor allem Peter Häberle vertritt, einen „Doppelcharakter" und haben nun eine „individualrechtliche" und eine „institutionelle Seite" (Häberle 1972: 70, 96). Man muß nicht ein Anhänger der reinen Rechtslehre von Hans Kelsen sein, um die Fragwürdigkeit der Ableitung der Normen aus dem institutionellen Sein oder des Zusammenfalles von Recht und Nicht-Recht, wie auch immer benannt, zu erkennen. Daß das aber der Fall ist, daß „Institutionen" als Maßgabe für Rechtsregeln verstanden werden und daß darin das Wesen des „institutionellen" Denkens des Rechts besteht, geht aus der zusammenfassenden Beschreibung von Roland Dubischar hervor. „Das ‚institutionelle Rechtsdenken' geht traditionell davon aus, daß sich der Inhalt der Rechtsregeln nach Maßgabe der Institutionen bestimmt, die im sozialen Bereich vorfindlich sind, und daß die Rechtsregeln dazu gedacht sind, diese abzusichern, auszugestalten und abzuändern" (Dubischar 1968: 55). Worauf sich dieser Schutz bezieht, wird aus den folgenden Sätzen deutlich:

„Dieser Sicherungsaufgabe entspricht es, daß die Verfassungen und Gesetze Vorschriften zum Schutz von Ehe und Familie, Eigentum, Berufsbeamtentum, gemeindlicher Selbstverwaltung und dgl. m. aufstellen. Dabei gelten als ‚institutionelle Garantien' die verfassungsrechtlichen Gewährleistungen einer öffentlich-rechtlichen Institution als solcher (z. B. der Selbstverwaltung des Berufsbeamtentums), als ‚Institutsgarantien' hingegen verfassungsrechtliche Gewährleistungen von Rechtsinstituten im Sinne von typischen, traditionell feststehenden ‚Normenkomplexen' und ‚Rechtsbeziehungen'; hierunter fallen auch und gerade die Rechtsinstitute privatrechtlicher Art wie Eigentum oder Erbrecht. Es wäre verfehlt, diese Garantiefunktionen nur der Verfassung zuzusprechen.

Strafrecht und Zivilrecht wirken hier mit, soweit auch sie dazu dienen, die verfassungsmäßige Ordnung, die Lebensordnungen des Einzelnen, sein Eigentum und seine anderweitigen Rechtsbeziehungen und Rechtsgüter zu schützen" (ebd.).

Roland Dubischar verweist innerhalb dieses Zitats auf Carl Schmitt und nicht etwa auf eine materialistisch begründete Auffassung vom Recht als Funktion ökonomisch-gesellschaftlicher Verhältnisse.
Carl Schmitt hatte 1931 in dem Aufsatz „Freiheitsrechte und institutionelle Garantien der Reichsverfassung" die in seiner Verfassungslehre von 1928 beginnende Lehre der Einrichtungsgarantien weiter entwickelt. Für seine „institutionelle" Auffassung des Rechts ist indes seine Schrift „Politische Theologie" sowie vor allem sein Essay „Über die drei Arten des rechtswissenschaftlichen Denkens"[4] heranzuziehen. Peter Häberle hingegen will in seiner vielbeachteten Dissertation über „Die Wesensgehaltsgarantie des Artikel 19, Abs. 4 GG. Zugleich ein Beitrag zum institutionellen Verständnis der Grundrechte und zur Lehre vom Gesetzesvorbehalt" das institutionelle Rechtsdenken neu konstituieren. Die Arbeit hat den Nachteil, keine Lehre und keine Theorie der Institutionen zu entwickeln. Rechtshistorisch und ideologisch ist der Rückgriff auf Stahl von Interesse.
Häberle zitiert affirmativ Friedrich Julius Stahl, dessen „Philosophie des Rechts nach geschichtlicher Ansicht" 1830 bzw. 1833 erschien, und verweist in einer Fußnote zu diesem Zitat darauf, daß sich Erich Kaufmann 1911 ebenfalls auf Stahl berief: „Die Grundrechte als Institute sind – um mit Stahl zu sprechen – ,in der Ordnung des Gemeinlebens bereits gezeichnete Kreise'. Der Grundrechtsberechtigte tritt durch die Ausübung seines Grundrechts in diese Kreise ein" (Häberle 1972: 99). Geht man von der Position Kants aus, so identifiziert Erich Kaufmann in seiner berühmten Arbeit „Das Wesen des Völkerrechts und die clausula rebus sic stantibus" Macht und Recht[5]. Nach Friedrich Julius Stahl ist der Staat eine Institution Gottes; der Kritiker des Neukantianismus Erich Kaufmann widerspricht also der mit guten Gründen zu vertretenden Überzeugung, man könne das Sollen nicht aus dem Sein ableiten. Häberle hält es für überflüssig, auf diese Grundproblematik sowie die Ähnlichkeiten und Unterschiede zwischen Kaufmann und Stahl hinzuweisen. Der über diese Problematik der abendländischen Philosophie erhabene moderne Sozialwissenschaftler[6] hingegen mag in folgendem Satz von Häberle endlich eine das Leben respektierende Auffassung vom Recht erblicken: „Die individuelle Freiheit bedarf der institutionell gewährleisteten Lebensverhältnisse, der institutionellen Seite der Grundrechte sowie der diese anreichernden Normenkomplexe. Diese geben ihr Richtung und Maß, Sicherheit und Geborgenheit, Inhalt und Aufgabe" (Häberle 1972: 96). Es soll nicht bestritten werden, daß Häberle die Hoffnung der Bundesbürger empirisch erfaßt.
Zu behandeln ist weiterhin die Lehre von den sogenannten „Einrichtungsgarantien" der Verfassung, welche nicht unmittelbar Würde, Freiheit und Gleichheit betreffen. Unter „Einrichtungsgarantien" ist nach der „Gesamtdefinition" von Schmidt-Jortzig folgendes zu verstehen: „Als Gesamtdefinition läßt sich danach folgender Satz aufstellen: Einrichtungsgarantien sind die erkennbar gesteigerten verfassungsrechtlichen Fixierungen von bestimmten, rechtlich wie tatsächlich determinierten Faktoren grund-

legend und eigenwichtig ordnender Funktion für das verfaßte Gemeinwesen" (Schmidt-Jortzig 1979: 31). Edzard Schmidt-Jortzig zählt folgendes auf: „Art. 4 Abs. 2 (Ungestörte Religionsausübung), 5 Abs. 1 S. 2 (Freie Presse), 5 Abs. 3 S. 1 (Freier Akademischer Lehrer- und Wissenschaftsbetrieb), 7 Abs. 1 (Staatliche Schulhoheit), 7 Abs. 3 S. 1 (unter Beachtung von Art. 14, 1 Religionsunterricht als ordentliches Schulfach), 7 Abs. 4 S. 1 (Privatschulwesen), 9 Abs. 3 S. 1 (Koalitionen), 21 Abs. 1 (Politische Parteien), 28 Abs. 2 (Kommunale Selbstverwaltung), 33 Abs. 4 u. 5 (Berufsbeamtentum), 92 HS. 1 mit 97 Abs. 1 (Unabhängige Gerichtsbarkeit) und 140 GG mit 137 Abs. 5 S. 1 WRV (Religionsgemeinschaften als öffentlich-rechtliche Körperschaften) sowie Art. 6 Abs. 1 (Ehe und Familie), 14 Abs. 1 (Eigentum und Erbrecht) und 140 GG mit 138 Abs. 2 WRV (Kirchengut)" (1979: 32). Will man aus dem Umstand der „Einrichtungsgarantie", dem Oberbegriff für die von Carl Schmitt eingeführte Unterteilung für „institutionelle Garantien" und „Institutsgarantien" auf das Verständnis der Institutionen und des Instituts schließen, so sind die Religionsausübung, die Presse, der Akademische Lehrbetrieb, die Schulhoheit, das Berufsbeamtentum sowie die Ehe und das Eigentum Institutionen bzw. Institute, deren Existenz oder deren Qualität (Art) durch Normen der Verfassung garantiert werden sollen. Daraus erhellt noch nicht, was Institutionen phänomenologisch unter Nichtbeachtung des positiven Rechts, wozu nach Art. 1 Abs. 3 („Die nachfolgenden Grundrechte binden Gesetzgebung, vollziehende Gewalt und Rechtsprechung als unmittelbar geltendes Recht") die Grundrechte gehören, sind. Unbestimmt und willkürlich und daher zur Rechtsfindung ungeeignet bleibt ein Verständnis der Institutionen im Rahmen einer institutionellen Rechtsauffassung, wenn sogenannte tatsächliche und sogenannte rechtliche „Faktoren" vermischt werden. Auch Schmidt-Jortzig nimmt diese Vermischung im Verständnis der Institution vor: „Die Institution (Einrichtung) läßt sich danach definieren als ein von der Verfassung rezipierter, rechtlich und tatsächlich fundierter (anerkannter) Faktor von grundlegend und eigengewichtig ordnender (kanalisierender) Funktion für den verfaßten Staats- (und Gesellschafts-) Aufbau, wobei ‚Funktion' hier konsekutiv im Sinne einer objektiven Bewirkung gemeint ist" (Schmidt-Jortzing 1979: 29). Nach dieser Definition sind Institutionen eigenständige und grundlegende Faktoren. Sie haben den Zweck der Kanalisierung von Aktionsströmen: „Die ‚Einrichtung' bedeutet im verfaßten Gemeinwesen für alle (staatlichen wie gesellschaftlichen) Aktionsströme grundsätzliche Kanalisierung, die Form, Grenzen aber auch Zielgehalte vorgibt" (31). Mithin soll das, was sowieso schon eine kanalisierende Funktion hat, verfassungsrechtlich garantiert werden. Darin besteht mithin „der Zugewinn objektiver Gehalte" (64). Schmidt-Jortzig spricht die Folge dieses durch den Wechsel der Ebenen erreichten „Zugewinns" offen aus: „Die dargestellten Reglementierungs- und Schwächungstendenzen der individuellen Freiheit erscheinen bei einer wie immer angelegten, objektiven Geltungserweiterung der Grundrechte unvermeidlich" (66).
Damit kehrt sich aber der Wesensgehalt des Art. 1 Absatz 3 GG – die unmittelbare Geltung der Grundrechte – um. Fällt das Recht mit dem „Kanal" im Begriff der Institution zusammen, führt die Überwindung des bürgerlich-liberalen Status des Rechts zur Negation des Rechts in der Fülle legislativer, exekutiver und sogar judikaitver Entscheidungen. Das entscheidende empirische und theoretische Problem liegt in der Auf-

fassung, Institutionen hätten eine grundlegende Funktion. Sind sie wirklicher Grund und nicht Folge pluraler Konnexität und unterschiedlicher Normen, dann ist die Freiheit nur ein Annex des Reglements.

4. Die Institutionen des Verwaltungsrechts und der „durch Gott vermittelte Zusammenhang alles Seienden" bei Ernst Forsthoff

Die im Verwaltungsrecht geregelte Materie wurde schon von ihrem Begründer Otto Mayer, dessen „Deutsches Verwaltungsrecht" 1895 („Systematisches Handbuch der Deutschen Rechtswissenschaft", herausgegeben von Karl Binding, sechste Abteilung, 2. Aufl. 1914) erschien, nach Institutionen gegliedert. Während Otto Mayer sich mit einer Definition des „Verwaltungsrechtsinstituts" und knappen Erörterungen begnügt, verzichtet Fritz Fleiner in den 1911 veröffentlichten „Institutionen des Verwaltungsrechts" auf jegliche Erklärung darüber, was er unter Institutionen allgemein versteht. Nach einer Anmerkung von Ernst Forsthoff soll Fleiner unter Institutionen „Gebilde, Einrichtungen" verstanden haben (Forsthoff 1958: 153). Otto Mayer, am französischen Recht und am Modell des liberalen Rechtsstaates orientiert, interpretiert Verwaltungsrecht unter der strikten Geltung der Verfassung. Nur ein Staat, dessen Verfassung der „Volksvertretung Anteil gibt an der Staatsgewalt durch die Mitwirkung bei der Gesetzgebung", ist nach Otto Mayer ein „Verfassungsstaat" (Mayer 1914: 1 f.). So ergeben sich „innerhalb des Rahmens der Verfassung", sowie der „Verwendung von Rechtssatz und Verwaltungsakt", welche die „Rechtsbeziehungen" der „Rechtssubjekte" zum Gegenstand haben, „gewisse feststehende gleichbleibende Formen für die Erscheinungen der öffentlichen Gewalt. Und alles das gibt unsere Rechtsinstitute" (ebd.). Rechtsinstitute sind nach Otto Mayer „Hilfsmittel der Rechtswissenschaft" (116), welche sie „herausarbeiten" müssen; und zwar „in beständigem Kampfe mit einem großen Gegner: das ist unsere eigene Vergangenheit, die Rechtsanschauung des Polizeistaates" (117).

Bei einer allgemeinen Verwendung des Begriffes „Institution" (Institut) ist es geblieben. In vielen gegenwärtigen (und neuesten) Lehrbüchern der Rechtswissenschaft werden die Begriffe ‚Institution' und ‚Institut' selten gebraucht. Als Ausnahme sind nur Ernst Forsthoff, als Vertreter einer ‚institutionellen Rechtsauffassung', sowie Hans Julius Wolff zu nennen. In den Jahren nach dem 2. Weltkrieg gehörten sie zu den bedeutendsten Gelehrten ihres Faches. Hans Julius Wolff, dessen 1933 erschienenes Werk „Organschaft und juristische Person" noch immer beachtenswert ist, zählt nicht, wie Ernst Forsthoff, zu den von Carl Schmitt beeinflußten Juristen. (Ich muß gestehen, daß ich Verwaltungsrecht — in den Jahren von 1958 bis 1962 — nach dem Lehrbuch von Ernst Forsthoff gelernt habe. Mir gefiel die Art der Darstellung gerade deshalb, weil nicht nur rein juristische, sondern auch allgemeine Zusammenhänge unter der Vermittlung eines historisch-geistigen Hintergrundes erörtert werden. Ob man als Student, vom Affekt gegen den Nationalsozialismus abgesehen, die Implikationen seiner Lehre wirklich kritisch erfassen kann, möchte ich allerdings bezweifeln.)

Hans Julius Wolff kritisierte 1933 Haurious „Theorie der Institutionen" (Wolff 1933:

260). Gleichwohl bezieht er sich in dem dreibändigen Studienbuch „Verwaltungsrecht" auf die Einteilung von Hauriou. Insofern Wolff den Begriff der Institution in diesem Werk unter dem Aspekt der „Verwaltungsorganisation" präzisiert, könnte sein Verständnis für die Politische Wissenschaft von Interesse sein. Wolff verwendet das Verständnis der Institution als ‚genus proximum' der Bestimmung der Organisationen:

„Organisationen (iwS) sind stets Institutionen, aber nicht alle Institutionen sind Organisationen. Institutionen überhaupt sind faktisch Inbegriffe stabilisierter Verhaltensregelmäßigkeiten, die gesellschaftlich durch die mehr oder minder intensive Mißbilligung abweichenden Verhaltens sanktioniert sind, und normativ Inbegriffe von Rechtsnormen zur Regelung sozialtypischer Interessenskonstellationen" (Wolff 1970: 3).

Der Vorteil dieser Definition besteht darin, daß Institutionen und damit auch Organisationen nicht substantialisiert werden. Das Verhalten von Menschen steht im Zentrum dieses Verständnisses. Damit wird die Notwendigkeit, das Verständnis der Institutionen auf die unlösbaren oder lösbaren Streitfragen des Verhaltens zurückführen zu müssen, nicht abgeschnitten. Vor allem verhüllt diese Bestimmung das Moment der Sanktion nicht. Mag auch die Voraussetzung zur Schaffung einer Institution auf der Wahlfreiheit beruhen, kann eine Institution an sich auch die Freiheit von Unterdrückten und Schwachen stützen, wer sich gegen eine Institution wendet, unterliegt der Sanktion. Wolff unterscheidet anschließend — unter Hinweis auf Hauriou — zwei „Arten von Institutionen". Er unterscheidet „nach der Fähigkeit zur Subjektivation", nämlich „zwischen sachlichen und subjektivierten Institutionen". Sachliche Institutionen sind „Normenkomplexe (im Grenzfall eine Norm), die die Beziehungen zwischen zwei oder mehreren Personen regeln, ohne dadurch eine soziale oder rechtliche Handlungs- und (oder) Leistungseinheit zu konstituieren (z. B. Kauf, Hypothek, Enteignung). Subjektivierte Institutionen sind Organisationen iwS (Verbände, Anstalten, Stiftungen)" (3). Wolff ist der Ansicht, daß die „Organisationslehre ein Teil der Institutionslehre" ist. Diese wiederum läge „in der Rechtswissenschaft (anders als in den Sozialwissenschaften) nur erst in Ansätzen" vor (3). Organisationen wiederum seien „nicht Organismen. Sie bestehen nämlich nicht in natürlich-biologischen wechselseitigen Beziehungen (wie die Familie und wie das natürliche Volk), sondern sind willkürlich-kulturell von Menschen zur Erreichung bestimmter Zwecke verantwortlich geschaffen" (3). Folgt man den Hinweisen von Wolff, müßte eine Institutionenlehre in den Rechtswissenschaften, der Organisationslehre ja übergeordnet, die Beziehungen zwischen den natürlichen Bedingungen und den kulturell gewillkürten Zwecken zum Gegenstand haben. Einerseits nämlich ist es möglich, daß „gewillkürte Organisationen (z. B. Gemeinden, Staaten) zu verstärkten natürlich-sozialen Bindungen führen". Andererseits meint Wolff: „Richtig ist freilich, daß der Bestand aller Organisationen und ihre Eignung für die Erreichung ihrer Zwecke weitgehend davon abhängen, wieweit sie den natürlichen Bedingungen des menschlichen psychischen und sozialen Lebens entsprechen, wieweit sie harmonisch (‚organisch') sind" (4). Auch bei Wolff werden, wie in der gesamten Rechtswissenschaft, die Institutionen aus der Spannung zwischen Natur und Geschaffenem begriffen. Ob Familie und Volk allerdings „natürliche" und „soziale" „Organismen" sind, muß erst noch bewiesen werden.

Noch fundamentaler begreift Ernst Forsthoff die Institutionen. Obwohl auch er konstatiert, daß der „deutschen Rechtswissenschaft" ein „systematisches institutionelles Rechtsdenken bisher fremd"[7] ist, fallen bei Forsthoff „Staat, Verfassung, Selbstverwaltung, Eigentum, Enteignung, Polizei, Gesetz, Verordnung, Verwaltungsakt, Vertrag, Ehe und Familie" unter den Begriff Institution oder Institut (Forsthoff 1958: 151, 152). Nicht nur Ämter und Behörden als Organisationen und Verwaltungsträger (1958: 228, 380, 388, 391, 394, 395, 422) sind Institutionen, nicht nur die Enteignung und die damit zusammenhängenden Ansprüche sind Institute (278, 297), sondern Forsthoff verwendet auch den Begriff der „Gesamtinstitution". Während Carl Schmitt unter Affirmation der Rechtsphilosophie Hegels den „Staat Hegels" als „konkrete Ordnung der Ordnungen, die Institution der Institutionen" (Schmitt 1934: 47) interpretierte, führt Ernst Forsthoff aus: „Jede Institution ist Teil der Gesamtinstitution und in ihrem Handeln ist sie beides: Institution des konkreten Amtes und Staat. Daß sie beides ist, ergibt sich aus den rechtlichen Vorkehrungen, welche dazu dienen, die Gesamtinstitution Staat als eine Wirkungseinheit aus dem Gefüge zahlreicher Amtsinstitutionen abzuleiten" (Forsthoff 1958: 393).

Man mag an dieser Stelle nun endlich eine Analyse und eine Kritik von Carl Schmitt erwarten. Carl Schmitt, der sowohl linke Intellektuelle, wie auch rechte Gelehrte fasziniert, paßt aber nicht in die Topik der deutschen Rechtswissenschaft. Er ist Anreger und nicht Verfasser rechtswissenschaftlicher Dogmatik. Er übertrifft die meisten Gelehrten des Rechts an politischer Sensibilität, historischem Wissen, literarischer Bildung und — intellektueller Sophistik; genau so wie Platon die *normalen* Sophisten beschrieb und kritisierte. Weil die Mischung zwischen Sensibilität und Unbestimmtheit viel schwieriger herauszuarbeiten ist und weil eben seriöse Gelehrte seine Anregungen explizierten, wird hier von einer Darlegung seines „institutionellen" Rechtsdenkens abgesehen. Elemente seines institutionellen Denkens sind schon in der Rechtsgeschichte des 19. Jahrhunderts vorhanden.

Der Versuch von Ernst Forsthoff, die Institutionen des Verwaltungsrechts nicht unter dem Axiom der Souveränität des Staates zu behandeln, wirkt auf den am westeuropäischen Denken orientierten Politikwissenschaftler zunächst pragmatisch. Nach Forsthoff ist das „Buch als Ganzes selbst eine Erläuterung der institutionellen Methode" (Forsthoff 1958: 153), während er sich die „Darstellung des Wesens und der Grundzüge institutioneller Rechtsauffassung"[8] vorbeihelt; ein Versprechen, welches nicht eingelöst wurde. Ihm geht es mit der „institutionellen Rechtsauffassung" wie vielen Vertretern der sozialwissenschaftlichen Systemtheorie um das „Sinnganze" und die „Eröffnung gegenüber der Wirklichkeit als der Realität der gegebenen Zustände" (152). Darüber hinaus aber drückt sich Ernst Forsthoff nicht um die Benennung dessen, was den Institutionen zugrunde liegt und was in der Systemtheorie möglicherweise nur deklaratorisch verneint wird, nämlich die Benennung des für den „Zusammenhang *alles* Seienden"[9] notwendigen substantiellen Trägers und Vermittlers. Ihm geht es bei der institutionellen Rechtsauffassung um die „Eröffnung gegenüber den tragenden Grundgedanken des Rechts" (152).

Genus proximum des Institutionenbegriffes ist das „gestalthafte Rechtsgebilde". Denn der „institutionellen Rechtsordnung und ihrer Methode" stelle „sich die Rechtsordnung als ein sinnvolles Gefüge von Institutionen, d. h. von gestalthaften Rechtsgebilden dar. Staat, Verfassung, Selbstverwaltung, Eigentum, Enteignung, Polizei, Gesetz, Verordnung, Verwaltungsakt, Vertrag, Ehe und Familie stellen sich als solche Gebilde dar, die je ein Sinnganzes sind" (Forsthoff 1958: 151). In der Fußnote 1 auf Seite 151 wird das Realissimum genannt. Die Vermittlung all dieser Institutionen wird nach Ernst Forsthoff durch Gott bewirkt, welcher mithin das Subjekt des ursächlichen Zusammenhanges und der Stifter des Sinnganzen der Institutionen ist. Nachdem Forsthoff in der Anmerkung Savigny würdigt (151), kommentiert er die Bedeutung von Stahl:

„Bei Stahl ist das institutionelle Rechtsdenken vor allem durch den Gedanken der göttlichen Stiftung des Staats und des Rechts bestimmt. Wenn er, Philosophie des Rechts, Bd. 2 Teil 2, 5. Aufl., 1878, S. 176 ff., den Staat als göttliche Institution bezeichnet und abhandelt, so ist mit dem Wort Institution die Tatsache gemeint, daß der Staat von Gott verordnet, instituiert ist. Damit gewinnt das Wort bei Stahl eine spezifisch theologische Färbung. Aber eben darum steht es in dem Dienste, den es der juristischen Hermeneutik leistet, den Ausführungen Savignys nicht fern, denn auch der von Stahl gemeinte Sinn, in dem er das Wort Institution verwendet, verweist auf das Tiefere, Allgemeinere, das dahinter liegt, und den hier durch Gott vermittelten Zusammenhang alles Seienden."[10]

Die Deutschen sind ein frommes Volk, und nicht weniger fromm sind die Gelehrten des Rechts gewesen. Selbst die großen Dogmatiker, deren Lehren in den methodologischen Untersuchungen, ob bei Karl Larenz, Wolfgang Fikentscher oder Walter Wilhelm, Gegenstand subtiler Erwägungen sind, halten es letztlich mit dem Allmächtigen und setzen in der Erfassung ihrer Prinzipien die Hoffnung auf dessen Wirken voraus. Festzustellen ist, daß mit der Wende gegen die Aufklärung die Begriffe „Institut" und „Institution" zur Erfassung dessen, was „dahinter liegt" (Forsthoff 58: 151), ihre besondere Bedeutung erhalten.

5. Organismus und Geschichte:
Gott im Systemdenken von Stahl, Puchta und Jhering

Nach Savigny sind „Rechtsinstitute" und das Recht als System Ausdruck einer organisch-historischen[11] Entelechie. Rechtsverhältnisse seien nur aus dem Rechtsinstitut zu verstehen. Rechtsinstitute bilden das System und sind somit nur aus dem Ganzen zu interpretieren. „Rechtsinstitute" seien zu „einem System verbunden", in welchem wieder „dieselbe organische Natur" von Rechtsverhältnis und Rechtsinstitut erscheine (Savigny 1840: 6). Hier soll Savigny nur äußerst knapp behandelt werden. Mit einem Zitat soll das für Savigny und die Tradition der historischen Rechtsschule typische Erfassen des Rechts demonstriert werden: „Denn auch die Rechtsregel, so wie deren Ausprägung im Gesetz, hat ihre tiefere Grundlage in der Anschauung des Rechtsinstituts, und auch dessen organische Natur zeigt sich sowohl in dem lebendigen Zusammenhang der Bestandteile, als in seiner fortschreitenden Entwicklung" (Savigny 1840: 9).
Friedrich Julius Stahl, dessen „Philosophie des Rechts"[12] schon vor Savignys „System des römischen Rechts" erschien, bekennt sich in seiner Darstellung der „Geschichte

der Rechtsphilosophie" ausdrücklich zu den Vorteilen der historischen Schule, die er die „geschichtliche Juristenschule" nennt (Stahl 1878: Bd. 1, 571). Namentlich bei Jhering finden wir viele seiner Formulierungen wieder. Seine Ausführungen erhellen, daß man Stahl und Savigny, aber auch Puchta und Jhering, nicht als Apologeten der Konterrevolution bewerten darf. Aber man hielt in der Konsequenz bestimmter Auffassungen von Entwicklung den Rationalismus für überholt, berief sich auf den Geist des Volkes, der in den Regeln des Rechts zum Ausdruck käme und konnte sich, unter Umgehung politischer Institutionen des Volkes, auch als Organ des Volkes betrachten, wenn man die Elemente des Systems in Form der Institute des Rechts auf den Begriff brachte. Die Bedeutung der zentralen Topoi „Organismus" und „Geschichte" in der für die Rechtswissenschaft maßgebenden Tradition der Systembildung, ist in der Literatur unbestritten[13]. Dies gilt auch für Stahl, der in der rechtswissenschaftlichen Tradition weit weniger als Savigny zitiert wird. „Rechtsinstitute" seien „Komplexe von Thatsachen und thatsächlichen Beziehungen und ihren rechtlichen Normen, die sämtliche durch die Einheit der ihnen innewohnenden Bestimmungen (telos) ein recht unauflösliches Ganzes bilden" (Stahl 1878: Bd. 2, 1. Abteilung, 293). Das „Rechtsinstitut" sei eine „Ordnung", und „das Recht, wie es die totale Ordnung des menschlichen Gemeinlebens ist", entfalte sich in „Ordnungen, d. i. eben in Rechtsinstituten" (294). Die Ähnlichkeit dieser Formulierungen mit der Auffassung von Carl Schmitt, dessen Lehre vom institutionellen Rechtsdenken von ihm als konkretes Ordnungsdenken verstanden wird, ist auffällig (Schmitt 1934: 7, 39, 54 ff., 66). Womöglich hat sich Carl Schmitt von seinem vehementen Antisemitismus dazu verleiten lassen, Stahl nicht unmittelbar zu zitieren. Aber Carl Schmitt war kein Freund von Systembildungen. An die Auffassung Forsthoffs hingegen, die Rechtsordnung füge sich aus dem Zusammenhang der Institutionen zusammen, erinnert die Auffassung Stahls, der „Charakter des Rechtssystems" sei „ein Zusammenhang der Rechtsinstitute" (Stahl 1878: Bd. 2, 1. Abteilung, 295). Geht ein Jurist indes von dem im folgenden zitierten Zusammenhang zwischen Volk, Epoche und System aus, so darf oder muß er zum Vollstreckungswerkzeug just herrschender Mächte werden: „Wie der Inhalt des Rechts sich ändert, so auch notwendig sein Zusammenhang. Die Rechtsbildung eines jeden Volkes, so wie in diesem selbst wieder einer jeden Epoche, hat daher ihr eigenes System" (295). Vielleicht hat Jhering sogar eine empirische Realität mit der Variante dieses Satzes beschrieben: „So ist denn der Geist des Volkes und der Geist der Zeit auch der Geist des Rechts" (Jhering 1873: Bd. 1, 45).

Über dem Volk aber steht bei Stahl der Staat, dessen „ganze legitime Ordnung" auf Gott beruhe: „Wenn der Staat zunächst als ein sittliches Reich der menschlichen Freiheit sich darstellt, so ist er doch, tiefer betrachtet, zugleich eine göttliche Institution" (Stahl 1878: Bd. 2, 2. Abt., 295). Hinter Volk, Recht und Staat steht, wie es in der Behandlung der „philosophischen Grundlagen" des Rechts heißt, „die Persönlichkeit Gottes als Princip der Welt" (Bd. 2, 1. Abteilung, 1).

Die Relation von Organismus, Geschichte, Volk, Staat, System und Gott, aus welcher das Institutionenverständnis der institutionellen Rechtsauffassung zu verstehen ist, ist auch bei Georg Friedrich Puchta anzutreffen. Puchta gilt als derjenige, dessen System, wie Walter Wilhelm ausführt, für die „juristische Dogmatik der Folgezeit bestimmend geworden war" (Wilhelm 1958: 70). Georg Friedrich Puchta hat seinem „Cursus der Institutionen" (1. Auflage 1841) eine „Encyclopädie" vorausgeschickt, in welcher die Grundlagen seiner Dogmatik behandelt werden. Das „Geschäft" der Wissenschaft bestünde darin, „Rechtssätze zum Bewußtsein" zu bringen, die weder „in der unmittelbaren Überzeugung der Volksglieder und ihrer Handlungen, noch in den Aussprüchen des Gesetzgebers zur Erscheinung gekommen sind, die also erst als Product einer wissenschaftlichen Deduction sichtbar entstehen" (Puchta 1856: 37). So trete neben dem „Volksgeist" (30) und der „Obrigkeit" (32), zu welcher nach Puchta die Aufgabe der Gesetzgebung gehört, die „Wissenschaft als dritte Rechtsquelle" (37). Hinter dem „Organismus" (95) der Glieder eines Systems aber stehe der „Weltorganismus" (97); hinter dem Bewußtsein der Menschen der Wille Gottes:

„Das Recht gelangt in das menschliche Bewußtsein theils auf dem übernatürlichen Wege der Offenbarung, — unsere heiligen Bücher schreiben den ersten Rechtsausspruch Gott zu —, theils auf dem natürlichen Weg eines dem menschlichen Geist angeborenen Sinnes und Triebes. Wir haben es hier nur mit dieser natürlichen Entstehung des Rechts zu thun, bey welcher der eigentliche Schöpfer sich verbirgt, und das Recht als eine Schöpfung des menschlichen Geistes erscheint, ja es in seiner weiteren Entwicklung und Ausbildung eine menschliche Hervorbringung nicht bloß scheinen, sondern werden läßt" (24). Die Freiheit der Menschen habe noch „keinen besonderen Inhalt. Diesen erhält die Freiheit des Menschen erst dadurch, daß über ihm ein Wesen existirt, welches lauter Geist und lauter Freiheit ... das mit einem Wort allmächtig ist. Erst durch das Dasein Gottes erhält die menschliche Freiheit ihre innere Bestimmung" (8).

Rudolph von Jhering, der neben Friedrich Carl von Savigny wohl der international berühmteste deutsche Jurist des 19. Jahrhunderts ist, hat seine Untersuchung über den „Geist des römischen Rechts auf den verschiedenen Stufen seiner Entwicklung" dem „Andenken des großen Meisters Georg Friedrich Puchta" gewidmet. Jhering hat seine historisch-funktionale „Betrachtung der Structur des Rechtsorganismus" (Jhering 1873: 36) im zweiten Band als die „höhere Jurisprudenz" (1874: 358) und seine Anschauungsweise als „naturhistorische Methode" (358) charakterisiert[14]. Zur „naturhistorischen Methode" bekannte sich auch Carl Friedrich von Gerber. Diese Methode enthält die wesentlichen Merkmale des staatsrechtlichen Positivismus, insofern sie von Jherings Freund Gerber auf das System der Gesellschaft als Organismus übertragen und dann vor allem von Paul Laband übernommen wurde[15]. Eine ausführliche Würdigung des Gesamtwerkes von Jhering wurde jüngst von Wolfgang Fikentscher vorgenommen (Fikentscher, Bd. III, 1976: 274 ff.).
In der Einleitung wird meisterhaft das Muster dargestellt, wie unter der Berufung auf Natur und Geschichte ein System aufgebaut werden kann. Der „Rechtsorganismus" hat nach Jhering drei „Bestandteile: Rechtssätze, Rechtsbegriffe, Rechtsinstitute" (1873: 25). Die „Rechtssätze" sind nach seiner Auffassung „abstrahiert aus einer Betrachtung der Lebensverhältnisse und bestimmt, die denselben innewohnende Natur auszusprechen und sie ihnen zu sichern". Die „einzelnen Rechtsverhältnisse" wiederum „schließen" sich „zu größeren Einheiten — den Rechtsinstituten — zusammen" (36). Bei diesem Vorgang verliert das Recht seinen normativen Gehalt: „Die Rechtssätze treten gewissermaßen in einen höheren Aggregatszustand, sie streifen ihre Form als Gebote und Verbote ab und gestalten sich zu Elementen und Qualitäten der Rechtsinstitute"

(37). Die durch „die systematische Thätigkeit bewirkte logische Gliederung und Transsubstantiation der Rechtssätze" sei das „Erkennen der wahren Natur des Rechts" (42). Rechtsinstitute sind — wie es im zweiten Band heißt — „Existenzen, logische Individualitäten, juristische Wesen" (1874: 360). Wenn Jhering in diesem Zusammenhang ausführt, daß diese Anschauungsweise des Rechts „höhere Jurisprudenz" (358) sei, wenn er die „niedere" Erscheinungsform des Rechts dahingehend bewertet, sie habe nur die „Form eines Verbots oder Gebots" sowie die „Bedeutung des ,Seinsollens' " (358), so beruht das auf der Auffassung, daß der „Complex von Rechtssätzen" (1873: 42) nur die „Außenseite" des Rechts sei; während das durch die „Transsubstantiation" gewonnene Recht die wahre, nämlich „die innere Natur des Rechts" darstelle. Jhering kommt „zu dem Schluß, daß in dem gesamten Rechtsorganismus gewisse Kräfte thätig sind, welche den Geist, Zuschnitt, die Richtung der einzelnen Institute bestimmen" (44). Das Recht sei kein „Aggregat willkürlicher Bestimmungen", welches „der Reflexion der Gesetzgeber seinen Ursprung verdankt, sondern gleich der Sprache eines Volkes ein innerlich abgeschlossenes Product der Geschichte" (26). In der „Bildungsgeschichte des Rechts", die zwar von den „materiellen Verhältnissen" abhängig und von „gewaltigen historischen Mächten" bestimmt sei, „schrumpft die Mitwirkung des menschlichen Verstandes, wenn er statt Werkzeug Schöpfer sein will, in Nichts zusammen" (26). Die reale Ursache für das System des Rechts, der reale Grund für die „Einheit" und des „harmonischen Ganzen" aller Ordnung, ist nach Jhering die „göttliche Weltleitung" oder die „lenkende Hand Gottes" in der Geschichte. Da dies in der bisher zu übersehenden Literatur über Jhering nicht beachtet und berücksichtigt wurde, sei hier ausführlicher zitiert:

„Die Gedanken, die sich in der Geschichte entfalten, und in denen die Fülle der Erscheinungen ihre Einheit findet, fügen sich selbst wieder zu einem harmonischen Ganzen zusammen, nicht freilich als ein sich aus sich selbst bewegendes perpetuum Mobile der Dialektik, sondern als eine freie That Gottes und der Menschheit. ... Und dennoch trotz aller menschlichen Willkühr hat das Recht eine Geschichte, und die lenkende Hand Gottes ist in ihr, nur tritt dieselbe nicht immer so erkennbar hervor, wie in der Natur. ... Wunderbarer als die Bewegung der Weltkörper im Raum ist die Bewegung der sittlichen Gedanken in der Zeit, denn sie gehen nicht unangefochten einher wie die Gestirne, sondern sie stoßen bei jedem Schritt auf den Widerstand, den menschlicher Eigensinn und Unverstand und alle bösen Gewalten des menschlichen Herzens ihnen entgegensetzen. Wenn sie dennoch sich verwirklichen im bunten Gewirre wiederstrebender Kräfte, wenn das sittliche Planetensystem mit derselben Ordnung und Harmonie sich bewegt wie das Planetensystem des Himmels, so liegt darin ein glänzenderer Beweis der göttlichen Weltleitung als in allem, was man der äußeren Natur entnehmen kann" (61 f.).

Man darf die sozialdarwinistische Konsequenz dieser funktional-strukturalen Systemrezeption im Bewußtsein einer „Transsubstantiation" Gottes nicht übersehen. Jhering spricht sie selber aus, insofern nur dasjenige Recht ist, was in den Ursache- und Wirkverhältnissen des Lebens durchgesetzt wird:

„Die Function des Rechts im allgemeinen besteht nun darin, sich zu verwirklichen. Was sich nicht realisiert, ist kein Recht, und umgekehrt was die Function ausübt, ist Recht, auch wenn es noch nicht als solches anerkannt ist (Gewohnheits-Recht). Die Wirklichkeit beglaubigt erst den Text, den das Gesetz oder eine andere Formulierung des Rechts aufstellt, als wahrhaftes Recht, sie ist mithin das einzige sichere Erkenntnismittel desselben" (49).

Das ist die ‚Quintessenz' der institutionellen Rechtsauffassung. Was göttlich ist, wird funktionieren, was funktioniert, ist göttlich.

6. Institutionen und Politik: Theoretische Aspekte im Hinblick auf den Geltungsanspruch der Verfassung

Zusammenfassend ist festzustellen: Nach den in den Zweigen der Rechtswissenschaft vorhandenen Institutionenbegriffen versteht man unter Institutionen entweder Normen oder eine bestimmte Klasse von Normen (Zivilrecht), Organisationen (Verwaltungsrecht, H. J. Wolff) oder weit darüber hinaus, wie in der „institutionellen Rechtsauffassung", allgemeine Formationen, Gebilde, Ämter sowie Behörden und sogar Prinzipien (Forsthoff). In den Geistes- und Sozialwissenschaften, vor allem der Politischen Wissenschaft, spricht man von legislativen, exekutiven und judikativen Institutionen und meint damit offensichtlich eine Mischung von Personenmehrheiten — mit speziellen Aufgaben — und bestimmten Organisationsmodellen. In der Tradition der deutschen Staatslehre und des Staatsrechts hat der Begriff „Institution" keine zentrale Funktion. Wegen der sehr allgemeinen Bedeutung des Wortes „Institution" besteht für die Politische Wissenschaft die Chance, eine theoretische und reflektierte Begriffsbestimmung zu entwickeln. Recht und Gesetz als Gegenstand der Politischen Wissenschaft eröffnen die Möglichkeit, die Phänomenologie normativer und nicht-normativer Verhältnisse zu studieren. Dabei muß die Frage beantwortet werden, ob Normen, vornehmlich die des Rechts, die Voraussetzungen von Institutionen oder wesentliches Merkmal von Institutionen sind. Die philosophische Wissenschaft der Institutionen hat darüber hinaus die Verwirklichung der Vernunft zum Gegenstand. Dazu gehört die Spannung zwischen Gesetz und Gerechtigkeit. Das Sein der Gesetze ist weiterhin Teil der politisch-gesellschaftlichen Existenz der Menschen und das Resultat ihrer Existenzinterpretation. Bei der Bestimmung derjenigen Merkmale, die den Begriff „institutionell" erst ausmachen, kann man bei den Grundfragen der Philosophie anfangen. Man kann aber auch damit beginnen, das Verhältnis von Recht und Politik anhand der Verfassung zum Zwecke der Bestimmung des „Institutionellen" zu erörtern. Vor der Angabe derjenigen Problemkreise, die sich aus einer Phänomenologie des Rechts im Hinblick auf eine Theorie der Institutionen ergeben, sollen hier einige theoretische Aspekte im Hinblick auf den Geltungsanspruch der Verfassung dargestellt werden.
Aus der Realität des gesellschaftlich-politischen Lebens ist das Recht nicht wegzudenken. Strittig bleibt dabei, ob das „Recht" nur empirisch erfaßt oder eben doch einer nochmaligen Aussage normativer Art unterworfen werden soll. Die Gewinnung neuer Normen unter der Voraussetzung schon geltender Normen verschiedener Qualität (Normen der Verfassung, der Gesetze und der Moral) ist ein wesentliches Merkmal politischer Prozesse. Strittig bleibt damit, in welcher Art die Politische Wissenschaft — wie jede andere Wissenschaft auch — daran partizipieren soll. Wie dem auch sei, zu der

sogenannten empirischen Realität gehört der Geltungsbereich der Normen unserer Verfassung. Unsere Verfassung liegt einerseits vor, und andererseits ist sie kein Gesetzeskodex mit den Merkmalen eines geschlossenen Systems. Ihr prinzipieller Gehalt kann und muß immer wieder erarbeitet werden. Was man unter Institutionen respektive dem Prädikat „institutionell" in der Spannung von Recht und Politik zu verstehen hat, muß am Geltungsanspruch unserer Verfassung orientiert sein. Damit wird nicht für eine isolierte Normativität plädiert, sondern nur empfohlen, die Probleme politischer Philosophie und politischer Theorie an der Geltung des Grundgesetzes zu erörtern.
Als erstes wäre das der Verfassung entsprechende Verhältnis von Recht und Politik zu klären. Geht man von einem engen Begriff der Politik – lediglich im Interesse terminologischer Eindeutigkeit – aus und versteht unter Politik zunächst nur Macht- und Herrschaftsprozesse, muß in der Bestimmung des Verhältnisses von Politik und Recht schon aus formalen, logischen Gründen ein Ergebnis vermieden werden: Die Macht ist das Maß der Macht respektive die Politik ist das Maß der Politik. Ein Gesetz als Resultat eines demokratisch-parlamentarischen Prozesses der Politik (Art. 20 Abs. 1 und Abs. 2 GG), wovon auch immer bestimmt und bedingt, soll von dem zwar äußerst schwierigen, aber bestimmbaren objektiven (transsubjektiven) Gehalt der Verfassung abhängig sein. „Die Gesetzgebung ist" gemäß Art. 20 Abs. 3 GG „an die verfassungsmäßige Ordnung, die vollziehende Gewalt und die Rechtsprechung sind an Gesetz und Recht gebunden." Die Normen des Grundgesetzes sind dem politischen Prozeß der „Gesetzgebung" und der „vollziehenden Gewalt" (Regierung, Verwaltung) samt den dazu führenden Regelmäßigkeiten sowie Prozessen ökonomischer und gesellschaftlicher Art übergeordnet. Das Grundgesetz ist gemäß Art. 20 Abs. 3 GG dem „Gesetz" und dem „Recht" übergeordnet. Daraus folgt, daß die Verfassung das tertium comparationis zwischen „Politik" – im engen Sinn von Herrschafts- und Machtprozessen – und „Recht" ist. In der Verfassung wird festgelegt, daß Politik etwas anderes sein soll als das Resultat eines gesellschaftlichen Machtprozesses. Institutionen sollen damit nie allein das sein, was schon sowieso der Fall ist, ob in der Sphäre des „Politischen" oder des „Rechts". Mit dieser Feststellung indes beginnen erst die Probleme, deren Komplexität nicht zu reduzieren, sondern zu erweitern ist.
Als nächstes empfiehlt es sich, die Aufmerksamkeit dem zu widmen, wovon etwas eine „Institution" ist oder sein kann. Bedenkt man den allgemeinen Sprachgebrauch, wonach die Verwaltung oder das Parlament als Institutionen des Staates oder aber Staat selbst als eine Institution bezeichnet werden, muß am Paradigma der Verfassung geklärt werden, ob dies dem Gehalt unserer Verfassung entspricht. Unter theoretischen Aspekten kann am Paradigma der Verfassung entschieden werden, ob Institutionen oder das, wovon etwas Institution ist, Substanz-, Subjekt- oder Systemcharakter hat.
Die Auffassung, das Parlament, die Exekutive oder die Judikative seien Institutionen des Staates, widerspricht dem normativen Gehalt des Art. 20 Abs. 2 Satz 1 GG.: „Alle Staatsgewalt geht vom Volke aus". Damit wird bestimmt, daß das, was unter Staatsgewalt zu verstehen ist, als Institution des Volkes zu gelten hat. In Art. 20 Abs. 2 Satz 2 GG wird näher bestimmt, woraus „Staatsgewalt" besteht, insofern es dort heißt: „Sie wird vom Volke in Wahlen und Abstimmungen und durch besondere Organe der Gesetzgebung, der vollziehenden Gewalt und der Rechtsprechung ausge-

übt." Die Parlamente, die Regierung sowie die vollziehende „Gewalt" der Verwaltung und die Justiz sind in der Diktion der Verfassung mithin Organe (Instrumente). Verwendet man den in Art. 20 GG nicht gebrauchten Begriff der Institution, sind Wahlen, Abstimmungen, die Parlamente, die Regierungen sowie die ihnen angeschlossenen Behörden der Exekutive und die Justiz nicht Institutionen des Staates, sondern des Volkes. Daraus sind Schlußfolgerungen zu ziehen im Hinblick auf das Verständnis von Volk und Staat. Unter theoretischen Aspekten stellt sich die Frage, ob die Konzeptionen der Einheit, Souveränität und Substanz auf Staat und Volk bezogen werden dürfen.

Zunächst ist daran festzuhalten, daß die in Art. 20 Abs. 2 GG genannten Institutionen, und damit Institution überhaupt, nicht als Substanz zu begreifen sind. Denn den Institutionen liegt das zugrunde, was sowohl den Gehalt der Verfassung ausmacht, als auch das „Volk" im Sinne der Verfassung bedeuten muß. Im Hinblick auf Art. 20 Abs. 2 GG ist es nicht geboten, den „Staat" als souverän zu qualifizieren. Damit ist an sich, wie an anderer Stelle bereits ausführlicher dargelegt (Bärsch 1974: 174 ff.), ausgesprochen, daß dem „Staat" auch nicht das Prädikat „Einheit" zukommt. Eindeutig ist das zunächst im Hinblick auf die Rede vom Staat als „Inbegriff" aller Institutionen (Gesamtinstitution) des Volkes und in Rücksicht auf die im Art. 20 GG ausgesprochene Gewaltenteilung. Gemäß dem Grundsatz der Hemmung und des Ausgleiches der legislativen, exekutiven und judikativen Gewalt sollen diese Institutionen des Volkes schon voneinander in bestimmter Weise selbständig sein und sich wechselseitig begrenzen. Die in Art. 20 Abs. 2 GG aufgezählten Organe sind demnach rechtlich nicht als Willens- oder Wirkungseinheit zu betrachten. Mit dem Gebot, Institutionen nicht das Prädikat Einheit zuzusprechen, entfällt auch die Möglichkeit, daß die Lehre von der juristischen Person des Staates, wie es z. B. noch Reinhold Zippelius vertritt, „so konstruiert" werde, „als ob eine solche Gemeinschaft oder Einrichtung (ebenso wie eine natürliche Person) ein einheitliches Zurechnungssubjekt sei" (Zippelius 1980: 348, § 37). Die aus einer monistischen Ursprungsmetaphysik stammende und über den Rechtspositivismus von Jhering, Gerber und Laband im Staatsrecht zur Herrschaft gelangte – vielleicht auch bestimmte symbolisch-symbiotische Bedürfnisse befriedigende – Konzeption, gesellschaftlichen und rechtlichen Relationen das Prädikat „Einheit" a priori zuzuordnen, muß endgültig fallen. Indes soll damit die Notwendigkeit einheitlicher Zurechnung für bestimmtes Handeln nicht bestritten werden. Wenn aber schon die in Art. 20 Abs. 2 GG genannten Institutionen plural zu verstehen sind, kann das „Subjekt" einheitlicher Zurechnung keine einheitliche Institution sein. Auf jeden Fall gibt uns die Verfassung in Rücksicht auf eine Theorie der Institutionen die Verpflichtung auf, die Kategorie „Einheit" mit Vorsicht zu verwenden, wobei selbstverständlich die mit der Identität zusammenhängenden Problemstellungen geradezu drohen. Wo die Einheit zu finden ist, bleibt fraglich. Auf jeden Fall lohnt es sich, sowohl die platonisch-aristotelische Philosophie als auch Kants Kritik der reinen Vernunft sowie Hegels Lehre vom objektiven Geist erneut zu diskutieren.

Indes ist hier im Zuge der nun einmal begonnenen Ausführungen eine Antwort darauf zu finden, ob dem „Volk" das Prädikat der Einheit zukommt und ob man das Volk als Subjekt verstehen darf. Im Hinblick auf den individualrechtlichen Gehalt der Grundrechte, insbesondere die Art. 1 und 2 GG, ist das nicht möglich. Nach Art. 2 Abs. 1 GG hat bekanntlich „jeder das Recht auf die freie Entfaltung seiner Persönlichkeit, soweit er nicht die Rechte anderer verletzt und nicht gegen die verfassungsmäßige Ordnung oder das Sittengesetz verstößt". Aus dem ersten Halbsatz geht hervor, daß die „freie Entfaltung der Persönlichkeit" das grundlegende Modell ist. Die entscheidende Begrenzung der „freien Entfaltung der Persönlichkeit" des einen Individuums ist die des anderen Individuums oder die verfassungsmäßige Ordnung sowie das Sittengesetz. Von einer freien Entfaltung einer Persönlichkeit anderer Art ist in Art. 2 Abs. 1 GG und im Grundgesetz überhaupt (Art. 19 Abs. 3 GG betrifft nicht unser Problem) nicht die Rede. Das grundlegende Verhältnis ist das des einzelnen Menschen – in seiner besonderen Einmaligkeit – zu den anderen Menschen. Lediglich die „verfassungsmäßige Ordnung" oder das „Sittengesetz", aber kein Kollektivum kann in diese Relation eingreifen. Das Volk kann somit nur als Gesamtgesellschaft und diese als Relation der einzelnen Menschen interpretiert werden. Rechnet man der Gesamtgesellschaft das Prädikat Einheit zu, wird die „freie Entfaltung der Persönlichkeit" des einen Individuums nicht mehr durch die Beziehung zu der „freien Persönlichkeit" des anderen Individuums begrenzt. An die Stelle des Konflikts zwischen Indiviuen tritt der Dualismus zwischen der Subjektivität des Einzelnen und der als Person oder Subjekt konzipierten Einheit der Gesellschaft. Es gibt aber nur die Möglichkeit, entweder das Volk (bzw. den Staat im Sinne von Verbandsperson) oder den Einzelnen als übergeordnete Entität zu verstehen. Entweder ist die Gesellschaft als plurales Verhältnis von Einzelnen oder als Einheit zu verstehen. Tertium non datur. Versteht man das Volk oder die Gesamtgesellschaft als Einheit, wird Art. 2 Abs. 1 GG und die darin enthaltene Vorrangigkeit des Individuums respektive die Intersubjektivität sowie die „verfassungsmäßige Ordnung" und das „Sittengesetz" außer Kraft gesetzt.

Im Hinblick auf ein dem Paradigma der Verfassung entsprechendes Verständnis der Institution – verstehe man darunter entweder Normen oder Personenmehrheiten wie das Parlament – resultiert daraus die gewaltige Schwierigkeit, Institutionen aus der Relation der Autonomie der Individuen zu konzipieren. Nur in einer Hinsicht besteht keine Schwierigkeit, nämlich die sogenannte nicht-normative Empirie im Hinblick auf die hier vertretene Auffassung zu berücksichtigen. Einer Gesellschaft, einem Volk oder einer juristischen Person namens Staat kann nämlich kein Bewußtsein zugesprochen werden; vor allem kein einheitliches Bewußtsein. Handeln können nur Individuen mit Bewußtsein. Institutionen als Resultat menschlicher Handlungen sind somit als spezifische Form von Handlungen und aus der Relation der einzelnen Menschen zu bestimmen. Weder den legislativen, judikativen und exekutiven Institutionen noch denjenigen Verhältnissen, aus denen das Eingerichtete und Einzurichtende resultiert, kann das Prädikat der Einheit zugeordnet werden. Institutionen sind nach den Normen des Grundgesetzes nicht als Subjekt und nicht als Substanz zu verstehen. Die gesellschaftlichen Verhältnisse, das sind eben die Verhältnisse der Individuen, können nach dem Paradigma unserer Verfassung weiterhin dann nicht als System aufgefaßt werden, wenn zum Begriff des Systems das Prädikat Einheit gehört. Welchem Bereich der Realität das Prädikat „Einheit" zuzuordnen ist, ob und wie „Einheit" konstituiert werden kann oder soll oder ob „Einheit" lediglich eine Kategorie des Erkennens ist, muß in einer

Theorie der Institutionen geklärt werden. Auf jeden Fall spricht viel dafür, daß die Normen der Verfassung über irgendeinem System stehen und nicht nur Teil eines Systems sein sollten.

Diese schon sehr allgemein gehaltenen Reflexionen hatten den Zweck, an Hand des Status unserer Verfassung auf die Dimensionen einer Theorie der Institutionen hinzuführen. Das entscheidende Ergebnis einer an den Normen des Grundgesetzes zu orientierenden Theorie der Institutionen ist dies: Institutionen sind aus den heterogenen Verhältnissen gesellschaftlicher Existenz zu bestimmen. Das resultiert aus dem Geltungsanspruch der Verfassung und evoziert damit das Problem der Wirk- und Machtverhältnisse. Der Geltungsanspruch der Verfassung führt zu der Frage, ob die „Macht" einen ontischen Status hat. Beruht die Relation zwischen den Individuen auf der Substanz Gottes oder der Natur, ergeben sich beträchtliche spekulative oder eben praktische Schwierigkeiten. Hier wird davon ausgegangen, daß Macht keinen ontischen Status hat. In Hinsicht auf das Normative als Element einer Theorie der Institutionen heißt das, daß die Normen weder auf dem Willen Gottes noch den sogenannten Naturgesetzen beruhen. Die Problematik des Status der Macht braucht hier nicht näher erörtert werden, gehört aber ebenso zu den Dimensionen einer Theorie der Institutionen. Einsichtig wird dies dann, wenn man anstelle der Vokabeln „Status der Macht", die Kategorie der Kausalität in Betracht zieht. Anstelle langwieriger Ausführungen soll daran erinnert werden, daß die durch Rechtsgesetze geformten Kausalbeziehungen eben anders sind als die der Natur. Die Menschen überformen die Kausalität der Natur, was sich auch daran zeigt, daß das Irrationale in der gesellschaftlichen Existenz wirkt. Unter der Ausnutzung der Kausalität der Natur und unter Anwendung der Rechtsgesetze wurden und werden zum Beispiel Menschen gefoltert und verbrannt. Was weiterhin nur beweist, daß die Existenz und die Qualität der Institutionen von rationalen oder irrationalen Existenzinterpretationen abhängt. Eine Theorie der Institutionen kommt mithin um die Aufgabe der Philosophie, nämlich die Bestimmung der Vernunft, nicht herum.

Damit soll aber keineswegs die „Macht" der „Natur" bestritten werden. Denn wenn hier dafür plädiert wird, eine Theorie der Institutionen an dem Muster des Grundgesetzes zu orientieren, setzt dies das Wissen über das, was normiert oder am Paradigma der Verfassung gemessen werden soll, voraus. Dies ist das menschliche Verhalten und damit auch der Bereich des Bios, an welchem die Menschen teilhaben.

Auf die mannigfaltigen Traditionen, in welchen man die Spannung zwischen Natur und Kultur, Natur und Geist, Natur und Satzung sowie Gesetz und Gerechtigkeit zu lösen versuchte, muß hier nicht eingegangen werden. Folgende Sektoren sind im Hinblick auf eine Theorie der Institutionen indes ganz allgemein zu berücksichtigen und sollen hier anstelle einer zusammenfassenden Schlußbemerkung zur Diskussion gestellt werden: Erstens: Die Welt des Lebens und des Werdens, die vitalen und materiellen Bedingungen menschlicher Existenz. Zu überprüfen ist, inwieweit die Regelmäßigkeiten der biophysischen Existenz menschliche Intentionen bestimmen, begrenzen oder hindern. Zweitens: Der Bereich der Bedürfnisse und der Psyche. Die Sphäre der Zwecke, die nicht durch Gesetz und Recht bestimmt werden. Zu überprüfen ist, inwieweit Regelmäßigkeiten vorliegen und bestimmbar sind.

Drittens: Der Bereich der Rechtsgesetze. Hier geht es nicht nur um den Geltungsanspruch des reinen Rechts oder um die Zwangsordnung der Gesetze. Die formal-logische Struktur der Rechtsnormen und die qualitativ-inhaltlichen Merkmale eines Gesetzeskodex geben Aufschluß über das Institutionelle.

Viertens: Der Bereich des ideal Seinsollenden, (Gerechtigkeit, überpositives Recht), der Bereich der Moral und der Ethik. Hierzu gehört das Modell des Dialogs als Form des Findens (Methode) von Normen und der Interpretation des Seins. Hier hat auch die Perspektive der Wahrheit und Richtigkeit ihren theoretischen Ort.

Erst eine wissenschaftliche Form des Wissens über die Prädikate, Voraussetzungen und Folgen gesellschaftlicher Relationen gestattet eine vertretbare Begriffsbestimmung der Institutionen. Damit stößt man auf eine nicht unerhebliche Reihe zu beachtender Dimensionen der Erkenntnis und des Seins und damit auf die wörtliche Bedeutung des Bewußtseins. Das, was in der Umgangssprache der gebildeten und nichtgebildeten Stände als Bedeutung des Wortes „Institution" eingegangen ist, gibt uns noch immer die wichtigsten Probleme auf. Deutlich wird dies, wenn man die umgangssprachliche Bedeutung unter der Perspektive von Vergangenheit, Gegenwart und Zukunft beachtet. Etwas Vorgegebenes wird durch menschliches Handeln verändert und betrifft menschliche Handlungen. Das durch die Institutionalisierung Hinzugekomme und Erreichte soll sowohl Dauer erhalten als auch Veränderungen zulassen. Dementsprechend gehören zu den zu beachtenden Dimensionen der Erkenntnis und des Seins: Prozeß, Prinzip, Idee, Kausalität, Finalität, Identität, Differenz, Einheit und Vielheit. Werden die Grundfragen einer Theorie der Institutionen behandelt, so sind die Erkenntnisse der sozioökonomischen Wissenschaften genauso zu beachten, wie die der Psychoanalyse und Sozialpsychologie.

Am Ende sollen einige kritische Momente im Hinblick auf unsere gegenwärtige Situation nicht unterdrückt werden. Was mich am meisten bedrückt ist die Vermutung, daß unser derzeitiges Bewußtsein noch nicht dem in unserer Verfassung artikulierten Paradigma der Existenz entspricht und daß es wenig Indizien dafür gibt, daß diese Spannung gemildert wird. Ich kann nicht verhehlen, daß Haltungen und Denkweisen dominant sind, die man mit mystischem oder biologischem Positivismus umschreiben könnte. Wir sind zwar zur Freiheit verurteilt, aber die Anstrengungen, diesem Urteil zu entgehen, sind gewaltig. Der Logos der Illusionen und die Anbetung der Natur gehören zu diesen Phänomenen. Die Quantität der vorhandenen Gesetze läßt darauf schließen, daß man sie beliebig anwendet. Das „Gesetz" der Stärke und die Intentionen des Betruges scheinen die „ratio legis" a priori auszuhöhlen. Damit soll nicht bestritten werden, daß es schon vernünftige Institutionen gibt. Indes muß der Verdacht des Thrasymachos — die menschlichen Einrichtungen repräsentierten nichts anderes als das Gesetz der Stärke und nicht die Gerechtigkeit — erneut widerlegt werden.

Anmerkungen

1 Vgl. Larenz 1979: 475 ff.; Kriele 1967: 27 ff.; Haverkate 1977; Müller 1966.
2 Vgl. Enneccerus-Nipperdey 1959/60: § 71 II; Raiser 1963: 145 ff.; Coing 1962: 24, 47 ff.; Wieacker 1967; Larenz 1976: § 10 II c.
3 Besser: Der Konflikt zwischen dem Bürger und den öffentlichen ‚Gewalten'. Die Verwendung

des Staatsbegriffes ist schon wegen der Vieldeutigkeit des meist politisch verstandenen „Staates" problematisch und entspricht nicht dem Pluralismus der Gesellschaft sowie der „Gewaltenteilung". Vgl. dazu Bärsch 1974: 107 ff.
4 Schmitt 1922, 1925, 1928, 1931, 1934, 1958.
5 Vgl. Nelson 1949: 127–160.
6 Vgl. Luhmann 1965: 209 ff., indes ist sich Luhmann bewußt, daß aus einer funktionalen Analyse keine Rechtsentscheidung deduziert werden könne.
7 Ernst Forsthoff verbannt aber nicht nur dieses Urteil in die Fußnote (1) auf Seite 152. Während Erich Kaufmann, der zu den Anhängern der Demokratie zu zählen ist und nach 1945 wieder zitierfähig wurde, wörtlich und ausführlich als Autorität institutionellen Rechtsdenkens bemüht wird, wird Carl Schmitt nicht wörtlich zitiert. Aber gerade zwei Schriften von Carl Schmitt, auf die Forsthoff wenigstens hinweist, nämlich auf die zweite Auflage der Politischen Theologie (Vorwort) sowie „Über die drei Arten des rechtswissenschaftlichen Denkens", enthalten die eindeutige Verkündigung, daß das institutionelle Rechtsdenken der neuen Zeit entspricht.
8 Forsthoff 1958: 152 s. h. Fußnote (1).
9 Forsthoff 1958: 151 s. h. Fußnote (1).
10 Forsthoffs Hinweis auf Savigny und Stahl zwingt eigentlich dazu, die theoretischen Grundannahmen der „institutionellen Methode" bei Savigny und Stahl zu rekonstruieren, führt aber auch über Puchta sowie Jhering, auf welchen Forsthoff ebenso hinweist, auf Schelling. Die Kritik der Konnexität von Natur (Organismus), Geschichte, Religion und System bei Schelling kann hier nicht analysiert werden. Hier kann nur die Arbeit von Alexander Hollerbach, 1957 – „Der Rechtsgedanke bei Schelling" und die „Vorlesung über die Methode des akademischen Studiums" von Schelling aus dem Jahre 1803 verwiesen werden. Hollerbach untersucht Ähnlichkeiten und Unterschiede zwischen Schelling und Savigny, sowie Schelling und Puchta (welcher notabene Hegel in Nürnberg als Gymnasiallehrer erlebte). Zu bedenken wäre der allgemeine Zeitgeist der Romantik und die Tradition der Hermetik des 18. Jahrhunderts; kurzum die „Aufklärung und ihr Gegenteil", wie Michael Fischer, 1982 noch weiter die Traditionen gerade unter rechtswissenschaftlichen und politologischen Perspektiven verfolgt. Die Wende gegen die Vernunft – eine alte Geschichte, doch immer wieder neu. Genügen muß auch hier der Hinweis auf die immer noch interessante Arbeit von S. Brie „Der Volksgeist bei Hegel und in der historischen Rechtsschule" (1909).
11 Vgl.: Savigny 1840: Bd. 1, Vorrede; Juristische Methodenlehre v. 1802, hrsg. v. G. Wesenberg, Stuttgart 1951.
12 Die erste Auflage erschien unter dem Titel: „Die Philosophie des Rechts nach geschichtlicher Ansicht" 1. Bd.: „Die Genesis der gegenwärtigen Rechtsphilosophie" Heidelberg 1830; 2. Bd.: 1. Abt. „christliche Rechts- u. Staatslehre", Heidelberg 1833. Hier wird zitiert nach der 5. unveränderten Auflage, Tübingen 1978 (fotomechanischer Nachdruck, Hildesheim 1965).
Hinweise zur Titeländerung ergeben sich aus dem Vorwort zur zweiten Auflage (1847).
13 Wilhelm 1958; Coing 1969; Kaufmann 1908; Gerber 1869 (Beilage I: Der Staat als Organismus).
14 Jhering 1857: 1 ff.: Unsere Aufgabe. In diesem Aufsatz hat Jhering sein Programm ebenso formuliert. Eine ausführliche Würdigung dieser Methode hat Wolfgang Fikentscher vorgenommen. W. Fikentscher behandelt auf den Seiten 1 bis 282 im 3. Bd. seiner „Methoden des Rechts" aber nicht nur die Methodik (204–207), sondern auch Biographie und Einfluß von Rudolph v. Jhering im Zusammenhang der Rechtsdogmatik des mitteleuropäischen Rechtskreises. Diese zusammenfassende Würdigung Jherings ist unbedingt empfehlenswert. Eine ausgezeichnete Bibliographie Jherings hat Mario G. Losano in: Jherings Erbe, hrsg. v. F. Wieacker/C. Wollschläger, Göttingen 1970, verfaßt.
15 Vgl.: Bärsch 1974: 43 ff., 132 ff.

Literatur

Bärsch, C.-E. 1974: Der Staatsbegriff in der neueren deutschen Staatslehre. Berlin.
Brie, S. 1909: Der Volksgeist bei Hegel und in der historischen Rechtsschule. Berlin/Leipzig.
Coing, H. 1969: Der juristische Systembegriff bei Rudolf von Jhering. In: Blühdorn, J./Ritter, J.: Philosophie der Rechtswissenschaft. Zum Problem ihrer Beziehung im 19. Jahrhundert. Frankfurt a. M.

Coing, H. 1962: Zur Geschichte des Privatrechtsystems. Frankfurt a. M.
Dubischar, R. 1968: Einführung in die Rechtstheorie. Stuttgart.
Enneccerus-Nipperdey, 1959/60: Allgemeiner Teil des Bürgerlichen Rechts. Bearb. v. H. C. Nipperdey. 15. Aufl. Tübingen.
Esser, J., 1956: Grundsatz und Norm in der richterlichen Fortbildung des Privatrechts. Tübingen.
Fikentscher, W., 1975: Methoden des Rechts in der vergleichenden Darstellung, 5 Bde. Tübingen.
Finley, M. I. 1980: Antike und moderne Demokratie. Stuttgart.
Fischer, M. 1982: Die Aufklärung und ihr Gegenteil. Die Rolle der Geheimbünde in Wissenschaft und Politik. Berlin.
Fleiner, F., 1911: Institutionen des deutschen Verwaltungsrechts. Tübingen.
Forsthoff, E., 1958: Lehrbuch des Verwaltungsrechts. 1. Bd.: Allgemeiner Teil. 7. Aufl. München/Berlin.
Gerber, C. F. v., 1869: Grundlage eines Systems des deutschen Staatsrechts. 2. Aufl. Leipzig.
Habermas, J./Luhmann, N., 1971: Theorie der Gesellschaft oder Sozialtechnologie – Was leistet die Systemforschung? Frankfurt a. M.
Häberle, P., 1965: Allgemeine Staatslehre, Verfassungslehre oder Staatsrechtslehre. Zeitschrift für Politik 12.
Häberle, P., 1972: Die wesensgehaltsgarantie des Artikels 19 Abs. Grundgesetz. 2. Aufl. Karlsruhe.
Hauriou, M., 1965: Die Theorie der Institution und zwei andere Aufsätze. Hg. R. Schnur. Berlin (Paris 1925).
Haverkate, G., 1977: Gewißheitsverlust im juristischen Denken. Berlin.
Hollerbach, A., 1957: Der Rechtsgedanke bei Schelling. Quellenstudie zu seiner Rechts- u. Staatsphilosophie. Frankfurt a. M.
Jhering, R. v., 1957: Unsere Aufgabe. Jahrbücher für die Dogmatik des heutigen römischen und deutschen Privatrechts 1. 1 ff.
Jhering, R. v., 1873: Geist des römischen Rechts auf den verschiedenen Stufen seiner Entwicklung. 3. Aufl., Leipzig, 1. Bd.; 1874; 2. Bd.
Kaufmann, E., 1908: Über den Begriff des Organismus in der Staatslehre des 19. Jahrhunderts, Heidelberg.
Kaufmann, E., 1911: Das Wesen des Völkerrechts und die clausula rebus sic stantibus. Tübingen.
Krawietz, W., 1984: Die Lehre vom Stufenbau des Rechts – Eine säkularisierte politische Theologie. In ders.: Rechtssystem und gesellschaftliche Basis bei Hans Kelsen. Berlin. Beiheft 5 der Zeitschrift Rechtstheorie.
Kriele, M., 1967: Theorie der Rechtsgewinnung, entwickelt am Problem der Verfassungsinterpretation. Berlin.
Krüger, H., 1964: Allgemeine Staatslehre. Stuttgart.
Lampe, E.-J., 1970: Rechtsanthropologie. Berlin.
Larenz, K., 1976: Lehrbuch des Schuldrechts. Allgemeiner Teil. 11. Aufl. München.
Larenz, K., 1979: Methodenlehre der Rechtswissenschaft. 4. Aufl., Berlin/Heidelberg.
Luhmann, N., 1965: Grundrechte als Institutionen, Berlin.
Mayer, O., 1914: Deutsches Verwaltungsrecht. 1. Bd. 2. Aufl. München/Leipzig.
Menne, A., 1984: Einführung in die Methodologie. Darmstadt.
Meyer-Ladewig, J., 1962: Justizstaat und Richterrecht. Zur Bindungswirkung richterrechtlicher Institute. Archiv für civilistische Praxis (A c P) 161.
Müller, F., 1966: Juristische Methodik und Politisches System. Elemente einer Verfassungstheorie. Berlin.
Nelson, L., 1949: Rechtswissenschaft ohne Recht. 1. Aufl. Göttingen 1917.
Puchta, G. F., 1856: Cursus der Institutionen. 5. Aufl. Leipzig. (1. Aufl. 1841).
Raiser, L., 1963: Rechtsschutz und Institutionenschutz im Privatrecht. In ds.: Summum ius summa injuria. Individualgerechtigkeit und der Schutz allgemeiner Werte im Rechtsleben. Tübingen.
Regelsberger, F., 1893: Pandekten. Bd. 1. Leipzig.
Rottleuthner, H., 1984: Rechtstheoretische Probleme der Soziologie des Rechts. In: Krawietz, W./Schelsky, H. (Hg.): Rechtssystem und gesellschaftliche Basis bei Hans Kelsen, Berlin. Beiheft 5 der Zeitschrift Rechtstheorie.
Rottleuthner, H., 1985: Die Bedeutung biologischer Determinanten für das Recht. In: Lampe, E. J. (Hg.): Das sogenannte Rechtsgefühl. Jb. für Rechtssoziologie und Rechtstheorie 10. Opladen.
Savigny, F. C. v., 1840: System des heutigen römischen Rechts. Bd. 1.

Schelling, F. W. J.: Vorlesung über die Methode des akademischen Studiums. Hg. Ehrhardt. Hamburg 1974.
Schild, W., 1974: Die Institutionentheorie Marice Haurious. Österr. Z. f. öff. R.; S. 3 f.
Schmidt-Jortzig, E., 1979: Die Einrichtungsgarantien der Verfassung. Dogmatischer Gehalt und Sicherungskraft einer umstrittenen Figur. Göttingen.
Schmitt, C., 1922: Politische Theologie. Vier Kapitel zur Lehre von der Souveränität. München, Leipzig.
Schmitt, C., 1925: Römischer Katholizismus und politische Form. 2. Aufl. München.
Schmitt, C., 1928: Verfassungslehre. München, Leipzig.
Schmitt, C., 1934: Über die drei Arten des rechtswissenschaftlichen Denkens. Hamburg.
Schmitt, C., 1958: Freiheitsrechte und institutionelle Garantien. In ds.: Verfassungsrechtliche Aufsätze aus den Jahren 1924—1954. Materialien zu einer Verfassungslehre. Berlin.
Schnur, R., 1969: Institutionen und Recht. Darmstadt.
Sohm, R., 1891: Institutionen des römischen Rechts. 2. Aufl. Leipzig.
Stahl, F. J., 1878: Die Philosophie des Rechts. Bd. 1: Geschichte der Rechtsphilosophie. 5. unveränderte Auflage 1878 — fotomechanischer Nachdruck, Darmstadt 1963.
  Bd. 2: Rechts- und Staatslehre auf der Grundlage christlicher Weltanschauung. Abt. I.: Rechtslehre (eigene Paginierung, eigene Veröffentlichung). Abt. II.: Staatslehre (eigene Paginierung). Tübingen.
Voegelin, E., 1964: Der Mensch in Gesellschaft und Geschichte. In: Schmölz, F. M. (Hg.): Der Mensch in der politischen Institution. Wien.
Wieacker, F., 1967: Privatrechtsgeschichte der Neuzeit unter besonderer Berücksichtigung der deutschen Entwicklung. 2. Aufl. Göttingen.
Wilhelm, W., 1958: Zur juristischen Methodenlehre im 19. Jahrhundert. Die Herkunft der Methode Paul Labands aus der Privatrechtswissenschaft. Frankfurt.
Windscheid, B., 1906: Lehrbuch des Pandektenrechts. Bearb. v. Th. Kipp. 9. Aufl. Frankfurt a. M.
Wolf, E., 1970: Kritik der institutionellen Rechtsauffassung. In: Schelsky, H. (Hg.): Zur Theorie der Institutionen. Düsseldorf.
Wolff, H. J., 1933: Organschaft und juristische Person, Bd. 1. Berlin.
Wolf, H. J., 1970: Verwaltungsrecht. 2. Bd. 3. Aufl. München.
Zippelius, R., 1980: Allgemeine Staatslehre. 7. Aufl. München.

Verrechtlichung, Entrechtlichung und der Funktionswandel von Institutionen

Ingeborg Maus

Zum scheinbar gesicherten Bestand der gegenwärtigen Verrechtlichungs-Entrechtlichungs-Diskussion — soweit sie noch zu übersehen ist[1] — gehört die Annahme, daß zwischen steigender Verrechtlichung und der Machterweiterung politischer Institutionen ein einfacher Kausalzusammenhang besteht. Die Tatsache, daß fast jede neue Rechtsnorm von mehr als deklaratorischem Charakter den Ausbau vollziehender Behörden in allen Bereichen staatlichen Handelns von der Strafverfolgung bis zur wohlfahrtsstaatlichen Leistungsverwaltung nach sich zieht, scheint jene These unangreifbar zu machen. Sie besagt in ihrer schlichtesten Fassung, die die unveränderte Existenz klassisch-rechtsstaatlicher Gewaltenteilung unterstellt, daß die Produktivitätssteigerung des parlamentarischen Gesetzgebers Zahl und Umfang der Ermächtigungsnormen für Exekutive und Judikative vergrößere, daß also von der „Gesetzesflut" die wachsende Bürokratisierung und Justizialisierung gesellschaftlicher Konfliktbearbeitung ausgehe. Die Kritik staatlich-institutioneller Hypertrophie in diesem Sinne identifiziert von vornherein Verrechtlichung und Vergesetzlichung.

Gegen diese vereinfachte Version einer an sich problematischen These ist bereits eingewandt worden, daß der Verzicht auf gesetzliche Regelungen nicht etwa die Untätigkeit von Verwaltung und Justiz zur Folge hat, sondern einerseits zur Normproduktion durch die Verwaltung selbst und damit zur eigenständigen Konsolidierung ihres Machtbereichs führt (z. B. Simitis 1980: Q 40; 1985: 92; Zacher 1985: 60 f.), andererseits von der Ausbildung eines immer differenzierteren Richterrechts (z. B. Simon 1980: Q 32) begleitet ist. Die unbestreitbare Tatsache der sich ausweitenden Rechtsetzungsfunktion von „vollziehenden" oder „rechtsanwendenden" Instanzen liefert einen ersten Anhaltspunkt für das Ausmaß der Verrechtlichungsprozesse unterhalb der Gesetzgebungsebene und für das veränderte Verhältnis der klassisch-rechtsstaatlichen Institutionen zueinander.

Aber erst der Blick auf die spezifische Qualität des quantitativ vermehrten Rechts erlaubt eine nähere Bestimmung der gegenwärtigen Beziehungen zwischen Recht, politischen Institutionen und gesellschaftlichen Lebensbereichen. Die aktuelle Diskussion erörtert (dazu Voigt 1980: 16; 1983: 18) neben den quantitativen Aspekten der Verrechtlichung, dem schieren Anwachsen der Normenmenge („Regelungsbesatz") und der Zunahme rechtlich geregelter auf Kosten regelungsfreier Räume („Regelungsdichte"), als qualitativen Aspekt der Verrechtlichung vor allem die immer größere Detaillierung und Spezialisierung der Normen durch fortschreitende Ausgliederung weiterer Einzeltatbestände innerhalb einer Rechtsmaterie („Regelungstiefe"). Was diese Einschätzung des qualitativen Aspekts angeht, so könnte der Eindruck einer immer größeren Präzision des heutigen Rechts entstehen. Diese Betrachtungsweise läßt aber einen wichtigen Trend zur Entformalisierung des Rechts unterbelichtet, der sich seit Max Webers früher Diagnose (1964: 644 ff.) im 20. Jahrhundert kontinuierlich ansteigend entwickelt. Dabei handelt es sich gegenwärtig um das Vordringen äußerst unbestimmter Rechtsbegriffe, Generalklauseln und Zielformeln gerade auch in den wichtigsten Rechtsmaterien des sozialgestaltenden Staates wie Planungsrecht, Sozialrecht, Umweltrecht. Diese Tendenz zur Entformalisierung läuft nicht einfach mit der Tendenz zur wachsenden Präzision und Regelungsintensität des heutigen Rechts — etwa im Sinne bereichsspezifischer Unterschiede — parallel. Wie noch zu zeigen ist, genügt der Einbau einer einzigen unbestimmten Rechtsformel in ein Gesetz von ansonsten größter Feinregulierung, um im konkreten Anwendungsfall je nach Bedarf die Einzelbestimmungen des Gesetzes aus den Angeln zu heben. Diese Kombination von Präzision und Unbestimmtheit in vielen gegenwärtig vordringenden Gesetzesattrappen stellt den politischen Institutionen jeweils zwei Formen der Rechtsanwendung zur Wahl und erweitert damit deren Handlungsspielräume, ohne den legitimatorischen Schein der Gesetzesbindung der Staatsapparate aufzugeben.

Die relative Verselbständigung politischer Institutionen gegenüber dem Recht, die durch dessen Entformalisierung ermöglicht wird, ist von größter Relevanz unter dem Aspekt, daß die überwältigende Masse des modernen Rechts sich an die Staatsapparate selbst richtet und auch Rechtsnormen, die nichtstaatliche Adressaten haben, Beziehungen zwischen Organisationen und Individuen regeln (Blankenburg und Lenk 1980: 7). Es ist eine zentrale These der folgenden Untersuchung, daß Recht überhaupt die gesellschaftlichen und individuellen Handlungssphären nur sehr indirekt regelt, daß aber selbst dasjenige Recht, das ausschließlich der inneren Organisation politischer Institutionen dient, an der indirekten Einwirkung auf deren gesellschaftliches Umfeld teilnimmt. Deshalb werden die Konsequenzen der bezeichneten Rechtsstruktur nicht nur im Hinblick auf das gegenwärtige Funktionieren politischer Institutionen, Veränderungen ihrer Austauschbeziehungen wie ihrer Binnenorganisation (vor allem der Verwaltung), untersucht, sondern auch die Auswirkungen erörtert, die die relative Entkoppelung zwischen politischen Institutionen und Recht auf gesellschaftliche Institutionen und individuelle Handlungsbereiche hat. Dabei wird anhand typischer Gesetzesmaterien der Gegenwart der Nachweis versucht, daß entgegen herrschender Annahmen der Verrechtlichungs-Entrechtlichungs-Diskussion nicht das formstrenge, sondern das „weiche" entformalisierte Recht die Dominanz systemischer Mechanismen über „kommunikative" Strukturen und die administrative Durchdringung der Gesellschaft begünstigt.

Die Entformalisierung des Rechts verändert alle Probleme demokratischer Kontrolle und Legitimation politischer Entscheidungen. Trotz der fast durchgängigen Unbekanntheit des geltenden Rechts in der Bevölkerung kann bei brisanten Rechtsänderungen während des laufenden Gesetzgebungsverfahrens so viel Aufmerksamkeit für die Austragung öffentlicher Kontroversen erzeugt werden, daß trotz der Selektivität politischer Wahlmechanismen eine rudimentäre demokratische Kontrolle der

Rechtsetzung noch erhalten bleibt. Aber selbst dieses Minimum demokratischer Legitimation des Staatshandelns über die demokratische Kontrolle des Gesetzgebers läuft ins Leere, wenn das Recht eine Struktur annimmt, die die Staatsapparate immer weniger bindet. Die Folgenlosigkeit der demokratischen Willensbildungsprozesse, bzw. die von Luhmann als systematische Stabilitätsbedingung ausgewiesene Zäsur zwischen politischer Legitimationsbeschaffung und administrativer Legitimationsverwendung (Luhmann 1967: 61 f.), ist wesentlich abgesichert durch die Entformalisierung des Rechts. Angesichts dieser Zäsur genügt es nicht mehr, die Legitimationsdefizite zu beheben, die in die demokratischen Willensbildungsprozesse selber eingebaut sind, oder Reformprojekte für die Kommunikationsstrukturen in den staatlichen Institutionen zu entwerfen. Politologische Institutionenanalysen, die den Zusammenhang zwischen Rechtsstruktur und Legitimitätsproblemen ausblenden, geraten leicht in Gefahr, an der Produktion einer religion civile der „westlichen Demokratien" mitzuwirken, oder sich in kritischer Absicht mit vordergründigen Kompetenzverschiebungen z. B. zwischen Parlament und Verwaltung, d. h. mit Fragen des 19. Jahrhunderts zu beschäftigen. Sozialwissenschaftlich informierte Juristen haben die aus der Rechtsstruktur resultierenden Legitimationsdefizite des Staatshandelns verständlicherweise früher erkannt und je nach Standort mit Konzepten der Selbstlegitimierung der Staatsapparate oder mit kompensatorischen Partizipationsmodellen geantwortet. Die Erörterung von Lösungsvorschlägen im Sinne einer Dezentralisierung und Vergesellschaftung von Rechtsetzung, also von „Alternativen im Recht", nimmt im Folgenden größeren Raum ein. „Alternativen zum Recht" sind wegen der Ambivalenz aller Entrechtlichungsforderungen angesichts gegenwärtiger staatlicher und wirtschaftlicher Machtpotentiale aus größerer Distanz behandelt. Die Tatsache insbesondere, daß der Einsatz der Gewaltressourcen des modernen Staates von gesetzlichen Ermächtigungsnormen ganz unabhängig, in Extremfällen sogar eher behindert ist — die mit gigantischen bürokratischen Mitteln betriebene NS-Maschinerie zur Ermordung der Juden konnte und mußte auf die Andeutung auch nur einer gesetzlichen Formulierung verzichten — indiziert, daß für radikale Deregulierungsforderungen alle Voraussetzungen noch geklärt werden müssen. Die folgende Untersuchung befaßt sich darum vorwiegend mit denjenigen Entrechtlichungstendenzen, die in die gegenwärtig herrschende Verrechtlichung selbst eingebaut sind.

1. Entrechtlichung im gegenwärtigen Verrechtlichungsprozeß und der Funktionswandel politischer Institutionen

Der Aufbau der politischen Institutionen des modernen Verfassungsstaates durch formales Recht wurde von Luhmann mit großer Präzision, wenn auch unter Ausblendung der demokratischen Implikationen des bürgerlichen Rechtsstaats (dazu Maus 1986: 11 ff., 54 ff.), analysiert: In dem Maße, in dem traditionale und materialnaturrechtliche Begründungen politischer Institutionen hinfällig werden, geraten diese in den Sog der Positivierung des Rechts. Die politisch-rechtliche Integration der modernen Gesellschaft wird über eine „reflexive" Institutionalisierung geleistet, die

sich zunächst auf institutionalisierende Verfahren und erst sekundär auf sachliche Rechtsentscheidungen bezieht (Luhmann 1970a: 122 ff.; 1970b: 34 ff.; 1983: 79 f., 213 f.; 1966: 92 ff.). Auf der Ebene der „Normierung der Normsetzung" konstituieren sich rechtsetzende und (mittelbar) rechtsanwendende und -vollziehende Institutionen wesentlich durch Organisations- und Verfahrensrecht, das die Bedingungen ihrer inhaltlichen Entscheidungstätigkeit strukturiert (1983: 214). Die Stabilität dieses institutionellen Arrangements bei prinzipiell beliebiger Abänderbarkeit allen Rechts beruht Luhmann zufolge auf dieser Differenzierung zwischen institutionalisierenden Entscheidungsprämissen und den inhaltlichen Entscheidungen selbst, sowie auf der Differenzierung zwischen Entscheidungsverfahren: Im laufenden Entscheidungsprozeß (z. B. der Gesetzgebung oder dem Strafverfahren) darf nicht zugleich über die „Spielregeln" dieses Prozesses (z. B. Geschäftsordnung des Bundestages, Verfassungsbestimmungen über Gesetzgebung oder die Strafprozeßordnung) mitentschieden werden; in laufenden Gerichtsverfahren dürfen die im Gesetzgebungsverfahren permanent zu ändernden Rechtsnormen nicht geändert werden (1983: 234 ff.). Damit sind die systemischen Stabilitätsbedingungen rechtsstaatlicher Institutionalisierung im Kontext wachsender Dynamisierung aller gesellschaftlichen Verhältnisse und Rechtsentscheidungen angegeben. Noch nicht aber sind die spezifischen Funktionsweisen liberal-demokratischer politischer Institutionen benannt, von denen aus ihr gegenwärtiger Funktionswandel sich bestimmen läßt.
Die klassisch rechtsstaatliche Institutionalisierung hatte ihr konstitutives Prinzip in der absoluten Suprematie der Gesetzgebung gegenüber allen übrigen Staatsfunktionen. Das frühbürgerliche Gewaltenteilungsschema implizierte nicht Souveränitätsteilung, sondern identifizierte (Volks-)Souveränität mit Gesetzgebung. Über das Gesetz als Ausdruck der volonté générale (Art. 4 der Französischen Verfassung von 1793) sollten die Herrschaft ausübenden Staatsapparate dem Willen der Beherrschten subsumiert werden (Art. 9 Französische Verfassung von 1793). Dies hatte eine Rechtsstruktur zur Voraussetzung, die im 20. Jahrhundert jedenfalls nicht mehr existiert. Der „Vorrang des Gesetzes" ist nur dort gegeben, wo seine inhaltliche Bestimmtheit Justiz und Verwaltung tatsächlich programmiert[2]. Waren die von den Revolutions-Gesetzgebern an die Justiz adressierten Interpretationsverbote schon insoweit illusionär, als sie nicht einmal die semantischen Spielräume auch inhaltlich bestimmten Rechts in Rechnung stellten, so setzten sich im 19. Jahrhundert selbst unter der rechtspositivistischen Doktrin strenger Gesetzesbindung der Justiz Formen apokrypher richterlicher Anpassungen des Rechts an gesellschaftliche Entwicklungsprozesse durch, die im 20. Jahrhundert mit der Ausweitung des Instrumentariums juristischer Methodik in die offene Selbstprogrammierung der Justiz zum Zwecke nicht mehr langfristiger Anpassung, sondern situativer Dynamisierung des Rechts umschlugen (Maus 1981: 153 ff.). Die Justiz ist insofern diejenige politische Institution, die sich aus eigener Kraft besonders früh und gründlich gegen rechtliche Normierung verselbständigte und schließlich in der Wahrnehmung eines richterlichen Prüfungsrechts bzw. der (mit Ausnahme der USA) erst im 20. Jahrhundert vordringenden verfassungsgerichtlichen Normenkontrolle — die wiederum durch verfas-

sungsgesetzliche Einzelbestimmungen nicht zu programmieren ist (z. B. BVerfGE 1, 14, 32) — sich über den einst „souveränen" Gesetzgeber setzte.
Unterstützt und verstärkt wurde diese Entwicklung durch die sich verändernde Gesetzesstruktur selbst. Das Vordringen von Generalklauseln, unbestimmten Rechtsbegriffen und Gemeinwohlformeln (Hedemann 1933; Stolleis 1974; Häberle 1970) als Ausdruck sinkender Chancen, auf der Ebene des Gesetzgebungsprozesses noch gesellschaftspolitische Entscheidungen zu treffen, und die widerstreitenden Rechtsinteressen entweder zu koordinieren oder im Wege laufender Änderungsgesetzgebung über jeweilige Prioritäten inhaltlich bestimmte Rechtsentscheidungen von wenn auch beschränkter Dauer herbeizuführen, verlagert diese Koordinations- und Entscheidungstätigkeit automatisch in die rechtsanwendenden und vollziehenden Instanzen. Die wachsende Unbestimmtheit des Rechts unterstützt die den Herrschaftsapparaten innewohnende Tendenz, sich den Direktiven des demokratisch kontrollierten Gesetzgebers zu entziehen und kehrt die Hierarchie des klassischen Gewaltenteilungsschemas um (Dessauer 1928: 8 ff.; Neumann 1937: 34 ff.).
Was zunächst noch die Justiz betrifft, so wird sie sowohl durch die im Gesetz inkarnierte Unbestimmtheit des Rechts als auch durch die eigenständigen, über ein neues methodisches Selbstverständnis vermittelten Durchgriffe auf überpositive Wertungen und Rechtsprinzipien (z. B. Esser 1970: 11) instand gesetzt, gesellschaftspolitische Entscheidungen im jeweiligen Einzelfall selbst zu treffen. Der die heutige Rechtssprechung schlechterdings beherrschende „Rechtsobergrundsatz" der „Verhältnismäßigkeit" (Wiethölter 1985: 139) und das Verfahren der „Abwägung" (Ladeur 1983: 471 ff.) erlauben es der Justiz, konfligierende gesellschaftliche Interessen fallweise zu schlichten, wechselseitig zu optimieren, in pragmatisch-situativer Prioritätensetzung einseitig zu bescheiden, m. a. W. alle Entscheidungen zu treffen, die in der offenen Struktur moderner Gesetze vertagt sind. Sie erlauben ihr auch solche Entscheidungen, die die Entscheidung noch einmal vertagen, oder doch an das Eintreffen prognostizierter gesellschaftlicher Wirkungen binden. Teile der Urteilsbegründung zur Verfassungsmäßigkeit des Mitbestimmungsgesetzes (BVerfGE 50, 290, 331 ff.) können z. B. so verstanden werden (Berlit u. a. 1979: 173 ff.). Die durch Recht nicht mehr vermittelte, sondern unmittelbar gesellschaftspolitisch orientierte Tätigkeit der Justiz kommt am deutlichsten in solchen Entscheidungen zum Ausdruck, in denen z. B. die „Funktionsfähigkeit der Unternehmen" und der Gesamtwirtschaft offen als Entscheidungsnormen auftreten (BVerfGE 50, 290, 332; dazu Mückenberger 1979: 59 ff.).
Der demokratisch nicht legitimierten Ausweitung des richterlichen Kompetenzbereichs kommt ein in der spezifisch deutschen Verfassungstradition begründetes Justizvertrauen entgegen. Die Tatsache, daß im deutschen Konstitutionalismus des 19. Jahrhunderts die „Volksvertretungen" noch nicht als rechtsentscheidende Institutionen für bürgerlich-gesellschaftliche Zwecke instrumentalisiert werden konnten, begünstigte die Funktionsweise der Justiz gleichsam als Parlamentarismus-Ersatz. Von ihr wurde die Wahrnehmung gesellschaftlicher Interessen gegen den bürokratischen Obrigkeitsstaat erwartet. Noch heute erscheint selbst in avanciertesten Stellungnahmen zur gegenwärtigen Verrechtlichungs-Entrechtlichungs-Debatte — ab-

weichend zum ansonsten bemühten angelsächsischen Sprachgebrauch – die Justiz nicht als staatlicher Herrschaftsapparat, sondern als Agentur gesellschaftlicher Normbildungsprozesse (Ladeur 1979: 349; 1983: 472). Entsprechend hoch sind die Erwartungen an die self-restraint-Bereitschaft dieser rechtlich kaum noch programmierten Institution.

Im Bereich der öffentlichen Verwaltung existieren alle genannten Probleme in potenzierter Form. Als Verselbständigung der Verwaltung gegen ihre Gesetzesbindung ist dabei nicht schon die bekannte Tatsache anzusehen, daß der überwältigende Anteil der Verwaltungsexpertokratie an der Gesetzgebung das klassische Gewaltenteilungskonzept zur Fiktion macht (Blankenburg und Lenk 1980: 9). Solange die von der Verwaltung erarbeiteten Gesetze parlamentarischen Abänderungs- und Kontrollverfahren unterliegen und später als Maßstab der Überprüfung des Verwaltungshandelns dienen, ist die gesetzliche Programmierung der Verwaltung noch gewährleistet. Diese wird erst in Frage gestellt durch die besondere Struktur der Rechsnormen, die sich im Zeichen des anhaltenden sozialstaatlichen Verrechtlichungsschubs[3] an die moderne Verwaltung adressieren. Sie sind heute von einer Unbestimmtheit, daß sie weder als „Schranken" noch als „Grundlagen" des Verwaltungshandelns wirken können.

Paradoxerweise verbindet sich gerade die regulative Politik des aktiv sozialgestaltenden Staates mit einer Gesetzesstruktur, in der der Zwangscharakter des Rechts zurücktritt. Während ein Staatshandeln liberaler Formation, das sich auf die Garantie der äußeren Rahmenbedingungen des gesellschaftlichen Prozesses beschränkte, in seinen Rechtsnormen berechenbare Folgen auf exakt umschriebene Tatbestände unnachsichtig ankündigte, favorisiert das sozialstaatliche Handeln in der Absicht des Bewirkens gesellschaftlicher Wirkungen zweckorientiertes Recht, das hinsichtlich des formulierten Zwecks mehrere Handlungsalternativen zuläßt. In dieser Umstellung regulativen Rechts von konditionaler auf Zweckprogrammierung (Luhmann 1983: 220 f., 227 ff.) liegt zunächst eine Erweiterung der Handlungsspielräume der öffentlichen Verwaltung, die nicht ohne Konsequenz für ihre Umweltbeziehungen und ihre Binnenstruktur bleibt.

Typischerweise dringen in den Politikbereichen des Leistungsstaates, z. B. im Planungsrecht oder im Sozialrecht, Gesetze mit äußerst offenen Formulierungen vor (Häberle 1972: 48; Hoppe 1974: 642; Alexy und Gotthold 1980: 202 f.). So enthalten das Bundesbaugesetz und das Städtebauförderungsgesetz jeweils unter § 1 Kataloge von Zielformeln, die bei der Aufstellung von Bauleitplänen zu berücksichtigen, bzw. bei Sanierungs- und Entwicklungsmaßnahmen zu verwirklichen sind, wie „die allgemeinen Anforderungen an gesunde Wohn- und Arbeitsverhältnisse und die Sicherheit der Wohn- und Arbeitsbevölkerung", „die Belange des Bildungswesens", „die Belange des Umweltschutzes", „die Belange des Naturschutzes", „die Belange der Wirtschaft, der Energie-, Wärme- und Wasserversorgung, sowie der Land- und Forstwirtschaft", „die Belange des Verkehrs ...". Wie die exemplarische Auswahl lediglich aus dem Bundesbaugesetz zeigt, sind die Zielformeln nicht nur in sich äußerst unbestimmt und ausfüllungsbedürftig, sondern auch untereinander inkompatibel. Der Verwaltung wird es überlassen, „die öffentlichen und privaten Belange gegeneinander und untereinander gerecht *abzuwägen*" (§ 1 Abs. 7 BBauG; entsprechend

§ 1 Abs. 4 StBauFG). Die Verwaltung hat des weiteren die Öffentlichkeit „in geeigneter Weise und möglichst frühzeitig" zu informieren und *„kann"* bestimmen, „in welcher Art und Weise, in welchem räumlichen Bereich und innerhalb welcher Frist die Bürger zu beteiligen sind" (§ 2a Abs. 2 und 3 BBauG). Daß die große Freiheit der „Abwägung", die das Gesetz der Verwaltung einräumt, über die gleichzeitig eingebauten Verfahrensnormen letztlich als neue Freiheit der Bürgerbeteiligung, bzw. Demokratisierung der Verwaltung qua Kompensation ihrer verlorenen Gesetzesbindung, sich auswirke, ist angesichts der Vagheit auch der Verfahrensnormen zu bezweifeln (dazu unten). Selbst bei etwas genaueren Verfahrensregelungen in anderen Verwaltungsbereichen belegen empirische Untersuchungen über sog. „Vorverhandlungen" (z. B. Bohne 1980: 29) die Asymmetrie der Kommunikationschancen für die betroffenen unterschiedlichen Interessen. — Was schließlich im Recht der Sozialhilfe die Zusammenschaltung der ebenso erhabenen wie offenen Zielformel, dem Empfänger „die Führung eines Lebens zu ermöglichen, das der Würde des Menschen entspricht" (§ 1 Abs. 2 BSHG) mit der bürokratischen Entscheidung über „Form und Maß der Sozialhilfe nach pflichtmäßigem *Ermessen"* (§ 4 Abs. 2 BSHG) je „nach der Besonderheit des Einzelfalles ..." (§ 3 Abs. 1 BSHG) angeht, so liegt auch hier in der mangelnden Präzision und Entformalisierung des Rechtsanspruchs die Verselbständigung bürokratischen Handelns begründet, die in diesem Fall eindeutig auf Kosten der Handlungsfähigkeit betroffener Individuen zunimmt.

In heiklen Regelungsbereichen des Umweltrechts trifft die Verwaltung auf einen so großen Gegensatz zwischen stärksten ökonomischen Interessen und allgemeinsten bis regionalen Umweltinteressen, daß ihr Instrumentarium der „Abwägung" zur eher stumpfen Waffe wird. Gerade auch in diesen Materien dringen typische Gesetzesattrappen vor, die in ihren wichtigsten Bestimmungen nichts bestimmen, sondern — wie das Bundes-Immissionsschutzgesetz — einerseits die an umweltbelastende Betriebe etc. zu richtenden Auflagen an den jeweiligen „Stand der Technik" (§ 3 Abs. 6, § 5 BImSchG) binden, andererseits zahlreiche Ermächtigungen an die Bundesregierung aussprechen (§§ 7, 23, 32—35, 43, 48 BImSchG), durch Rechtsverordnungen technische Anforderungen oder Grenzwerte für Emmissionen etc. jeweils nach Anhörung „der beteiligten Kreise" festzulegen und Verwaltungsvorschriften zu erlassen. Die eigentliche — allerdings wiederum höchst vage — Regelung des Gesetzes besteht hier, wie in vielen vergleichbaren Rechtsmaterien, in der Vergabe von Verhandlungspositionen (Knoepfel und Weidner 1980: 83), die die Mitwirkung des industriellen Sachverstandes bei den inhaltlichen Regelungen sichert. Die Durchsetzung der auf dieser Ebene getroffenen Entscheidungen kann in der Anwendungssituation noch einmal im Hinblick auf den unbestimmten Rechtsbegriff „Stand der Technik" abgeschwächt werden, einen Rechtsbegriff, der größere Verhandlungsspielräume der Verwaltung (Hucke und Ullmann 1980: 109) und steigende Definitionsmacht der Industrie zugleich eröffnet.

Die allgemein beobachtete Tatsache, daß bei der Durchsetzung von Umweltrecht nicht die strikte Anwendung seitens der Behörden, sondern „Verhandlungen über die Höhe und den Zeitpunkt der einzuhaltenden Normen den Gesetzesvollzug prägen" und dabei öfter die Betriebe als die Behörden ihre Ziele durchsetzen können (z. B. Hucke und

Ullmann 1980: 121, 106), ist — wie mit guten Gründen dargetan wurde (Knoepfel 1980: 84; Knoepfel und Weidner 1980: 88 ff.) — in der Struktur umweltrechtlicher Normen selbst schon angelegt: Die Einflußnahme industrieller Interessen auf den Gesetzgebungsprozeß konzentriert sich auf die „Verwässerung" der Normen, die Festsetzung „interessenskonformer Ministerialzuständigkeiten" und das Votum für „eine möglichst weitgehende Disponibilität des Steuerungsniveaus (Bund/Länder) für nachparlamentarisch stattfindende Verwaltungsprogrammierung". Die starke Verhandlungsmacht, die Emittenten auf Grund ihres Informationsvorsprungs, des Drohpotentials der Standortwahl und des Arbeitsplatzarguments zur Verfügung steht, erklärt ihr Interesse an konkreten Einigungsprozessen mit den Verwaltungen unterhalb der Ebene von Gesetzen, in denen zuvor ihre Entregelungsstrategien zum Zuge gekommen sind.

Die Gesetzesstruktur in den wichtigsten Bereichen regulativer Politik bestätigt Franz Neumanns (1937: 63 ff., 66) klassische Feststellung, daß die am meisten entformalisierten Rechtsnormen dort bevorzugt eingesetzt werden, wo stärkste ökonomische Interessen betroffen sind und diesen zur ungehemmten Machtentfaltung verhelfen. Formuliert man Neumanns These allgemeiner und bezieht sie auf die behandelten Rechtsmaterien und die jeweiligen Kommunikationsprozesse zwischen Behörden und Interessenten, so läßt sich festhalten, daß inhaltlich unbestimmtes Recht überhaupt jede wie immer beschaffene Position innerhalb des gesellschaftlichen Machtgefälles festschreibt: Reduzieren die unbestimmten Rechtsbegriffe im Sozialhilferecht die Handlungsfähigkeit der Betroffenen an sich und gegenüber den Behörden auf Null, so erweisen sich im offenen Umweltrecht die Handlungsspielräume der Verwaltung in Wirklichkeit als Handlungsspielräume der Industrie — während hier die Interessen von Drittbetroffenen strukturell benachteiligt sind. Die Verdoppelung faktischer gesellschaftlicher Machtverhältnisse durch unformales Recht (Maus 1980: 8 ff.) wird denn auch durch Ergebnisse der Implementationsforschung bestätigt. Angetreten unter der reformpolitischen Perspektive, die Ursachen für Vollzugsdefizite bei gesetzgeberischen Innovationen zu eruieren (Mayntz 1980: 2), kommt sie u. a. zu der Erkenntnis, den Begriff des Implementationsdefizits relativieren zu müssen (Knoepfel und Weidner 1980: 101), weil oft gerade bei Nicht-Eintreten der bezweckten Wirkungen eines Gesetzes in etwa das implementiert wurde, was das Gesetz enthielt: die implementationshemmenden Interessen sind in die entformalisierten Teile des Programms mit eingebaut.

Die Tatsache, daß die typischen Rechtsnormen der Gegenwart nicht vollziehbar sind, hat weitreichende Folgen für Außenbeziehungen und Binnenstrukturen der „vollziehenden" Institutionen. Was zunächst die inhaltliche Offenheit der Gesetzesbestimmungen (noch nicht die Besonderheiten ihrer eingelagerten Organisations- und Verfahrensregelungen) angeht, so verändert diese nicht nur die Beziehungen zwischen Verwaltung und Gesetzgebung, sondern auch das Verhältnis zwischen Verwaltung und Justiz. In der zunehmenden Desillusionierung der Formel von der „Gesetzesbindung" der Verwaltung ist die Entdifferenzierung von programmierendem und programmiertem Entscheiden, von Politik und Verwaltung überhaupt angelegt (Luhmann 1971: 167, 172 ff.). Die weitgehende Emanzipation der Verwaltung von präzisen legislativen

Vorentscheidungen setzt „verwaltungseigene Politik" und verwaltungsinternen Opportunismus als laufende eigenständige Entscheidung über situativ wechselnde Präferenzen angesichts konfligierender gesellschaftlicher Werte frei (166 ff.). Die erweiterten Handlungsspielräume der Verwaltung werden aber nicht nur von starken gesellschaftlichen Interessen teilweise okkupiert, sondern auch von den Verwaltungsgerichten. Diese behandeln Zweckformeln und Leitsätze des Planungsrechts als unbestimmte Rechtsbegriffe, deren „Auslegung" und „Anwendung" durch die Behörden — etwa die Berücksichtigung der Belange der Wirtschaft, des Landschaftsschutzes und des Verkehrs bei der Bauleitplanung durch eine Gemeinde — voll überprüfbar sei (Hoppe 1974: 642). Damit ist nicht etwa eine Restauration „subsumtionären" Denkens eingeleitet (so aber Hoppe 1974: 642), weil diese gesetzlichen Begriffe Subsumtionen schlechterdings nicht zulassen. Sie sind aber auch als Maßstäbe verwaltungsgerichtlicher Kontrolle jenseits enger Subsumtionskonzepte nicht mehr einsetzbar. Die Tätigkeit der Verwaltungsgerichte hat denn auch in den relevantesten Regelungsbereichen des modernen Rechts kaum noch den Charakter von Rechtssprechung. Insofern das offene Recht weder Verwaltung noch Verwaltungsgerichte programmiert, fungieren letztere nicht mehr als Prüfungsinstanzen der „Gesetzmäßigkeit der Verwaltung", sondern treten mit dieser in Konkurrenz um die inhaltliche Ausfüllung des Rechts. Die vom Gesetzgeber nicht getroffenen politischen Entscheidungen werden je nach Lage des Falles zwischen Verwaltungen und Verwaltungsgerichten hin und her geschoben oder wechselseitig usurpiert — eine Situation, in der die Gerichte jedenfalls zunehmend selbst Verwaltungsfunktionen auf Kosten ihrer rechtsstaatlichen Kontrollfunktionen übernehmen.

In diesem Zusammenhang ist das Paradoxon schon angelegt, daß in dem eminent „justizstaatlichen" System der Bundesrepublik die eigentliche Justizfunktion rückläufig ist. Daß die Justiz — eine frühe Prognose Max Webers (1964: 498) überrundend — zum bloßen Komplement des Verwaltungshandelns sich entwickelt, gilt auch für die scheinbar so abgehobene Verfassungsgerichtsbarkeit. Indem das Bundesverfassungsgericht die Grundrechte der Verfassung zu einer „objektiven Wertordnung" transformiert, deren Bestandteile es untereinander und mit zu „Rechtsgütern" entgrenzten einfachen Gesetzen je nach den Umständen des Einzelfalles zur „Abwägung" bringt (seit BVerfGE 7, 198), gewinnt es einerseits eine hohe Autonomie nicht nur gegenüber verfassungsrechtlichen Einzelbestimmungen, sondern auch im Verhältnis zur selbstgeschaffenen[4] Wertordnung. Die Entgrenzung der Normbereiche von Einzelgrundrechten und Gesetzen durch deren Verwandlung in Werte und Rechtsgüter erlaubt es dem höchsten Gericht, ihre Grenzen und Inhalte jeweils situativ zu bestimmen (Ridder 1975: 80). Das Gericht vermeidet jede Selbstbindung, indem es eine Bindung an ein Wertsystem behauptet, dessen Rangordnung es immer erst im Einzelfall feststellt (Denninger 1976: 167). Damit aber praktiziert das Bundesverfassungsgericht genau jene „opportunistische Behandlung von Werten", die Luhmann (1971: 166 ff.; 1983: 329) als zentrale Strategie moderner Verwaltung beschrieb — einer Verwaltung, die aus konditionaler gesetzlicher Programmierung freigesetzt ist und sich gegen „Politik"[5] entgrenzt.

Daß unter dem Schleier einer Werte-Judikatur das Bundesverfassungsgericht nicht nur seine eigene Tätigkeit dem Verwaltungshandeln annähert, sondern auch Grundsätze des Verwaltungshandelns für sämtliche politischen Instanzen generalisiert und die Rechtsstruktur insgesamt verwaltungsadäquat umpolt, wird freilich in vielen einzelnen Argumentationsfiguren deutlicher. Immer nimmt dabei die verwaltungs„gerechte" Entscheidungspraxis des Gerichts den Ausgang von einer selbstgeschaffenen verfassungsrechtlichen Entregelung: Das Bundesverfassungsgericht verwandelt die an den Gesetzgeber adressierte „Offenheit" des Grundgesetzes in eine von der Justiz auszufüllende „Lückenhaftigkeit" (Seifert 1976: 128) und unterwirft so den Gesetzgeber bei der Prüfung der Verfassungsmäßigkeit von Gesetzen Maßstäben, die durch den „möglichen Wortsinn" der Verfassungsbestimmungen jedenfalls nicht mehr gedeckt sind. Dies gilt z. B. für den die Verfassungsrechtsprechung schlechterdings beherrschenden Grundsatz der „Verhältnismäßigkeit". Er wird vom Bundesverfassungsgericht, da er einzelnen Verfassungsnormen nicht entnommen werden kann, aus dem Prinzip der Rechtsstaatlichkeit deduziert (z. B.: BVerfGE 39, 1, 47), stammt aber ursprünglich aus dem Verwaltungsrecht. Hatte der Verhältnismäßigkeitsgrundsatz dort die Funktion, die Ermessensspielräume bei polizeilichen Eingriffen zu rationalisieren, indem er bei jeder Freiheitsbeschränkung ein angemessenes Verhältnis zwischen Ziel und Mittel auch in dem Sinne verlangte, daß unter mehreren geeigneten Mitteln das freiheitsschonendste zu wählen sei, so gewinnt er in der Anwendung auf die Gesetzgebung einen höchst ambivalenten Charakter. Unter dem Maßstab des Verhältnismäßigkeitsprinzips hält das Bundesverfassungsgericht den Gesetzgeber einerseits, nämlich im Abtreibungsurteil, um der Effizienz des Rechtsgüterschutzes willen zum Gebrauch des schärfsten Mittels des Strafrechts an (BVerfGE 39, 1, 45 ff.), andererseits, z. B. bei gesetzgeberischen Eigentumseingriffen, läßt es den freiheitsbeschränkenden Eingriff des Gesetzgebers nur als „ultima ratio" zu, wobei es ganz ausdrücklich die für Administrativenteignungen entwickelten Grundsätze auf die Legalenteignung überträgt (BVerfGE 24, 367, 405). Die große Entscheidungsfreiheit, die das Gericht mit Hilfe selbstgeschaffener Kontrollmaßstäbe entwickelt, beschränkt umgekehrt den Gesetzgeber auf den Aktionsradius einer nachgeordneten Verwaltungsbehörde. Die Überprüfung nicht mehr der Verfassungsmäßigkeit, sondern der Verhältnismäßigkeit von Gesetzen entzieht dem Gesetzgeber die demokratisch legitimierte Entscheidung über politische Zwecke im Rahmen der Verfassung und unterstellt ihn den aus der Verfassung deduzierten Zwecksetzungen des Bundesverfassungsgerichts, wobei ihm in der Wahl der Mittel — wiederum verwaltungstypisch — „Ermessensspielräume" (BVerfGE 24, 367, 404; 25, 314, 326; 37, 201, 212) eingeräumt werden.

Zur verwaltungsadäquaten Umstellung der gesamten Rechtsstruktur leistet die Judikatur des höchsten Gerichts einen wesentlichen Beitrag. Zeichnet schon die Dominanz des Verhältnismäßigkeitsprinzips in der Verfassungsrechtsprechung die Ablösung konditionaler durch Zweckprogrammierung in den relevantesten Rechtsmaterien der Gegenwart nach, so ist in der einzelfallorientierten Wertabwägung überhaupt eine Auflösung normativer Rechtspositionen enthalten, die der Situativität dynamischen Verwaltungshandelns entgegenkommt. Die Flexibilisierung des gesamten Rechts geht über dessen schlichte Anpassung an gesellschaftlichen Wandel (so aber Ladeur 1983:

473) weit hinaus und hält jede einzelne Rechtsentscheidung selbst für den Zeitfaktor offen. Niklas Luhmann hat — einen klassischen Rechtsbegriff voraussetzend — unter der dramatischen Formel der „Nichtjuridifizierbarkeit der großen Probleme unseres Zeitalters" eine grundsätzliche „Divergenz von Recht und Sozialplanung" konstatiert (1983: 338, 333) und eine prinzipielle Umstellung des Rechts von Normativität auf Kognitivität gefordert. Dabei stellt Luhmann klar, die Frage sei nicht, „ob das (so umgebaute — I.M.) Recht die Funktion der Sozialplanung und planmäßigen Verhaltenssteuerung selbst übernehmen kann, sondern wie das Recht darauf eingestellt werden kann, daß diese Funktionen anderswo in der Gesellschaft in zunehmendem Maße erfüllt werden müssen" (1974a: 86). Wenn also die Flexibilisierung des modernen Rechts bereits die Tatsache indizieren sollte, daß sozialgestaltendes Verwaltungshandeln sich wesentlich außerrechtlicher Kommunikationsformen bedient, so sicherte gegenwärtig die Justiz durch ihre gründliche Entformalisierung des Rechts die Verselbständigung der Verwaltung gegen gesetzliche Programmierung überhaupt ab.

In der wechselseitigen Verstärkung der Entregelungstendenzen, die teils von den politischen Institutionen vorangetrieben werden, teils in den Gesetzen selbst angelegt sind, haben die im modernen Verwaltungsrecht vordringenden Verfahrensnormen eine besondere Bedeutung. Sie sind — zusammen mit der inhaltlichen Unbestimmtheit der Rechtsprogramme — Ausdruck einer grundlegenden Veränderung der Binnenstrukturen der öffentlichen Verwaltung, die zugleich eine Entgrenzung der Verwaltung zu ihrem gesellschaftlichen Umfeld impliziert. Max Weber hatte — obwohl er die einsetzende Entformalisierung des modernen Rechts bereits mit großer Präsision diagnostizierte (1964: 644 ff.) — in seinem Modell legaler Herrschaft mit bürokratischem Verwaltungsstab noch die Existenz eines nach festen formalen Regeln straff hierarchisch durchorganisierten Verwaltungsaufbaus unterstellt (1964: 160 ff., 165). Daß gegenwärtig jedenfalls eine hierarchische Implementationsstruktur „empirisch eher einen Grenzfall darstellt" und im System administrativer Vollzugsinstanzen oft horizontale Verbindungen dominieren (Mayntz 1980: 8) bzw. korporatistische Vernetzungen mit gesellschaftlichen Organisationen typisch sind (v. Alemann 1981), kann dagegen gerade mit Max Webers Analyse der Rechtsentwicklung in Beziehung gesetzt werden. Die von Max Weber aufgewiesene Schwächung des Rechtsformalismus durch zunehmende Partikularisierung des modernen Rechts entsprechend gesellschaftlicher Interessendifferenzierung war von ihm selber hinsichtlich der institutionellen Konsequenzen noch in die Ausweitung der „Partikulargerichte und partikuläre(n) Sonderprozeduren" hinein verfolgt worden (1964: 645). Die Partikularisierung und Fragmentierung organisierter gesellschaftlicher Interessen bildet sich aber vor allem auch in der modernen Verwaltung ab. Die Notwendigkeit zur hochspezialisierten und parzellierten Verarbeitung von gesellschaftlichen Problemen und Ansprüchen durch die Verwaltung führt zur Überlagerung der klassisch administrativen Strukturen durch korporativistische Verhandlungsarrangements (Hirsch 1980: 100 f.) bis zu einem Punkt, an dem die öffentliche Verwaltung selbst als Konglomerat von Instanzen der Repräsentation gesellschaftlicher Interessen (Ladeur 1982: 82) beschrieben werden kann. Die Entgrenzung zwischen fragmentierter staatlicher Verwaltung und relevanten gesellschaftlichen Teilbereichen dysfunktionalisiert klassisch rechtsstaatliche

Kommunikationsformen, die über die inhaltliche Bestimmtheit des Rechts die Berechenbarkeit des administrativen „Eingriffs" in gesellschaftliche Verhältnisse garantieren sollten. Die stärksten gesellschaftlichen Interessen können auf diese Art der Berechenbarkeit des Staatshandelns verzichten, weil sie an den jeweiligen staatlich-privaten „Implementationskoalitionen" (Ladeur 1982: 76) selber beteiligt sind, in denen die Inhalte des zu implementierenden Rechts überhaupt erst festgelegt werden.
Der Übergang vom Eingriff zur Kooperation im Verhältnis zwischen öffentlicher Verwaltung und starken bzw. konfliktfähigen gesellschaftlichen Interessen macht den aktuellen „Siegeszug des Verfahrensgedankens" im Verwaltungsrecht (Pietzcker 1983: 201) plausibel. An die Stelle mangelnder inhaltlicher Programmierung tritt die Regelung der Konsensaushandlungsprozesse. Aber das „postinterventionistische" Recht (Hinweise bei Wiethölter 1985: 1) funktioniert unter spezifischen Bedingungen, die eine Abschirmung gegen weitere Öffentlichkeit und die mangelnde Klärung darüber nahelegen, „welche Gruppen in welchem Verhältnis über welche Fragen zu verhandeln berechtigt" sind (Offe 1979a: 303), so daß auch die Verfahrensnormen des modernen Verwaltungsrechts nicht präzise sein können. Die jeweilige Vergabe von Verhandlungspositionen geht selbst in die Verhandlungsmasse ein. Die unbegrenzte Offenheit der Rechtsnormen hinsichtlich inhaltlicher und prozeduraler Steuerung enthebt zwar die moderne Verwaltung der von Offe (1974: 337) unterstellten Schwierigkeit, zugleich normadäquat und zweckmäßig zu handeln, und ist insoweit „funktional". Es scheint aber äußerst zweifelhaft, ob an dieser Rechts- und Verwaltungsstruktur Hoffnungen auf Entstaatlichung gesellschaftlicher Problembearbeitung und Rücknahme der Rechtsfunktion auf die Steuerung gesellschaftlicher Selbstregulierung (Teubner 1982: 13 ff.; 1985: 334 ff.) bzw. auf Abbau zentralistischer Herrschaftsformen überhaupt (Ladeur 1983: 475 ff.) anknüpfen können.

2. Proceduralisierung oder Entformalisierung des Rechts als Chancen gesellschaftlicher Selbstregulierung?

Gunther Teubner entwickelt solche Hoffnungen im Anschluß an eine äußerst präzise Analyse gegenwärtiger Rechtsentwicklung. Er sieht die Transformation des klassischen Formalrechts im modernen Verrechtlichungsschub durch zwei unterschiedliche Entwicklungstrends gekennzeichnet: durch den Übergang zu einer „materialen" und zu einer „reflexiven" Orientierung des Rechts (Teubner 1982: 17 ff.). In der Gemengelage der gegenwärtigen Rechtsstruktur entspricht die Materialisierung des Formalrechts der sozialstaatlichen Intervention in vorher informelle bzw. marktregulierte gesellschaftliche Prozesse durch zweckorientiertes Recht, dessen inhaltliche Aufladung und direkte Verhaltenssteuerung als eigentliche Phänomene der aktuellen Verrechtlichungsprozesse in Erscheinung treten. Dagegen bezeichnet Teubner das Vordringen von Organisations-, Verfahrens- und Kompetenznormen im Zusammenhang der staatlich inszenierten Veranstaltung von Verhandlungssystemen unter Beteiligung gesellschaftlicher Interessen als Ausdruck einer neu sich abzeichnenden reflexiven Orientierung des Rechts. Die Reflexivität dieses Rechts liegt — nach Teubners Adaption des Luhmannschen Sprachgebrauchs — im Rückzug des Rechts auf die Meta-Ebene prozeduraler Programmierung (Teubner 1982: 26), der Regelung also lediglich der Entscheidungsstrukturen, innerhalb derer konkrete Entscheidungen überhaupt erst ausgehandelt werden. Neu ist diese Funktionsweise von Recht, so muß gegen Teubner erinnert werden, nur darin, daß sie nicht mehr nur an das „Spielregelsystem" der zentralen politischen Institutionalisierung gekoppelt ist (hier treten heute gerade Materialisierungen, z. B. in der Verfassungsrechtsprechung, auf), sondern sich auf die Stellen weiter verlagert, an denen innerhalb des klassisch-rechtsstaatlichen Instanzenzuges die inhaltlichen Entscheidungsprogramme auftraten. Indem hier nun die gesellschaftlichen Rechtsadressaten an den Rechtsentscheidungen durch prozedurale Bestimmungen beteiligt werden, ist mit der Absenkung der Ebene von Reflexivität tatsächlich eine Entwicklungschance für eine — in noch näher zu bezeichnendem Sinne — Dezentralisierung und Vergesellschaftung politischer Entscheidung und rechtlicher Regelung bezeichnet.

Die „rechtliche Selbstbeschränkung" (Teubner 1982: 48) auf die nur noch indirekte Steuerung autonomer selbstregulatorischer Prozesse wird indessen zugleich als Ausweg aus der Krise regulatorischen Rechts verstanden: dieses gerät bei direkten politischen Eingriffen in gesellschaftliche Lebensbereiche in ein „regulatorisches Trilemma" (Teubner 1985: 313 ff.), das aus der Nicht-Beachtung der jeweils selbstreferentiellen Strukturen von Politik, Recht und gesellschaftlichem Lebensbereich entsteht. Was hier nur das Verhältnis von regulatorischem Recht und gesellschaftlichem Lebensbereich betrifft, so besteht das Trilemma darin, daß jeder Eingriff, der die Grenzen der jeweiligen Selbststeuerung und Selbsterhaltung eines Lebensbereichs überschreitet, „entweder irrelevant" ist oder „desintegrierende Wirkungen für den gesellschaftlichen Lebensbereich oder aber desintegrierende Wirkungen auf das regulatorische Recht selbst zur Folge" hat (Teubner 1985: 316). Indem Teubner gleichsam die resignativen Einsichten der Implementationsforschung systematisiert, vertritt er nicht etwa neokonservative Entregelungsstrategien, sondern bindet die regulatorische Funktion des Rechts an abstraktere Formen der Steuerung: Aufgabe des Rechts kann es nur noch sein, die Teilrationalitäten unterschiedlicher selbstregulatorischer Systeme aufeinander abzustimmen, d. h. Kompatibilitätsbedingungen der Steuerung anzugeben, und sich also auf die Steuerung gesellschaftlicher Selbststeuerung zurückzuziehen (Teubner 1982: 49 ff.; Teubner 1985: 320, 333). Die von Teubner favorisierte prinzipielle Umstellung von materialisiertem Recht auf — im weitesten Sinne — Verfahrensrecht hätte den immensen Vorzug, autoritär-sozialstaatliche Formen gesellschaftlicher Umverteilung, Betreuung und Therapeutisierung abzulösen durch Verhandlungssysteme, in denen die Betroffenen ihre Bedürfnisse und Interessen selbst definieren können.

Die demokratische und immer noch kompensatorische Rationalität dieser Perspektive steht und fällt indessen mit dem formalen und „zwingenden" Charakter des anvisierten Verfahrensrechts. Teubner selbst beurteilt die Erfolgschancen gezielter rechtlicher Stärkung von Verhandlungsmacht, wodurch soziale Machtgefälle und Informationsasymmetrien zu kompensieren wären, „eher skeptisch" (1985: 338 f.). Zu solcher Skepsis besteht allerdings um so eher Anlaß, als „starre Rechtsregeln" auch auf der

Ebene reflexiven Rechts abgelehnt werden[6]. Deshalb (und nur deshalb) leidet Teubners bedeutende Konzeption an der gleichen Schwäche wie gegenwärtig praktiziertes Verfahrensrecht in neokorporatistischen Aushandlungsprozessen: die vagen Regelungen bewirken, daß die faktischen gesellschaftlichen Machtpositionen sich noch einmal in der Verhandlungspositionen der Verfahren reproduzieren. Teubners zentrale Funktionszuweisung an reflexives Recht, die Teilrationalitäten gesellschaftlicher Systeme nicht zu hypostasieren, sondern miteinander abzustimmen, also gegenüber dem dominierenden Wirtschaftssystem die Rationalität anderer gesellschaftlicher Teilsysteme zur Geltung zu bringen (Teubner 1985: 333), könnte eben nur durch „zwingende" rechtliche Stärkung der unterprivilegierten Verhandlungspositionen eingelöst werden. Über unformale Verfahrensregelungen könnte sich dagegen eine Art der Kompatibilisierung von Teilrationalitäten durchsetzen, die Luhmann sehr offenherzig formuliert: „eine Demokratisierung der Entscheidungsprozesse in den Hochschulen nur, wenn die Krankenversorgung in den Universitätskliniken darauf eingestellt werden kann; Rassengleichheit nur, wenn der Personalmarkt und die nachbarschaftlichen Wohngemeinschaften sich darauf einstellen lassen; eine Befehlsverweigerung durch Soldaten bei Verbrechen und Vergehen nur, wenn die Autoritätsstruktur des Militärs darauf eingestellt werden kann" (1983: 324). Bezogen auf die spezifischen „Rationalitäten" vermachteter gesellschaftlicher Teilsysteme, insbesondere des Wirtschaftssystems, liefe also die Entformalisierung auch des reflexiven Rechts auf eine höchst problematische Variante der Vergesellschaftung von Rechtsentscheidungen hinaus.

Noch riskanter erscheint eine zusätzliche Annahme Teubners, die sich schon mit einem zentralen Aspekt von Ladeurs Konzeption trifft, daß nämlich auch in Generalklauseln reflexive Entwicklungschancen des Rechts bestünden (Teubner 1982: 53). Daß überhaupt Generalklauseln und Verfahrensnormen als funktionale Äquivalente für die Reflexivität des Rechts verstanden werden können, belegt noch einmal die prinzipielle Entformalisierung, die in der Konzeption des Verfahrensrechts bereits vorausgesetzt ist. Teubner zufolge kann die Generalklausel insofern als ein Instrument der Vergesellschaftung des Rechts und reflexiver Steuerung fungieren, als sie es ermöglicht, widersprüchliche Erwartungsstrukturen aus unterschiedlichen gesellschaftlichen Teilbereichen zu koordinieren und zu „kompatibilisieren", indem sie die rechtsinterne „Simulation" von gesellschaftlichen Selbststeuerungsprozessen erlaubt (Teubner 1982: 53 f.). Die Legitimitätsdefizite solcher Simulation werden von Teubner nicht verkannt, wohl aber die Tatsache, daß mit ihr bereits die Vergesellschaftungsthese konterkariert ist. Wenn auch jede Generalklausel typischerweise auf gesellschaftliche Verhaltensmuster verweist, so bedeutet doch ihre Handhabung durch Verwaltung und Justiz angesichts der Fragmentierung der Verhaltenserwartungen in modernen Gesellschaften eine jeweils politische Entscheidung über deren Koordination – wie überhaupt die staatlichen Apparate ihre spezifisch politischen Machtressourcen (unerachtet ihrer „Selbstreferentialität") aus der Bearbeitung gesellschaftlicher Problemlagen gewinnen.

Ähnlichen Vorbehalten unterliegt die Konzeption Ladeurs, in der die Simulation eines fiktiven Marktes gesellschaftlicher Interessen im Verwaltungsverfahren (1979: 365) als zentrales Motiv der These einer Vergesellschaftung politischer Funktionen bereits vorgebildet ist. Ladeurs sehr realistischer Analyse gegenwärtiger Verwaltungsstrukturen liegt eine Entwicklungsperspektive zugrunde, deren ganz unrealistischen Hoffnungen sich gerade an der Entformalisierung des Verwaltungsrechts festmachen. Ladeur zufolge bezeichnen die an die Verwaltung gerichteten Abwägungsgebote ebenso wie andere Formen des Verzichts auf inhaltliche Programmierung des Verwaltungshandelns eine Transformation des Rechts vom einseitigen Gesetzesbefehl zur „Kompromißsprache", die im Sinne flexibler Konzertierung gesellschaftlicher Interessen und der Homogenisierung fragmentierter politischer Handlungssysteme und -bereiche funktioniert (1979: 339f., 347). Angesichts der unleugbaren Tatsache, daß unter den gegenwärtigen Bedingungen einer überkomplexen Umwelt jede Rechts- und Verwaltungsentscheidung mit der Unabsehbarkeit ihrer Folgewirkungen konfrontiert ist (Luhmann 1983: 309f.), betont Ladeur zutreffend die Notwendigkeit prozeßhafter Strukturierung des Rechts, die permanente Selbstkorrekturen im Kontext der Implementierung zuläßt (Ladeur 1983: 473f.; ebenso Wiethölter 1982: 42 ff.). Die Crux dieses Konzepts liegt jedoch in den spezifischen Bedingungen solcher Prozessualisierung oder Prozeduralisierung des Rechts, die Ladeur formuliert: Die Rückläufigkeit staatlich-zentralisierter Entscheidungen zeichne sich gerade im Vordringen von rechtlichen Generalklauseln und Abwägungsformeln ab. Indem letztere auf gesellschaftliche Werthorizonte verweisen, werde die Staatsverwaltung nicht mehr zur eigenständigen Definition des „öffentlichen Interesses" ermächtigt, sondern zur Institutionalisierung gesellschaftlicher Prozesse der schrittweisen Definition des öffentlichen Interesses angehalten (Ladeur 1983: 475; Ladeur 1979: 346, 367). Ladeurs offene Gesellschaft von Gemeinwohlinterpreten kommt aber ganz ohne Beteiligungsregeln aus. Öffentliches Recht und öffentliches Interesse können auf höchst unterschiedliche Weise prozessualisiert werden: durch die situative Einrichtung von Verfahren (Ladeur 1979: 367), durch die „Institutionalisierung der Ausgewogenheit in den Köpfen der für die Verwaltung Handelnden" (Ladeur 1979: 340) oder durch die umstandslose Einspeisung von Realitätsstrukturen, d. h. „was Recht ist, wird von den Möglichkeitsbedingungen bestimmt, die die Umwelten den einzelnen Verwaltungsapparaten setzen" (Ladeur 1979: 346). Die Vergesellschaftungsthese besagt schließlich nicht mehr, als was seit jeher im Staatshandeln der Fall ist: daß es von den Strukturen seiner Regelungsbereiche Notiz nehmen muß, wenn es an ihnen nicht auflaufen will. Die Hoffnung auf Ausgewogenheit der Verwalter, die sich darauf gründet, daß die Offenheit von Abwägungsgeboten durch „gesellschaftlich sanktionierte Wertrelation(en)" begrenzt werden (Ladeur 1979: 341), scheitert daran, daß eine solche Wertrelation nicht existiert, sondern erst durch Entscheidungen jeweils hergestellt wird. Verfahren endlich, in denen Beteiligungschancen flexibel bleiben, vergesellschaften weniger die Definition des öffentlichen Interesses als daß sie die Beteiligungschancen für gesellschaftliche Interessen verstaatlichen, die überhaupt erst nach Maßgabe „öffentlichen Interesses" je nach staatlichem Informations- und Legitimationsbedarf vergeben werden. Was bleibt, ist die staatliche Berücksichtigung der „gesellschaftlich relevanten Kräfte" (Ladeur 1979: 346), deren anteilige Gemeinwohlbestimmung freilich eine lange Geschichte hat. Unter gegenwärtigen Bedingungen neokorporatistischer Ver-

netzungen verweist der nichtproblematisierte Begriff gesellschaftlicher Relevanz direkt auf eine „korporatistische Blockbildung" (Esser und Fach 1981: 167 ff.), die es erlaubt, daß sich die „relevanten" Insider auf Kosten des Restes der Gesellschaft vermittels politischer Konzertierung verständigen.
Die Unbefangenheit, mit der auch in kritischen Beiträgen zur gegenwärtigen Verrechtlichungs-Entrechtlichungs-Diskussion die vordringenden rechtlichen Entregelungen gewürdigt werden, obwohl diese geeignet sind, die Verselbständigung politischer Institutionen und gesellschaftlicher Macht untrennbar und gleichzeitig zu befördern, ist vor allem aus der immer noch mangelnden Beschäftigung mit der nationalsozialistischen Rechtsstruktur zu erklären. Ladeur z. B. vermeint einen Paradigmenwechsel des Verwaltungsrechts in der Bundesrepublik Mitte der 60er Jahre ansetzen zu können (1979: 359) und übersieht, daß zentrale Prinzipien gegenwärtigen Verwaltungsrechts bereits im Nationalsozialismus durchgesetzt wurden (dazu Meyer-Hesemann 1983: 145 ff.). Der große Entwicklungsschub zur Flexibilisierung und Dynamisierung der Rechtsstruktur auf überhaupt allen Rechtsgebieten im Nationalsozialismus war nicht einfach an die Funktion der eigentlichen politischen Terrorapparate gebunden, die ohnehin im rechtsfreien Raum oder im Kontext von politischen Sonderrechtsordnungen operierten, sondern garantierte die „normale" Kommunikation zwischen politischen Instanzen und wirtschaftlichen Selbstverwaltungsorganen[7]. Der Einbau der Wirtschaftsgruppen und Konzerne in die zentrale nationalsozialistische Wirtschaftsplanungsorganisation verband sich mit einer so umfangreichen Delegation politischer Funktionen, vor allem auch von Rechtssetzungsbefugnissen, an Verbände und Wirtschaftsbürokratien (Kirchheimer 1941: 115 ff., 135; Wagner 1968: 223 ff.), daß der enge Zusammenhang zwischen Zentralisierung und Dezentralisierung, politischer Steuerung und gesellschaftlicher Selbststeuerung gerade auch im Nationalsozialismus sichtbar wird (Maus 1983: 186 ff.). Der „Konzertierungs"bedarf fragmentierter ökonomischer Interessen wie umgekehrt die Abhängigkeit selbst des ideologisch-politisch extrem verselbständigten NS-Systems von der Mitwirkung wirtschaftlichen Sachverstandes wurden auch hier über „weiche" Rechtsformen zusammengeschaltet, die die Offenheit jeder Rechtsentscheidung für sachgesetzliche Korrekturen garantierten. Die Fragwürdigkeit aktueller Thesen der Vergesellschaftung zentraler Staats- und Rechtsfunktionen, die sich auf die bloße Existenz rechtlicher Generalklauseln und die Dezentralisierung der Rechtsentscheidungen unter Beteiligung „relevanter" gesellschaftlicher Gruppen beziehen, wird im historischen Vergleich offenkundig. Eher selbstdenunziatorisch ist hier die weniger elaborierte Überlegung, ob der in der deutschen Geschichte begründete Argwohn gegen die Exekutive noch am Platze sei, oder ob „Verrechtlichung heute allmählich und in bescheidenem Umfang durch Vertrauen ersetzt werden kann" (Hendler 1983: 69).
Unabweisbar ist allerdings die Frage, welche Folgerungen aus den unumkehrbaren Erosionen rechtsstaatlicher Institutionalisierung zu ziehen sind. Die Tatsache, daß auf der Ebene der Gesetzgebung angesichts der Komplexität vieler Regelungsbereiche definitive inhaltliche Rechtsentscheidungen nicht mehr gefällt werden können, ist in der modernen Gesellschaft nicht mehr aufzuheben. Die damit verbundene Emanzipation fragmentierter staatlicher Apparate und gesellschaftlicher Machtgruppen aus

der Gesetzesbindung bereits als Befreiung von zentralistischer Reglementierung zu feiern, könnte nur unter dem Vorzeichen eines konservativen Anarchismus geschehen. Er nähme in Kauf, daß die demokratische Kontrolle der Rechtssetzung in dem Maße ersatzlos entfällt, als die Rechtsinhalte erst in den öffentlicher Aufmerksamkeit entzogenen Implementationsprozessen bestimmt werden. Solange die Prozeduralisierung und „Lernfähigkeit" des Rechts lediglich mit den Funktionsbedingungen von Verwaltung und Justiz und den Sachgesetzlichkeiten vermachteter gesellschaftlicher Teilbereiche zusammengeschaltet ist, solange sie noch immer nicht mit basisdemokratischen Willensbildungs- und Lernprozessen vermittelt wird, kann von einer Vergesellschaftung der Rechts- und Staatsfunktionen nicht die Rede sein. Die Paradoxie der gegenwärtigen Situation besteht darin, daß jeder Schritt zur wirklichen Autonomisierung gesellschaftlicher Normbildungsprozesse auf zusätzliche Verrechtlichung ihrer Verfahrensweisen angewiesen ist. Dies gilt für eine weitergehende gesellschaftliche Generalisierung der Tarifvertragsautonomie ebenso wie für die begrenztere — aus der rechtsetzenden Funktion der Implementationsagenturen abgeleitete — Forderung nach Demokratisierung der Verwaltung (Denninger 1973: 121 f.). Sollen nicht Partizipationskonzepte — im Sinne einer (untrennbar gewordenen) Demokratisierung von Gesetzgebung und Verwaltung — durch die Realität informeller Beteiligungen nach Maßgabe gesellschaftlicher Konfliktfähigkeit ad absurdum geführt werden (Shell 1978: 394), ist es notwendig, die Unbestimmtheit materiellen Rechts durch die Präzision des Verfahrensrechts zu kompensieren.

Eine Entwicklung „reflexiven" Rechts unter demokratischen Vorzeichen stünde in genauem Gegensatz zu den gegenwärtig herrschenden Trends. Angesichts der wachsenden Unmöglichkeit, extrem fragmentierte und auch regional differenzierte gesellschaftliche Interessen noch über zentrale inhaltliche Rechtsentscheidungen zu integrieren, beherrschen Vorschläge zur weiteren Entmachtung des Gesetzgebers zugunsten der Verwaltung das Feld: offiziöse bis bundesministerielle Konzepte laufen darauf hinaus, inhaltliche Gesetzesneuregelungen auf allgemeine Direktiven zu beschränken und überhaupt besonderen Begründungszwängen, Bedarfsprüfungen und ministeriellen Vetopositionen zu unterziehen, um den Verwaltungen noch weitere Regelungskompetenzen zu überlassen (Bülow 1980: Q 24 f.; Maassen 1980: Q 10; s. auch Hinweise bei Voigt 1983: 30). Die gegenläufige Demokratisierungsforderung aber bestünde in einer anderen Form zentraler Deregulierung, die den Verzicht auf materiale Rechtsentscheidungen nicht durch zunehmende inhaltliche Unbestimmtheit, sondern durch weitgehenden Rückzug auf die Bestimmtheit prozeduralen Rechts realisiert. Gesellschaftliche Autonomie im Bereich inhaltlicher Normbildungsprozesse wäre so durch gesetzliche Vergabe von Verhandlungspositionen abzusichern — durch die indirekteste Form staatlicher Steuerung[8], die gleichzeitig demokratischer Kontrolle und allgemeiner öffentlicher Aufmerksamkeit unterliegt. Die Freigabe dezentraler Rechtsentwicklung unter demokratischen Vorzeichen enthält allerdings den Bruch mit der Fiktion gesellschaftlicher Integration über die Einheit des Rechtssystems und setzt die längst eingetretene Produktion bereichs- und gruppenspezifischer Teilmengen des Rechts, über deren mögliche Kompatibilität Aussagen kaum noch möglich sind, fort. Die Hoffnung der Systemtheorie, daß systemische Integration der Gesellschaft überhaupt existiere, auch wenn sie sich in den Köpfen der Menschen nicht mehr abbilden läßt, gehört vielleicht am ehesten zu jenen „alteuropäischen" Beständen des Denkens, die angesichts der möglichen Entwicklung zur bloßen Koexistenz gesellschaftlicher Teilbereiche und der ihnen jeweils zugeordneten Normmengen zurückgelassen werden müssen.

Die Ausdehnung des Prinzips „reflexiver Institutionalisierung" auf gesellschaftliche Normbildungsprozesse enthält entscheidende Modifikationen des Luhmannschen Konzepts. Bezeichnete dort die Differenzierung zwischen „Normierungen der Normsetzung" und den Normsetzungen selbst (s.o.) eine Binnenstruktur zentraler politischer Institutionalisierung, so bedeutet sie hier eine politisch-gesellschaftliche Arbeitsteilung: politische Einrichtung der prozeduralen Entscheidungsprämissen und (möglichst weitgehende) gesellschaftliche Übernahme der Entscheidungen. Bei prinzipieller Korrekturfähigkeit auch des Spielregelsystems entsprechend kollektiver Lernprozesse bliebe aber die Nichtbeliebigkeit der Spielregeln im laufenden Entscheidungsverfahren von essentieller Bedeutung − nicht so sehr aus Gründen „systemischer" Stabilität als vielmehr demokratisch-rechtsstaatlicher Rationalität. Entgegen zahlreicher Vorschläge zur situativen Flexibilisierung der Spielregeln (Ladeur 1979: 348; Offe 1984: 179 ff.) gibt es plausible rechtsstaatliche Gründe für die Invarianz von Verfahrensnormen in Bezug auf den konkreten Fall: Ebenso wie (belastende) inhaltliche Rechtsnormen beliebige Diskriminierungen und willkürliche Durchgriffe auf einzelne Personen oder Gruppen nur dadurch verhindern können, daß sie für unbestimmt viele zukünftige Fälle formuliert sein müssen, so ist auch von Verfahrensnormen nur dann ein Mindestmaß an Fairneß zu erwarten, wenn bei ihrem Zustandekommen der jeweils konkrete gesellschaftliche Interessenkonflikt noch nicht bekannt ist, der nach Maßgabe ihrer Positionszuweisungen ausgetragen werden soll.

Das weite Feld der Diskussion über eine Demokratisierung der Justiz (bzw. Alternativen zur Justiz), die die Konsequenzen aus der Deprofessionalisierung und rechtlichen Entprogrammierung der gegenwärtigen Justiz zu ziehen sucht, kann hier nicht mehr betreten werden. Überlegungen zur Funktion der Justiz sind wegen der starken Ausdifferenzierung der Gerichtsbarkeiten kaum auf eine einheitliche Problemstellung zu beziehen. So könnten z. B. Verfassungs- und Verwaltungsgerichtsbarkeit unmittelbar an eine reflexive Entwicklung des Rechts angeschlossen werden, die Strafjustiz aus naheliegenden Gründen nicht. Soweit eine Demokratisierung der Verwaltung durch Verfahrensrecht im Sinne definitiver gesellschaftlicher Beteiligungen in den Bereichen durchzusetzen wäre, die heute durch informelle Aushandlungs- und Rechtskonkretisierungsprozesse gekennzeichnet sind, könnte die Verwaltungsgerichtsbarkeit aus ihrer gegenwärtigen Konkurrenz mit den Verwaltungen um die Ausfüllung von rechtlichen Zielformeln und Wahrnehmung von eigenständigen Planungsentscheidungen herausgelöst und zu genuin rechtsstaatlichen Kontrollfunktionen zurückgeführt werden, die hier die Einhaltung der „Spielregeln" beträfen. Bei der Verfassungsgerichtsbarkeit handelte es sich angesichts der herrschenden Tendenz zur verwaltungsadäquaten Wertejudikatur ohnehin um eine bloße Reduktion auf ihre verfassungsrechtlichen Kompetenzen. Diese bestehen in der Kontrolle des politischen Prozesses hinsichtlich jener „Entscheidungsprämissen", die die Verfassung formuliert, nicht aber in der Extrapolation der politischen Entscheidungen selbst. Die im Verhältnis von Verfassung und Gesetzgebung bereits angelegte Reflexivität des Rechts wird dagegen durch eine Verfassungsjustiz zerstört, deren permanente Konkurrenz mit dem Gesetzgeber um die inhaltliche Rechtsentwicklung in einem auffälligen Gegensatz zum self-restraint in Fragen prozeduraler Verfassungsstreitigkeiten steht. Gleichermaßen würde auch die nächste Stufe rechtlicher Reflexivität, die im Verhältnis zwischen legislativen Verfahrensregelungen und gesellschaftlichen Normsetzungen bestünde, an einer Verfassungsgerichtsbarkeit scheitern, die sich als hochzentralisierte Gerechtigkeitsexpertokratie geriert.

Die Strafjustiz ist der bevorzugte Gegenstand alternativer Konzeptionen. Hier kann nur angedeutet werden, daß angesichts der großen Bandbreite der gegenwärtig der Strafjustiz zugewiesenen gesellschaftlichen Konflikte — von Eigentumsdelikten, die über Versicherungssysteme entdramatisiert werden können, bis zu Fällen, in denen materielle Entschädigungen nicht möglich oder inadäquat sind — jedenfalls differenzierte Konzeptionen notwendig wären. Im Gegensatz zu den Regelungsbereichen des an Verwaltungen adressierten regulativen Rechts, etwa des Planungsrechts, scheint in den Regelungsbereichen des Strafrechts die Chance gesellschaftlicher Selbstregulierung umso geringer, je größer die Betroffenheit der Beteiligten ist. Die Nähe zum Konflikt ist hier der Informiertheit über seine Bedingungen und Ursachen oft umgekehrt proportional. An der Konzeption von „Nachbarschaftsgerichten" (z. B. Christie 1976: 12 ff.) — angesichts einer Gesellschaft ohne Nachbarschaften eine Metapher für die Vergesellschaftung der Justiz überhaupt — erscheinen zwei Aspekte im Hinblick auf die hier behandelte Thematik problematisch. Nachbarschaftsgerichte sollen auf der Basis gesellschaftlicher Normen und Wertvorstellungen operieren, und sie sollen in jedem einzelnen Konfliktfall zur Klärung und Neuthematisierung dieser Normen beitragen. Diese Entdifferenzierung von Recht und Moral wie die Entdifferenzierung von Rechtsetzung und Rechtsanwendung belegen ein mögliches Ausmaß an Repression, das sich gegen das antiautoritäre Selbstverständnis des Konzepts durchsetzen könnte. Jede gelungene Vergesellschaftung von Teilbereichen der Strafjustiz — die eine Umstellung auf privatrechtlichen Konfliktausgleich bedeutete (Christie 1976: 12 ff.) — hätte dagegen die allgemeinen rechtsstaatlichen Schutzgarantien für den „Täter" zu konservieren, die in der Situationsunabhängigkeit und Bestimmtheit von Rechtsnormen gerade auch des materiellen Rechts im Gegensatz zur Variabilität und Pluralität gesellschaftlicher Wertorientierungen besteht. Es sind dies freilich rechtsstaatliche Prinzipien, die auch in der herrschenden Strafrechtspraxis im Zeichen gegenwärtigen methodischen Selbstverständnisses nicht durchaus gewährleistet, sondern einzufordern sind.

3. Zum Verhältnis von Rechtsform, politisch-administrativen Entscheidungsmechanismen und kommunikativ strukturierten Handlungsbereichen und Institutionen der Gesellschaft

Das Beispiel von Strafrecht und Strafjustiz führt aber auf einen weiteren, ganz grundsätzlichen Aspekt des Verhältnisses zwischen Recht und politischen Institutionen,

gesellschaftlichen Lebensbereichen und individuellen Sphären. Der enge Zusammenhang, der zwischen je spezifischen Rechtsformen und je spezifischen Funktionsweisen politischer Institutionen besteht, läßt die Annahme zu, daß Recht überhaupt primär die Staatsapparate strukturiert und nur sehr indirekt auf gesellschaftliche und individuelle Bereiche einwirkt. Es scheint also, daß in der gegenwärtigen Verrechtlichungs-Entrechtlichungs-Diskussion die gesellschaftlichen und individuellen Wirkungen von Recht erheblich überschätzt werden. Dies gilt selbst für das Strafrecht, das seine Anforderungen an jeden Einzelnen, „dem Gesetz Unterworfenen", richtet. In der langen Tradition der Überlegungen, die staatliche Rechtsprechung durch Rückgriff auf gesellschaftliche Normen aufzulockern, hatte die Freirechtstheorie ihre problematischen Forderungen mit dem richtigen Hinweis begründet, daß die sog. „Rechtsadressaten" sich an staatlich gesetztem Recht ohnehin nicht orientieren, das sie durchweg nicht kennen, sondern auch „freiem Recht" leben, das internalisierten gesellschaftlichen Normen entspricht (Kantorowicz 1906: 17 f.). Die allgemeine Unkenntnis der großen Masse geltenden staatlichen Rechts – ein Phänomen nicht nur der aktuellen „Gesetzesflut", sondern offensichtlich überzeitlicher Natur (Simon 1980: Q 17) – widerlegt einen gewissen alternativen Rechtsmythos, daß staatliche Repression direkt und ausschließlich vom Gesetz ausgehe (z. B. Diamond 1976: 166 ff.). Die Behauptung unmittelbarer Verhaltenssteuerung durch unbekanntes Recht (so ausdrücklich Diamond 1976: 169) macht ebenso wenig Sinn wie die Annahme, daß staatliche Gewalt überhaupt auf gesetzliche Ermächtigungen angewiesen ist. Die verbreitete Unkenntnis des Rechts auf Seiten der Staatsbürger verdeutlicht aber auch die eigentliche Intention der frühbürgerlichen Forderung nach Rechtssicherheit: Daß – der inhaltlichen Willkür politischer Setzungen unerachtet – nicht ohne Gesetz geherrscht und kein Gesetz angewandt werden darf, bevor es nicht „öffentlich verkündet" worden ist, begründet nicht einfach einen Informationsanspruch, sondern bedeutet vor allem eine strukturelle Begrenzung politischer Machtausübung durch die Selbstbezüglichkeit staatlicher Rechtsetzung. – Die staatliche Ordnung ist nicht „in dem Maße legitim, wie sie auf der Gesetzestreue der Bürger basiert" (so aber Habermas 1981: II 268), sondern wie sie *selber* – es geht um ihre Legitimation – auf Gesetzesbindung beruht. Der „abstrakte Rechtsgehorsam" jedes einzelnen Staatsbürgers ist eine geläufige Fiktion, die die alltäglichen Handlungsorientierungen der Individuen mit der rechtlichen Programmierung der staatlichen Institutionen zusammenschaltet.
Die Unkenntnis des staatlichen Rechts ist gerade für jene Bereiche besonders typisch, die Habermas als „lebensweltliche" definiert und einer „Kolonialisierung" im Zusammenhang aktueller Verrechtlichungsprozesse ausgesetzt sieht (Habermas 1981: II 522 ff.). Habermas' These besagt: Sphären der „soziokulturellen Lebenswelt", welche insgesamt den Kontext „kommunikativer Alltagspraxis" bildet (1981: II 206 ff.), werden im Zuge kapitalistischer Modernisierung dadurch, daß die mediengesteuerten Subsysteme Wirtschaft und Staat mit monetären und bürokratischen Mitteln in ihre symbolische Reproduktion eingreifen, von Prozessen der Verständigung auf sprachunabhängige Steuerungsmedien umgepolt, wobei diese Umstellung von Sozial- auf Systemintegration „die Gestalt von Verrechtlichungsprozessen annimmt" (1981: II 522, 524). Habermas' These ist so differenziert, daß sie mit einer Verrecht-

lichungskritik des Inhalts, die Aggressivität des modernen Rechts habe die gesellschaftlichen Institutionen, die auf Sitte und Brauchtum beruhten, einfach zerstört und durch politische Herrschaft substituiert (so Diamond 1976: 168), nicht verwechselt werden kann. Gleichwohl führen die Ausblendung der Tatsache, daß modernes Recht in den staatlichen Institutionen seinen Primäradressaten hat, sowie die Unterbelichtung der aktuell vorherrschenden Rechtsstrukturen zu einigen Inkonsistenzen des bedeutenden Ansatzes.

Habermas' Verrechtlichungskritik hält sich von einer schlichten Glorifizierung vormoderner gesellschaftlicher Verhältnisse ebenso fern wie von einer eindimensionalen Einschätzung der Rechtsfunktion. Indem er die Zerstörung traditionaler Lebensformen von der Verdinglichung posttraditionaler Lebenswelten unterscheidet (1981: II 501 ff.), arbeitet er die Entfaltung kommunikativer Vergesellschaftung heraus, die gerade auch mit einer immanenten Rationalisierung der Lebenswelt einhergeht, ehe Prozesse der „Kolonialisierung", also der Subsumtion unter systemische Imperative, eingreifen können (1981: II 491). Die lebensweltlichen Kosten der Verrechtlichung werden darum an den Bedingungen einer kommunikativen Vergesellschaftung gemessen, die die „moderne Verständigungsform" in ausdifferenzierten Diskursformationen schon voraussetzt (1981: 286, 518). Entsprechend erscheint Recht nicht einfach als Zerstörung von Lebenswelt, sondern in wichtigen Verrechtlichungsschüben gerade als das Mittel, mit dem die Lebenswelt gegen die systemischen Mechanismen des Marktes und gegen absolutistische Herrschaft ihre Ansprüche zur Geltung bringt (1981: II 527). Insofern bezeichnet Habermas jene Verrechtlichungsschübe, die über das Prinzip der Gesetzmäßigkeit der Verwaltung bei Eingriffen in bürgerliche Freiheitssphären die Konstitutionalisierung politischer Herrschaft bewirken und schließlich zur Demokratisierung der Gesetzgebung selbst führen, als „unzweideutig freiheitsverbürgend", während er nur in Teilbereichen der aktuellen sozialstaatlichen Verrechtlichung eine „Ambivalenz von Freiheitsverbürgung und Freiheitsentzug" konstatiert (1981: II 530 f.).

Als Prototyp eines lebensweltlich strukturierten Bereichs, an dem sich im Zuge sozialstaatlicher Verrechtlichung der Schnittpunkt zwischen einer fortgesetzten Linie rechtlicher Freiheitssicherung und einsetzender „Kolonialisierung" ausmachen läßt, analysiert Habermas eine klassische gesellschaftliche Institution, die Familie, in ihrer gegenwärtigen Struktur. Verrechtlichung dieses Bereichs bedeutet Habermas zufolge einerseits eine die Grundrechte von Frauen und Kindern sichernde Korrektur des „naturwüchsigen, ökonomisch begründeten patriarchalischen Gewaltverhältnisses in der Familie", andererseits aber durch die Eröffnung bürokratischer Eingriffe und gerichtlicher Kontrollen eine „Formalisierung der Beziehungen in (der) Familie" (1981: II 540 f.). Es scheint nun, daß sowohl hinsichtlich der freiheitsverbürgenden wie -entziehenden Perspektive eine Überschätzung der direkten rechtlichen Wirkungen auf die Familie vorliegt. Wahrscheinlich ist die Familie von allen lebensweltlich strukturierten Bereichen derjenige, der am stärksten von „freirechtlichen" Normen beherrscht ist und sich durch staatliche Rechtsetzung relativ unbeeindruckt zeigt. Normen des Familienrechts werden von den Familienmitgliedern typischerweise erst dann zur Kenntnis genommen, wenn die Familie bereits zerstört ist; Eherecht ist

normalerweise nur als Scheidungsrecht relevant. Nach diesen Rechtsnormen verfahren im nachhinein die staatlichen Institutionen, wenn sie nach Abbruch der familiären Kommunikation angerufen werden.
Auch für die langfristigen historischen Transformationen der Familienstruktur scheint diese Nachgängigkeit des Rechts zu gelten. Emanzipatorische wie entsolidarisierende Entwicklungen in der Familie sind offensichtlich weniger einer Ambivalenz ihrer Verrechtlichung zu verdanken als einer unmittelbaren Einwirkung kapitalistischer Modernisierung. Zunächst bewirkt eher die Tatsache, daß die ökonomische Funktion der Familie als Produktionseinheit entfällt, eine Individuierung der Familienmitglieder als das abstrakt allgemeine Recht, das einen ersten Modernisierungsschub begleitet. Die Stellung der Frau in der Familie ist heute davon abhängig, inwieweit ihr durch Berufstätigkeit eine eigene ökonomische Subsistenz eröffnet bleibt, die der Kinder von der Tatsache, daß deren Erziehung zur eigentlichen Aufgabe der Kleinfamilie geworden ist. Nicht unmittelbar durch Rechtsänderungen wurde die autoritäre Machtfülle des „pater familias" relativiert, sondern dadurch, daß er nicht mehr Chef einer ökonomischen Betriebseinheit, sondern Mitglied einer Reproduktions- und Sozialisationsagentur ist. Erst wenn die traditionalen lebensweltlichen Normen „substantieller" Familienverhältnisse durch Modernisierungsprozesse in Frage gestellt sind, kann überhaupt der Zustand eintreten, daß auf Abweichungen vom unreflektiert „seit alters her" Geltenden nicht mehr mit Gewalt reagiert wird, sondern innerfamiliäre Formen der Kommunikation über konsensfähige Verhaltensnormen gefunden werden können. Insofern ist gerade auch auf die Familie Habermas' These der Umstellung kommunikativen Handelns von überlieferten partikularen Wertorientierungen auf sprachliche Konsensbildungsprozesse im Kontext lebensweltlicher Rationalisierung (1981: II 268) anwendbar. Ob aber in Familien überhaupt kommuniziert oder geprügelt und vergewaltigt wird, ist durch Recht kaum unmittelbar zu beeinflussen. Auch aktuelle Forderungen zur Schaffung des Straftatbestandes der Vergewaltigung in der Ehe kranken nicht so sehr an dem Paradoxon der Verrechtlichung noch der letzten Intimsphären als an der mangelnden Effizienz des Rechts in diesen Bereichen: Frauen, die zu ihrer Versorgung in der Ehe keine Alternative haben, fehlt die eigene Konfliktfähigkeit, die auf dem Drohpotential der Trennung beruhte, ebenso wie die Möglichkeit, den autoritären Schutz des Staatsapparats überhaupt in Anspruch zu nehmen. (Und bei emotionaler Hörigkeit hilft ohnehin keine staatliche Intervention.) Von den dramatischsten innerfamiliären Verletzungen der Persönlichkeitsrechte der Frau bis hin zu der schlichten Tatsache, daß die unterprivilegiertesten Arbeiten, die die Gesellschaft kennt, der Hausfrau obliegen, sind Änderungen durch Verrechtlichung der Familie kaum zu erwarten — andererseits aber eine „Formalisierung" der laufenden Beziehungen in der Familie nicht zu befürchten. Änderungen der tradierten Gewaltverhältnisse der Familie können eher auf dem Umweg über eine Verrechtlichung solcher Gesellschaftsbereiche möglich werden, die Habermas als systemische qualifiziert (dazu unten). Die Subordination der Frau in der Familie wird noch immer über ihre Diskriminierung auf dem Arbeitsmarkt gesteuert.
Auch die Entsolidarisierungserscheinungen der spezifisch modernen Familienentwicklung sind weniger als Auswirkung, sondern eher als Veranlassung von sozialstaatlicher

Verrechtlichung anzusehen. Mit steigender Durchkapitalisierung der Gesellschaft und Auflösung der Großfamilie fallen Aufgaben der sozialen Fürsorge aus den tradierten gesellschaftlichen Gehäusen heraus und werden zum gesamtgesellschaftlichen Thema. Der Aufbau von Institutionen des Wohlfahrtsstaats folgt hier dem Funktionswandel gesellschaftlicher Institutionen und führt zur Verrechtlichung der Beziehungen zwischen den Leistungsverwaltungen und den aus der Großfamilie freigesetzten „Leistungsberechtigten". Daß das Recht des Sozialstaats eher Mühe hat, der Auflösung „substantieller" Ordnungen zu folgen, ist etwa am Beispiel des Rechts der Arbeitslosenhilfe abzulesen, das familiäre Solidarität in Gestalt wiederum privatrechtlich abgesicherter Unterhaltsansprüche – also kontrafaktisch – unterstellt.

Daß die bürokratisch-sozialstaatliche Handhabung von Notlagen, die in lebensweltlichen Bereichen der Gesellschaft auftreten, zusätzliche Erosionen von Lebenswelt bewirkt, steht außer Frage. Zu untersuchen bleibt aber, welche Rolle das Recht tatsächlich in diesem Zusammenhang spielt. Habermas schreibt die Verdinglichungseffekte sozialstaatlichen Handelns „einer bestimmten Art der Verrechtlichung" zu, nämlich der Tatsache, daß Gewährleistungen sozialer Teilhabe mit den Mitteln des abstrakten, Tatbestände genau spezifizierenden bürgerlichen Rechts bewirkt werden (1981: II 524, 531 f.). Lebenswelt wird Habermas zufolge dadurch kolonialisiert, daß sie der „gewalttätigen Abstraktion" des Rechts, welches nicht auf die konkreten Lebenssituationen, sondern auf die Bedingungen bürokratischen Leistungsvollzugs zugeschnitten ist, unterworfen wird (1981: II 532). In dieser These ist die ungebrochene Fortgeltung formalrationalen Rechts ebenso unterstellt wie die andauernde Existenz jener bürokratischen Strukturen, die Max Weber beschrieb. Sichtet man jedoch die verschiedenen Sozialleistungssysteme, so fällt auf, daß ganz unterschiedliche Grade der Verrechtlichung und gegenläufige bürokratische Handlungsstile nebeneinander existieren: eine große Verdichtung hochdifferenzierten Rechts in den ermessensfeindlichen Systemen der Sozialversicherung; offene Normierung durch Generalklauseln und unbestimmte Rechtsbegriffe mit der Konsequenz weiter Ermessensspielräume in den Systemen der Fürsorge (Leibfried 1977: 46 f.; Zacher 1985: 35 ff., 59 f.). Die von Habermas generell unterstellten Abstraktionen der Wenn-Dann-Struktur konditionalen Rechts herrschen also typischerweise nur in den Bereichen des Sozialrechts mit relativ privilegierter Klientel: Wenn der rechtlich definierte Versicherungsfall eingetreten ist, hat die Verwaltung ohne wenn und aber zu leisten. Daß diese Leistungen monetäre Form haben, bedeutet nicht eine zusätzliche bürokratische Landnahme im Bereich der Lebenswelt, sondern die einfache Fortsetzung der Tatsache, daß die Betroffenen mit ihren lebensweltlichen Kontexten über das Medium Geld an das Wirtschaftssystem längst angeschlossen sind.

Wenn Habermas die Art der Beziehungen zwischen sozialstaatlichen Verwaltungen und ihren Klienten als „Modellfall für eine Kolonialisierung der Lebenswelt" in spätkapitalistischen Gesellschaften beschreibt (1981: II 476), so ist im Hinblick auf die höchst unterschiedlichen Formen des Sozialleistungsvollzugs festzuhalten, daß gerade nicht die Abstraktheit formal-rationalen Rechts diese Kolonialisierung vorantreibt. Im Gegenteil ist der Grad administrativer Durchdringung von Lebenswelt um so höher, je „weicher" die Rechtsnormen sind und je konkreter sie dadurch die Beziehungen zwischen Bürokratie und Klientel gestalten: Während im privilegierten Recht der Sozialversicherung die Leistungen in hoch abstrakter Weise lediglich vom Eintreten des Versicherungsfalles abhängen, eröffnen die Generalklauseln z. B. im Recht der Arbeitslosenhilfe oder der Sozialhilfe erst die administrativen Kontrollmechanismen der konkreten Prüfung der Bedürftigkeit, des Wohlverhaltens und der Bereitschaft der Leistungsempfänger, ihre Lebensführung administrativen Auflagen anzupassen. Gerade die Unbestimmtheit der Zumutbarkeitsklausel bei der Arbeitslosenhilfe (Simitis 1985: 120) und die völlige Irregularität des Sozialhilferechts ermöglichen höchst „konkrete" Beziehungen zwischen Sozialverwaltung und Klientel und erleichtern so die Kolonialisierung von Lebenswelt. Halten abstrakte Rechtsansprüche auf Geldleistungen die Bürokratien auf Distanz, so unterwerfen konkrete Sachleistungen an den Sozialhilfeempfänger — wenn es denn in Anträgen um Hemd und Hose geht — die „Person des Hilfeempfängers", die „Art seines Bedarfs", die „Besonderheit des Einzelfalles" (§ 3 BSHG), kurz: die letzten Winkel der Privatsphäre den Beurteilungen und Eingriffen der Leistungsverwaltung.

Es ist also nicht mit Habermas zu „vermuten, daß die Struktur des bürgerlichen Formalrechts", die sich zuvor als freiheitsverbürgend erwies, „dann dilemmatisch wird, wenn mit diesen Mitteln nicht mehr Bereiche privater Willkür negatorisch ausgegrenzt, sondern ... Leistungen positiv verbürgt werden sollen" (1981: II 535). Eher kann gezeigt werden, daß gerade dort, wo autoritär-sozialstaatliche Kommunikationsformen dominieren, die Struktur des bürgerlichen Formalrechts sich selber verändert, daß sie Auflösungsprozessen unterliegt, die als „Entrechtlichung" (Vobruba 1983: 101) qualifiziert werden können. Es ist nicht die Abstraktheit formalen Rechts, das im Zuge des sozialstaatlichen Verrechtlichungsschubs die Willkür politischer Institutionen und bürokratischer Apparate freisetzt, sondern dessen Umstellung auf situative Konkretheit in vielen Bereichen des Staatshandelns. Höchst konkrete Beurteilungen und Entscheidungen erlaubt z. B. die allseits vordringende Formel der „Würdigung der Gesamtpersönlichkeit". Sie wird keineswegs durchgängig in kompensatorischer Absicht eingesetzt, sondern dient zugleich der Unterwerfung von Außenseitern unter therapeutische Maßnahmen, der Disziplinierung von Angeklagten im Strafprozeß und der Diskriminierung von Frauen auch bei der Einstellung in den öffentlichen Dienst: Die großen Spielräume, die z. B. der Richter im Strafverfahren bei der Strafbemessung hinsichtlich „Gesinnung", „Vorleben", „persönliche(r) und wirtschaftliche(r) Verhältnisse" des Täters, schließlich der „Persönlichkeit des Täters" insgesamt (§§ 46, 47 StGB) gewinnt, bieten keine Gewähr, daß sie entsprechend den Zielvorstellungen etwa der Bremer Juristenausbildung genutzt werden; ihre disziplinierende Verwendung je nach Unterwürfigkeit und Mitarbeit des Angeklagten bietet sich gleichermaßen an. Die „Gesamtwürdigung der Persönlichkeit" wird neuerdings von prominenten Oberlandesgerichtspräsidenten als Ergänzung der formalen Qualifikationsanforderungen beim Zugang zum Richteramt empfohlen, um dem Umstand, daß Frauen im juristischen Staatsexamen „im Durchschnitt die besseren Noten" errreichen, durch Berücksichtigung ihrer berufshinderlichen „Mehrfachbelastungen" abzuhelfen (Frankfurter Rundschau v. 13.2.1986: 1). Ganz offensichtlich ist gerade der Konkretisierungstrend, der sich mit sozialstaatlicher Verrechtlichung verbindet, ambivalent.

Die Kategorien „abstrakt" und „konkret" in der Diskussion über die Funktionsweise von Recht sind — dies scheint ein allgemeines Kennzeichen der linken Verrechtlichungskritik zu sein — mit Assoziationen besetzt, die auf die Unterscheidung zwischen konkretem Gebrauchswert und abstraktem Tauschwert verweisen. Die Abstraktionen des liberalbürgerlichen Formalrechts fallen aber nicht, wie Habermas voraussetzt (1981: II 469 ff.), mit den Abstraktionen, denen die Lebenswelt durch kapitalistische Modernisierung unmittelbar unterworfen wird, umstandslos zusammen und wirken nur auf dem Umweg über die Strukturierung politischer Institutionen auf die Gesellschaft ein. Selbst der erste Verrechtlichungsschub, der Habermas zufolge die Ausdifferenzierung des Wirtschaftssystems begleitet und dessen Geldmedium institutionalisiert (1981: II 265), wirkt nur auf sehr indirekte Weise. Zwar enthält das klassische Privatrecht tatsächlich die Anerkennung und Freisetzung rein systemischer Integrationsmechanismen (1981: II 277), indem es ökonomischer Gesetzmäßigkeit zu allgemeiner Geltung verhilft. Aber dies tut es in der Weise, daß es die staatlichen Institutionen auf die Anerkennung der Autonomie der Vertragschließenden verpflichtet und subsidiäre Eingriffe durch staatliche Gesetze berechenbar und mit der Selbststeuerung des Wirtschaftssystems kompatibel hält. Gerade soweit das klassische Privatrecht die Eigengesetzlichkeit des Wirtschaftssystems garantiert, ist es in seinem Kern das exemplarische Modell einer *Nicht*-Verrechtlichung: Die Vertragsinhalte werden nicht vom staatlichen Gesetzgeber bestimmt, sondern von den autonomen Privatrechtssubjekten vereinbart, und die staatlichen Gerichte judizieren auf dieser Basis. Erst die sozialstaatliche Verrechtlichung mit ihrer Materialisierung des Vertragsrechts macht der primären Regelungskompetenz der „Privatrechtsgesellschaft" gegenüber dem staatlichen Gesetzgeber ein Ende (Simitis 1985: 74 f.). Soweit das klassische Privatrecht schon als Verrechtlichung angesehen werden kann, enthält es aber Korrekturen ökonomischer Eigengesetzlichkeit: nicht alles geht mit Geld — auch das Privatrecht enthält Passagen über „unerlaubte Handlungen" oder etwa Bestimmungen des Haftungsrechts. Soweit also Privatrecht „Verrechtlichung" ist, verhält es sich zum Geldmedium nicht gleichläufig, sondern gegenläufig.

Habermas' zentrale These, daß die Kolonialisierung von Lebenswelt die „Gestalt von Verrechtlichung annimmt", basiert aber auf der Annahme, daß Recht, insbesondere das abstrakte Formalrecht, mit systemischen Strukturen eng assoziiert, in bestimmten Fällen sogar identisch ist. Während Habermas Rechtsnormen in traditionalen Gesellschaften noch als „Handlungsnormen zweiter Ordnung" beschreibt, die eine nächste subsidiäre Ebene des Konsenses sichern, wenn Verständigung in normativ geregelter Alltagskommunikation versagt (1981: II 259), und insoweit Recht eindeutig als Form sozialer Integration wertet, das lediglich im Zuge immanenter Rationalisierung der Lebenswelt die paradoxe Freisetzung von dieser getrennter und später auf sie zurückschlagender systemischer Gesellschaftsbereiche ermöglicht (1981: II 277), kommt Habermas für den Kontext sozialstaatlicher Verrechtlichung zu einer Identifikation von formalen Rechtsbeziehungen und Systemintegration: „Die Rationalisierung der Lebenswelt ermöglicht die Umpolung der gesellschaftlichen Integration auf sprachunabhängige Steuerungsmedien und *damit* (Hervorhebung I.M.) eine Ausgliederung formal organisierter Handlungsbereiche..." (1981: II 470); „Nun nennen wir

diejenigen Beziehungen formal organisiert, die sich in Formen des modernen Rechts erst konstituieren. *Deshalb* (Hervorhebung I.M.) ist zu erwarten, daß die Umstellung von Sozial- auf Systemintegration die Gestalt von Verrechtlichungsprozessen annimmt" (1981: II 524). Allerdings schlägt Habermas auch hinsichtlich der aktuellsten Verrechtlichungsprozesse Recht nicht insgesamt den systemischen Steuerungsmedien zu, sondern unterscheidet Recht als „Institution" und Recht als „Medium" nach Aspekten unterschiedlicher Legitimierung von Rechtsnormen (dazu unten) und danach, ob Verrechtlichungsprozesse „sich an die vorgängigen Institutionen der Lebenswelt anschließen und sozial integrierte Handlungsbereiche rechtlich überformen, oder ob sie die für systemisch integrierte Handlungsbereiche konstitutiven Rechtsbeziehungen nur verdichten" (1981: II 536 f.). Aber genau diese quasi bereichsspezifische Unterscheidung von Rechtsfunktionen ist problematisch.
Sie findet ihre Grundlage in einer ebenso bereichsspezifischen Unterscheidung zwischen System und Lebenswelt überhaupt. Wirtschaft und Staat werden als „normfreie", durch die Steuerungsmedien Geld bzw. Macht integrierte Bereiche en bloc als systemische charakterisiert (Recht, das diese Bereiche strukturiert, nur als systemischer Mechanismus anerkannt), während Privatsphäre und Öffentlichkeit durch kommunikative Praxis als lebensweltliche ausgewiesen sind (1981: II 229 ff., 257, 513). Diese starren Zuordnungen lassen sich indessen kaum aufrechterhalten. Eher kann gezeigt werden, daß sämtliche gesellschaftlichen Teilbereiche – in allerdings höchst unterschiedlichen Anteilen – sowohl kommunikative wie systemische Aspekte aufweisen. Auch die Arbeitsabläufe in einem bäuerlichen Familienbetrieb kommen, selbst vor aller Durchkapitalisierung, kaum ohne Phasen der „Sprachlosigkeit" und der Herrschaft von Systemzwängen aus. Vor allem aber existieren umgekehrt die typischen Systembereiche nicht ohne Kommunikation, z. T. gerade deshalb, weil sie rechtlich geregelt sind. Wenn die Arbeitsbeziehungen auf Zivilrechtsnormen umgestellt werden, wachsen die Arbeitskräfte den Arbeitsbereichen nicht mehr einfach zu, sondern fängt in den Vertragsabschlüssen die Kommunikation über die Art der Arbeitsleistungen, -bedingungen und -entlohnungen überhaupt erst an. Daß allerdings in der Phase des klassischen Privatrechts die Arbeitsverträge die ungebrochene Herrschaft der Unternehmer über die Produzenten durchsetzten und letztere den Systemzwängen des Arbeitsmarktes unmittelbar unterwarfen, folgt gerade aus der erwähnten Nichtverrechtlichung der Vertragsinhalte. Erst sozialstaatliche Eingriffe in die Vertragsfreiheit und die Ausbildung des Arbeitsrechts haben, ihrer pazifizierenden Wirkung unerachtet, jedenfalls zur Korrektur rein systemischer Strukturen geführt. Es zeigt sich übrigens, daß in Gesellschaften, die einen geringeren Grad der Verrechtlichung der industriellen Beziehungen kennen, als er für die deutsche und bundesrepublikanische Entwicklung typisch ist, die Konfliktfähigkeit der Gewerkschaften und der Lebensstandard der Arbeiter in viel höherem Maße von konjunkturellen Schwankungen, Rationalisierungskrisen, kurz: von systemischen Mechanismen abhängig sind (Erd 1983: 197 ff.). Es blieb erst der entformalisierenden Rechtsprechung z. B. des Bundesarbeitsgerichts vorbehalten, die verfassungsrechtlich garantierte Tarifautonomie und Streikfreiheit der Gewerkschaften mangels gesetzlicher Regelungen über Formeln wie „Sozialadäquanz" und „Verhältnismäßigkeit" an systemische Strukturen rückzubinden. Auch aktuellste

Bestrebungen, durch Gesetzesänderung (§ 116 AFG) in die Streikfähigkeit der Gewerkschaften dort einzugreifen, wo tatsächlich eine verstetigende Rechtsprechung existiert, sind durch Verwendung äußerst unbestimmter Rechtsbegriffe geprägt, die „systemgerechtere" Entscheidungen ermöglichen und im wörtlichsten Sinn als Entrechtlichung sich auswirken.

Erst recht kann z. B. das Mitbestimmungsgesetz von 1976 nicht deshalb, weil sein Regelungsbereich prototypische Erscheinungsformen des Wirtschaftssystems, rechtlich „konstituierte" Kapitalgesellschaften ab einer bestimmten Größenordnung erfaßt, etwa als systemisches Steuerungsmedium qualifiziert werden. Gerade auch in dem zwingenden Charakter und Formalismus seiner Organisationsnormen, die relativ präzise (wenn auch nicht weitgehende) Mitbestimmungsrechte der Arbeitnehmer festschreiben, schlägt das Gesetz „lebensweltliche" Schneisen in einen vorwiegend von Systemimperativen beherrschten Bereich. Es blieb auch hier der verfassungsauflösenden Rechtsprechung des Bundesverfassungsgerichts vorbehalten, die Verfassungsmäßigkeit des Mitbestimmungsgesetzes unter dem Gesichtspunkt zu bejahen, daß die seinen Regelungen zugrundeliegende Prognose des Gesetzgebers, daß „nachteilige Folgen für die Funktionsfähigkeit der Unternehmen und für die Gesamtwirtschaft" nicht zu erwarten seien, auf einer „sachgerechten" und materialreichen Wahrnehmung des ökonomischen Regelungsbereichs basiere und folglich derzeit nicht zu beanstanden sei (s. o., BVerfGE 50, 290, 331 f., 334). Auch hier wird erst durch eine entformalisierende Rechtsprechung die kommunikative Intention eines Gesetzes systemischen Imperativen subsumiert.

Auch der zweite große Systembereich, den Habermas angibt, der „Staat", ist keineswegs durchgängig systemisch integriert, und weder die inhaltlichen noch die Organisationsnormen, die die staatlichen Institutionen strukturieren, z. B. das Verwaltungsrecht, sind systemischen Steuerungsmedien gleichzusetzen. Hier macht sich als Problem besonders bemerkbar, daß Habermas (durchgehend) „formal organisiert" und „systemisch" identifiziert. Dies ist ein Sprachgebrauch, der von der Systemtheorie selbst jedenfalls nicht geteilt wird. Gerade im Interesse der Verteidigung von Lebenswelt ist darum kurz nachzuvollziehen, welche Rolle dem Formalrecht aus der durchgehaltenen Systemperspektive der Luhmannschen Theorie zukommt. Schon Luhmanns früh ausgearbeitete allgemeine Organisationstheorie betont den äußerst geringen Anteil formalisierter Verhaltenserwartungen in einem Handlungssystem (Luhmann 1964: 39, 268 ff.), schreibt Formalität überhaupt nur „bestimmten Verhaltenserwartungen, nicht jedoch eine(m) sozialen System ... als Ganzem" zu (1964: 38) und formuliert in einer späteren Arbeit bündig:

„Die Formalstruktur eines Systems trifft eine einseitige, für sich allein nicht bestandsfähige Auswahl eines Grundgerüstes von Verhaltenserwartungen, die präzisiert, miteinander integriert und sanktioniert werden können und vor allem die primäre gesellschaftliche Funktion des Systems sicherstellen. Der Ausgleich von Folgeproblemen dieser Einseitigkeit muß durch *informale* Erwartungen und Handlungen geschehen, die bis ins Formal-Illegale hineinreichen können. *Erst diese Kompensation macht eine Organisation zu einem System*" (1968: 153).

Nun sind auch bei Luhmann nicht geradezu – wie die letztere Formulierung suggeriert – der Formalismus der Organisation, die Informalität dem System zugeordnet, aber Formalismus und System stehen in einem äußerst indirekten Zusammenhang: Formalisierung bzw. Generalisierung von Verhaltenserwartungen (auch soweit es sich dabei um rechtliche Normierungen handelt) gilt zwar insoweit als „Medium der Systembildung" (1964: 276), als hier die Konstitutionsbedingungen von Systemen, die Definition der Systemgrenzen und die Regelung der Mitgliedschaften, betroffen sind. Aber in der laufenden Reproduktion der Systeme hängt die Frage, ob formale Regeln überhaupt eine Handlungssituation direkt strukturieren, von der Vorstrukturierung dieser Situation selbst ab (1964: 308 f.), d. h. von den „eigentlichen" systemischen Mechanismen der faktischen Informationsverarbeitung, der tatsächlichen Anschlußzwänge durch bereits vorliegende Entscheidungsketten, oder z. B. der „Kontaktstrukturen", die sich gegenläufig zu den Dienstwegvorschriften (1964: 205, 272 ff.) etabliert haben.
Auch wo Luhmann tatsächlich Recht und Geld in einem Atem als „Medien" des Wohlfahrtsstaates nennt, die im Sinne „technischer Diffusion" politischer Macht fungieren (1981: 94 ff.), ist doch stets die prinzipielle Gegensätzlichkeit beider Mechanismen unterstellt (1972: 208). Bevor aber Luhmann überhaupt in diesem Sinne das Recht in so handlicher Weise zu einem Medium technischer Effizienz beim Einsatz staatlicher Macht herunterdefinieren kann (1974b: 179), muß er vorher Recht seines normativen, sogar: seines rechtlichen Charakters entkleiden. Dies gilt nicht nur für diejenigen Rechtsmaterien, denen Habermas eine freiheitssichernde, die Lebenswelt schützende Funktion ausdrücklich zuschreibt. In diesen Fällen kommt Luhmann ohnehin mit seiner Grundannahme, daß Recht „als Struktur unentbehrlich" ist, was jedenfalls die Konstitutionsbedingungen von Systemen betrifft (s. o. und 1983: 134), in Konflikt: hier gilt z. B. die Warnung, „wie leicht die Betonung des subjektiven Rechts *als Recht* zur Vernachlässigung von Strukturfragen führen kann" (1970c: 372 – Hervorhebung I.M.). Offenbar kann, Luhmann zufolge, Recht nur als Struktur eines Systems fungieren, wenn es seinen Rechtscharakter aufgegeben hat. Ähnlich müssen Grundrechte von individuellen Freiheits- oder Persönlichkeitsrechten auf ihr eigenes Gegenteil umgestellt werden, um ihre systemische Bedeutung darzutun: Nach Luhmann hat z. B. „die Arbeits- und Berufsfreiheit" die Funktion, „die Verteilung von Personen auf Arbeitsaufgaben marktmäßig rational zu organisieren" (1965: 133), und sogar die Eigentumsgarantie wird nicht der Persönlichkeit zugeordnet – was übrigens „unmittelbar zum Kommunismus" führen würde (1965: 122) –, sondern als Garantie der Teilnahme am Wirtschaftssystem „um der Funktionsfähigkeit des Wirtschaftssystems willen" (1965: 123) gedeutet. Nur indem Luhmann Grundrechte insgesamt als Garantien der Aufrechterhaltung von Systemdifferenzierung interpretiert (1965: 23 et passim), bannt er die in den Freiheitsrechten des Grundgesetzes vermutete „Gefahr, daß ein Individuum seine Persönlichkeit entfaltet und die öffentlichen Interessen in die enger und enger geflochtenen Maschen des Verfassungsrechts treibt" (1965: 80). Auch Luhmanns umfängliche Behandlung allgemeiner rechtsstaatlicher und prozeduraler Bestimmungen des Grundgesetzes (z. B. 1973: 1 ff.; 165 ff.)

läuft insgesamt darauf hinaus, die systemischen Mechanismen politischer Herrschaft gegen die Dysfunktionalitäten „engmaschigen" Verfassungsrechts abzusichern.
Besonders interessant aber ist, daß Luhmann gerade auch Verwaltungsrecht, das Habermas als Prototyp eines als Medium fungierenden Rechts in einem schlechterdings systemischen Handlungsbereich charakterisiert, ähnlichen Operationen unterzieht, um es mit den Mechanismen des Verwaltungssystems überhaupt kompatibel zu halten. Nicht nur hat Luhmann dargetan, daß hinsichtlich der verwaltungsinternen Beziehungen der Gegensatz zwischen Formalstruktur und faktischer Struktur nur durch höhere „Elastizität" des Rechts überbrückt werden kann (1964: 277, 282). Auch seine Realanalyse einer „eigentümlichen ‚Rechtsfremdheit' politisch-administrativer Planungen" (1973: 19) läuft hinsichtlich der gesellschaftlichen Auswirkungen von Verwaltungshandeln auf die dramatische These hinaus, daß angesichts des Ausmaßes gesellschaftlichen Steuerungsbedarfs bei gleichzeitiger Unabsehbarkeit der Kettenreaktionen von Folgewirkungen jedes Eingriffs das Recht grundsätzlich und insgesamt von einem normativen auf einen kognitiven Erwartungsstil hin umgepolt werden muß, um den Lernprozessen permanenter Nachsteuerung nicht im Wege zu stehen und um schließlich immer größere Bereiche des „rechtlich Unnormierbaren" ganz auszusparen (1983: 325 ff.; 1974: 85). Luhmanns ironische Kennzeichnung der innerhalb von administrativen Entscheidungsstäben randständigen Argumentationsweise der Juristen, denen erst „gesagt werden (muß), was geschehen soll, bevor sie sagen können, ob es geht" (1973: 20), seine Einschätzung der objektiv rückläufigen Bedeutung juristischer Profession überhaupt (1975: 173 ff., 90) sowie der Obsoletheit dogmatischer Jurispudenz (1965: 8 ff., 80 ff.; 1983: 350) verdeutlichen noch einmal den prekären Stellenwert, den Luhmanns Theorie dem Recht bereits in gegenwärtigen Systemen zuweist. Im Hinblick auf die Entwicklungsmöglichkeiten der systemisch konstituierten Welt-Gesellschaft in ihrem Gegensatz zu den territorialen Grenzen von Rechtsgeltung äußert Luhmann ohnehin den Verdacht, daß die „Festlegung auf normative, politisch-rechtliche Mechanismen eine Fehlspezialisierung der Menschheitsentwicklung war, an die sich eine weitere Evolution nicht anschließen läßt" (1983: 333 ff., 339 f.). Die wachsende Dysfunktionalität von (Formal-)Recht im Kontext der modernen Hervorbringung immer komplexerer Systemstrukturen ist das eigentliche Thema der Luhmannschen Rechtstheorie.
Gerade im Interesse von „Lebenswelt" ist aus Luhmanns kühler Verabsolutierung der Systemperspektive zu entnehmen, das das vielfach verdächtigte zwingende Formalrecht der eigentlichen Gegenspieler systemischer Strukturen ist. Dies gilt nicht nur für die Entscheidungsabläufe in den politischen Institutionen selbst, sondern hat wesentliche Rückwirkungen auf deren Interaktionen mit gesellschaftlichen Teilbereichen, die in unterschiedlichen Anteilen lebensweltlich strukturiert sind. An diesen Interdependenzen läßt sich zeigen, daß Habermas' bereichsspezifische Unterscheidung zwischen System und Lebenswelt einen rein defensiven Charakter hat. Sie richtet ihre Aufmerksamkeit lediglich auf die Bedrohungen der Lebenswelt, die sich durch das direkte Übergreifen systemischer Mechanismen aus Staat und Wirtschaft ergeben, und überläßt die Bereiche, die sie als „ohnehin" systemisch verselbständigte definiert (Habermas 1981: II 536), resignativ sich selbst. Ausdrücklich formuliert Habermas: Recht

als Medium „kann mehr oder weniger funktional sein; aber außerhalb des Horizonts einer Lebenswelt ist es sinnlos, nach dem freiheitsbürgenden oder freiheitsmindernden Charakter rechtlicher Normierungen zu fragen" (1981: II 538). Tatsächlich aber kann es gerade aus der Perspektive der Lebenswelt von höchster Relevanz sein, welchen Charakter die Rechtsnormen haben, die die interne Struktur von Wirtschaft oder Staat bestimmen. So kann z. B. die Existenz des Tarifvertragssystems die Chance enthalten, daß Familienstrukturen nicht, wie in Zeiten des Frühkapitalismus, ausschließlich durch den Kampf ums Überleben bestimmt werden, sondern sich für Kommunikation öffnen. So könnte z. B. ein den Arbeitsmarkt regelndes „zwingendes" (mit nennenswerten Sanktionen versehenes) Antidiskriminierungsgesetz die Nebenwirkung haben, daß extreme Formen familiären Kommunikationsabbruchs gegenüber Frauen in „lebensweltlichem" Sinne verändert würden.

Erst recht ist von lebensweltlicher Bedeutung, wieviel Beachtung Organisationsnormen und inhaltliche Rechtsnormen in den politischen Institutionen selbst finden, was wiederum von der Struktur dieser Normen abhängt. So können solche inhaltlichen Rechtsänderungen, die in ihrer gesetzgeberischen Intention die Absicherung und Stärkung lebensweltlicher Strukturen bezwecken, um so eher in den Verwaltungsapparaten versickern, je weniger diese durch Organisationsnormen noch tatsächlich strukturiert und auf „Gesetzesvollzug" eingestellt sind – was wiederum um so leichter geschieht, je offener die inhaltlichen Gesetzesnovellen formuliert waren. Die Klagen „innovativer" Politiker über die Widerspenstigkeit der Bürokratien wie die resignativen Einsichten der Implementationsforschung beleuchten dieses Dilemma. Gerade auch im Umgang der Sozialverwaltungen mit ihrer Klientel können selbst unstreitige Rechtsansprüche dadurch verkürzt werden, daß sie nach Maßgabe selbstreferentieller systemischer Mechanismen und verwaltungsinterner Anreizstrukturen bearbeitet werden, die zur formalrechtlichen Organisation der Verwaltung gegenläufig sind – mit der Konsequenz, daß Notlagen, die in konkreten Lebenszusammenhängen auftreten, auch dann keine administrative Berücksichtigung finden, wenn sie in dem seinerseits selektiven Sozialrecht sehr wohl vorgesehen sind.

Was Habermas als besondere Paradoxie des Sozialrechts beschreibt, daß es sich gleichzeitig auf formalrechtlich konstituierte Systeme und auf Handlungssituationen innerhalb informeller Lebensweltkontexte bezieht (1981: II 539), ist die Grundstruktur des modernen Rechts überhaupt. Dieser Gesichtspunkt ist insbesondere für das Verhältnis politischer Institutionen zu ihren gesellschaftlichen Einwirkungsbereichen relevant. Gerade weil moderne positiv gesetzte Rechtsnormen nicht mehr an traditionale Formen und Institutionen gesellschaftlicher Herrschaft rückgekoppelt sind, andererseits sich bekanntlich nicht selbst vollziehen können, wird der Zusammenhang zwischen rechtlicher Regelung politischer Institutionen und rechtlicher Regelung der Gesellschaft konstitutiv. Das moderne Recht strukturiert darum über die Strukturierung der politischen Institutionen die gesellschaftlichen Handlungsbereiche. Die Art der rechtlichen Steuerung der politischen Institutionen selber entscheidet nicht nur darüber, inwieweit Rechtssetzungen überhaupt eine Realisierungschance zukommt, sondern vor allem auch über den Grad der Freiheit in Bereichen der Lebenswelt. Je zwingender und formalistischer der Charakter des Rechts, desto eher können die

Willkür politischer Institutionen in der Kommunikation mit ihrer gesellschaftlichen Umwelt begrenzt und der Anteil selbstreferentieller systemischer Mechanismen der staatlichen Apparate aus deren Entscheidungsprozeß ausgefiltert werden. Erst dieser Zusammenhang macht Gustav Radbruchs (1929: 28) Formulierung verständlich, daß die Ambivalenz des modernen Rechts auf der Seite seiner Inhalte liege, daß aber die strenge Rechtsform „immer gerade den Unterdrückten dient".

Im Doppelcharakter des Rechts, inhaltliche Ermächtigungen an das Staatshandeln auszusprechen und zugleich durch die Rechtsform zu begrenzen, ist deshalb eine Dominanz des zweiten Aspekts angelegt, weil staatliches Handeln, zumal repressives – wie die Zonen extremsten Terrors im NS-System beweisen –, ohne rechtliche Programmierung auskommt. Angesichts der spezifischen Funktion der Rechtsform ist der Strukturwandel des Rechts im 20. Jahrhundert von grundlegender Bedeutung. Die Entformalisierung des Rechts, die gerade auch mit dem sozialstaatlichen Verrechtlichungsschub verbunden ist, hat die Ermächtigungsperspektive des Rechts in hohem Ausmaß verselbständigt und eine Entfesselung politischer Institutionen ermöglicht, die aus klassisch-rechtsstaatlicher Perspektive unvorstellbar ist. Selfrestraint der politischen Institutionen aber steht zum vielfach geforderten „legal self-restraint", wie zu zeigen war, in genauem Gegensatz.

4. „Institutionen der Freiheit" und Legitimationsweisen von Recht

Auch die Erkenntnis, daß der zwingende Formalcharakter des Rechts gleichsam das den politischen Institutionen zugewandte, ihnen auferlegte Moment des modernen Rechts ist, und die Forderung, diesen Zusammenhang freiheitssichernd gegen rechtliche Entformalisierungstendenzen der Gegenwart aufrechtzuerhalten, bleibt freilich selbst noch defensiv. Über solche unverzichtbaren Minimalgarantien hinaus wäre an eine Intention anzuknüpfen, die sich mit Habermas' Begriff „Institutionen der Freiheit" (1981: II 484) verbindet. Die Konkretisierung dessen, was Habermas zu Recht als Desiderat der modernen Gesellschaft bezeichnet, könnte sich an seinen Entwurf der Institutionalisierung einer kommunikativen gesellschaftlichen Selbstregulierung anschließen, ohne allerdings das zugrundeliegende Legitimationskonzept zu übernehmen – und sie hätte eine Antwort auf die Paradoxie moderner Verrechtlichung zu finden, daß die Masse des geltenden Rechts den Staatsbürgern unbekannt ist, daß aber als Legitimation aller Rechtssetzung nur die demokratische in Betracht kommt. Habermas' Forderung, die Verrechtlichung kommunikativ strukturierter Handlungsbereiche dürfe „über die Durchsetzung rechtsstaatlicher Prinzipien, über die rechtliche Institutionalisierung der *äußeren* Verfassung ... nicht hinausgehen", um Raum zu lassen für jeweils bereichsinterne Prozesse diskursiver Willensbildung und Entscheidung (1981: II 544), ist bereits als Vorgriff auf eine „reflexive" Rechtsfunktion im Sinne der „Steuerung von Selbstregulierung" gedeutet worden (Teubner 1985: 334f.). „Institutionen der Freiheit" allerdings, die sich nicht auf die Restbestände von Lebenswelt beschränkten, sondern auch Zonen autonomer diskursiver Normbildungsprozesse in „systemischen" Bereichen errichteten, hätten in diese „äußere Verfassung" Organisations- und Verfahrensnormen für Diskurse unter empirischen Bedingungen aufzunehmen. Dies nicht nur aus Gründen der Kompensation gesellschaftlicher Machtasymmetrien (s. oben 2.), sondern auch im Hinblick auf den prinzipiellen Zusammenhang zwischen Legitimation und Organisation von Rechtsentscheidungen. Hierin besteht die Abweichung von Habermas' Legitimationskonzept.

Zutreffend konstatiert Habermas als Folge der historischen Trennung von Moralität und Legalität, daß die Begründungsproblematik im modernen Recht insofern verlagert wird, als sie sich nun auf die grundlegende Rechtfertigung des Legalitätssystems als Ganzem bezieht (1981: I 354, II 266). Obwohl Habermas in diesem Zusammenhang gegen Max Webers Verabsolutierung des Satzungsprinzips des modernen Rechts betont, daß das Satzungsprinzip insgesamt auf das Begründungsprinzip zurückverweist, unterscheidet er wiederum bereichsspezifisch zwischen systemisch assoziiertem Recht als Medium, zu dessen Legitimation die Setzung in rechtsförmigen Verfahren „genügt", weitergehende Rechtfertigungsansprüche aus der Perspektive der Lebenswelt sogar „sinnlos" sind, und Recht als Institution, das einer „materiellen Rechtfertigung fähig" und bedürftig ist, weil es „zu den legitimen Ordnungen der Lebenswelt selbst" gehört (1981: II 535 f.). Aber sowohl Momente in Habermas' Entfaltung des Begründungsprinzips als auch die Unterscheidung in begründungsfähige und begründungsunfähige Normen überhaupt könnten den freiheitssichernden Charakter von Institutionen — gegen jede subjektive Intention des Ansatzes — beschränken. Für einen bestimmten Aspekt des Begründungsprinzips besteht diese Gefahr sogar schon hinsichtlich bestehender politischer Institutionen.

Habermas' Theorie prozeduraler Rationalität übersetzt gleichsam Luhmanns systemische Konzeption „reflexiver Institutionalisierung" (s. oben 1.) in die Sprache einer Legitimitätstheorie und gibt ihr dabei überhaupt erst die demokratische Wendung:

„Für die Legitimitätsprobleme der Neuzeit ist ... entscheidend, daß das Niveau der Rechtfertigung reflexiv wird. Die Prozeduren und Voraussetzungen des Legitimitätsprozesses sind nunmehr die legitimierenden Gründe, auf die sich die Geltung von Legitimationen stützt. Die Idee der Vereinbarung, die unter allen, und zwar als Freien und Gleichen zustandekommt, bestimmt den prozeduralen Legitimitätstypus der Neuzeit" (Habermas 1976: 44).

Indem aber Habermas das prozedurale Legitimationsprinzip vom konkreten Prozedere politischer Entscheidungsfindung, sogar von der Institutionalisierung politischer Verfahren überhaupt radikal trennt (1976: 44 f.), bleibt die demokratische Struktur seines Begründungsprinzips, der freie und gleiche Diskurs aller von einer Entscheidung Betroffenen, für die Struktur faktischer politischer Entscheidungsverfahren folgenlos:

„Es geht darum, Einrichtungen zu finden, die die Vermutung begründen können, daß die Basisinstitutionen der Gesellschaft und die politischen Grundentscheidungen die ungezwungene Zustimmung aller Betroffenen finden *würden*, wenn diese an diskursiver Willensbildung — als Freie und Gleiche — teilnehmen *könnten*" (1976, 6: 45; Hervorhebung I.M.).

Habermas' Legitimationstheorie impliziert damit einen Rückgriff auf eine von Kant lediglich als Notbehelf formulierte Konstruktion: Solange die historisch verwirklichte Form politischer Herrschaft noch nicht dem in der Idee des Staatsvertrags enthaltenen Legitimationsprinzip, der Selbstgesetzgebung des Volkes, entspricht – worauf hinzuwirken eine „Verbindlichkeit" aus dieser Idee ist – (Kant, MdS 464), gilt als „Probierstein" der Rechtmäßigkeit und Gerechtigkeit aller Gesetze ihre Beschaffenheit, „als (ob) sie aus dem vereinigten Willen eines ganzen Volkes haben entspringen *können*" (Kant, Gemeinspruch 153; Hervorhebung im Original). Was bei Kant nur Notbehelf ist, wird bei Habermas zur notwendigen Konsequenz aus dem Prinzip der Legitimation selbst. Habermas reißt also selber Satzungs- und Begründungsprinzip auseinander, wenn er jenseits einer belanglosen Legitimation durch (beliebig organisierte) Verfahren eine emphatische Legitimation durch Begründung fordert.

Dem entspricht, daß Habermas aus der langen theoretischen Tradition einer Legitimation durch Verfahren die demokratische Version völlig ausklammert, die aus dem Grad demokratischer Organisation der Gesetzgebungsverfahren auf die „Richtigkeit" und Legitimität der Gesetze schloß (dazu Maus 1986: 11 ff.). Statt dessen führt Habermas einen Verfahrensbegriff vor, der von Max Weber geprägt und lediglich durch formale Korrektheit und in der Tat zirkuläre Rechtsförmigkeit bestimmt wurde (Habermas 1981: I 358 f.), oder verweist auf das Negativbeispiel von Luhmanns Verfahrensbegriff (Habermas 1971: 244, 263; Habermas 1981: I 358 f.), der weder demokratische Strukturen impliziert, noch allerdings – wie Habermas unterstellt – die Legitimation durch Verfahren an die rechtliche Verfahrensnormierung bindet (Luhmann 1969: 36 f., 42), sondern Legitimation als das im laufenden Entscheidungsverfahren erwirtschaftete Nebenprodukt der faktischen Umstrukturierung bzw. selektiven „Kleinarbeitung" gegenläufiger Erwartungen und Interessen der Verfahrensbeteiligten und Entscheidungsabnehmer definiert. Erst die Isolierung einer völlig depravierten Verfahrenslegitimation macht das Konzept einer von ihr getrennten Begründungslegitimation plausibel.

Die abgehobene Existenz eines allen empirischen Verfahren vorhergehenden prozeduralen Legitimationsprinzips kann – wie manche Verwertungen der Habermasschen Theorie in der rechtswissenschaftlichen Diskussion zeigen – mit elitären Konsequenzen gegen die Legitimation des Rechts durch demokratische Legitimation der Rechtsetzung ausgespielt werden. Wie schon aus Kants Notbehelf hervorgeht, kann eine Legitimation durch Begründung auch im Kopfe des aufgeklärten gesetzgebenden Monarchen und in den Köpfen der Mitglieder der Philosophischen Fakultät vor sich gehen. Aktueller sind Konstruktionen, die durch eine vom demokratischen Prozedere abgekoppelte diskursive Begründung den Gerichten eine eigenständige Legitimationsbasis beschaffen[9], die es ihnen erlaubt, ihre Entscheidungen gegen gesetzliche Programmierung zu verselbständigen, oder die die „Ausgewogenheit in den Köpfen der Verwalter" (s. oben 2.) als Äquivalent für die faktische Beteiligung aller Betroffenen in einem Verwaltungsverfahren gelten lassen. Paradoxerweise stärken solche Konsequenzen alle gegenwärtig herrschenden Trends zur Freisetzung staatlicher Institutionen aus den Beschränkungen, die ihnen eine durch Rechtsbindung vermittelte demokratische Kontrolle wenigstens noch rudimentär auferlegt.

Indessen sträubt sich Habermas' Theorie gegen ganz umstandslose Verwertungen dieser Art. Die Trennung zwischen Legitimationsprinzip und Organisation politischer Ent-

scheidungen will Habermas zunächst als methodische verstanden wissen. In diesem Sinne sind „Fragen der konsenstheoretischen Einführung des Diskursbegriffs und Fragen der Institutionalisierung von Diskursen auseinanderzuhalten" (Habermas 1972: 382). Nur für den normativen Begriff gilt die Aussage: „Der Diskurs ist keine Institution, er ist Gegeninstitution schlechthin" (1971b: 201). Ein Verfahren der kooperativen Wahrheitssuche, das kommunikatives Handeln unterbricht, um dort problematisch gewordene Geltungsansprüche in einer von allen Interaktionszwängen freien Form zu prüfen (1971b: 198 ff.), erfordert in der Tat eine „kontrafaktische" Bestimmung. Für das Problem der politischen Institutionalisierung von Diskursen läßt Habermas durchaus die Frage zu, „wie Diskurse in einer gegebenen Lage *als* Organisationsprinzip der Willensbildung durchgesetzt werden können" (1972: 382), um allerdings in der konkreten Erörterung Organisationsprobleme doch wieder auf seiten des einschränkenden Realitätsprinzips zu verorten (1972: 385 f.). Die Divergenz von Diskurs und Organisation bleibt auch auf der Ebene politischer Institutionalisierung erhalten.
Allerdings enthält Habermas' Prinzip des Diskurses selbst ein Moment, das in demokratische Organisation gar nicht umgesetzt werden kann. Die Anforderungen an die Teilnehmer eines Diskurses sind zu hoch. Wenn Habermas die Wahrheit von Aussagen, bzw. die Richtigkeit von Handlungsnormen von der potentiellen Zustimmung aller anderen in einer idealen Sprechsituation abhängig macht, verlegt er zwar das eigentliche Kriterium in die Struktur der symmetrischen Kommunikation, in der die Zustimmenden sich befinden müssen, und nicht in die Persönlichkeitsmerkmale der Sprecher (Habermas 1971a: 124, 136 ff., 139). Insoweit läge hierin für die Umsetzung in Diskurse unter empirischen Bedingungen noch ein Verweis auf Organisation, die zu garantieren hätte, daß auch schwache Stimmen gehört werden. Mit der Potentialität der Zustimmung aller ist aber der Anfang einer Argumentationskette gesetzt, die tatsächlich zu elitären Konsequenzen führt: Da immer nur die faktische Zustimmung „einiger" zu erreichen ist, kann die Wahrheitsbedingung dahingehend eingeschränkt werden, daß jeder andere „kompetente" Beurteiler zustimmen muß, weil der Grad der Kompetenz seines Urteils das Ausmaß weiterer Zustimmung wahrscheinlich macht (Habermas 1971a: 124 f.). Die Kompetenz von Diskursteilnehmern wird mit „Vernünftigkeit" (Habermas 1971a: 125) und „Zurechnungsfähigkeit", als der Fähigkeit, sich an universalen Geltungsansprüchen zu orientieren (Habermas 1976: 77), umschrieben. Gefordert ist eine „rational(e) ... Person", die weder ihren „Affekten nachgibt noch den unmittelbaren Interessen folgt, sondern bemüht ist, den Streit unter moralischen Gesichtspunkten unparteiisch zu beurteilen und konsensuell beizulegen" (Habermas 1981: 39). Der idealistische Zusammenhang von Vernunft und Askese, von Richtigkeit und Interessenferne gilt für die kontrafaktisch zu unterstellende ideale Sprechsituation. Für Diskurse unter empirischen Bedingungen ist aber jenes Modell leichter mit einer Gerichtsverhandlung, die sich jedenfalls die *Form* eines Diskurses zu geben hat, bzw. mit der Urteilsbegründung durch den vom Parteienstreit abgehobenen Richter zu assoziieren als mit notorisch interessengebundenen Gesetzgebungsverfahren, seien sie nun basisdemokratischer oder parlamentarischer Natur. So hat denn auch Habermas nach anfänglicher Ablehnung (1971: 200 f.) Gerichtsverfahren immerhin als „Sonderfall" des Diskurses anerkannt (1981: I 62, Anm. 63). Dagegen

läßt Habermas' Ausführung, daß das „Aushandeln von Kompromissen ... überhaupt nicht einer streng diskursiven Einlösung von Geltungsansprüchen, sondern der Abstimmung nichtverallgemeinerungsfähiger Interessen" diene (1981: 61), eine Bewertung von Gesetzgebungsverfahren zu, die der Weimarer Konservatismus mit der Differenz von „Repräsentation" (des „Vernünftigen") und „Vertretung" (partikularer Interessen) tatsächlich vorgenommen hat (Schmitt 1957: 204 ff.; Schmitt 1969: 44) und die dem Anspruch juristischer Methodenlehre, durch die Rationalität der Rechtsanwendung die Irrationalität der Rechtsetzung zu kompensieren (Esser 1970: 88), noch immer zugrundeliegt. Eine Diskurstheorie, die in ihrer normativen Ausformulierung die Distanz von faktischer Konsensermittlung zum Prinzip hat, ist gegen eine Umwertung ihrer Intentionen zur Legitimation von Gerechtigkeitsexpertokratien, wie sie sich vor allem im Zuge justizstaatlicher Entwicklung der Bundesrepublik etabliert haben, nicht geschützt. Sie trifft sich andererseits sogar, indem sie ein demokratisches Diskursmodell entwirft, das nicht institutionalisiert werden kann, mit der antipodischen Systemtheorie, die es vorzieht, Legitimität selber einer Institutionalisierung zu unterwerfen: in der „Unterstellbarkeit des Akzeptierens" (Luhmann 1983: 261).

Daß Habermas nur außerordentlich wenig Rechtsnormen überhaupt für begründungsfähig und -bedürftig hält, folgt aus der Struktur seines Legitimationsmodells. Unter dem Stichwort „Recht als Institution" nennt Habermas als typische Materien die Grundlagen des Verfassungsrechts, die Prinzipien des Straf- und Strafverfahrensrechts und alle Regelungen „moralnaher" Straftatbestände (1981: II 536) und überläßt damit die große Masse des modernen Rechts beliebiger Setzung. Die Interessenferne der vernünftigen Diskursteilnehmer war eine Bedingung dafür, daß die von ihnen geprüften Handlungsnormen „ein *allen* Betroffenen *gemeinsames* Interesse ausdrücken und darum allgemeine Anerkennung ... *verdienen*" (1981: I 39; Hervorhebung im Original). Die Prüfung der Verallgemeinerungsfähigkeit von Interessen im Diskurs kann aber kaum etwas anderes ergeben, als daß es in der modernen Gesellschaft nur noch sehr wenig allgemeine Interessen gibt. Die Beliebigkeit der Masse des Rechts angesichts hochidealistischer Legitimationsanforderungen erscheint nicht als ein zufriedenstellendes Resultat. An der extremen Partikularisierung der Interessen und Pluralisierung der Moral in der modernen Gesellschaft greift ein universalistisches Rechtfertigungsmodell vorbei. Wenn Habermas auch betont, daß in eine universalistische Ethik durch Gesichtspunkte der Folgenkalkulation und Bedürfnisinterpretation „materialistische Ideen Eingang finden (können), ohne die Autonomie des Moralischen zu gefährden" (1981: II 586), so wird doch durch die Fragmentierung und Regionalisierung der konkreten Bedürfnisse jener Universalismus in Frage gestellt. Regionale Interessen an der Freiheit von Lärmbelästigung sind z. B. nicht universalisierbar, was kaum gegen ihre Berechtigung spricht. Sie sind folglich gezwungen, in universalistischer Verkleidung (Gefährdung der Umwelt überhaupt) aufzutreten. Interessen der Industrie können dann das Motiv der Versorgung der Menschheit mit Wärme und Licht geltend machen, etc. Und alle zusammen werden durch expertokratische „Wertabwägung" verwaltet.

Noch viel bedeutender wird für die weitere Entwicklung der modernen Gesellschaft

die Pluralisierung der Moral. Je mehr Hunger und Staatsterrorismus in aller Welt Flüchtlingsströme unbekannten Ausmaßes in Bewegung setzen, werden freie Gesellschaften daran zu erkennen sein, daß sie multikulturelle sind. Dies bedeutet bei gleichzeitiger Tendenz zur Revitalisierung importierter Religionen mit ihren jeweiligen Moralkodexen, daß gerade das gegeneinander nicht Universalisierbare der Gesellschaft auf Spielregeln der Verträglichkeit, des Austauschs und der friedlichen Koexistenz angewiesen ist. Zu Recht basiert Habermas Legitimation nicht mehr auf „letzte Gründe", sondern auf die prozeduralen Bedingungen der Rechtfertigung von Gründen. Es scheint aber, daß unter gegenwärtigen gesellschaftlichen Verhältnissen Habermas' Überlegung radikalisiert werden muß: demokratische Prozeduralität kann nicht mehr Mittel zum Zweck der Explikation von Geltungsgründen sein, sondern sie wird gleichsam Selbstzweck, weil sie selber die Verwirklichung von Freiheit ist.
Demokratische Legitimation und Recht können gegenwärtig nur noch durch die Dezentralisierung von Rechtsetzung zusammengebracht werden. Das gilt auch für die Legitimation durch *demokratische* Verfahren, wie sie die klassische Demokratie- und Rechtsstaatstheorie formulierte. Rousseau und Kant gingen gleichermaßen davon aus, daß Gesetze dann die Autonomie der Bürger garantieren und Willkür ausschließen, wenn alle über alle das Gleiche beschließen (Rousseau, CS II, 6; Kant, MdS 432). Diese Formel ist nicht, wie vielfach mißverstanden, an das Modell einer „identitären" Demokratie gebunden, sondern — wie die Differenz zwischen Rousseau und Kant in diesem Punkt belegt — das unterschiedliche Demokratie- und Rechtsstaatstypen übergreifende Konzept der Freiheitssicherung durch demokratische Legitimation, inhaltliche Allgemeinheit und Anwendungsgleichheit des Gesetzes. Diese demokratische Allgemeinheit des Gesetzes aber scheitert ebenso wie der Universalismus prozeduraler Ethik am gegenwärtigen Zustand der Gesellschaft. Gesellschaftliche Differenzierung, staatliche Detailregulierung und die Intensität der Verrechtlichung haben in einem Ausmaß zugenommen, daß sämtliche Voraussetzungen der legitimatorischen Trias gesetzlicher Allgemeinheit entfallen sind. Unter diesen Umständen hat die wachsende Spezialisierung der Gesetze die Konsequenz, daß immer mehr Gesetze eine immer kleinere Zahl von Letztadressaten überhaupt und zudem mit unterschiedlicher Intensität betreffen (Offe 1984: 168) und immer weniger Gesetze selbst den Betroffenen auch nur bekannt sind.
Demokratische Legitimation *zentraler* politischer Rechtsetzung ist darum nur noch für jene inhaltlichen Materien, die wirklich „für alle" gelten, und für die Normierung von Verfahren gesellschaftlicher Normsetzung, die Bedingungen der Gleichheit von Diskursen zu formulieren haben, möglich. Für viele inhaltliche Rechtsmaterien bietet sich aber, um die Normen überhaupt wieder einer legitimatorischen Prüfung zugänglich zu machen, eine Form dezentraler Rechtsetzung durch die Betroffenen selbst an, in der Habermas Forderung der Beschränkung staatlichen Rechts auf die „äußere Verfassung" selbstregulatorischer gesellschaftlicher Bereiche und Teubners Konzept „reflexiven" Rechts zusammenstimmen. Allerdings ist (aus den genannten Gründen) der Verzicht auf staatliche inhaltliche Rechtsetzung nicht ohne Kompensation durch formstrenges Verfahrensrecht für gesellschaftliche Normbildungsprozesse möglich. Dabei gilt jedoch für gesellschaftliche Institutionen der Privatheit, die Habermas zum

Kernbereich von Lebenswelt rechnet, ohnehin, daß außer in Fällen immanenter Zerstörung weder inhaltliche noch prozedurale Rechtsnormen sie überhaupt erreichen. Das moderne Recht steht zu ihnen immer noch in einem Verhältnis, das Habermas als typisch für traditionale Gesellschaften insgesamt beschreibt (1981: II 265): Das Recht übernimmt als „Metainstitution" lediglich die „Ausfallbürgschaft" für den Fall, daß die Institution erster Ordnung versagt. Für die Errichtung von „Institutionen der Freiheit" in bislang systemisch vermachteten gesellschaftlichen Bereichen wäre dagegen eine Verrechtlichung ihrer Normbildungsprozesse konstitutiv. Es handelte sich notwendig um „künstliche", „sekundäre" Institutionen. – Eine staatlich-gesellschaftliche Arbeitsteilung der Rechtsetzung unter demokratischen Vorzeichen hätte zweifellos die Konsequenz, daß die autonomen gesellschaftlichen Lernprozesse durch die jeweils partikular Betroffenen den Gedanken einer Harmonisierung der verschiedenen inhaltlichen Teilrechtsordnungen hinfällig machte. Demokratisierte Normsetzungen in der Industrie wären gleichsam blind gegen solche im Bildungssystem – und umgekehrt. Vielleicht liegt gerade in der Nicht-Kompatibilisierung aller gesellschaftlichen Teilbereiche ein wesentlicher Aspekt der Freiheit.

Anmerkungen

1 Als erste Systematisierungen der Diskussion s. Blankenburg und Lenk 1980, Voigt 1980; 1983a; 1983b; Kübler 1985.
2 Vgl. Neumann 1937. Die Generalität des Gesetzes, die Neumann neben der inhaltlichen Bestimmtheit gleichermaßen für ein wesentliches Merkmal des rechtsstaatlichen Gesetzes hält, kann dagegen eher als ein Mythos bezeichnet werden, für den auch frühbürgerliche Rechtsstaatstheorien kaum Anhaltspunkte bieten (Maus 1986: 11 ff.). Die Kritik am „verfallslogischen" Denken Franz Neumanns (Ladeur 1983: 473; Hase und Ruete 1983: 204 ff.), das das Gesetz in seiner abstrakt-allgemeinen Struktur als Grundform des Rechts begreife und von daher die moderne Rechtsentwicklung als Dekadenzerscheinung bestimme, setzt sich allerdings nicht mit der Funktionsweise der Rechtsbestimmtheit auseinander. Dazu unten.
3 Vgl. die Analyse der historischen Verrechtlichungsschübe bei Habermas (1981: II 524); dazu unter III. Mit guten Gründen bezeichnet Teubner (1985: 302) den sozialstaatlichen Verrechtlichungsschub als das Verrechtlichungsphänomen im engeren Sinne.
4 Das Bundesverfassungsgericht weist der Rechtsprechung insgesamt die Aufgabe zu, „Wertvorstellungen, die der verfassungsmäßigen Rechtsordnung immanent, aber in den Texten der geschriebenen Gesetze nicht oder nur unvollkommen zum Ausdruck gelangt sind, in einem Akt des bewertenden Erkennens, dem auch willenhafte Elemente nicht fehlen, ans Licht zu bringen und in Entscheidungen zu realisieren" (BVerfGE 34, 269, 287).
5 „Politik" im Luhmannschen Sinne, d. h. die den politischen Institutionen vorgelagerten Legitimationsbeschaffungsprozesse der öffentlichen politischen Willensbildung. Eine Entgrenzung der Verwaltung zu diesem Bereich meint also deren Selbstlegitimierung und politische Selbstprogrammierung in einem. Dagegen soll nicht etwa die Tatsache, daß Verwaltungs- und Gerichtsentscheidungen nach allgemeinem Sprachgebrauch politische Implikationen enthalten, schon als Deprofessionalisierung des Verwaltungs- und Justizhandelns gewertet werden. – Sofern Luhmann selbst schon von einem Abwägungsopportunismus der Gerichte spricht (1983: 329), nimmt er aber dessen kasuistische Verfestigung und deshalb Nichtvergleichbarkeit mit dem Verwaltungshandeln an – wie Luhmann überhaupt eine relativ hohe Selbstbindung der Rechtsprechung unterstellt (1983: 236), die in der Verfassungsjudikatur jedenfalls nicht belegt werden kann.
6 Teubner und Willke 1980: 51. Diese ausdrückliche Bemerkung bezieht sich zwar auf das Problem der Vermittlung der Innen- und Außenperspektive intermediärer Verbände und ist, soweit sie dadurch die innere Organisation von Verbänden betrifft, plausibel, soweit sie aber

einen allgemeineren Status erhält (54), problematisch im oben diskutierten Sinn. Auf die mögliche Kontraproduktivität der Regelung der Binnenstrukturen von Verbänden kann hier nicht eingegangen werden; vgl. dazu die Diskussion zwischen Teubner (1978: 173 ff.) und Offe (1979b: 72 ff.).

7 Zur Ausgrenzung völlig rechtsfreier Räume vgl. z. B. das Gestapo-Gesetz vom 10. Februar 1936. Seitdem es in Kraft trat, unterlagen alle Verfügungen in Angelegenheiten der Geheimen Staatspolizei nicht mehr der Nachprüfung durch die Verwaltungsgerichte (§ 7). Die gesamte Gestapotätigkeit konnte auf eine reine Befehlsstruktur umgestellt werden. – Die Tatsache, daß auch die Beziehungen zwischen Politik und Wirtschaft relativ weitgehend außerrechtlich geregelt wurden, nötigt zu gewissen Korrekturen der berühmten Interpretation der dualistischen Rechtsstruktur des Nationalsozialismus durch Ernst Fraenkels „dual state"-These. Dazu im einzelnen Maus 1983: 190 ff.

8 Simitis (1985: 128) verweist darauf, daß jede „autonome" Rechtsetzung (z. B. durch Tarifvertrag) allein durch die staatliche Garantie der Regelungskompetenz wiederum verstaatlicht wird. Die eigentlichen Einfallstore inhaltlicher staatlicher Kontrolle aber sieht Simitis zu Recht in „Gemeinwohl"- und „public interest"- Formeln.

9 Als repräsentativ für zahlreiche Publikationen dieser Art vgl. Alexys (1983: 259 ff.) Entwurf einer Theorie juristischer Begründung. Ihm soll nicht die Berechtigung hinsichtlich der wirklichen Interpretationsspielräume von Gesetzen abgesprochen werden. Die Problematik dieses Ansatzes beginnt jedoch da, wo sich das rechtstheoretische Interesse des Argumentationsentwurfs gegen „verfassungsrechtliche Gründe" verselbständigt und als Interesse am „Umfang richterlicher Kompetenz" deutlich zu erkennen gibt (Alexy 1983: 45).

Literatur

v. Alemann, U. (Hrsg.), 1981: Neokorporatismus. Frankfurt/M., New York.
Alexy, H./Gotthold, J., 1980: Verwaltung zwischen konditionaler Programmierung und eigener Verwaltungsverantwortung. Zur Lage der Verwaltung bei der Ausführung von Planungsgesetzen. In: Voigt, R. (Hrsg.): Verrechtlichung. Königstein/Ts. 200–214.
Alexy, R., 1983: Theorie der juristischen Argumentation. Die Theorie des rationalen Diskurses als Theorie der juristischen Begründung. Frankfurt/M.
Berlit, U./Dreier, H./Uthmann, H., 1979: Mitbestimmung unter Vorbehalt? In: Kritische Justiz 12. 173–181.
Blankenburg, E./Lenk, K. (Hrsg.), 1980: Organisation und Recht. Organisatorische Bedingungen des Gesetzesvollzugs. Jahrbuch für Rechtssoziologie und Rechtstheorie, Bd. 7. Opladen.
Bohne, E., 1980: Informales Verwaltungshandeln im Gesetzesvollzug. In: Blankenburg, E./Lenk, K. (Hrsg.), Organisation und Recht. Jahrbuch für Rechtssoziologie und Rechtstheorie, Bd. 7 Opladen. 20–81.
Bülow, E., 1980: Gesetzesflut – Gesetzesperfektionismus. Sitzungsbericht Q zum 53. Deutschen Juristentag. München. Q 18–Q 27.
Christie, N., 1976: Konflikte als Eigentum. Informationsbrief der Sektion Rechtssoziologie in der deutschen Gesellschaft für Soziologie, Nr. 12. 12–20.
Denninger, E., 1973: Staatsrecht 1. Reinbek.
Denninger, E., 1976: Freiheitsordnung – Wertordnung – Pflichtordnung. In: Tohidipur, M. (Hrsg.): Verfassung, Verfassungsgerichtsbarkeit, Politik. Frankfurt/M. 163–183.
Dessauer, F., 1928: Recht, Richtertum und Ministerialbürokratie. Eine Studie über den Einfluß von Machtverschiebungen auf die Gestaltung des Privatrechts. Mannheim, Berlin, Leipzig.
Diamond, St., 1976: Kritik der Zivilisation. Frankfurt/M., New York.
Erd, R., 1983: Gesetzgebung oder Machtpoker? Das Beispiel der amerikanischen Gewerkschaften. In: Voigt, R. (Hrsg.): Abschied vom Recht? Frankfurt/M. 197–220.
Esser, J., 1970: Vorverständnis und Methodenwahl in der Rechtsfindung. Frankfurt/M.
Esser, J./Fach, W., 1981: Korporatistische Krisenregulierung im „Modell Deutschland". In: v. Alemann, U. (Hrsg.): Neokorporatismus. Frankfurt/M., New York. 158–179.
Gessner, V./Winter, G. (Hrsg.), 1982: Rechtsformen der Verflechtung von Staat und Wirtschaft. Jahrbuch für Rechtssoziologie und Rechtstheorie, Bd. 8. Opladen.

Habermas, J., 1971a: Vorbereitende Bemerkungen zu einer Theorie der kommunikativen Kompetenz. In ds./Luhmann, N.: Theorie der Gesellschaft oder Sozialtechnologie? Frankfurt. 101–141.
Habermas, J., 1971b: Theorie der Gesellschaft oder Sozialtechnologie? Eine Auseinandersetzung mit Niklas Luhmann. In ds./Luhmann, N.: Theorie der Gesellschaft oder Sozialtechnologie? Frankfurt/M. 142–290.
Habermas, J., 1972: Die Utopie des guten Herrschers. In ds., 1973: Kultur und Kritik. Frankfurt/M. 378–388.
Habermas, J., 1976: Legitimationsprobleme im modernen Staat. Politische Vierteljahresschrift, SH 7. 39–61.
Habermas, J., 1981: Theorie des kommunikativen Handelns. 2 Bde. Frankfurt/M.
Häberle, P., 1970: Öffentliches Interesse als juristisches Problem. Eine Analyse von Gesetzgebung und Rechtsprechung. Bad Homburg v. d. H.
Häberle, P., 1972: Grundrechte im Leistungsstaat. Veröffentlichungen der Vereinigung der deutschen Staatsrechtlehrer 30. 43–141.
Hase, F./Ruete, M., 1983: Dekadenz der Rechtsentwicklung? Leviathan 11. 200–213.
Hedemann, J. W., 1933: Die Flucht in die Generalklauseln. Eine Gefahr für Recht und Staat. Tübingen.
Hendler, R., 1983: Grundprobleme der Entregelung im demokratischen Rechts- und Sozialstaat. In: Voigt, R. (Hrsg.): Gegentendenzen zur Verrechtlichung. Jahrbuch für Rechtssoziologie und Rechtstheorie, Bd. 9. 59–70.
Hirsch, J., 1980: Der Sicherheitsstaat. Das „Modell Deutschland", seine Krise und die neuen sozialen Bewegungen. Frankfurt/M.
Hoppe, W., 1974: Zur Struktur von Normen des Planungsrechts. Deutsches Verwaltungsblatt 89. 641–647.
Hucke, J./Ullmann, A. A., 1980: Konfliktregelung zwischen Industriebetrieb und Vollzugsbehörde bei der Durchsetzung regulativer Politik. In: Mayntz, R. (Hrsg.): Implementation politischer Programme. Empirische Forschungsberichte. Königstein/Ts. 105–126.
Kant, I. (MdS): Metaphysik der Sitten. Hrsg. Weischedel. Werkausgabe Bd. 8. Frankfurt/M. 1977.
Kant, I. (Gemeinspruch): Über den Gemeinspruch: Das mag in der Theorie richtig sein, taugt aber nicht für die Praxis. Hrsg. Weischedel. Werkaugabe Bd. 11. Frankfurt/M. 1977.
Kantorowicz, H., 1906: Der Kampf um die Rechtswissenschaft. In ds., 1962: Rechtswissenschaft und Soziologie. Ausgewählte Schriften zur Wissenschaftslehre. Karlsruhe. 13–39.
Kirchheimer, O., 1941: Die Rechtsordnung des Nationalsozialismus. In ds., 1972: Funktionen des Staats und der Verfassung, Frankfurt/M. 115–142.
Knoepfel, P., 1980: Verrechtlichung und Interesse. Interessenberücksichtigungsmuster in drei Grundtypen von Verrechtlichungsstrategien aus der Umwelt-, Risiko- und Bildungspolitik. In: Voigt, R. (Hrsg.): Verrechtlichung. Königstein/Ts. 77–93.
Knoepfel, P./Weidner, H., 1980: Normbildung und Implementation: Interessensberücksichtungsmuster in Programmstrukturen von Luftreinhaltepolitiken. In: Mayntz, R. (Hrsg.), 1980: Implementation politischer Programme. Königstein/Ts. 82–104.
Kübler, F. (Hrsg.), 1985: Verrechtlichung von Wirtschaft, Arbeit und sozialer Solidarität. Frankfurt/M.
Ladeur, K.-H., 1979: Vom Gesetzesvollzug zur strategischen Rechtsfortbildung. Zur Genealogie des Verwaltungsrechts. Leviathan 7. 339–375.
Ladeur, K.-H., 1982: Verrechtlichung der Ökonomie – Ökonomisierung des Rechts? In: Gessner, V./Winter, G. (Hrsg.): Rechtsformen der Verflechtung von Staat und Wirtschaft, Jahrbuch für Rechtssoziologie und Rechtstheorie, Bd. 8. Opladen. 74–92.
Ladeur, K.-H., 1983: „Abwägung" – ein neues Rechtsparadigma? Von der Einheit der Rechtsordnung zur Pluralität der Rechtsdiskurse. Archiv für Rechts- und Sozialphilosophie 69. 463–483.
Leibfried, St., 1977: Vorwort zu Piven, F. F./Cloward, R. A.: Regulierung der Armut. Die Politik der öffentlichen Wohlfahrt. Frankfurt/M. 9–67.
Luhmann, N., 1964: Funktionen und Folgen formaler Organisation. Berlin.
Luhmann, N., 1965: Grundrechte als Institution. Berlin.
Luhmann, N., 1966: Reflexive Mechanismen. In ds., 1970: Soziologische Aufklärung, Bd. 1. Opladen. 92–112.

Luhmann, N., 1967: Gesellschaftliche und politische Bedingungen des Rechtsstaates. In ds., 1971: Politische Planung. Opladen. 53–65.
Luhmann, N., 1968: Die Knappheit der Zeit und die Vordringlichheit des Befristeten. In ds., 1971: Politische Planung. Opladen. 143–164.
Luhmann, N., 1969: Legitimation durch Verfahren. Neuwied, Berlin.
Luhmann, N., 1970a: Positivität des Rechts als Voraussetzung einer modernen Gesellschaft. In ds., 1981: Ausdifferenzierung des Rechts. Beiträge zur Rechtssoziologie und Rechtstheorie. Frankfurt/M. 113–153.
Luhmann, N., 1970b: Institutionalisierung – Funktion und Mechanismus im sozialen System der Gesellschaft. In: Schelsky, H. (Hrsg.): Zur Theorie der Institution. Düsseldorf. 27–41.
Luhmann, N., 1970c: Zur Funktion der subjektiven Rechte. In ds., 1981: Ausdifferenzierung des Rechts. Frankfurt/M. 360–373.
Luhmann, N., 1971: Opportunismus und Programmatik in der öffentlichen Verwaltung. In ds.: Politische Planung. Opladen 165–180.
Luhmann, N., 1972: Knappheit, Geld und die bürgerliche Gesellschaft. Jahrbuch für Sozialwissenschaft 23. 186–210.
Luhmann, N., 1973: Politische Verfassungen im Kontext des Gesellschaftssystems. Der Staat 12. 1–22; 165–182.
Luhmann, N., 1974a: Die Funktion des Rechts: Erwartungssicherung oder Verwaltungssteuerung? In ds., 1981: Ausdifferenzierung des Rechts. Frankfurt. 73–91.
Luhmann, N., 1974b: Einführende Bemerkungen zu einer Theorie symbolisch generalisierter Kommunikationsmedien. In ds., 1975: Soziologische Aufklärung 2. Opladen. 170–192.
Luhmann, N., 1975: Die Profession der Juristen: Kommentare zur Situation in der Bundesrepublick Deutschland. In ds., 1981: Ausdifferenzierung des Rechts. Frankfurt/M. 173–190.
Luhmann, N., 1981: Politische Theorie im Wohlfahrtsstaat. München, Wien.
Luhmann, N., 1983: Rechtssoziologie. 2. Aufl. Opladen.
Maassen, H., 1980: Gesetzesflut – Gesetzesperfektionismus. Sitzungsbericht Q zum 53. Deutschen Juristentag. München. Q 5–Q 11.
Maus, I., 1980: Bürgerliche Rechtstheorie und Faschismus. Zur sozialen Funktion und aktuellen Wirkung der Theorie Carl Schmitts. 2. Aufl. München.
Maus, I., 1981: Zur Problematik des Rationalitäts- und Rechtsstaatspostulats in der gegenwärtigen juristischen Methodik am Beispiel Friedrich Müllers. In: Abendroth, W./Blanke, B./Preuß, U. K. (u. a.): Ordnungsmacht? Über das Verhältnis von Legalität, Konsens und Herrschaft. Festschrift für Helmut Ridder. Frankfurt. 153–179.
Maus, I., 1983: Juristische Methodik und Justizfunktion im Nationalsozialismus. Archiv für Rechts- und Sozialphilosphie, Beiheft 18. 176–196.
Maus, I., 1986: Rechtstheorie und politische Theorie im Industriekapitalismus, München.
Mayntz, R., 1980: Einleitung. In ds. (Hrsg.): Implementation politischer Programme. Empirische Forschungsberichte. Königstein/Ts. 1–19.
Meyer-Hesemann, W., 1983: Modernisierungstendenzen in der nationalsozialistischen Verwaltungsrechtswissenschaft. Archiv für Rechts- und Sozialphilosophie, Beiheft 18. 140–151.
Mückenberger, U., 1979: Mitbestimmung und „Funktionsfähigkeit" der Unternehmen. Zum Mitbestimmungsurteil des Bundesverfassungsgerichts vom 1. März 1979. In: Däubler, W./Küsel, G. (Hrsg.): Verfassungsgericht und Politik. Kritische Beiträge zu problematischen Urteilen. Reinbek. 49–69.
Neumann, F., 1937: Der Funktionswandel des Gesetzes im Recht der bürgerlichen Gesellschaft. In ds., 1967: Demokratischer und autoritärer Staat. Frankfurt. 7–57.
Offe, C., 1974: Rationalitätskriterien und Funktionsprobleme politisch-administrativen Handelns. Leviathan 2. 333–345.
Offe, C., 1979a: „Unregierbarkeit". Zur Renaissance konservativer Krisentheorien. In: Habermas, J. (Hrsg.): Stichworte zur „Geistigen Situation der Zeit". Bd. 1. Frankfurt/M. 294–217.
Offe, C., 1979b: Die Institutionalisierung des Verbandseinflusses – eine ordnungspolitische Zwickmühle. In: v. Alemann, U./Heinze, R. G. (Hrsg.): Verbände und Staat. Vom Pluralismus zum Korporatismus. Opladen. 72–91.
Offe, C., 1984: Politische Legitimation durch Mehrheitsentscheidung? In: Guggenberger, B./Offe, C. (Hrsg.): An den Grenzen der Mehrheitsdemokratie. Opladen. 150–183.
Pietzcker, J., 1983: Das Verwaltungsverfahren zwischen Verwaltungseffizienz und Rechtsschutzauftrag. Veröffentlichungen der Vereinigung der deutschen Staatsrechtslehrer 41. 193–231.

Radbruch, G., 1929: Klassenrecht und Rechtsidee. In ds., 1957: Der Mensch im Recht. Göttingen. 23–34.
Ridder, H., 1975: Die soziale Ordnung des Grundgesetzes. Leitfaden zu den Grundrechten einer demokratischen Verfassung. Opladen.
Schmitt, C., 1957: Verfassungslehre. 3. Aufl. Berlin.
Schmitt, C., 1969: Die geistesgeschichtliche Lage des heutigen Parlamentarismus. 4. Aufl. Berlin.
Seifert, J., 1976: Verfassungsgerichtliche Selbstbeschränkung. In: Tohidipur, M. (Hrsg.): Verfassung, Verfassungsgerichtsbarkeit, Politik. Frankfurt/M. 116–135.
Shell, K. L., 1978: Rechtsstaatlichkeit und Demokratie in den USA. In: Tohidipur, M. (Hrsg.): Der bürgerliche Rechtsstaat. Frankfurt/M. 277–394.
Simitis, Sp., 1980: Gesetzesflut – Gesetzesperfektionismus. Sitzungsbericht Q zum 53. Deutschen Juristentag. München. Q 35–Q 43.
Simitis, Sp., 1985: Zur Verrechtlichung der Arbeitsbeziehungen. In: Kübler, F. (Hrsg.): Verrechtlichung von Wirtschaft, Arbeit und sozialer Solidarität. Frankfurt/M. 73–165.
Simon, D., 1980: Gesetzesflut – Gesetzesperfektionismus. Sitzungsbericht Q zum 53. Deutschen Juristentag. München Q 12– Q 17.
Simon, H., 1980: Gesetzesflut – Gesetzesperfektionsimus. Sitzungsbericht Q zum 53. Deutschen Juristentag. München. Q 28–Q 34.
Stolleis, M., 1974: Gemeinwohlformeln im nationalsozialistischen Recht. Berlin.
Teubner, G., 1978: Organisationsdemokratie und Verbandsverfassung.
Teubner, G., 1982: Reflexives Recht. Entwicklungsmodelle des Rechts in vergleichender Perspektive. Archiv für Rechts- und Sozialphilosophie 68. 13–59.
Teubner, G., 1985: Verrechtlichung – Begriffe, Merkmale, Grenzen, Auswege. In: Kübler, F. (Hrsg.): Verrechtlichung von Wirtschaft, Arbeit und sozialer Solidarität. Frankfurt. 289–344.
Teubner, G./Willke, H., 1980: Dezentrale Kontextsteuerung im Recht intermediärer Verbände. In: Voigt, R. (Hrsg.): Verrechtlichung. Köngistein/Ts. 46–62.
Vobruba, G., 1983: Entrechtlichungstendenzen im Wohlfahrtsstaat. In: Voigt, R. (Hrsg.): Abschied vom Recht? Frankfurt/M. 91–117.
Voigt, R. (Hrsg.), 1980: Verrechtlichung. Analysen zu Funktion und Wirkung von Parlamentarisierung, Bürokratisierung und Justizialisierung sozialer, politischer und ökonomischer Prozesse. Königstein/Ts.
Voigt, R. (Hrsg.), 1983a: Gegentendenzen zur Verrechtlichung. Jahrbuch für Rechtssoziologie und Rechtstheorie, Bd. 9. Opladen.
Voigt, R. (Hrsg.), 1983b: Abschied vom Recht? Frankfurt/M.
Wagner, A., 1968: Die Umgestaltung der Gerichtsverfassung und des Verfahrens- und Richterrechts im nationalsozialistischen Staat. Stuttgart.
Weber, M., 1964: Wirtschaft und Gesellschaft. Köln, Berlin.
Wiethölter, R., 1982: Entwicklung des Rechtsbegriffs. In: Gessner, V./Winter, G. (Hrsg.): Rechtsformen der Verflechtung von Staat und Wirtschaft. Jahrbuch für Rechtssoziologie und Rechtstheorie, Bd. 8. Opladen. 38–59.
Wiethölter, R., 1985: Sozialwissenschaftliche Modelle im Wirtschaftsrecht. Kritische Justiz 18. 126–139.
Zacher, H. F., 1985: Verrechtlichung im Bereich des Sozialrechts. In: Kübler, F. (Hrsg.): Verrechtlichung von Wirtschaft, Arbeit und sozialer Solidarität. Frankfurt. 11–72.

4. Politische Institutionen und Systemtheorie

Zwischen Handlungstheorie und Systemtheorie: Die Analyse von Institutionen

Richard Münch

Einleitung

Handlungstheorie und Systemtheorie werden gewöhnlich als Gegensätze betrachtet. Ich möchte hier darlegen, daß man in der Analyse von Institutionen sehr wohl mit einer Systemtheorie arbeiten kann, deren handlungstheoretische Grundlagen nicht vergessen worden sind. Zugleich soll deutlich werden, daß ein solcher Ansatz mehr und weiterreichende Fragen beantworten kann als die herkömmliche Institutionstheorie.

Ich werde erstens kurz abklären: „Was ist Handlungstheorie?", zweitens: „Was ist Systemtheorie?", und drittens: „Was ist Institutionstheorie?". Ich werde dann im vierten Schritt den Bezugsrahmen einer handlungstheoretisch fundierten Systemtheorie einführen. Ausgangspunkt ist das Konzept eines Handlungsraumes, innerhalb dessen das Handeln von Akteuren stattfindet. Im fünften Schritt komme ich zunächst zu einer beispielhaften systemtheoretischen Betrachtung der Ausdifferenzierung des Rechts als Institution. Dann werde ich die Perspektive wechseln und die handlungstheoretischen Grundlagen der systemtheoretischen Betrachtung aufzeigen. Und schließlich werde ich im sechsten Schritt ein Modell einer komplexen und kontingenten Ordnung von Institutionen skizzieren. Das heißt, ich werde zunächst eine erklärende Perspektive anwenden, also fragen, warum sich bestimmte Institutionen in bestimmter Weise entwickeln. Sodann werde ich die Frage stellen, welche Funktion Institutionen erfüllen und unter welchen Bedingungen sie nicht nur ihre spezialisierte Funktion ausüben können, sondern diese auch noch mit anderen kombinieren und auf diese Weise beispielsweise Kontinuität und Veränderbarkeit miteinander vereinigen.

1. Handlungstheorie

Was ist Handlungstheorie? Stellen wir uns zur Beantwortung dieser Frage eine alltägliche Situation vor: Studenten schreiben am Ende eines Semesters eine Klausur in einem Methodenkurs. Wie können wir ihr Handeln erklären? Zunächst vielleicht ganz einfach: Sie schreiben die Klausur, weil das immer schon getan wurde. Die Dozenten handeln ebenso aus Gewohnheit. Hier bestimmt die Tradition das Handeln von Dozenten und Studenten. Ihr Handeln wird durch immer schon geltende Normen geleitet, die nicht in Frage gestellt werden. Sie handeln nach dem Prinzip der Konformität zu Normen (Konformitätsprinzip) (zu den verschiedenen Handlungsprinzipien vgl. Münch 1982a: 253–79; 1983: 46–9, 1984: 32–3). Grundlage dieser Konformität zu Normen ist die Zugehörigkeit zu einer Gemeinschaft, die Träger einer traditionell verfestigten Lebenswelt von Normen des Alltagshandelns ist. Manchmal wird diese Tradition jedoch aufgebrochen. Die Studenten können z. B. eines Tages zu einem Dozenten sagen, die Belastung sei insgesamt zu groß, weil in derselben Woche auch in vier anderen Seminaren Klausuren geschrieben würden. Dann können Dozenten und Studenten verhandeln, ob, wann und in welcher Form eine Klausur geschrieben werden soll. Die Studenten versuchen dann z. B. dem Dozenten anzubieten, mehr Stoff in die Klausur aufzunehmen, wenn sie erst zu Beginn des folgenden Semesters geschrieben würde. Nehmen wir an, der Dozent läßt sich darauf ein, dann haben die Studenten ihren Nutzen gesteigert, weil sie nun mehr Zeit zur Verfügung haben, um sich auf alle Klausuren vorzubereiten, so daß sie in allen Klausuren zusammen ein besseres Gesamtergebnis erzielen können. Auch der Dozent hat eventuell seinen Nutzen gesteigert, weil er ein umfangreiches Lehrgebiet abprüfen kann. Die Akteure handeln hier nach dem Optimierungsprinzip, sie versuchen, ein Optimum der Zielverwirklichung aus allen ihren Zielen zu erreichen. Die Studenten wollen z. B. den bestmöglichen Gesamtnotendurchschnitt erzielen, nicht nur die Bestnote in einer Klausur auf Kosten schlechter Noten in den anderen Klausuren. Es könnte aber auch sein, daß Dozenten und Studenten nicht verhandeln, sondern im Konflikt stehen: Der Dozent will die Klausur für die letzte Semesterwoche ansetzen, die Studenten wollen sie erst zu Beginn des neuen Semesters schreiben. Jetzt kommt es darauf an, wer über mehr Macht verfügt und sich aufgrund dessen besser durchsetzen kann. Wird die Klausur in der letzten Semesterwoche geschrieben, dann hat sich der Dozent mit seiner Macht durchgesetzt, die auf der Kompetenz beruht, solche Entscheidungen in eigener Verantwortung treffen zu können. Das Handeln der Akteure wird hier durch das Maximierungs- bzw. Realisierungsprinzip geleitet. Sie wollen ein einzelnes Ziel mit aller ihnen zur Verfügung stehenden Macht verwirklichen. Das Schreiben der Klausur kann aber auch das Ergebnis eines sozialen Definitionsprozesses sein, in dem der Sinn von Klausur für die konkrete Situation bestimmt worden ist. Möglicherweise hat der Dozent vorgehabt, eine große Latte von einzelnen Fragen zu stellen, die alle beantworten sollten, und dann einigte man sich darauf, daß die Klausur nur drei Themen zur Auswahl stellt, die jeweils in einem größeren Essay bearbeitet werden sollten. Das war dann eine Aushandlung der Interpretation von Symbolen, nämlich der Interpretation des Begriffs „Klausur". Oder es könnte auch sein, daß der Dozent fähig war, den Studenten plausibel zu machen, es gehöre zur Idee der Universität, daß jeder Selbständigkeit im Prozeß der wissenschaftlichen Ausbildung entwickeln und dann allein demonstrieren solle, in welcher Weise er die wissenschaftlichen Standards internalisiert hat, und daß man das in einer möglichst ausführlichen Weise in einem Klausuressay tun muß. Dann hätte man eine argumentative Motivierung der Studenten, die sich hier durch Argumente beeinflussen lassen. Auch das ist eine handlungstheoretische Erklärung des Handelns von Studenten. Das Handlungsprinzip ist hier die Konsistenz einer Handlung (Klausuressay) zu einer allgemeinen Idee (Universitätsidee).

Soweit können wir sehen: Man kann Handlungen erklären, indem man sie auf die Prinzipien zurückführt, von denen die Akteure in ihrem Handeln geleitet werden. Einen Schritt weiter gehen wir, wenn wir die Effekte erklären wollen, die ebensolche prinzipiengeleitete Handlungen auf Handlungsstrukturen — damit: auf Institutionen — ausüben. So könnte man in unserem Beispiel etwa sagen, daß Klausur eine Institution ist, insofern als sie einen Regelkomplex bildet, der unmittelbar verbunden ist mit dem Universitätsbetrieb und auch eine Rückbindung an die Universitätsidee hat. Eine solche Institution regelt einerseits das Handeln und andererseits wird sie natürlich durch Handeln bestimmt. Diese Wechselwirkung von Handlungen und Strukturen ist zuletzt von Anthony Giddens (Giddens 1983; Giddens und Barnes 1980) besonders herausgestellt worden. Aber es gehört eigentlich schon immer zur Vorgehensweise von Sozialwissenschaftlern, daß man Institutionen, d. h. Strukturen, als Ergebnisse von Handlungen betrachtet, und als Voraussetzungen, die das Handeln wieder strukturieren. Welchen Inhalt die Regeln der Institution „Klausur" haben, in welchem Ausmaß sie Geltung besitzen, wird ja in der Tat genau durch die Handlungsweisen, die wir vorhin beschrieben haben, bestimmt. Wenn etwa alle Studenten nur nach dem Optimierungsprinzip handeln und nur noch dahin gehen, wo die Klausuren am leichtesten zu schreiben sind, dann wird natürlich diese Form von Klausur zur Institution von Klausur an deutschen Universitäten. Das faktische Handeln bestimmt dann die Institution, weil die Institution nicht nur in der Prüfungsordnung steht, sondern im konkreten Handeln gemacht wird. Sie ist hier eine Konsequenz von traditionsgebundenem, normkonformen Handeln (Berger und Luckmann 1972; Schütz und Luckmann 1979; Collingwood 1946), oder ganz anders: von marktmäßigen Interessenkalkulationen und Nutzenerwägungen[1]. Genauso kann man sagen, daß die Konflikte, die ausgetragen werden, die Anwendung von Macht, wieviel Macht die Dozenten und die Studenten einsetzen, dann festsetzen, welche Form von Klausur sich mit der Zeit durchsetzt[2]. Ebenso entfalten die Prozesse der symbolischen Aushandlung der Definition von Klausur und schließlich auch argumentative Versuche ihre Wirkung (Tenbruck 1975: 663—702; Schluchter 1979; Habermas 1981). Hier betrachtet man die Entwicklung von Institutionen als Ergebnisse der Handlungen von Akteuren, die sich wiederum an unterschiedlichen Handlungsprinzipien orientieren.

2. Systemtheorie

Was ist Systemtheorie? Ich kann ein Universitätsseminar als ein soziales System betrachten; dieses System wird definiert unter anderem auch durch die latente Struktur, die es hat. Das sind wiederum institutionelle Aspekte: die Regeln, nach denen sich die Teilnehmer richten; und zu diesen Regeln gehört auch da und dort, daß am Ende eine Klausur geschrieben wird. Wenn wir diesen Gegenstand nun systemtheoretisch betrachten, dann müssen wir das soziale System des Universitätsseminars im Verhältnis zu seiner Umwelt sehen. Hier sind die Motive der Studenten als Einzelpersonen ein Teil der Umwelt des Systems, genauso die Motive, die Dozenten als individuelle Akteure einbringen. Als Persönlichkeiten sind sie alle ein Teil der Umwelt des sozialen Systems „Universitätsseminar". Wenn wir jetzt die Luhmannsche Version von Systemtheorie einbringen, dann könnte man sagen: Wenn die Komplexität der Umwelt zunimmt, dann muß sich das Seminar durch eine Steigerung der Eigenkomplexität an diese gesteigerte Umweltkomplexität anpassen; wobei gleichzeitig die Mechanismen entwickelt werden müssen, die es dennoch erlauben, die Umweltkomplexität zu reduzieren, in eine reduzierte systemische Komplexität umzusetzen, damit das Komplexitätsgefälle zwischen Umwelt und System in dem Maße aufrechterhalten wird, daß das System immer über eine geringere Komplexität als die Umwelt verfügt (Luhmann 1970: 113−36, 1984). In unserem Beispiel würde die Einführung eines Aushandlungssystems zur Anspassung von studentischen Interessen und universitären Regeln eine Form der Steigerung der Systemkomplexität darstellen, die gleichzeitig erlaubt, die Umweltkomplexität in das System zu übersetzen und unter die Eigengesetzlichkeit des Systems zu bringen. Das bedeutet folgendes: Wenn ein Dozent am Anfang des Semesters sagt, „wir wollen darüber reden, welche Vorstellungen die Studenten über die Klausur haben," dann bringen die Studenten ihre Interessen ein. Es wird darüber diskutiert, und es werden Fragen aufgeworfen. Z. B.: „Wir müssen noch da und da eine Klausur schreiben, es wird dann alles zuviel." Wenn die Klausur zu schwierig wird, dann können die Studenten auch sagen: „Dann gehen wir eben woanders hin." Hier hat man praktisch ein Aushandlungssystem, eine Art Markt innerhalb des Seminars gebildet. Wichtig ist dabei, daß es als ein internes Subsystem betrachtet werden kann, so daß immer die Anbindung an die Eigengesetzlichkeit des Universitätsseminars bestehenbleibt. Wenn das nicht der Fall ist, dann würde sich das System auflösen und in der Umwelt aufgehen. Es kommt darauf an, die Regeln des Systems zu konkretisieren, in dem Fall zu regeln, wie Klausuren geschrieben werden, evtl. von Situation zu Situation neu zu definieren, an veränderte Situationen anzupassen, ohne dabei den grundlegenden Sinn, ohne die latente Struktur des Systems zu verändern. Natürlich muß der Sinn von Klausuren aufrechterhalten bleiben: Es wird nach wie vor geprüft, ob die Studenten das begriffen haben, was in dem Seminar bearbeitet worden ist. Man kann aber dann die Frage stellen: „Muß das mit einem differenzierten Fragenkatalog geschehen, oder wird es nicht besser mit einem Klausuressay gemacht?" Dazu gehört allerdings noch die Frage: „Welche Form der Klausur paßt am besten zur Idee des Seminars?" Nur dann, wenn das System des Aushandelns von Klausuren die Rückbindung an den ursprünglichen Sinn von Universitätsseminaren hat, ist es ein Subsystem des Universitätsseminars und leistet die Übersetzung der Umkomplexität in eine systemisch bearbeitbare Komplexität, die auf diese Weise im Luhmannschen Sinne reduziert wird. Das heißt, außerhalb ist noch alles möglich, die Studenten können die abstrusesten Ideen haben, aber innerhalb des Systems müssen sie die Ideen in bezug auf den Sinn des Universitätsseminars und spezieller dann auf den Sinn von Klausuren rechtfertigen. Das wäre eine systemtheoretische Betrachtungsweise unseres Gegenstandes und hieße nun, daß man die Herausbildung von Subsystemen eines Systems aus der gesteigerten Umweltkomplexität erklärt, und damit also auch die Anpassung an die Umweltkomplexität. Systeme, denen eine solche Verarbeitung gesteigerter Umweltkomplexität nicht gelingt, lösen sich in der Umwelt auf; sie hören auf zu existieren. Es kommen z. B. keine Studenten in die Seminare, oder es werden Klausuren mit reinem Zwang durchgesetzt, was der Idee des freien Studiums widersprechen und so die latente Struktur des Universitätsseminars aufheben würde. Was allerdings hier, wenn man die Luhmannsche Systemtheorie anwendet, große Schwierigkeiten bereitet, ist die genauere Erfassung der Arten von Subsystemen, die sich herausbilden und der Effekte, welche die Subsysteme auf die Struktur des Systems ausüben.

3. Institutionstheorie

Was ist Institutionstheorie? Institutionentheorien, so wie wir sie kennen, beschäftigen sich hauptsächlich mit der Funktion von Institutionen ganz allgemein im menschlichen Handeln[3]. Dabei gelangt man geradewegs zur Entlastung des Menschen von unsicheren Entscheidungen als Hauptfunktion von Institutionen, wie das vor allem bei Arnold Gehlen zu finden ist (Gehlen 1964). Aber man kann alles mögliche hinzufügen, also auch von der Belastung des Individuums durch Institutionen sprechen. Das ist alles richtig, aber zu wenig, wenn man weitergehende Fragen hat. Die Anwendung allgemeinerer sozialwissenschaftlicher Theorien auf die Entwicklung von Institutionen erlaubt uns mehr. Wir können z. B. fragen, warum bestimmte Institutionen bestimmte Eigenschaften haben, warum sich etwa in der Bundesrepublik das Universitätsseminar von der Humboldtschen Reform bis heute in einer bestimmten Weise entwickelt hat und in dieser Weise dann manche Eigenschaften bewahrt, andere verändert hat. Solche Entwicklungen zu erklären, ist, soweit ich es sehe, nicht der Gegenstand von Institutionstheorien, wie wir sie bisher kennen, weil sie auf der anthropologischen Ebene stehenbleiben, also immer nur fragen: Warum brauchen wir eigentlich Institutionen? Das ist eine fruchtbare Frage für eben diesen speziellen Zweck, aber nicht, wenn man mehr wissen will. Ich würde deshalb bevorzugen, allgemeinere sozialwissenschaftliche Theorien auf Institutionen anzuwenden; das wäre dann der nächste Schritt.

4. Der Bezugsrahmen einer handlungstheoretisch fundierten Systemtheorie

Ich möchte jetzt das Modell eines Handlungsraumes einführen, in dem ich die unterschiedlichen handlungstheoretischen Ansätze integriere und den ich dann gleichzeitig für die systemtheoretische Betrachtungsweise nutzbar mache. Das ist gleichzeitig eine veränderte Einführung des bekannten Parsonsschen AGIL-Schemas. Ich gehe davon aus, daß das menschliche Handeln zum einen bestimmt ist durch die Orientierung an Symbolen und zum anderen durch die Reaktion auf die Symbole. Zum letzteren gehört die Interpretation eines Symbols und dann die Handlungsweise, die sich daraus ergibt. Insofern als diese zwei Dimensionen oder Variablen unabhängig voneinander variieren, kann man ein Koordinatensystem mit zwei Achsen bilden: Zum einen die Achse der symbolischen Komplexität, die von niedrig bis hoch variieren kann, und zum anderen die der Kontingenz des Handelns, die ebenso von niedrig bis hoch variieren kann (Münch 1982a: 98–102, 1982b: 15–20, 1984: 28–70).

Ich ordne dann der Kombination der Extremwerte dieser beiden Achsen Funktionen zu. Die Kombination von niedrigster Symbolkomplexität und niedrigster Handlungskontingenz nenne ich Schließung des Handlungsspielraums. Bei Parsons (zu den verschiedenen Systemfunktionen vgl. Parsons u. a. 1953: 163–269; Parsons und Smelser 1956; Parsons 1965: 36–41, 1970: 26–68) ist dies die Funktion der Integration (I). Die Kombination von geringer symbolischer Komplexität und hoher Kontingenz des Handelns ergibt die Generalisierung des Handlungsspielraums, bei Parsons die Bewahrung latenter Strukturen, die Latent pattern maintenance (L). Die Kombination von hoher symbolischer Komplexität und hoher Kontingenz des Handelns resultiert in der Öffnung des Handlungsspielraums, bei Parsons in der Anpassung, Adaptation (A) an wechselnde Situationen. Die Kombination von hoher symbolischer Komplexität und dennoch niedriger Handlungskontingenz führt zur Spezifikation des Handlungsspielraums, bei Parsons zur Zielverwirklichung, Goalattainment (G) (Diagramm 1).

Diagramm 1: Ein handlungstheoretisch fundierter Bezugsrahmen der Systemtheorie

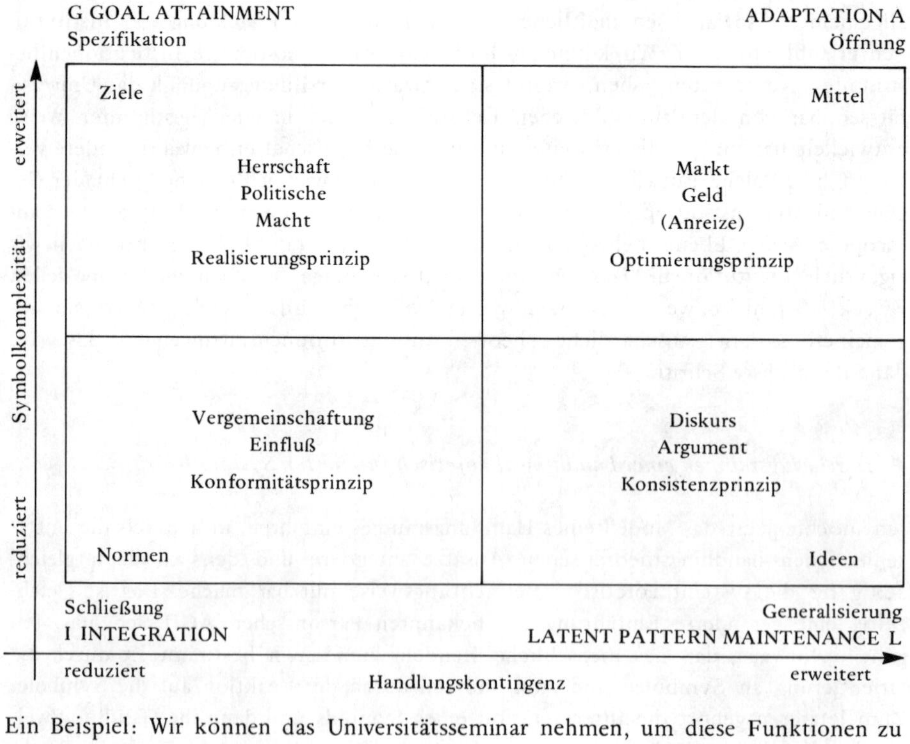

G GOAL ATTAINMENT Spezifikation	ADAPTATION A Öffnung
Ziele Herrschaft Politische Macht Realisierungsprinzip	Mittel Markt Geld (Anreize) Optimierungsprinzip
Vergemeinschaftung Einfluß Konformitätsprinzip Normen	Diskurs Argument Konsistenzprinzip Ideen
Schließung I INTEGRATION	Generalisierung LATENT PATTERN MAINTENANCE L

(vertical axis: Symbolkomplexität, reduziert → erweitert; horizontal axis: Handlungskontingenz, reduziert → erweitert)

Ein Beispiel: Wir können das Universitätsseminar nehmen, um diese Funktionen zu verdeutlichen:

Generalisierung: Alle Seminarteilnehmer orientieren sich, sofern sie Wissenschaft betreiben, an der Idee der Wahrheit. Dies ist das allgemeinste Symbol, die allgemeinste Idee, auf das sich das Handeln der Teilnehmer ausrichtet. Die Idee läßt aber noch viele Möglichkeiten für die Interpretation und für die Reaktion offen. Das heißt, man hat eine geringe symbolische Komplexität, aber eine hohe Kontingenz des Handelns. „Wahrheit" wäre hier die allgemeine Idee. Die Akteure werden hier vom Konsistenzprinzip geleitet. Diskurse und Argumente führen das Handeln in dieses Feld. Zur Idee kommt man durch diskursive Verfahren. In Diskursen nähert man sich durch immer weitere Rückführung einer spezielleren Sache auf Allgemeines durch Begründung den allgemeinen Ideen.

Schließung: Die Idee der Wahrheit wird umgesetzt in bestimmte Wahrheitsbegriffe — positivistische, hermeneutische — und in bestimmte Methodologien. Hier hat man einen beschränkten Satz von methodologischen Regeln, an dem sich alle orientieren und der auch wesentlich eindeutiger vorschreibt, was man im konkreten wissenschaftlichen Handeln tut. Das sind dann die Normen für die Handlungsweisen. Die Verpflichtung auf die Normen, auf die methodologischen Regeln, geschieht durch wissenschaftliche Gemeinschaftsbildung; wir werden in Sozialisationsprozessen und dadurch, daß wir uns an eine wissenschaftliche Gemeinschaft affektiv binden, einer Schule angehören, auf die Normen der Gemeinschaft verpflichtet. Dadurch findet eine Einschränkung, eine verstärkte Begrenzung des wissenschaftlichen Handelns statt. Die Akteure werden hier vom Konformitätsprinzip geleitet. Vergemeinschaftung und Einfluß führen das Handeln in dieses Feld.

Öffnung: Es gibt auch situative Regelungen oder auch spezielle Umsetzungen von Ideen in Hypothesen, nennen wir das einmal „situative Regeln"; was konkret in bestimmten Situationen getan wird, kann in unserem Universitätsseminar zwischen den verschiedenen Teilnehmern ausgehandelt werden. Es gibt dabei verschiedene Vorschläge. Z. B.: „Wie kann man beispielsweise einen bestimmten Text interpretieren?" Mit den Vorschlägen kann wiederum Unterschiedliches gemacht werden. Nehmen wir an, es wird ein Text von Max Weber interpretiert und die Seminarteilnehmer bringen unterschiedliche Interpretationen ein. Jeder nimmt irgendetwas von den Interpretationen mit zu sich nach Hause und schreibt dann irgendein Referat für wiederum einen ganz bestimmten Zweck. Die Seminarteilnehmer treffen aus den vielen Interpretationen auf dem Markt eine Auswahl und können dann mit der ausgewählten Interpretation noch Unterschiedliches tun. Das heißt z. B., von drei Studenten haben alle drei dieselbe Interpretation gewählt, aber sie schreiben völlig verschiedene Referate. Das ist der Bereich der Öffnung des Handlungsspielraums. Die Akteure werden hier vom Optimierungsprinzip geleitet. Märkte und Anreize leiten das Handeln in dieses Feld.

Spezifikation: Hier werden z. B. unterschiedliche Interpretationen des Sinnes von Klausur artikuliert, beispielsweise ob, wann und wie eine Klausur geschrieben wird. Dennoch wird dann eine bestimmte Klausur zu einem bestimmten Zeitpunkt geschrieben, obwohl sich viele etwas anderes gewünscht hätten. Die Grundlage dafür sind Entscheidungsverfahren und die Verteilung von Entscheidungskompetenzen, die mit Macht ausgestattet sind, um bestimmte Entscheidungen auch gegen Alternativen durchzusetzen. Also wird eine Entscheidung getroffen und durchgeführt, obwohl stets Alternativen dazu präsent sind. Die Akteure werden hier vom Maximierungs- und Realisierungsprinzip geleitet. Herrschaft und Macht leiten das Handeln in dieses Feld. Das ist in aller Kürze der Handlungsraum, in dem ich das Folgende betrachten werde.

5. Die Entwicklung des modernen Rechts als Institution

Ich wende jetzt den soweit erläuterten handlungs- und systemtheoretischen Bezugsrahmen auf die Entwicklung des modernen Rechts an. In diesem Fall stelle ich mir vor, wir haben einen Zustand, in dem das Gemeinrecht noch vorherrscht, das sehr eng mit Vergemeinschaftung verbunden ist. Das Gemeinrecht ist im Felde des geschlossenen Handlungsraumes lokalisiert. Von hier ausgehend betrachte ich die Entwicklung des modernen Rechts unter dem Einfluß der schließenden, generalisierenden, öffnenden und spezifizierenden Faktoren. Das bedeutet auch, daß ich den Prozeß der Ausdifferenzierung des Rechts unter diesem Gesichtspunkt sehe. Ich kann zunächst an die Systemtheorie Luhmanns anknüpfen. Dabei muß man die Ausdifferenzierung des modernen Rechts als eine Konsequenz der gesteigerten Umweltkomplexität erklären (Luhmann 1972: 227–51). So sind gemeinrechtliche Formen der Konfliktregelung dann nicht mehr geeignet, alle Konflikt zu regeln, wenn etwa der Wirtschaftsverkehr zugenommen hat und mehr und mehr Konflikte zwischen Fremden auftreten, das Gemeinrecht aber in seiner Geltung begrenzt auf die Gemeinschaft ist. Man könnte also erklären: Das Gemeinrecht leistet nicht mehr diese Konfliktregelung und kann deswegen nicht überleben, nur neue Formen des Rechts, die Herausdifferenzierung neuer Formen aus dem Gemeinschaftshandeln ermöglichen das. Das würde bedeuten, daß wir die Herausbildung spezieller Rechtsinstitutionen mit entsprechenden Instanzen der Rechtsentscheidung durch die gesteigerte Umweltkomplexität im Verhältnis zur zu geringen Komplexität des Gemeinrechts erklären würden. Es wird allerdings schwieriger, wenn man weitere Eigenschaften des Rechts damit erklären will. Man kommt weiter, wenn man ein Modell hat, in dem unterschiedliche Faktoren oder unterschiedliche Aspekte der Umwelt differenziert werden können, was bei Luhmann nicht möglich ist, was man aber mit dem eingeführten Modell tun kann. Das würde in folgender Weise geschehen: Ich gehe hier von dem Gemeinrecht aus, und ich knüpfe an die inhaltlichen Ausführungen von Max Webers Rechtssoziologie an (Weber 1972: 387–513). Ich kann nach dem dargestellten Modell ganz bestimmte Aspekte der Ausdifferenzierung des Rechts besser erklären, wenn ich ein differenziertes Konzept der Umweltkomplexität habe. Wenn die Rationalisierung des Rechts in den Vordergrund gestellt wird, dann ist das ein Ergebnis der Beziehung des Gemeinrechts zur Intellektualität (Schluchter 1979). Nur soweit das Recht von Intellektuellen gestaltet wird, ist es diesem Rationalisierungsprozeß unterworfen. Dann kann man sagen: Die Öffnung für Interessenten ist eine Konsequenz der Anbindung des Rechts an die Markterweiterung, wie Max Weber deutlich macht. Die Interaktion der Advokaten mit den Marktinteressenten führt zur Entwicklung von Rechtsinstituten, die ganz neue Formen

der Regelung des Handelns erlauben. Dazu gehört das Vertragsrecht. Das Vertragsrecht ist eine Konsequenz der Unterwerfung des Rechts unter die Markterweiterung (Weber 1972: 398—401, 421—2, 439, 443; Münch 1984: 419—20). Durch das Eingreifen der politischen Instanz, der Gewaltmonopolisierung, ergibt sich eine Formung des Rechts in dem Sinne, daß es zweckgerichtet wird und gesatzten Charakter bekommt: die Zweckrichtung des Rechts (Weber 1972: 419—20, 488, 490—1; Münch 1984: 408).
In den genannten Richtungen entwickelt sich die Differenzierung des modernen Rechts. Die Rationalisierung des Rechts bringt die Rechtstheorie hervor. Daß sich die Rechtstheorie als Subsystem herausbildet, ist eine Konsequenz der intellektuellen Rationalisierung[4]. Daß sich spezielle Entscheidungsstrukturen und Formen der Rechtsentscheidung entwickeln, ist eine Konsequenz der Formung des Rechts durch politische Instanzen und deren Eigenlogik[5]. Der Austausch zwischen Experten und Klienten wird auch zu einem speziellen Subsystem, dem Subsystem des Experten-Klienten-Austauschs (Münch 1982b: 223—9, 1984: 433—6; Parsons 1951, 1969, 1978). Es resultiert aus der Formung des Rechts durch die Markterweiterung.
Diese Ausdifferenzierung des Rechts können wir in eine systemtheoretische Betrachtungsweise einbinden: In dieser Sicht paßt sich das Recht durch die Ausdifferenzierung von Subsystemen an die gesteigerte Umweltkomplexität an; aber das ist kein naturalistischer Anpassungsprozeß, sondern es ist ein Prozeß, dessen handlungstheoretische Grundlagen wir deutlich aufzeigen können. Das gilt zunächst für die Rationalisierung des Rechts. Sie ist das Werk von Intellektuellen. Das sind Akteure, die nach dem Prinzip der Konsistenz handeln, die das Recht nach diesem Prinzip bearbeiten, systematisieren und zur weiteren Generalisierung und Abstraktion treiben. Die marktförmige Öffnung des Rechts ist das Werk der Rechtsinteressenten. Das sind wiederum Akteure, die sich nach einem anderen Prinzip orientieren, nämlich nach dem Prinzip der Optimierung. Und das bedeutet, je mehr Einfluß sie über den Experten-Klienten-Austausch auf das Recht bekommen, um so mehr steigt die Geschwindigkeit des Wandels des Rechts, das sich dann von Situation zu Situation an veränderte ökonomische Bedingungen anpaßt. Die Herausbildung der Zweckrichtung des Rechts ist das Werk von politischen Interessenten. Die politischen Interessenten orientieren sich am sogenannten Maximierungs- und Realisierungsprinzip; das heißt, sie wählen bestimmte Zweckrichtungen aus und benutzen dann das Recht, um diese Zwecke zu erreichen. Die politischen Interessenten gehen von bestimmten Problemstellungen aus, z. B. Umweltbelastung als Problem; sie benutzen dann das Recht, um dieses Problem zu lösen. Das Recht wird hier auf bestimmte Zwecke hin spezifiziert. Hier zeigt sich eine Spannung zwischen der Generalisierung des Rechts, die ein Werk der Intellektuellen ist, und der Entwicklung von Einzelfallgesetzen, die ein Werk der Unterwerfung des Rechts unter politische Gesichtspunkte mit bestimmten Zweckrichtungen ist.
Die handlungstheoretische Grundlegung der Systemtheorie äußert sich hier darin, daß wir die Ausdifferenzierung bestimmter Subsysteme und Eigenschaften des Rechts als eine Konsequenz der Handlungen von bestimmten Akteuren begreifen, die ihr

Handeln nach bestimmten Prinzipien ausrichten. Man kann das alles noch weiter differenzieren. Wir können auch Machtkämpfe zwischen intellektuellen Gruppen betrachten. Dann wird das Konsistenzprinzip der Intellektuellen noch einmal unterlagert durch ein Realisierungsprinzip. Das ist die politische Komponente der intellektuellen Rationalisierung des Rechts. Daß sich z. B. in England die praktische Rechtsprofession gegen die Universitätslehre, die Lehre des römischen Rechts an den Universitäten, durchgesetzt hat und ihre Machtstellung, ihre Unabhängigkeit, ihren Einfluß auf die Besetzung der Richterstellen bewahrt hat, ist natürlich auch eine Konsequenz von machtpolitischen Auseinandersetzungen (Weber 1972: 456–7, 509–11, 563–4; Freeman 1974; Kriele 1967). Wir führen dann die Tatsache, welche Intellektuellengruppen sich durchsetzen konnten, zurück auf die politische Komponente des Intellektualismus und fragen dann: Wenn sich bestimmte Gruppen durchgesetzt haben, welchen Charakter haben sie und in welcher Weise beeinflussen sie die Rechtsentwicklung? Beeinflussen sie diese mehr in die Richtung von Generalisierung, Abstraktion und Systematisierung oder mehr in die Richtung der Anpassung an die Interessen von Klienten, je nachdem ob es eine theoretische oder praktische Profession ist (Diagramm 2)?

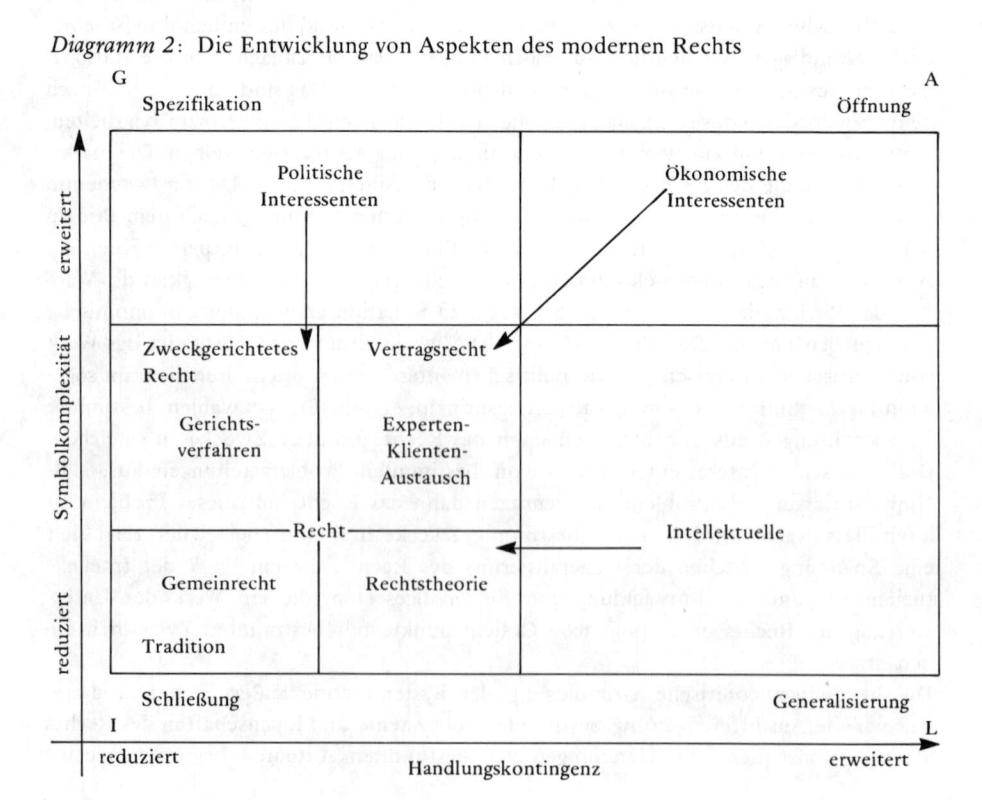

Diagramm 2: Die Entwicklung von Aspekten des modernen Rechts

6. Ein Modell einer komplexen und kontingenten institutionellen Ordnung

Ich verwende jetzt den handlungstheoretisch fundierten Ansatz der Systemtheorie, um ein Modell einer institutionellen Ordnung des politischen Handelns zu entwerfen, die dem politischen Handeln eine berechenbare Regelmäßigkeit verleiht, zugleich aber an allgemeinen Ideen gemessen werden kann und sich diesen annähert, in der Entscheidungen auch gegen Alternativen durchgesetzt, aber auch immer wieder revidiert werden können (Münch 1982b: 213–47), 1984: 303–530). Ich gehe davon aus, daß eine Institution an sich den Spielraum des Handelns schließt und begrenzt und dadurch die Berechenbarkeit des politischen Handelns garantiert. Dann frage ich: Was schafft die Regelhaftigkeit dieser Institution? Es sind bestimmte Formen der sozialen Beziehungen, die ich als Vergemeinschaftung bezeichne. Vergemeinschaftung heißt, daß die Regelhaftigkeit von institutionellen Ordnungen letzten Endes auf die Solidarität und den Konsens innerhalb einer Gemeinschaft zurückgeführt wird (Durkheim 1977: 155). Soweit das Recht in einer Rechtsgemeinschaft verankert ist, besitzt es einen verbindlichen Charakter und gibt dem politischen Handeln eine feste Ordnung. Das Recht hat jedoch innerhalb einer Rechtsgemeinschaft einen ganz bestimmten Bedeutungsgehalt und ist für Interpretationen wenig offen; das Recht hat hier gleichzeitig einen Bedeutungsgehalt, der dem Lebenshorizont dieser Gemeinschaft entspricht. Die Rechtsgemeinschaft ist Trägerin eines bestimmten Rechts und drängt es zur Partikularisierung in ihrem Sinne. Innerhalb einer Rechtsgemeinschaft haben bestimmte Rechtsnormen immer einen engeren Bedeutungsgehalt als er ihnen an sich nach dem Sinngehalt als Text zukommt. Man kennt hier nur partikularistische Versionen genereller Normen, die auf diese Weise aber eine gemeinschaftlich sanktionierte Verbindlichkeit haben. Es wird allerdings schwierig, verbindliches Recht zu erhalten, wenn sich die Gemeinschaft pluralistisch zusammensetzt, wenn es verschiedene gesellschaftliche Gruppen gibt, die unterschiedliche Rechtsüberzeugungen haben. Rechtsnormen oder Gesetze werden stabilisiert, wenn sie in Sozialnormen verankert sind. Nun muß man natürlich wissen, daß diese Verankerung immer eine Partikularisierung des Rechts impliziert, immer bedeutet, daß das Recht auf die Überzeugungen einer Gemeinschaft zurückgeführt wird und daß es unter modernen Bedingungen vor allem partikulare Gruppen und keine einheitliche Gemeinschaft gibt (Weber 1972: 503–4).

Dem gemeinschaftlichen Partikularismus kann gegengesteuert werden, indem das Recht durch die anderen Faktoren beeinflußt wird; d. h. z. B., daß auf den allgemeinen Sinngehalt von Normen eingegangen wird und dieser Sinngehalt unter die Logik diskursiver Verfahren gerät. In diskursiven Verfahren kann jede konkrete Norm mit den korrespondierenden allgemeinen Ideen verglichen werden, an ihnen geprüft werden (Habermas 1981, 1983). Die diskursiven Verfahren vergleichen bestimmte Konkretisierungen rechtlicher Gleichbehandlung mit der allgemeinen Idee der Gleichheit oder mit der allgemeinen Idee der Freiheit und fragen, ob die Normen unter die Ideen subsumierbar sind. So üben diskursive Prozesse, die sich auf allgemeine Ideen beziehen, einen Druck der Universalisierung auf Rechtsnormen aus und stellen dadurch ein Veränderungspotential dar, das der gesellschaftlichen Entwicklung eine allgemeine

Richtung vorschreibt, nämlich die Richtung der Annäherung an allgemeine Ideen, die sich an dem Kriterium der diskursiven Begründbarkeit orientieren. Das gilt jedoch nur, soweit in der Tat die Entwicklung des Rechts unter der Logik diskursiver Verfahren steht. Mit diesem Argument kann man auch den Einwänden gegen Habermas' Diskurstheorie entgegentreten, die Wirklichkeit sehe eben so aus, daß keine Diskurse geführt werden, also sei dies ein wirklichkeitsfremdes Modell. Diskurse werden natürlich geführt, und zwar in dem Sinne, daß wir uns an der Idee des Diskurses orientieren, als regulative Idee, und daß dies stets ein Potential der Veränderung konkreter partikularer Normen im Lichte universeller Ideen ist. Man muß hier indessen den affirmativen und den kritischen Gebrauch von Ideen unterscheiden. Ein interessantes Beispiel ist die doppelte Verwendung des Hinweises auf die freiheitlich-demokratische Ordnung in der Bundesrepublik. Es gibt die affirmative Verwendungsweise, d. h. hier verwechselt man die allgemeine Idee der Verfassung mit den konkreten Insitutionen, man hält die bestehenden Institutionen schon für die fertige Realisierung der Idee. Unter dieser Bedingung herrscht keine Spannung zwischen Idee und Wirklichkeit, und es gibt kein Veränderungspotential. Der kritische Gebrauch bedeutet dagegen: Wir haben die allgemeine Idee, und die Institutionen weichen immer davon ab. Auf diese Weise wird ein Veränderungsdruck auf die bestehenden Institutionen ausgeübt. In die Richtung der Spezifikation müssen Normen und Ideen konkretisiert werden. Auf dieser Ebene gibt es immer Konflikt um ihre konkrete Interpretation in Entscheidungssituationen. Dazu braucht man Entscheidungsverfahren, die es dann erlauben, Ideen und Normen in konkretes Handeln umzusetzen. Dies ist jedoch stets eine Situation der Auswahl, wobei ein Sprung von der Begründung zum Handeln stattfinden muß. Insofern sehe ich auf dem Wege von der diskursiven Begründung zur Entscheidung keine vollkommene logische Ableitung. Wir können zwar die Idee als Maßstab für Entscheidungen nehmen, aber mehrere Entscheidungen passen unter dieselbe Idee, und diese Unbestimmtheit kann dann nur durch Entscheidungsverfahren beseitigt werden. Das einzige, was möglich ist, das ist die ständige gegenseitige Durchdringung von Begründungs- und Entscheidungsverfahren.
Schließlich benötigen wir Märkte für Ideen, die dann die Entscheidungen immer wieder neu auflösen können. Auf diese Weise werden Entscheidungen zwar getroffen, sie sind aber stets offen für Veränderungen in der Zukunft. Das immer wieder neue Offenhalten von Entscheidungen ist auf die Entwicklung von politischen Märkten angewiesen.
Komplexe politische Institutionen benötigen jedoch nicht nur Diskurse, Vergemeinschaftungsprozesse, Entscheidungsverfahren und politische Märkte, sondern auch Vermittlungssysteme in ihren Interpenetrationszonen. Ein Beispiel dafür ist die Interpenetration von Diskursen und Entscheidungen. Diskursive Entscheidungsverfahren, beispielsweise die Verfassungsgerichtsbarkeit, bilden eine Interpenetrationszone zwischen intellektuellem Diskurs und politischer Entscheidung. Man sieht dies daran, daß das Verfassungsgericht eine Entscheidung mit Mehrheit trifft, aber nicht wie das Parlament diese Entscheidung einfach nach Abstimmung treffen kann, sondern es muß diese Entscheidung begründen, und es wird auch noch das abweichende Votum

veröffentlicht. Das kann man als eine Zone zwischen Diskurs und Entscheidung betrachten, also als eine diskursive Entscheidung (Münch 1982b: 217–22, 1984: 311–60) (Diagramm 3).

Diagramm 3: Das Recht als Institution in einer komplexen und kontingenten Ordnung

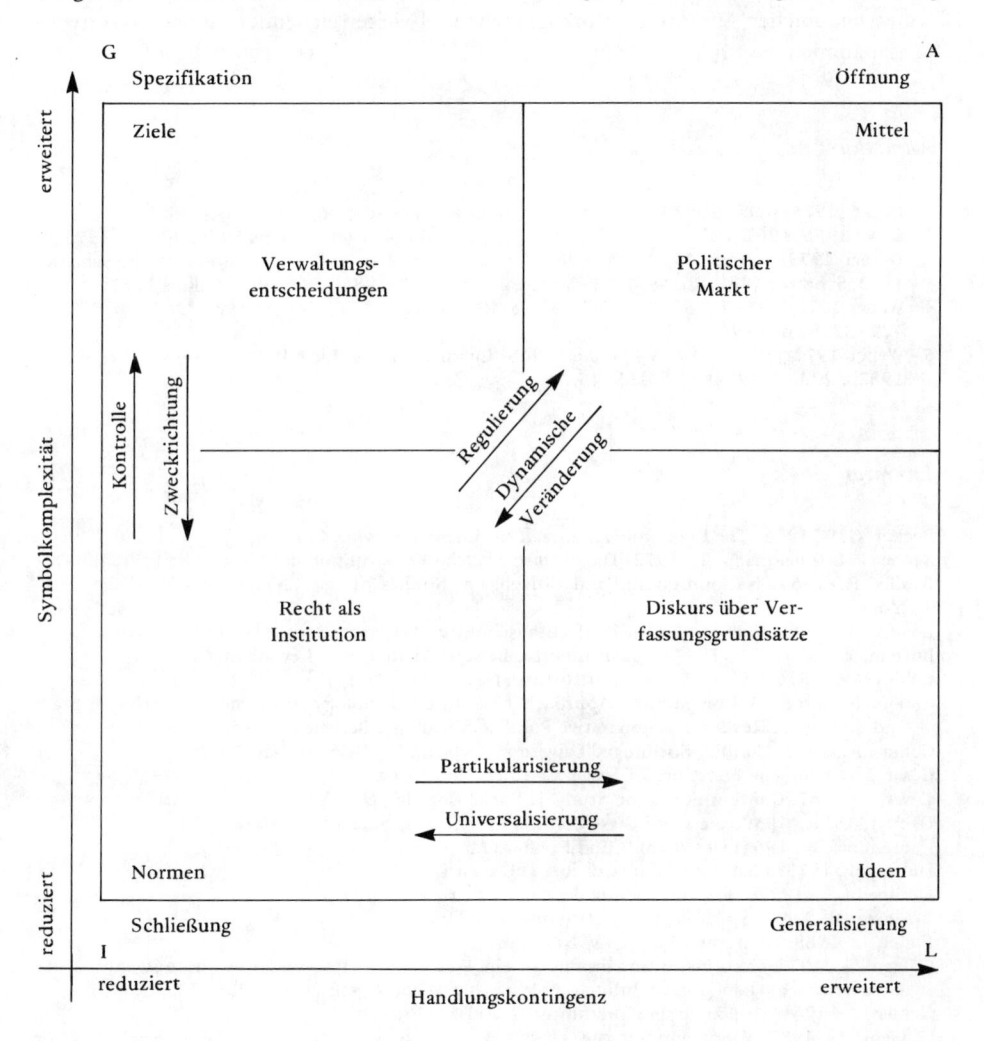

	G Spezifikation	A Öffnung
erweitert	Ziele	Mittel
	Verwaltungs- entscheidungen	Politischer Markt
	Kontrolle ↑ Zweckrichtung ↓	Regulierung ↗ Dynamische Veränderung ↙
	Recht als Institution	Diskurs über Verfassungsgrundsätze
	Partikularisierung →	← Universalisierung
reduziert	Normen Schließung	Ideen Generalisierung
	I	L

Symbolkomplexität (vertical axis: reduziert ↔ erweitert)
Handlungskontingenz (horizontal axis: reduziert ↔ erweitert)

Schlußbemerkungen

Ich habe zu zeigen versucht, daß die handlungstheoretischen Grundlagen der Systemtheorie nicht außer Betracht bleiben dürfen. Eine Rückführung der systemtheoretischen Analyse von Institutionen auf ihren handlungstheoretischen Hintergrund dient der Präzisierung dieser Analyse. Gegenüber der herkömmlichen Institutionstheorie bietet ein solcher Ansatz den Vorzug, mehr und weiterreichendere Fragen beantworten zu können.

Anmerkungen

1 Becker 1976; Buchanan 1975; North und Thomas 1973; Schotter 1981; Voss 1985.
2 Coser 1956, 1967; Dahrendorf 1959, 1961; Bendix, 1964, 1980; Collins 1976: 42—67; 1975.
3 Dubiel 1973; Gäfgen 1972: 151—78; Hauriou 1965; Lau 1978; Rohrmoser 1972; Schelsky 1970; Schotter 1981; Stadler 1983; Vanberg 1983; Volz 1984; Voss 1985; Willms 1971.
4 Weber 1972: 395—7, 462—7, 1978: 437—8; Rüschemeyer 1976; Münch 1984: 387—90, 420—1, 429—33; Schulz 1961.
5 Weber 1972: 17—9, 187—94; Fuller 1968; Luhmann 1972; Lidz 1979; Parsons 1977; Münch 1982b: 223—9, 1984: 420, 436—45.

Literatur

Becker, G. S., 1976: The Economic Approach to Human Behavior. Chicago.
Berger, P. L./Luckmann, T., 1972: Die gesellschaftliche Konstruktion der Wirklichkeit. Frankfurt.
Bendix, R., 1964: Nation-Building and Citizenship. Studies of our Changing Social Order. New York.
Bendix, R., 1980: Könige oder Volk. Machtausübung und Herrschaftsmandat. Frankfurt.
Buchanan, J. M., 1975: The Limits of Liberty. Beween Anarchy and Leviathan. Chicago.
Collingwood, R. G., 1946: The Idea of History. New York.
Collins, R., 1968: A Comparative Approach to Political Sociology. In: Bendix, R. (Hrsg.): State and Society. A Reader in Comparative Political Sociology. Berkeley. 42—67.
Collins, R., 1975: Conflict Sociology. Toward an Explanatory Science. New York.
Coser, L., 1956: The Functions of Social Conflict. New York.
Coser, L., 1967: Continuities in the Study of Social Conflict. New York.
Dahrendorf, R., 1959: Class and Class Conflict in Industrial Society. Stanford.
Dahrendorf, R., 1961: Gesellschaft und Freiheit. München.
Dubiel, H., 1973: Identität und Institution. Düsseldorf.
Durkheim, E., 1977: Über die Teilung der sozialen Arbeit. Frankfurt.
Freeman, M. D. A., 1974: The Legal Structure. London.
Fuller, L., 1968: Anatomy of the Law. New York.
Gäfgen, G., 1972: Neo-Institutionalismus — ein Weg zur Analyse und Reform zeitgenössischer Gesellschaften. Hamburger Jahrbuch für Wirtschafts- und Gesellschaftspolitik 22. 151—78.
Gehlen, A., 1964: Urmensch und Spätkultur. 2. Auflage Frankfurt.
Giddens, A., 1983: Comments on the Theory of Structuration. Journal for the Social Behavior 13, 1. 75—80.
Giddens, A. und Barnes, B., 1980: Central Problems in Sociological Theory: Action, Structure, and Contradiction in Social Analysis. The Sociological Review 28, 3. 674—6.
Habermas, J., 1981: Theorie des kommunikativen Handelns. 2 Bde. Frankfurt.
Habermas, J., 1983: Diskursethik — Notizen zu einem Begründungsprogramm. In ds.: Moralbewußtsein und kommunikatives Handeln. Frankfurt. 53—125.
Hauriou, M., 1965: Theorie der Institution. Berlin.

Kriele, M., 1967: Gesetzprüfende Vernunft und Bedingungen rechtlichen Fortschritts. Der Staat 6. 48–60.
Lau, E. E., 1978: Interaktion und Institution. Berlin.
Lidz, V. M., 1979: The Law as Index, Phenomenon, and Element -- Conceptual Steps Toward a General Sociology of Law. Sociological Inquiry 49. 5–25.
Luhmann, N., 1970: Soziologie als Theorie sozialer Systeme. In des.: Soziologische Aufklärung. Bd. 1. Opladen. 113–136.
Luhmann, N., 1972: Rechtssoziologie. 2 Bde. Reinbek bei Hamburg.
Luhmann, N., 1984: Soziale Systeme. Grundriß einer allgemeinen Theorie. Frankfurt.
Münch, R., 1982a: Theorie des Handelns. Zur Rekonstruktion der Beiträge von Talcott Parsons, Emile Durkheim und Max Weber. Frankfurt.
Münch, R., 1982b: Basale Soziologie. Soziologie der Politik. Opladen.
Münch, R., 1983: From Pure Methodological Individualism to Poor Sociological Utilitarianism. A Critique of an Avoidable Alliance. Canadian Journal of Sociology 8. 45–76.
Münch, R., 1984: Die Struktur der Moderne. Grundmuster und differentielle Gestaltung des institutionellen Aufbaus der modernen Gesellschaften. Frankfurt.
North, D. C./Thomas, R. P., 1973: The Rise of the Western World. Cambridge.
Parsons, T., 1951: The Social System. Gencoe, Ill.
Parsons, T., 1965: An Outline of the Social System. In: Parsons, T./Shils, E. A./Naegele, K. D./Pitts, J. R. (Hrsg.): Theories of Society. New York. 30–79.
Parsons, T., 1969: On the Concept of Influence. In ds.: Politics and Social Structure. New York. 439–72.
Parsons, T., 1970: Some Problems of General Theory in Sociology. In: McKinney, J. C./Tiryakian, E. A. (Hrsg.): Theoretical Sociology: Perspectives and Developments. Englewood Cliffs, N.Y. 26–68.
Parsons, T., 1978: Research with Human Subjects and the Professional Complex. In ds.: Action Theory and the Human Condition. New York. 35–65.
Parsons, T./Bales, R. F./Shils, E. A., 1953: Phase Movement in Relation to Motivation, Symbol Formation, and Role Structure. In ds.: Working Papers in the Theory of Action. New York. 163–269.
Parsons, T./Smelser, N. J., 1956: Economy and Society. London.
Rohrmoser, G., 1972: Die Krise der Institutionen. München.
Rüschemeyer, D., 1976: Juristen in Deutschland und in den USA. Stuttgart.
Schelsky, H. (Hrsg.), 1970: Zur Theorie der Institution. Düsseldorf.
Schluchter, W., 1979: Die Entwicklung des okzidentalen Rationalismus. Eine Analyse von Max Webers Gesellschaftsgeschichte. Tübingen.
Schotter, A., 1981: The Economic Theory of Social Institutions. Cambridge.
Schütz, A./Luckmann, T., 1979: Strukturen der Lebenswelt. Frankfurt.
Schulz, F., 1961: Geschichte der römischen Rechtswissenschaft. Weimar.
Stadler, M. (Hrsg.), 1983: Institutionalismus heute. Frankfurt.
Tenbruck, F. H., 1975: Das Werk Max Webers. Kölner Zeitschrift für Soziologie und Sozialpsychologie 27. 663–702.
Vanberg, V., 1983: Der individualistische Ansatz in einer Theorie der Entstehung und Entwicklung von Institutionen. In: Boettcher, E. (Hrsg.): Jahrbuch für Neue Politische Ökonomie. Bd. 2. Tübingen. 50–69.
Volz, F., 1984: Gesellschaftstheorie als Institutionentheorie. Frankfurt.
Voss, T., 1985: Rationale Akteure und soziale Institutionen. München.
Weber, M., 1972: Wirtschaft und Gesellschaft. Studienausgabe. 5. Auflage Tübingen.
Weber, M., 1978: Gesammelte Ausätze zur Religionssoziologie. Bd. 1. 7. Auflage Tübingen.
Willms, B., 1971: Funktion – Rolle – Institution. Wiesbaden, Opladen.

Zum handlungstheoretischen Defizit der soziologischen Institutionenlehre oder
Verantwortet sich die Institutionalisierung selbst?

Karl-Peter Markl

Bei fachübergreifenden Forschungsvorhaben ist es sinnvoll, die Posititonen der einzelnen Disziplinen im voraus klarzustellen. So soll nach den Erörterungen des Soziologen und neben denen des Philosophen auf die demokratietheoretische Problemstellung hingewiesen werden. Sie zeigt sich in der Korporatismusforschung ebenso wie in immer wieder neuen Studien zum Föderalismus. Zudem sind in letzter Zeit Untersuchungen von *polities* als maßstabsetzenden *politischen Handlungsträger* zu beachten (Dahl 1970; Lindberg/Scheingold 1970; Dahl/Tufte 1974; Markl 1972a, 1976). Das Problem dabei ist die Kompetenzabgrenzung bzw. die normative oder eben demokratische Kompetenzzuordnung: Welche Körperschaft, welche Bevölkerung oder wessen spezifische Interessen (so diese nach identifizierbaren Personengruppen zu unterscheiden sind) sollen entscheidend sein, wenn etwas strittig ist? Welche Gruppe entscheidet, welche handelt rechtens oder auf legitime Weise, und warum? Im Namen welcher Population ist eine *Handlung* zu bestimmen, wenn innerhalb rivalisierender Gruppen, Bevölkerungen oder Körperschaften (oder auch Staaten) der jeweilige interne Entscheidungsablauf die demokratischen Spielregeln makellos eingehalten hat? Welcher Handlungsträger ist aufgrund welcher Institutionalisierung kompetent und legitim? Durchweg geht es um die Fragen, wie politische Handlungen bezüglich derer, die sie ausführen bzw. vorher noch entscheiden, zu identifizieren sind und wie hier Normierungen eingeführt werden sollten.

Das setzt ein Verständnis und sogar eine allgemein akzeptable *Theorie vom Handeln und von Handlungsebenen* voraus. Der demokratietheoretisch engagierte Politikwissenschaftler kann sich kaum an die Theorie der Institutionen heranwagen, ohne die geschilderte Problematik miteinzubringen. Politik ist nun einmal *aktive Strukturierung*. Entsprechend hat Politikwissenschaft diesen *Handlungsaspekt* auch bei der Analyse von Institutionalisierungen hervorzuheben. Den Politiktheoretiker interessiert dabei besonders die Frage nach den legitimen Instanzen, eben jenen Ebenen, auf denen Handlungen entschieden oder ausgeführt werden, die aber ihrerseits auch aus verantwortbaren Handlungen, d. h. aus Strukturierungsakten hervorgehen.

Eine derartige Standortbestimmung kann dazu beitragen, Mehrdeutigkeiten oder gar Begriffsverwirrungen zu bereinigen. Unklarheiten gibt es noch eine ganze Reihe, je nachdem, ob wir uns dem Problem *Institut, Institution und Institutionalisierung* mit soziologischer, mit anthropologischer oder eben mit politikwissenschaftlicher Absicht nähern, und ebenfalls je nachdem, wieviel von normativen oder deskriptiven

Wissenschaftsvorstellungen und wieviel Positivismus eingebracht wird. Für den am Handlungsaspekt Interessierten wird die Definition einer Handlung bzw. einer freien Entscheidung in jenem *Bereich des Kontingenten* anzusiedeln sein, der normativ überlagert ist und selbstverständlich nicht total durch Strukturen oder systemische Bedingtheiten determiniert sein kann. Für den, dem es bei seinen sozialwissenschaftlichen Erklärungen um das Ausschalten jeglicher Reflexivität, um positive Sicherheit und weniger um den Aspekt der an einer Person oder Personengruppe, also an einem *Subjekt* festzumachenden Verantwortbarkeit geht, sieht das anders aus. Soll die Interdisziplinäre Zusammenarbeit fruchtbar werden, müssen diese Anfangsdifferenzen in der Perspektive beim Namen genannt werden.

Im folgenden soll eine Prüfung jener handlungstheoretischen Aspekte vorgenommen werden, die mit der Niveaufrage legitimer, genormter, rechtlich abgesicherter, demokratischer Entscheidungen und Durchführungen verknüpft sind. Das wird in zwei Etappen geschehen. *Erstens* wird ein Blick zurückgeworfen auf die herkömmliche Praxis der Politikwissenschaftler, Institutionen (einschließlich jener höchsten Institution, die der Staat sein soll), zu beschreiben, funktional zu definieren und rechtlich, anthropologie mißzuverstehen ist!), näher auf jene Phase im Werk eines frühen und einflußreichen soziologischen Systemtheoretikers eingegangen werden, die der Handlung noch sich aus kontingenten Institutionenmustern ergebenden Aktions- und Interaktionswirklichkeit.

Zweitens soll im Kontrast zum strukturalistisch bzw. systemtheoretisch soziologischen Interesse (das hier durchaus nicht als einzig vorstellbarer Erkenntniszweck der Soziologie mißzuverstehen ist!), näher auf jener Phase im Werk eines frühen und einflußreichen soziologischen Systemtheoretikers eingegangen werden, die der Handlung noch einen führenden Stellenwert zubilligte. Daß Talcott Parsons in einem eher positivistisch zu wertenden Verwissenschaftlichungsbemühen von dieser frühen Position abrückte, beweist nicht, daß diese falsch gewesen wäre. Es beweist noch nicht einmal, daß saubere Wissenschaftlichkeit zum Handlungsansatz auf Distanz zu gehen habe. Gegen die fortgesetzte, auch die prioritäre Beschäftigung mit *Handlung und Handlungsentscheidungen* spricht nichts. Ihrer Rechtfertigung dient dieser Beitrag.

1. Institute und Institutionen in herkömmlicher politikwissenschaftlicher Sicht

Dem Politiktheoretiker kommt die alltagssprachliche Übung ein gut Stück entgegen, wenn er fragt, was Gegenstand einer Theorie der Institutionen sein soll. Wir leben inmitten einer Anzahl von Einrichtungen, wir verwirklichen uns laufend durch Teilnahme an Zusammenschlüssen, wir lassen Körperschaften für uns handeln, von denen viele sogar den Namen „Institut" tragen. Warum sollten wir uns nicht zunächst einmal auf ganz naivem Niveau diesem Wort „Institution" nähern? Generationen von Politikstudenten haben an nahezu allen hohen Schulen dieses Faches, also an den entsprechenden *Instituten*, die Institutionenlehre als festes Kernfach zu erlernen und darin Prüfungen abzulegen. Der Gegenstand ist zunächst einmal *das Institut oder die Institution im Sinne einer handlungs- und entscheidungsbefugten Körperschaft.*

Wie so vielen, so erging es auch dem Autor. Auch er hatte, in seinem Fall war das vor zwanzig Jahren am Institut d'Etudes Politiques in Paris bei Maurice Duverger, den Pflichtkurs „Les Institutions Politiques" zu belegen. Nicht genug der Institutionalisierung: Neben Duvergers eigenem Lehrbuch *Institutions Politiques et Droit Constitutionel* wurden die ebenso vom zuständigen Ministerium zugelassenen und gemäß dessen Lehrplanvorgaben zusammengestellten Werke von George Burdeau und von Marcel Prélot (Titel wie bei Duverger) verwendet – und selbstverständlich auch noch die Staatsrechtslehre von Maurice Hauriou. Für die ganz Eifrigen stand noch Haurious *Théorie de l'institution et de la fondation* von 1925 zur Verfügung. Hier wird zur Institution gesagt, daß in ihr bzw. durch sie eine Vorstellung verwirklicht werde, eine *Macht* oder *soziale Kraft* ins Spiel komme. Nicht gesagt wird, *wer* diese Idee durchsetzt, auch nicht *wer* diese Macht darstellt, aus der dann Organe, Regeln und Prozeduren entspringen sollen, die ihrerseits menschliche Interaktion steuern.[1]

Nach Ansicht nicht nur Duvergers ist diese Lehre von Hauriou, die ja von dessen Schülern lange Zeit weiter vertreten werden sollte, zu bewußtseinsbezogen und idealistisch. Sie ist zu juristisch und ethisch zu anspruchsvoll. Als Staatsrechtler, der er bleibt, schlägt Duverger methodologische Öffnungen vor, so etwa Vergleiche mit Anthropologen wie B. Malinowski, aber auch mit P. T. Lapierre, dem Soziologen. Welche Mächte, welche Gruppen, welche Strukturen bzw. Struktursetzungen sind für die diversen Institutionalisierungen verantwortlich? Wenn wir, wie Duverger meint, um die Jahrhundertwende ein besonderes Interesse der Soziologie an Institutionen beobachten können (Powell 1899), so bleibt doch neben der Erklärung des Verhaltens einzelner durch Rückführung auf Institutionen die Frage unbeantwortet, worauf diese ihrerseits zurückzuführen, wodurch sie zu erklären sind.

Der französische Unterrichtsminister gestattet, ganz im Sinne dieser komplexen Fragestellung, aber auch gemäß herkömmlicher historischer Tradition innerhalb der Sozialwissenschaften die *Institutionengeschichte* als Prüfungsfach für Juristen, Politologen und Soziologen. Und doch dominiert auch hier noch der Idealismus des Hauriou: Institutionen, sowie deren Verfassungen, Zustandekommen, Strukturen, Kompetenzen und Macht werden schlicht als *unter dem Recht stehende kollektive Handlungssysteme* gesehen, deren allersouveränstes der Staat sein sollte. In mancher Hinsicht jedoch werden sie aufgefaßt *wie juristische Personen*. „Unter dem Recht" heißt zufolge französisch cartesianischer Logik: Das Recht selbst – so sehr es als Institution zu bezeichnen sein mag, so sehr es seinerseits eines Setzungsaktes bedarf – kann nicht eine Institution im nämlichen Sinne sein. Daß sich da trotzdem eine gewisse Dialektik aufdrängt, läßt sich schnell erkennen, auch wenn z. B. Prélot, ganz in Übereinstimmung mit Hauriou, in seinen wesentlichen Abschnitten *die Institutionen als Handlungsträger* zurückführt auf eine *Institutionalisierung im Recht*. Durchweg ist *der Staat die politische Institution schlechthin*. Er ist unter allen Institutionen die gewichtigste, aber das Recht bleibt ihm übergeordnet: Die Staatsmacht hat mehr oder weniger präzise Regeln zu beachten, und sie ist insofern „institutionalisiert", als sie auf Recht beruht. Staatsmacht drückt sich also nicht nur aus durch Regeln, die der Staat setzt und überbauartig einsetzt. Sie unterliegt auch Normen, die der Regierungsgewalt vorgegeben sind.[2]

Der Staat, paradigmatisch einerseits für eine jede politisch beachtenswerte Institution, ist andererseits Wächter über weitere institutionelle Schöpfungen oder „Institutionalisierungen". Nicht nur am Recht, sondern auch am Staat und seiner institutionellen Macht haben sich die übrigen Institutionen zu orientieren. Von dieser Warte aus ist der Schritt klein zu der Sicht, nach der nicht nur die offiziell untergeordneten, sondern auch die relativ unabhängigen Handlungsträger Staatsapparate sind (Althusser 1973). Bei Prélot jedenfalls ist der Staat selbst weiterhin dem Verfassungsrecht verpflichtet. Letzteres bzw. sein Ursprung ist nicht Thema.[3]

Der hierauf aufbauende Politikwissenschaftler nimmt mit legalistischer Absicherung zunächst einmal die als solche schon durch Namen und Konstitution ausgewiesenen *kollektiven und juristischen Handlungsträger* zum Inhalt seiner Institutionenlehre. Entsprechend und mit fortgesetzter methodischer Naivität bedeutet für ihn Institutionalisierung schlicht Schaffung einer Institution. Dabei nimmt er wohl die mögliche Belehrung durch den Linguisten in Kauf, daß bereits Institution Schaffung eines Instituts heißen kann. Diese Haltung ist so unklug nicht. Denn so lassen sich bezüglich dieser und ähnlicher Institutionen Wirkung, Handlungsgeschichte, Strukturierungsfunktion, Legitimität und Legitimation sowie vieles andere untersuchen. Auf diese Weise geht der *Handlungsaspekt* nicht vor lauter Abstraktion und theoretischer Überdeterminiertheit verloren. Und ausgemachte Sache ist ja noch lange nicht, ob die Bewahrung des *Subjektcharakters* nur durch Naivität und Idealismus erkauft ist. Schwieriger jedenfalls wird es, wenn im Anschluß an unseren Linguisten ein Jurist uns aufklärt, daß auch Institute und somit sogar das Institut des Rechts aus *Strukturierungsakten* und somit aus Institution bzw. Institutionalisierung hervorzugehen pflegen. Was der Politikstudent unweigerlich mitbekommt, ist, daß neben dem Gegenstand der Institutionenkunde, diese selbst den Charakter einer Einrichtung, eben einer kontingenten Institution hat, einer Setzung also, die auch anders hätte ausfallen können.

In der Strukturierungstheorie von Anthony Giddens kommen diese zwei Seiten zum Ausdruck: einmal die vorgegebenen Strukturen oder institutionellen Rahmenbedingungen und zum anderen Strukturationen oder auch Akte der Institutionalisierung durch *frei handelnde Subjekte*. Objektive Determinismen stehen hier neben *personalisierbaren Handlungen*. Auf der einen Seite sind da Begriffe wie Struktur, Determinismus, materielle (also entweder natürliche oder gesellschaftliche) Gegebenheit, Objekt, Gesetzmäßigkeit, technologischer Imperativ, Mechanik oder Apparat. Auf der anderen Seite bedarf die verbalisierte Version, bedarf „institutionalisieren" auch eines Subjektes oder mehrerer. Ebenso offensichtlich stehen weder diese Subjekte, Akteure, frei Handelnden, noch deren Institutionen setzenden und Struktur erzeugenden Tätigkeiten in einem determinationsfreien Raum. Ein solcher hätte ein soziales Vakuum zu sein. Er wäre uninteressant.

Es spricht m. E. nicht alles dagegen, wenn man im institutionellen Rahmen der Politikwissenschaft auch auf das ganz alltägliche Verständnis von Institut, Institution oder Institutionalisierung eingeht. Das darf auch reflexiv geschehen und eigenes Tun bewußt machen. Bei diesem Verständnis springt besonders die Ähnlichkeit des *Institutionalisierten* mit einer *juristischen Person* ins Auge sowie des *Institutionalisierens* mit deren *Konstitution*. Diese Körperschaft tritt also als sozial wirksame und politisch handelnde auf. Sie gibt nicht nur den Rahmen ab für die Handlungen ihrer Mitglieder oder Subsysteme. Auffallen kann jedoch auch die Ähnlichkeit des *Institutionalisierenden* mit einer *freien Handlungsinstanz* oder eben wiederum mit einer *verantwortungsfähigen Person*.

Der Politikwissenschaftler spricht den Soziologen an, um die jeweiligen Erkenntnisinteressen in Beziehung zu setzen. Soziologisch hat Münch, für den derzeitigen deutschen Sprachraum wenigstens, so ziemlich alles gesagt, was abstrakt zu Handlungen, aufbauend auf Kant und unter Bezug auf *voluntas*, zu sagen sein mag. Für Politiktheoretiker gibt es noch einiges nachzutragen.

Es ist nicht Münch alleine zuzuschreiben, wenn der Sprachgebrauch beispielsweise vom Recht als Institution in der deutschen Sozialwissenschaft Eingang gefunden hat. Wie angedeutet, gehen die Juristen mit dem Begriff des Instituts schon lange um. Da gibt es Rechtsinstitute, also Mittel, die das Recht den Bürgern an die Hand gibt, und es gibt die Auffassung vom Recht insgesamt als Institut. Das ist nicht neu. Analog läßt sich etwa der Kulturbetrieb, der Sport, der Konsumbereich, die Medienforschung und so manches andere mehr — ja fast alles, was irgendwie Ordnungs- und Systemcharakter aufweist, als Institut, also als Setzung bezeichnen. Und es läßt sich dabei auch einiges denken. Das kann sogar tiefschürfend und aufschlußreich ausfallen. Anstatt Institut oder Institutum kann man auch Institution sagen. Die Gefahr ist nur, daß der Begriff mit der Zeit und bei all dem Nachgrübeln so allumfassend wird, daß er sich präziser Abgrenzbarkeit entzieht, daß er eben nur noch interpretiert und keine Handlungs- oder Strukturierungsverantwortlichkeit mehr zu identifizieren hilft. So wird neben dem Institut für Politische Wissenschaften nicht nur ein jedes seiner Seminare zum Institut, sondern auch die Haltung und das Wertesystem des Dozenten, das entsprechende System der Universität und aller Universitäten, die Lehre schlechthin, aber auch die ökonomischen Interessen, die Kommunikation und ganz allgemein die Machtverteilung ... Irgendetwas an einem jeden dieser gesellschaftlichen Interaktionsforen gleicht wohl immer einem System und somit auch einem Institut; irgendwie hängen sie auch alle voneinander ab und durchdringen einander. Eine brauchbare Institutionentheorie sollte sich aber nicht darin erschöpfen, den ganz tiefen Sinn und die extremste Anwendbarkeit des Wortes auszuloten — auf die Gefahr hin, Differenzierungen unmöglich zu machen oder dumm erscheinen zu lassen.

Vor dem Hintergrund einer nahezu allumfassenden soziologischen Theorie der Institutionalisierung bleibt die naiv beginnende Betrachtung politischer, sozialer und ökonomischer Institutionen interessant. Denn sie bezieht sich auf innere Handlungsvorschriften und -gesetzmäßigkeiten ebenso wie auf äußere Wirkungen. Sie ist so politisch einigermaßen realistisch. Die Naivität würde dabei schnell verschwinden. Entsprechende Fragen werden ja nicht nur an Münch herangetragen. Sie bleiben im Anschluß an die Theorie von Giddens genauso unbeantwortet. Was sind Institutionalisierungs- bzw. Strukturationsakte? Welche ihrer Voraussetzungen sind für das soziologische und politikwissenschaftliche Verständnis von Bedeutung und welche ihrer Ergebnisse? Wo ist Verantwortung festzumachen? Auch Giddens könnte Sprache allgemein noch ernster nehmen, und er könnte sie speziell in der Soziologie kritischer verwenden. So gesehen, würde der Soziologe sich auch sprachlich im Dilemma der Institution wiederfinden.

Wo sind zur guten Erklärung vorgegebene Strukturfaktoren heranzuziehen, wo sind strukturierende Setzungen festzustellen? Und was macht eine gute Erklärung aus? Inwiefern kann der Sozialwissenschaftler sich auf Beobachtungen verlassen? Inwiefern ist er selbst Strukturierender oder Mit-Strukturierender? Was hat er neben den differenziert instituierten Sprachen noch an maßgeblichen Instituten und Institutionalisierungen zu beachten? Giddens geht ja schon einen beträchtlichen Schritt. Er setzt sich für die Erkenntnis und für die Anerkennung sowohl des Determinierten, als auch der Determinierer ein. Das führt zunächst einmal zu einer sozialtheoretischen Sprachregelung. Aber kann es mehr werden? Die Dialektik hier hat etwas zu tun damit, daß Institution als äußerster Rahmen, als allgemeinste Bedingung oder Determinationsinstanz gesehen wird, aber eben auch als von einem Subjekt gesetztes individuierbares System. Dialektisch kann darüber hinaus anmuten, daß auch der Sozialwissenschaftler dies nicht nur erkennt, sondern dem auch reflexiv in seiner eigenen Rolle unterliegt. Auch er vollzieht Beobachtungen und Setzungen. Und während er dies abstrakt einsieht, bleibt im Einzelfall die Frage, welche forschungsstrategischen, theoretischen oder konkreten Konsequenzen sich daraus ergeben.

Institutionen haben ebenso wie Institute, etwas mit „instituere" — hinein, auf- oder hinstellen, ein- oder errichten, *beschließen*, zu tun, aber auch mit „institutum" — Vorhaben, Plan, Sitte, Brauch, Unternehmen, eben mit *Beschlossenem*. Da ist das aktive Element, da ist Setzung, da ist Willensakt einerseits, und da ist jeweils ein bereits vorzufindendes Ordnungselement andererseits. Wenn zwischen diesen Elementen eine Spannung, ja für den sozialwissenschaftlichen Erkenntnistheoretiker und für den Methodologen sogar eine dialektische besteht, dann ist deren Feststellung nicht neu. Duverger verweist schon in seiner Einleitung auf eine ähnliche Polarität zwischen Institution und Konstitution, zwischen dem jeweils durch Einzelentscheidung zu Setzenden und der bereits vorgegebenen, aber auch änderungsfähigen Verfassung. Im 19. Jh. bezeichnete man als Institutionen jene gesellschaftlichen und politischen Strukturen, die sich aus Tradition, Geschichte, Sitten und Gebräuchen ergeben hatten. Das waren also nicht entscheidungs- oder gar handlungsfähige Körperschaften, sondern öffentliche oder gesellschaftliche Einrichtungen ganz allgemein. Diese wurden von den Konservativen gepriesen. Hatten sie doch diese überkommenen Strukturen im Griff, konnten sie sie doch ohne Schwierigkeiten verantworten. Dieselben Gruppierungen taten die Konstitution und deren Besprechung als Machwerk ab. Dies würde durch launischen Willensakt, durch die uniformierte Masse getragen als bestenfalls idealistischer und rationalistischer Organisationsbeschluß — ein politisches Kunstgebilde. Die Progressiven und besonders die Liberalen zogen solche Gebilde naturgemäß vor, für sie waren sie Ausdruck aufklärerischer Freiheit und menschlicher Selbstbestimmung. Sie weigerten sich, im Herkömmlichen, im geschichtlich Überlieferten etwas durch die Natur Gegebenes und Legitimiertes zu erkennen oder anzuerkennen.

Gemäß Duverger ist das heute gerade unter dem Einfluß der Marx'schen Analyse anders. Gefährlich sind die Massen ebensowenig, wie sie in Wahrheit Macht besitzen. Gefährlich sind allenfalls jene wenigen, die im Namen der Massen Konstitutionen und Institutionen bestimmen. Die konstitutionelle Ordnung mit ihren Institutionen ist oberflächlich im Verhältnis zum Gewicht der entscheidenden sozialen Klasse. So

dienen sowohl die Konstitution als auch die Institution der Machterhaltung der Bourgeoisie. Sie sind Überbau, im Verhältnis zu welchem die ökonomischen „Institutionen" Basischarakter gewinnen. Progressiver ist also, wer seine Erklärungen an diesen Basisstrukturen ansetzen läßt und nicht beharrlich im Überbau verweilt.[4]
Soweit Duverger in seinem Standardlehrbuch von 1955, einer Zeit also, zu der Althussers Marxismusversion mit ihren unterschiedlichen Theorieebenen und v. a. mit neuerlich respektablen Staatsapparaten auch im Bereich des herkömmlichen Überbaus noch nicht zur Diskussion stand. Sofern diese zu etwas führen, sofern sie auch nur im übertragenen Sinne etwas produzieren, verdienen auch die „nicht-ökonomischen" Institutionen, beispielsweise jene aus dem Kulturbetrieb oder aus der Rechtsprechung nach Gramsci und nach Althusser, von Marxisten beachtet zu werden. Das soll, jedenfalls bei letzterem, nicht bedeuten, daß der Aspekt der Handlung oder der Handlungsträgerschaft etwa im Sinne von Subjekthaftigkeit hervorgehoben oder auch nur zugelassen wird. Althussers Präferenz gilt bekanntlich den Strukturen als wesentlichen Determinanten. Seine Ausfälle gegen das Gerede von den Subjekten sind nachgerade sprichwörtlich. Es geschah ja genau auf dieser Grundlage, wenn Giddens in Cambridge seine Strukturierungstheorie als Synthese von verobjektivierten Strukturkomponenten einerseits und Handlungs- bzw. Subjektdeterminanten andererseits entwickelt hat. Die Dialektik ist so unübersehbar, wie sie alt ist und wohl auch unvermeidlich. Sie dominiert natürlich auch die Bemühungen von Münch, so wie sie Parsons Theorie bestimmend beeinflußt hat.

2. System zwischen soziologischen Struktur- und politischen Handlungsperspektiven

Mein Unbehagen bei Münchs Sichtweise hängt nicht zuletzt damit zusammen, daß er anscheinend immer mehr den ersteren Aspekt in diesem dialektischen Spiel betont. Die Gefahr dabei ist, daß mit dem zweiten ein gut Teil des Handlungstheoretischen und des proklamierten *Voluntarismus* zugunsten einer fast schon wieder strukturalistischen Determinierungstheorie unterdrückt wird. Und gerade der Handlungsansatz wäre ja das Interessante gewesen – geht doch dieser potentiell nicht nur über Giddens, sondern auch über Parsons samt seinem AGIL-Schema und über Durkheims strukturell-funktionalistische Synthese aus idealistischen und materialistischen Elementen hinaus. (Es sei die Bemerkung erlaubt, daß Durkheim im Zweifelsfall das Funktionale in seinen Erklärungen über das Strukturelle und auch das einfache oder naheliegende über das abstrakte oder abgehobene Bild stellt.)
Selbst unterhalb jener allgemeinen Institute, für die hier das Recht als Beispiel eingeführt worden ist, gibt es auf nationaler, regionaler und örtlicher Ebene Enitäten mit den Merkmalen und nicht selten sogar mit dem Namen von Instituten. Und es gibt Recht setzende Akte, die gleichzeitig Institutionen schaffen – bis hinauf auf das Spielfeld der internationalen Politik. Man denke nur an die internationalen Organisationen oder deren „Institutionen" oder an die beschränkt transnationalen Institutionen wie die Europäische Gemeinschaft. So gibt es selbstverständlich nicht nur die Interpenetration von Vektoren, die wesentlich an Individuen hängen, sondern auch jene,

die an Kollektivitäten, an sozialen, ökonomischen und politischen Körperschaften festzumachen sind.
Münch erkennt ja, wie sich solche partikularen Systeme handelnd durchdringen: „Aus dynamisch wirkenden Faktoren allein kann man die Auflösung einer alten Ordnung oder das Fehlen von Ordnung überhaupt erklären. Die *Institutionalisierung* einer Ordnung ist jedoch nur aus ordnenden und generalisierenden Faktoren und ihrer Beziehung zu dynamischen und selektiven Sphären des Handelns zu erklären" (1981a: 570). Das ist Münchs Lesart von Max Weber, aber diese kommt nicht von ungefähr. „Man kann dieses theoretische Modell der modernen ökonomischen und sozialen Ordnung erkennen. In diesem Sinn leistet Weber seinen Beitrag zur Entwicklung einer voluntaristischen Handlungstheorie" (Münch 1982a: 571). Wieder müssen wir einsehen, daß wir auch dort, wo von Systemen, also, so sollte man meinen dürfen, von institutionalisierten Handlungsrahmen (wenn schon nicht von Handlungsträgern) die Rede ist, zurückgeschleust werden in die Institutionalisierung von Ordnung schlechthin. Den Politiktheoretiker mahnt das wieder einmal an Hobbes. Jedenfalls ist es soziologisch so allgemein, philosophisch so abstrakt wie es universell ist. Das Recht und die Ordnung erscheinen wie das Recht dieser Welt und die gesellschaftliche Grundordnung unseres Universums. Man vergißt fast, daß der Leviathan bestenfalls ein Inselgott und obendrein ein sterblicher war. Präzise politikwissenschaftliche Fragen laufen in dieser Allperspektive Gefahr, sich in Sozialquarks aufzulösen. Wenn schon interpenetriert wird, dann gleich total.
Legitim freilich bleibt es trotzdem, auf den Sinn von Institution weiter hinzuweisen und zwar ohne das Risiko, deswegen gleich wieder ins Deskriptive einer positivistischen Methode oder ins Normative des rein idealistischen Ansatzes abzugleiten. Was könnte man nach Parsons aus einem handlungstheoretischen Ansatz, an dem Münch angeblich so sehr gelegen ist, für die Institutionentheorie sinnvoll herausholen?
Nicht richtig wäre wohl, aus Institutionen hier gleich Handlungsträger machen zu wollen, *subjekthafte, kollektive Entscheidungs- und Tatinstanzen* also, wie jene, die für die polity-Forschung im Zusammenhang mit der Demokratietheorie und der Frage nach der *Verantwortung für politisches Geschehen* so bedeutsam sind. Zunächst haben wir es eher mit dem erwähnten Handlungsrahmen zu tun. So jedenfalls sieht es auf den ersten Blick aus. Im Rahmencharakter liegt natürlich etwas Objekthaftes. So gesehen, muß die Frage der Relevanz einer Handlungstheorie hier von vornherein mit Vorsicht behandelt werden. Deshalb soll mein Plädoyer mit bescheidenerem Anspruch handlungstheoretischen Aspekten gelten, die dann allerdings unerläßlich und unübersehbar Bestandteil einer Institutionentheorie sein und als solche anerkannt werden sollten.
Nicht ganz ohne Vorbehalt sollten wir den Begriff der „voluntaristischen Handlungstheorie" stehenlassen. Nach Kant wäre das schlicht ein Pleonasmus, da von Handeln ohne Willen oder ohne wollendes Subjekt nicht gesprochen werden darf. Aber Münch baut nicht nur auf Kant, sondern auch und besonders auf Parsons auf. Dieser hat seiner frühesten Vorstellung der Theorie des Handelns in *The Structure of Social Action* jene oft übersehenen Notizen hinzugefügt, von denen er selbst schrieb, sie sollten dem Leser bei der Klärung der verschiedenen Typen von Beziehungen in der

Theorie Hilfestellung geben. Es ist wohl hier nützlich, kurz diese Begleitformeln für Parsons' Theorie darzutun. Unter einer *Theorie des Handelns* soll in Parsons' Schule zunächst eine Theorie verstanden werden, die sich empirisch auf *ein konkretes System* bezieht, welches aus sog. „unit acts" zusammengesetzt ist.[5]
In einem „unit act" sind mindestens die folgenden Charakteristika identifizierbar; (1) ein Ziel, (2) eine bezüglich ihrer (a) Mittel und (b) Bedingungen zu erklärende Situation und (3) mindestens ein Selektionsniveau, unter Bezug auf welches das Ziel zur Situation in Beziehung gesetzt wird.
Diese Kategorien, wie Parsons sie nennt, sollen nicht rein objektiv, sondern subjekthaft für den Analytiker Bedeutung gewinnen. Das ist wissenschaftsstrategisch als Abgrenzung gegen den Behaviourismus gemeint. Zu dem Akt (A) gehört die Situation (5), die ihrerseits aus Bedingungen (C), aus Mitteln (M), aus normativen oder idealen Elementen (i) und aus symbolischen Ausdrücken für normative oder ideale Elemente (i_e) besteht.
Bei der wissenschaftlichen Untersuchung des *subjektiven Aspektes von Handlung* kann die Situation und können deren Elemente subjektiv zum Ausdruck kommen durch einerseits den wissenschaftlich gültigen Erkenntnisstand (T) des Handelnden und andererseits jene Elemente (t), die durch den Forscher vielleicht noch wissenschaftlich hingebogen werden können, die jedoch eigentlich unwissenschaftlich erscheinen. Zusätzlich gibt es variierende Elemente (r). (T) soll aus Festellungen verifizierbarer Tatsachen (F) und aus logisch korrekten Ableitungen davon (L) bestehen. Die unwissenschaftlichen Elemente (t) sollen Irrtümer bezüglich Tatsachenfeststellungen (f) und logische Fehler (l) sein. Es gibt Zwecke (E), die von Handelnden gewünschte Endzustände darstellen, auf die hin ihre Taten orientiert sind, die sich aber nicht nach den bereits herrschenden Trends automatisch ergeben würden. Schließlich soll es einen Auswahlstandard (N) bezüglich (E) und (S) geben.
(Z) sei nun ein Handlungssystem. Für jedes (Z) gibt es Elementarbeziehungen (R_I), die aus Systemen erwachsen und die als Individuen oder Handlungsträger mit wenigen Mitgliedern in Erscheinung treten, zwischen denen sich jedoch keine Beziehungen abzeichnen. Schließlich sollen Beziehungen (R_C) vorkommen zwischen Individuen als Mitgliedern von Gruppen.
Mit den so eingeführten Kürzeln läßt sich die allgemeinste Formel für ein Handlungssystem folgendermaßen formulieren:
A = S (M ausgedrückt in T, t, r plus
    C ausgedrückt in T, t, r plus
    i_e ausgedrückt in T, t, r.)
    plus E plus N (durch T, t, r, i oder i_e definiert)
    plus r (nicht als Ausdruck von S, wie i_r)
Z = (A_1 plus A_2 ... A_n) plus R_{el} plus R_I plus R_C
Es dürfte klar sein, daß es sich hier nicht ausschließlich um einen verobjektivierten Handlungsrahmen handelt. Nach Parsons, der gemeinsam mit Weber ja vor nicht allzu langer Zeit von Habermas wohl v. a. wegen verifikationistischer Anwandlungen noch selber als Positivist gebrandmarkt wurde, ist eine Handlungstheorie dann positivistisch, wenn sie ausschließlich empirisch gültige Kenntnis als subjektive Orientierung des

Handelnden gegenüber einer Situation akzeptiert. Parsons trennt noch recht ausführlich den radikalen Positvismus vom statistischen, vom individualistischen und vom soziologischen. Wichtig für uns ist nur, was er dagegen unter einer *nicht positivistischen Handlungstheorie* verstanden wissen will. Ihre Grundannahme liegt darin, daß weder positiv noch negativ die bedeutungsvollen subjektiven Handlungsbestandteile von einem auf Methodologie gestützten Wissenschaftsschema erschöpfend verstanden werden können. Vielmehr soll das voluntaristische System Normatives enthalten gerade dort, wo empirische und quasi-naturwissenschaftliche Einsicht und entsprechende natürliche Imperative noch Fragen und Entscheidungsspielraum offenlassen, oder auch dort, wo gesetzartiges Wissen mit menschlichen und gesellschaftlichen Normierungen dialektisch zusammenhängen oder zusammengebracht werden. Das ist das politikwissenschaftlich interessante Feld des Kontingenten. Es ist der Bereich menschlicher Setzungen, die jeweils auch anders ausfallen könnten. Parsons' allgemeine Formel für die typische voluntaristische Handlung sieht folgendermaßen aus:

$A = S (T, t, i_e, r)$ plus $E (T, t, i_e, r, i)$ plus $N (T, t, i_e, i, r)$

und die für das voluntaristische Handlungssystem:

$Z = (A_1$ plus A_2 plus $A_3 \ldots A_n)$ plus R_{el} plus R_I plus $R_C)$

„Der ideologische Ansatzpunkt der Untersuchung der Rolle, die normative Elemente im menschlichen Handeln spielen, hat die Erfahrungstatsache, daß Menschen nicht nur auf Anreize reagieren, sondern auch in einem gewissen Sinne versuchen, ihre Handlungen an Mustern auszurichten, die der Handelnde oder andere Mitglieder derselben sozialen Gruppe für wünschenswert halten. Die Behauptung ... impliziert ein Begriffsschema. Der grundlegendste Teil dieses Schemas ist, was hier als Mittel-Zwecks-Schema bezeichnet wird. Die Handlungstheorie, insbesondere die voluntaristische, ist eine Ausarbeitung und Verfeinerung dieses grundsätzlichen Begriffsschemas."[6]

Das war 1937. In Parsons' Gefolge traten so wichtige und in vieler Hinsicht ganz eigenständige Verhaltensforscher wie Allport, Tolman oder Kluckholm als Handlungstheoretiker auf. Nur so ergaben sich nach dem Krieg Schriften wie die in *Toward a General Theory of Action*. Aber hier, ebenso wie in dem auch 1951 erstmals erschienen *The Social System* hatte Parsons (genauso seine engsten Mitarbeiter, wie E. Shils) einen Schwenk hin zur Systemtheorie, zur Institutionalisierungstheorie und weg von dem Aspekt des Voluntaristischen vollzogen, der die subjekthafte oder aktororientierte Perspektive hervorgehoben hatte. Zum „subjektiven Gesichtspunkt" oder „actor's point of view" meinte Parsons nun:

„Im Gegensatz zu der in *Structur of Social Action* vertretenen Ansicht erscheint das Postulat jetzt nicht wesentlich für den Bezugsrahmen der Handlung in seiner elementarsten Form. Derartige Interaktion impliziert jedoch im gegenwärtigen Begriffsschema eindeutig Kommunikation. Ohne mit dem Betroffenen zu kommunizieren, ist es sonst in diesem Verfahren nicht möglich, sein Verhalten zu interpretieren, ..."[7]

Der Subjektbezug wird also nicht ganz aufgegeben, sondern nur anders gesehen. Die soziologische Theorie wird zu einem Aspekt der Theorie sozialer Systeme. „... *that aspect of the theory of social systems which is concerned with the phenomena of the institutionalization of patterns of value-orientation in the social system*, with the conditions of that institutionalization, ..." (Von Parsons selbst hervorgehoben; 1951: 552). Bei Parsons selbst geschah so, was der Politiktheoretiker bei Münch befürchtet. Der ursprünglich so fundamentale handlungstheoretische Ansatz ging im übergreifenden Systemdenken unter.

Auch Parsons hatte sich anfänglich wesentlich auf Weber und Durkheim gestützt. Münch stützt sich auf Weber, Durkheim und Parsons und bezüglich Handlung auf Kant bzw. den Kant in Parsons und Weber. Dabei wird der Handlungsraum weiterhin von außen nach innen betrachtet. Das sollte, wie zu zeigen sein wird, bei Parsons später anders werden. Sogar der Begriff vom Handlungssystem entspricht bei Münch nicht allein dem Rahmen, innerhalb dessen Handlungsträger sich auf eine der im AGIL-Schema angegebenen Weisen zueinander verhalten. Vielmehr wird es selber zu etwas, das sich mit ähnlichen Systemen auseinandersetzen kann: jedoch zunächst einmal nicht, indem es andere beeinflußt, auf sie einwirkt, in ihrer Richtung handelt oder mit ihnen interagiert, sondern indem es sie „penetriert", ebenso wie sie es „penetrieren". „Die Interpenetration differenzierter Handlungssysteme ist die entscheidende Voraussetzung für die Bildung neuer Ordnungen ..." (Münch 1982;: 511). Im Inneren eines Systems spielt sich die Dialektik zwischen Freiheit und Zwang, Willen und Struktur, Handlung und Determination, Verantwortung und Vorbestimmtheit usw. ab. Sofern Spannungen zwischen Systemen auftreten, werden diese ihrerseits wieder als Beziehungen eines neuen Systems betrachtet. Wieder soll das AGIL-Schema gelten, obwohl Münch meint, dieses analytisch erschöpfend gedachte Modell decke wohl doch nicht alle möglichen Konstellationen ab. Seit dem, wie es wolle, Handlungen oder besser: Interaktionen oder eigentlich besser noch: Beziehungen werden mehr als Erscheinungen innerhalb eines Handlungssystems bzw. eines Handlungsrahmens gesehen denn als autonome Vorkommnisse von eigenständiger Bedeutung. Handlung ist, so gesehen, Bestandteil sozialer Ordnung. Zwar darf diese Ordnung dynamisch sein, aber die methodische, und wohl nicht nur methodische Priorität ist klar: Handlung kommt nach Ordnung. Sie ist dem Strukturellen bzw. dem Systemischen unterzuordnen. Was sich zwingend oder zufällig durchdringt – gegenseitig – sind Aspekte von Ordnung. Der Terminus hierfür ist „Interpenetration".

Ergreift also der Münch der *Theorie des Handelns* Partei zugunsten des Voluntaristischen am Handeln, so wie er es dort behauptet, oder zugunsten vordeterminierter Rahmenbedingungen, „Handlungsrahmen" mit systemischen Ordnungsprinzipien und entsprechenden Erklärungen? Für mich war die Antwort auf diese Frage zunächst offen. Das heißt vor allem, es war nicht eindeutig, daß der Systemtheoretiker sich durchsetzen würde. Daraus erwuchs eine Erwartung, die dem Leser auch darüber hinweghalf, daß die Münch'sche Handlungstheorie sich stark auf die soziologische und innere Ordnung des Systems konzentrierte. Die politikwissenschaftliche Frage brauchte noch nicht ganz zurückgezogen zu werden. Wie verhalten sich solche intern durch voluntaristisch handelnde Untersubjekte bedingte und strukturierte Handlungssysteme *als autonome Akteure* nach außen bzw. zueinander?

Parsons' Postition ist zunächst eindeutig: Ihn interessiert auch das soziale System vorrangig als handelndes und als mit anderen interagierendes. Hier spielt Durkheims Handlungsmaterialismus mit hinein. Handlungsträger oder Handlungsrahmen, Aktion oder Struktur – die Dialektik, die hier weitgehend Angelegenheit der bevorzugten Perspektive sein dürfte, scheint bestehen zu bleiben. Aber Parsons unterzieht sich einer Umorientierung. Wie sein Interesse am Subjekt zu dem an objektiven Bedingungen tendiert, so auch seine vorrangige Beschäftigung mit einer von Subjekten getragenen (und wohl auch intersubjektiven) Interaktion zu der mit relativ sterilen (weil durch Gleichgewichtskriterien verobjektivierten) Beziehungen, die ihrerseits systemischen Charakters sind.[8]

Die Interpretation von Parsons' Theorie im Lichte seiner frühen Schriften mag vielleicht die zentrale Plazierung von sozialer Handlung, von Interaktion und von deren verantwortungsbewußten Ausführungsorganen zulassen: „In der Handlungstheorie ist der Bezugspunkt für alle Größen die Handlung eines einzelnen Handelnden oder einer Gruppe."[9] Aber doch wissen wir, daß die relative oder normative, jedenfalls aber kontingente Identität kollektiver Handlungs- und Entscheidungsträger für Parsons eigentlich nie zentrales Thema wurde. Gerade weil er sich früh auf *Handlung als solche* konzentrierte, kam er schließlich zu jener Version der Systemtheorie, in der Beziehungen eher zwischen Handlungsebenen im Sinne von -strukturen als zwischen Handelnden immer wichtiger wurden. Handlung wurde ihrerseits degradiert zum systemischen Merkmal. Die früh angedeuteten Handlungseinheiten verloren an Bedeutung. Und doch hatten diese noch 1951 als Ansatzpunkte interessant geklungen.

„Wenn die Begriffe sich auf eine Gruppe als Handlungseinheit (action unit) beziehen, geht es dabei selbstverständlich nicht um eine jede Tat eines jeden Individuums in der Gruppe. Es geht nur um jene Handlungen, die sie als Mitglieder ausführen. ... Eine Handlung hat eine Orientierung, wenn sie gesteuert wird durch eine Bedeutung, die der Handelnde ihr bezüglich seiner Ziele und Interessen gibt. Eine jede Handlungsorientierung impliziert eine Anzahl von Orientierungsgegenständen. Diese sind Objekte, die in der Situation bedeutungsvoll sind, weil sie Alternativen zulassen und Beschränkungen auferlegen bezüglich der Art und Weise, wie die Bedürfnisse befriedigt und die Ziele erreicht werden ..."[10].

Daß Parsons jedenfalls am Problem der gesellschaftlichen Formationen und der Konstitution samt normativer Kompetenzdefinition von Entscheidungs- und Handlungskörperschaften nicht ganz vorbeisieht, beweist so mancher Abschnitt selbst noch aus seiner mittleren und späten Schaffensperiode.

„Ein System oder Subsystem konzertierter Handlung, das (1) von einer gemeinsamen Wertorientierung regiert ist und in dem (2) die gemeinsamen Werte motivationsmäßig in die Handlung integriert sind, ist ..., eine Gemeinschaft ... gemeinsame Werte, ausgedrückt durch die Handlung solidarer Gruppen oder Gemeinschaften, ..."[11]. Bezüglich derartiger Konstitutionen wird das Wort Institutionalisierung ausdrücklich von Parsons verwendet: „Das Wort Institutionalisierung bedeutet sowohl die Institutionalisierung gemeinsamer Worte durch die Mitglieder einer Gemeinschaft, als auch die Ankündigung vorschreibender oder verbietender Rollenerwartungen durch Inhaber verantwortungsvoller Rollen."[12]

Streckenweise klingt es bei Parsons fast wie eine Gebrauchsanweisung für ein föderatives System oder einen entsprechenden Systemverbund:

„Jedes gesellschaftliche System wird institutionalisierte Definitionen jener Sphären aufweisen, die den Bewegungsspielraum ausmachen für Untergruppen seiner Mitglieder oder für einzelne. In diesen Bereichen ist es für die Kleingruppen und für Individuen erlaubt, sich ohne speziellen Bezug auf die Interessen der übergreifenden Gemeinschaft und ohne besondere Verpflichtungen ihr gegenüber zu bewegen."[13]

Damit wären wir, einmal ganz abgesehen von der alten schon bei Hobbes ausführlich behandelten Problematik jener Rechte, die dem einzelnen angesichts des Leviathans immer bleiben sollen, bei politiktheoretischen Fragestellungen von zunehmender praktischer Dringlichkeit. Was wiegt schwerer: Die Erhaltung der gesunden Lebensbedingungen eines Landkreises oder das Interesse an billiger Stromversorgung eines Bundeslandes? Selbstverständlich sollte da das Kriterium des pragmatischen Konsenses eine wichtigere Rolle spielen als die Verfügbarkeit von Machtmitteln — besonders gemäß der Demokratietheorie. Nur werden Konsensus und Macht sehr schnell zu verkoppeln sein, wenn alternative und sogar rivalisierende Konsenslösungen aufeinanderstoßen. Wessen Konsens soll zählen? Bei Parsons ist Handlungsträgerschaft ohne Zweifel in einem größeren Kontext zu verstehen. D. h. jedoch nicht, daß immer der übergeordnete oder übergreifendere Personenverbund entscheiden soll. Es heißt vielmehr, daß von den Subjekten eher abgerückt wird. Aber es kann doch wohl nicht heißen, daß der soziale Kontext, die abstrakte oder objektive Bedingtheit immer ausreichen, um Handlungen und über diese das gesellschaftliche und politische Geschehen zu klären und zu erklären. Angesichts kontingenter Handlungsmöglichkeiten sind praktische Konflikte so nicht zu lösen, politische Entscheidungen so nicht zu fällen.
Münch nennt diese Problematik am Ende seiner *Theorie des Handelns* beim Namen. Übrig bleibt nämlich bei all der vorhergehenden theoretischen Differenzierung nur noch ein einziger Globalkonsens — leider eben nicht eine nuancierte Theorie mehrschichtiger konsensueller Kompetenz-, Entscheidungs- und Handlungslegitimation. Dieses Defizit bleibt, obwohl *Die Struktur der Moderne* gewisse Andeutungen enthält: „Die Verknüpfung von Voluntarismus und sozialer Ordnung ist nur möglich durch die Herausbildung von institutionellen Gefügen, in denen die gegensätzlichen Typen der Handlungsorientierung über zunehmend feinmaschige Zwischenzonen als Träger ihrer Interpenetration miteinander verkettet werden" (Münch 1984: 27). Bei Montesquieu war noch schlicht von „intermediaires" und von Gewaltenteilung die Rede. Schon für jenen großen und alten französischen Juristen und Verfassungstheoretiker geht es bei seiner differenzierten und differenzierenden Lehre von Konstitution und Institution nicht so sehr um Interpenetration und Interpenetrationserkenntnis wie um die Festsetzung getrennter Handlungsebenen, also um die Aufteilung von Macht, Legitimation und die Verantwortlichkeit politischen Entscheidens und Handelns auf dem Niveau einer Mehrzahl verantwortungsfähiger Handlungsinstanzen. Deren jeweilige Eigenständigkeit und Unabhängigkeit soll mindestens genauso wichtig sein wie ihr globales Zusammenwirken. Daß dahinter die Erkenntnis steht, *daß* alles zusammenwirkt und sich zusammen auswirkt, darf vorausgesetzt werden. Nach dieser Einsicht stellte sich für Montesquieu damals die Frage nach dem gestalterischen und legitimierenden *Wie* der Herrschaftsformationen. Die entsprechende Frage bleibt dem heutigen Politiktheoretiker gestellt. Und sie droht nicht, ihn von der purifizierten Höhe der

Theorie hinabzustürzen in die Etage der philosophiefeindlichen herkömmlichen Institutionalisten. Denn deren Theoriedefizit ist mindestens so gefährlich wie das handlungstheoretische Defizit der abstrakten Soziologie. Beide sind nicht zu verwechseln, und beide erfordern Aufarbeitung.

Anmerkungen

1 „Une institution est une idée d'oeuvre ou d'entreprise qui se réalise et dure juridiquement dans un milieu social; pour la réalisation de cette idée, un pouvoir s'organise qui lui procure des organes; d'autre part, entre les membres du groupe social intéressé à la réalisation de l'idée, il se produit des manifestations de communication dirigées par les organes du pouvoir et règlées par des procedures" (Hauriou 1925: 14).
2 „La puissance de l'Etat qui, physiquement, prime toutes les autres et qui peut, en principe, intervenir dans tous les domaines où elle n'est pas primée elle-meme par une autorité étatique concurrente s'exerce selon des règles. ... L'Etat-pouvoir ... est *institutionnalisé*, (s'est-à-dire qu'il est fondé en droit et construit par lui)" (Prélot 1963: 15).
3 „... l'institution étatique émerge parmi les autres institutions et qu'elle les domine, ... En effet, si l'on considére l'entité juridique et politique que forme l'Etat, on l'a vu recourant au droit tant pour les règles qui lui donnent l'etre, que pour celles que suit son action" (Prélot 1963: 29).
4 „... les conservateurs affirmaient la supériorité des institutions, qu'ils tenaient pour „naturelles", sur des constructions qu'ils jugeaient „artificielles". ... en prônant une structure politique rationelle, établie par un texte solennel, leurs adversaires voulaient renverser du même coup les institutions établies et les remplacer par d'autres, ..." (Duverger 1960/55: 8).
5 „In a unit act there are identifiable as minimum characteristics the following: (1) an end, (2) a situation, analysable in turn into (a) means and (b) conditions, and (3) at least one selective standard in terms of which the end is related to the situation" (Parsons 1937: 77). Selbstverständlich bleibt gültig, was Parsons (1937: 44) im Haupttext als wesentliche Bestandteile einer Handlung definiert, nämlich ein Handelnder, ein Ziel, eine Situation und eine normative Vorgabe.
6 „The logical starting point for analysis of the role of normative elements in human action is the fact ... that men do not only respond to stimuli but in some sense try to conform their action to patterns which are, by the actor ... deemed desirable. The statement ... involves a coneptual scheme ... the means-end schema. ... the voluntaristic theory of action, is an elaboration and refinement of that basic conceptual scheme' (Parsons 1937: 76).
7 „Contrary to the view held ... in the *Structure of Social Action* it now appears that this postulate ist not essential to the frame of reference of action in its most elementary form. Such interaction however, in terms of the present conceptual scheme clearly involves communication. It is not possible in these terms to interpret alter's behavior in terms to the action frame of reference without communicating with him ..." (Parsons 1951: 543/544).
8 In der Vorkriegsschrift ist es mehr die Handlung, in der von 1951 mehr das Gleichgewicht, woran Parsons interessiert ist:
„The focus of interest for the theory of action is not in the internal equilibrating processes of the organism as a system, but in the equilibrating processes involved in its relations to an environment or situation in which other organisms are of crucial significance. It is *this relational system which is the system of action*, not the organism as a system. ... the organism in this sense is no more an ontological reality than is the famous particle of Newtonian physics. Pari passu the organism, as the boundary-maintaining physico-chemical system, *is in absolutely no sense more or less real than the system of action*" (1951: 542). „Sociology should, then, be thought of as a science of action — of the ultimate common value element in *its relations* to the other elements of action" (1937: 440).
9 „In the theory of action the point of reference of all terms is the action of an individual actor or of a collectivity ..." (Parsons und Shils 1951: 4).
10 Als Handlung einer Handlungseinheit („action unit") zählt natürlich nicht alles, was sich da tut. „... all of the actions of the individuals who are its members, but only ... actions which they

perform in their capacity as members. Action has an orientation when it is guided by the meaning which the actor attaches to it ... objects of orientation ... afford alternative possibilities and impose limitations on the modes of gratifying the needs and achieving the goals ..." (Parsons und Shils 1951: 4/5).

11 „A system or a subsystem of concerted action which (1) is governed by a *common* value-orientation and in which (2) the common values ar motivationally integrated in action is, ... a collectivity ..." (Parsons und Shils 1951: 203).

12 „The word institutionalization means both the institutionalization of common value by members of a collectivity and also the enunciation of prescriptive or prohibitory role expectations by occupants of responsible roles" (Parsons und Shils 1951: 203).

13 „Every social system will have institutionalized definitions of the spheres within which a collective subunit or an individual is legitimately permitted to go its own way without specific reference to the interests of a larger collectivity or to specific obligations toward it" (Parsons and Shils 1951: 203).

Literatur

Allport, G. W., 1951: „Prejudice: a problem in psychological and social causation. In Parsons/Shils 1951.
Althusser, L., 1959: Montesquieu, la politique et l'histoire. Paris.
Althusser, L., 1968: Lire le Capital. Paris.
Althusser, L., 1972: Lenine et la philosophie. Paris.
Althusser, L., 1973: Marxismus und Ideologie. Berlin.
Althusser, L., 1974: Elements d'autocritique. Paris.
Apter, D. E., 1965: The politics of modernization. Chicago.
Avineri, S., 1972: Hegel's theory of the modern state. London.
Bachrach, P./Baratz, M., 1970: Power and poverty, theory and practice. Oxford.
Barry, B. M., 1974: Optimal boundaries and decision rules: a liberal theory of equity and efficiency, and its limitations. Research Paper, Nuffield College.
Barry, B. M. (ed.), 1975: Power and political theory. London
Bastid, P., 1954: Les institutions politiques de la monarchie parlementaire francaise (1814–1848). Paris.
Buchanan, J. M./Tullock, G., 1962: The calculus of consent. Ann Arbor.
Burdeau, G., 1957: Droit constitutionnel et institutions politiques. Paris.
Chevallier, J. J., 1967: Histoire des institutions et des régimes politiques de la France moderne (1789–1858). Paris 3. Aufl.
Crick, B., 1962: In defense of politics. London.
Dahl, R. A., 1970: Democracy and the Chinese boxes: In: Kariel (ed.) 1970.
Dahl, R. A./Tufte, E. R., 1974: Size and democracy. Stanford.
Deutsch, K. W., 1971: On political theory and political action, APSR 65, No. 1.
Deutsch, K. W., 1974a: Between sovereignty and integration: conclusion. Government and Opposition 9, No. 1.
Deutsch, K. W., 1974b: On the interaction of ecological and political systems: some potential contributions of the social sciences to the study of man in his environment. Social Science Information 13, No. 5.
Duverger, M., 1960: Institutions politiques et droit constitutionnel. Paris (1. Aufl. 1955).
Ellul, J., 1960: Histoire des institutions de l'epoque franque à la Révolution, Paris.
Ellul, J., 1961: Histoire des institutions de l'antiquité. Paris.
Evans-Pritchard, E. E./Fortes, M. (eds.), 1940: African political systems. London.
Giddens, A., 1976: New rules of sociological method. London.
Giddens, A., 1977: Studies in social and political theory. London.
Giddens, A., 1979: Central problems in social theory: action, structure and contradiction in social analysis. London.
Giddens, A., 1983: Profiles and critiques in social theory. Oxford.
Giddens, A., 1984: The constitution of society: outline of the theory of structuration. Oxford.
Gierke, O. v., 1881: Das deutsche Genossenschaftsrecht. Berlin.

Haas, E. B., 1964: Beyond the nation-state. Stanford.
Hauriou, M., 1925. Théorie de l'institution et de la fondation (essai de vitalisme social). IVe Cahier de la nouvelle journée. Paris.
Hauriou, M., 1929: Précis du droit constitutionnel. Paris 2. Aufl.
Hindess, B., 1977: Philosophy and methodology in the social sciences. Hassocks.
Jellinek, G., 1920: Allgemeine Staatslehre. Berlin.
Kariel, H. (ed.), 1970: Frontiers of democratic theory. New York.
Kluckholm, C., 1951: Values and value-orientations in the theory of action: an exploration in definition and clarification. In Parsons/Shils 1951.
Lapierre, P. T., 1953: Le pouvoir politique. Paris.
Lindberg, L. N./Scheingold, S. A., 1970: Europe's would-be polity. Englewood Cliffs.
Lukes, S., 1974: Power: a radical view. London.
Lukes, S., 1986: Power revisited. Vortrag Oxford, Political Tought Conference.
Mac Iver, R. M., 1947: The web of government. New York.
Mair, Lucy, 1962: Primitive Government. Harmondsworth (überarbeitet 1970).
Malinowski, B., 1949: Eine wissenschaftliche Theorie der Kultur und andere Aufsätze. Zürich.
Markl, K.-P., 1972a: Some philosophical reflections on the problem of systemic categories in the preparation and maintencance of polities (A critique of systems analysis in politics). Discussion Paper, Faculty Seminar, SPS Cambridge.
Markl, K.-P., 1972b: A critical assessment of quantiativist methods in the study of political integration and some of their epistemological implications". Research Paper of the CCES, Sussex University.
Markl, K.-P., 1972c: An essay on the phenomenological presentation of social reality. Research Paper of the CCES, Sussex University.
Markl, K.-P., 1973a: „Liberation" and „Power to the people" or Herbert Marcuse and new democratic theory. Research Paper of the CCES. Sussex University.
Markl. K.-P., 1973b: Informational communication as a basis for political study and action. Dissertation, Cambridge.
Markl, K.-P., 1974: Social aspects of science and the ‚life-world'. Discussion Paper, Faculty Seminar, SPS Cambridge.
Markl, K.-P., 1976: The identification of polities. Oxford.
Markl, K.-P., 1980: Anthony Giddens: Studies in social and political theory. Zeitschr. für philosophische Forschung 34, Hft. 1.
Markl, K.-P., 1985: „Real consensus and how to get there according to Habermas". Vortrag Oxford. Political Thought Conference.
Münch, R., 1973: Gesellschaftstheorie und Ideologiekritik. Hamburg.
Münch, R., 1976: Legitimität und politische Macht. Opladen.
Münch, R., 1982a: Theorie des Handelns. Zur Rekonstruktion der Beiträge von Talcott Parsons, Emile Durkheim und Max Weber, Frankfurt.
Münch, R., 1984: Die Struktur der Moderne. Grundmuster und differentielle Gestaltung des institutionellen Aufbaus der modernen Gesellschaften. Frankfurt.
Parsons, T., 1937: The structure of social action. New York (neue Einleitung 1968).
Parsons, T., 1951: The social system. London.
Parsons, T./Shils, E. (eds.), 1951: Toward a general theory of action. Cambridge (Mass.).
Pateman, C., 1970: Participation and democratic theory. London.
Powell, J. W., 1899: Sociology, or the science of institutions: In: Americ. Anthropology.
Prélot, M., 1963: Institutions politiques et droit constitutionnel. Paris 3. Aufl.
Renard, G., 1930: La théorie de l'institution, essai d'ontologie juridique. Paris.
Renard, G., 1939; Philosophie de l'institution. Paris.
Runciman, W. G., 1969: Social science and political theory. London 2. Aufl.
Schattschneider, E. E., 1960: The semi-sovereign people. New York.
Tolman, E. C., 1951: A psychological model: In: Parsons/Shils 1951.

Handlungshermeneutik als Alternative zur systemtheoretischen Interpretation politischer Institutionen

Ernst Vollrath

Es sieht ganz so aus, als ob der Stoff, aus dem das Politische ist – ich spreche noch nicht von der Form des Politischen und nicht vom Politischen als Form –, aus Aktionen und Institutionen besteht. Die Urheber von Aktionen und Institutionen sind die Personen, und was sich in ihren Aktionen und in ihren Institutionen begibt, was geschieht, sind die Ereignisse. Personen und Ereignisse sind sicher eher das Thema der Geschichtswissenschaft, und obwohl J. R. Seeley Recht hat, wenn er bemerkt: „political science without history has no roots", so scheint doch offenkundig zu sein, daß nicht Personen und Ereignisse, sondern Aktionen und Institutionen und der Zusammenhang zwischen ihnen das eigentliche Material einer politischen Theorie ausmachen.

Warum sollte dieses Material nicht einer systemtheoretischen Analyse zugänglich gemacht werden, zumal dann, wenn der Zusammenhang zwischen Aktionen und Institutionen im Thema steht? Nun soll keineswegs die Möglichkeit einer systemtheoretischen Analyse des Zusammenhanges von Aktionen und Institutionen bestritten werden. Moderne hochkomplexe, funktional ausdifferenzierte Gesellschaften lassen sich gerade in diesem Aspekt einer solchen Analyse unterwerfen, und das deshalb, weil der methodologische und kategoriale Apparat der Systemtheorie genau auf diese komplexe Funktionalausdifferenzierung hin angelegt ist. Formuliert werden sollen dagegen Bedenken gegenüber einer exzessiv vorgenommenen systemtheoretischen Auslegung, zumal was die politische Qualität oder Modalität anbelangt. Anders gesprochen: es ist einer politischen Theorie unmöglich, die politische Form aus dem Spiel zu lassen. Was bestritten wird, ist also die Ausschließlichkeit des Zuganges zu diesen Phänomenen in ihrer politischen Qualität oder Modalität über rein systemtheoretische Annäherung, damit auch ihre ausschließliche Zuständigkeit für den Aufschluß über Modernität.

Es wird vorgeschlagen, den Versuch einer handlungshermeneutischen Alternative zur systemtheoretischen Interpretation des Zusammenhangs von Aktionen und Institutionen vorzunehmen. Unter Handlungshermeneutik soll dabei verstanden werden die Auslegung von Handlungen und Handlungszusammenhängen von dem Sinn her, der sich in ihrem Vollzug selbst darstellt und ohne den sie weder in ihrer Einzelheit noch im Ganzen verständlich wären. Dieser ‚Sinn' ist nichts Überirdisch-Jenseitiges, das zum Handeln und seinen Zusammenhängen zusätzlich hinzukommt, sondern der Horizont, der sich darin selbst bildet und den es nicht neben den Handlungen und ihren Zusammenhängen gibt.[1] Die notwendige Beschränkung bringt es mit sich, daß

bei diesem Versuch nur derjenige Sinn angedeutet werden kann, der sich als das Politische darstellen läßt. Im übrigen soll dieser Alternativvorschlag nicht exklusiv, sondern komplementär verstanden werden.
Der systemtheoretische Ansatz ist mit einem bestimmten Konzept von Modernität ausgestattet, d. h. er hat den Sinn von Modernität konzeptuell festgelegt. „Es gehört zu den soziologischen Gemeinplätzen, die funktionale Differenzierung in relativ unabhängige Subsysteme und Sphären des Handelns als ein signifikantes Kennzeichen der modernen Gesellschaft zu betrachten" (Münch 1984: 11). R. Münch bringt selbst system- und handlungstheoretische Perspektiven bei seiner Interpretation moderner Gesellschaften zusammen, aber das leitende Handlungsverständnis ist dabei systemtheoretisch angelegt (Münch 1982: 234), jedenfalls ist es nicht hermeneutisch-phänomenologisch.
Auch das zur Sprache gekommene Konzept von Modernität ist systemtheoretisch angelegt. Die verschiedenen in der funktionalen Ausdifferenzierung auftretenden Subsysteme — klassischerweise werden vier unterschieden: das ökonomische, das politische, das sozio-kulturelle und das normativistische, was auf die Kapitaleinteilung von Max Webers ‚Wirtschaft und Gesellschaft' hinweist (Bühl 1970: 350) — verhalten sich je als System und Umwelt (genauer: System in Umwelt vgl. Luhmann 1984: 289 f.) zueinander und sind durch interpenetrierende Medien zum Ganzen des Systems vermittelt. Der historische Prozeß, der zu einem solchen Zustand geführt hat, wird dabei als ein universeller oder zumindest universell angelegter angesehen, gleichsam als ob, wenigstens prinzipiell, er gar nicht anders hätte verlaufen können. Diese Ansicht dient dazu, den in der Funktionaldifferenzierung gefaßten Zustand der modernen Gesellschaft und der Modernität überhaupt als den Normalfall festzulegen. Geschichtlich-hermeneutisch betrachtet handelt es sich eher um den Ausnahmefall, und die Frage, wie dieser Ausnahmefall wiederum zur universalen Regel werden konnte — das Webersche Konzept des okzidentalen Rationalismus —, darf nicht einfach autopoetisch-selbstreferentiell mit der Systemstruktur beantwortet werden. Es handelt sich um ein geschichtliches Ereignis, das man möglicherweise sogar ein ‚politisches' nennen könnte.
Wie sähe denn ein handlungshermeneutisches Konzept von Modernität aus? Es könnte nicht den Ereignischarakter des Eintritts in den Prozeß der Modernisierung und ihrer Ausbreitung einfach umgehen, und um das nicht zu tun, ist eine Differenzierung im Begriff des Handelns erforderlich. Die Probe aufs Exempel ist dabei, ob sich aus dieser Differenzierung wenigstens ansatzweise ein Begriff des Politischen entwickeln oder damit verknüpfen ließe, der als Urteilsmaßstab tauglich wäre. Bei dieser Differenzierung werden menschliche Tätigkeiten nach der prinzipiellen Praktik unterschieden, dergemäß sie sich vollziehen, also nicht nach dem Inhalt dessen, *was* man tut, sondern nach der Art und Weise, *wie* es getan wird[2]. Aber ‚Handeln', ‚Praxis' scheint doch eine anthropologische Konstante zu sein? Immer ‚tun' Menschen doch irgendwie irgendetwas! Gemäß ihrer prinzipiellen Praktik lassen sich zwei Typen von Tätigkeiten unterscheiden, jedenfalls was die Dominanz ihrer Wahrnehmung anbelangt.
In dem einen Typ werden Tätigkeiten gemäß einem streng regulierten Code rituell vollzogen. Anläßlich von kosmisch oder sonstwie rhytmisch festliegenden Daten wer-

den rituelle Prozeduren zeremoniell abgewickelt: die Sommersonnenwende, das Steigen des Nils, der jährliche Zug des Wildes oder Auftrieb des Viehs etc. erzeugen einen ‚Handlungsbedarf‘, dem in automatischer Weise nachgekommen wird, weil dafür institutionelle Vorkehrungen getroffen worden sind — für diese Lagen geschaffen worden sind —, in denen normative Festlegungen streng codiert sind, die als Anworten auf die festliegenden Lagen abgerufen werden müssen. Aber auch singuläre und individuelle Ereignisse, d. h. solche Ereignisse, die *für unsere Wahrnehmung* sich als diese darstellen würden: der plötzliche Tod eines Herrschers, der räuberische Einfall eines äußeren Gegners, der Einbruch einer Naturkatastrophe etc. werden als Wiederholung eines mythischen Urgeschehens apperzipiert und mit ‚Handlungen‘ gemäß den Riten eines zeremoniellen Codes beantwortet. Vor jedem ‚Tun‘ ist immer schon verbindlich gewußt, *was* und *wie* ‚gehandelt‘ werden soll. Die ‚Praktik‘ dieses Tätigkeitstyps ist inhaltlich-objektiv festgelegt. Es wird hier vorgeschlagen, den Tätigkeitstyp, der sich gemäß der Praktik eines zeremoniellen Ritus vollzieht, als *Ritushandeln* zu bezeichnen und die zugehörige Apperzeption als Ritusmentalität. Es ist klar, daß die Kennzeichnung dieses Typus weiter ausgebaut werden könnte[3].

Der Praktik dieses Tätigkeitstyps tritt eine andere eines anderen Tätigkeitstyps entgegen. Dieses Typus soll das *Optionshandeln* genannt werden. Das Kennzeichen der Praktik dieses Typs ist Wahl, Alternative, Entscheidung — eben Option. Nicht ist vorher, immer schon, gewußt, was zu tun ist, weil es geschehen soll gemäß mythischem Schrecken. Sondern die Apperzeption dieses Tätigkeitstyps ist begleitet vom Bewußtsein des Bestehens von Alternativen, und das Bewußtsein hält nach ihnen Ausschau und erblickt sie dann auch.

Es ist offenkundig, daß in dem Felde, in welchem dieser Tätigkeitstyp und seine Apperzeption dominant werden, die zeremonielle Ritusmentalität vollkommen versagt und abgestoßen werden muß. Da hier deren Codes nicht mehr zur Verfügung stehen als das, was von vorneherein und immer schon Sinn stiftet, entsteht ein beständiger Rechtfertigungsdruck, ja ein Rechtfertigungszwang für die Wahl der einen Alternative gegenüber allen anderen, die durch die Option ja ausgeschlossen und sozusagen vernichtet werden, und zwar wegen der optionalen Alternativität gerade für jede einzelne Handlung. Diese Rechtfertigung kann verbindlich nur beigebracht werden, — weil keine kultisch-rituelle mehr bereitsteht —, wenn sie alle Angehörigen einer dominant auf die Apperzeption des Optionscharakters gestellten Kultur unter Beibehaltung ihrer prinzipiellen Fähigkeit verbindet, Optionen zu treffen. Das sind solche Rechtfertigungen — Gründe! —, die wir rational nennen, und zwar sind es *formal*-rationale Rechtfertigungen. Sie betreffen nicht den Inhalt von Optionen, sie betreffen die rechtfertigenden Gründe in dem Charakter, daß sie eine Praktik vorlegen, die eine Menge von Menschen verbindlich zu vereinigen vermag, die auch anders optieren könnten. Eine solche Praktik kann nur als formale festgelegt werden, und betrifft sie die Weise des Sich-Vereinigens und des Vereinigtseins dieser Menge von Menschen selbst, dann ist sie eine universale. Man kann sie die politische Praktik nennen. Jedenfalls: „Der formale Aspekt einer Handlung ist das, was von ihrem (inhaltlichen) Zweck getrennt werden kann, und diese Trennung ist möglich, weil der Zweck in mehr als nur einer Weise errecht werden kann. Wo nur ein einziges Mittel absolut erforderlich ist,

um den Zweck zu erreichen, da gibt es keine Förmlichkeiten. Wo es aber eine Wahl (verschiedener) Mittel gibt, da ist das als ‚richtig' gewählte oder unbewußt entfaltete formal" (Mansfield 1982: 123, meine Übersetzung).
Es sind nur zwei Rationalitätstypen bekannt, die diese Leistungen vollbringen können. Der eine ist der, der alles auf Sein, Grund und Einheit hin betrachtet und das Kriterium dafür in den Konstitutionsprinzipien und Operationsverfahren der Vernunft findet, die bei allen Menschen, die nicht dement sind, als identische angenommen werden müssen. Er soll der *noetische* Rationalitätstyp genannt werden und seine heutige Gestalt ist in der szientistischen Vernunft zu erblicken, welche die Konstitutionsprinzipien und operativen Verfahren methodisch und formal bestimmt. Durch eine auf diesem Rationalitätstyp beruhende identitäre Logik ist Intersubjektivität und damit Objektivität verbürgt.
Der andere Rationalitätstyp liegt in dem vor, was hier die *prudentielle Vernunft* genannt werden soll. Das Kriterium für das, was gemäß diesem Typus rational ist, ist nicht die intersubjektive Übereinstimmung auf Grund der identitären Konstitutionsprinzipien und operativen Verfahren, sondern die interpersonale Übereinkunft auf Grund der Teilnahme an einem Gemeinsamen, welches dadurch erst gestiftet wird, – man könnte auch schlicht wiederum vom Politischen sprechen. Optional geprägte Kulturen tendieren zur Ausbildung dieser beiden Rationalitätstypen, weil sie darauf zur Erhalten ihres optionalen Charakters angewiesen sind. Man kann es auch so ausdrücken: optional geprägte Kulturen, in denen dieser Tätigkeitstyp dominant ist oder dominant wahrgenommen wird, sind auf formale Rationalität hin angelegt und angewiesen.
Institutionen unterscheiden sich fundamental danach, ob sie in präoptionalen oder optionalen Kulturen auftreten. Vermutlich haben die Ethnosoziologen Recht, wenn sie den Menschen, sofern er ein kulturelles Wesen ist und das ist er als Mensch, zugleich als ein Wesen bezeichnen, welches sich Institutionen schafft, um in ihnen zu wohnen (Lévi-Strauss 1981). So betrachtet sind Institutionen Normen- und Regelsysteme, die aus der anthropologischen Universalität eine Auswahl treffen, die macht, daß Menschen, die anthropologisch eine Einheit bilden, sich doch gemäß den Institutionen, die sie bewohnen, und der Art, wie sie sie bewohnen, unterscheiden. Selbst die Institutionen, welche die universalste ist, das Inzestverbot, differenziert in außerordentlichem Maße menschliche Gruppen nach der Art, wie es ausgelegt und praktiziert wird.
Der Unterschied zwischen Institutionen präoptionaler und optionaler Kulturen ist außergewöhnlich. Zwar unterscheiden sich Institutionen stets auch historisch, aber dieser Unterschied macht sich nur regional bemerkbar (also eigentlich nur für eine Apperzeption von außen). Zwischen Institutionen präoptionaler und solchen optionaler Kulturen herrscht aber ein Unterschied in der Geschichtlichkeit selbst. Optional geprägte Kulturen weisen Institutionen auf, deren zentrale Funktion die Einrichtung und Bewahrung der Optionalität selbst ist, also der Fähigkeit dieser Kulturen und ihrer Angehörigen, Wahlmöglichkeiten zu ergreifen und Alternativen zu treffen. Der Unterschied zwischen den beiden Kulturtypen bezieht sich also darauf, daß die optionale Kultur eine Institution oder zumindest einen Institutionsrahmen entwickelt,

der die Optionalität selbst zum zentralen Bestandstück hat, und die These ist, daß es sich bei dieser Institution um die des Politischen handelt. Das Politische ist dann nicht eine Institution unter anderen, die alle systemtheoretisch gleich behandelt werden können, sondern diejenige Institution, die zum Optionalitätscharakter moderner Institutionen gehört. Genauer wird man sagen müssen, daß das Politische den Institutionshorizont solcher Institutionen ausmacht, die diesem Optionscharakter der Moderne angemessen sein sollen. Es kann insofern selbst den Institutionshorizont spezifisch politischer Institutionen abgeben, was bedeuten würde, daß zwischen dem ‚Politischen' als Form und der ‚Politik' als Inhalt differenziert werden muß.

Das Politische aus dem Kern der Modernität entfernen — und darauf würde die Degradierung der Politik in systemtheoretischer Absicht hinauslaufen — würde die Ruhestellung der Modernität, zuletzt ihre Abschaffung bedeuten. Die okzidentale Kultur jedenfalls ist die einzige — dies im differentiellen, nicht im diskriminierenden Sinne verstanden —, in welcher der optionale Tätigkeitstyp und seine Rationalitätsstrukturen kulturell dominant geworden und wahrgenommen worden ist — bis zur Exklusivität gegenüber allen anderen. Dabei werden alle Institutionen, die aus der Präoptionalität herübergenommen worden sind, einer rigorosen Umarbeitung unterworfen, die bis zu ihrer vollständigen Auslöschung reichen kann: man braucht nur an die Geschichte der Familie zu denken! Das Politische jedenfalls war bei seinen Entdeckern und Erfindern, den Griechen, der zentrale Ort der Optionalität: sie hatten sozusagen die Entscheidung für die Entscheidung getroffen (Ch. Meier 1980). Das besagt zugleich, daß die okzidentale Kultur eine spezifisch politische ist und daß sie ihre Spezifität im Politischen hat.

Die politischen Institutionen müssen so angelegt sein, daß sie ein Doppeltes leisten. Sie müssen einerseits handlungsstabilisierend sein, wie das für alle Institutionen, nämlich auch die in präoptionalen Kulturen auftretenden, der Fall ist. Sie müssen handlungsselektiv sein, also durch Vorschriften und Sanktionen unbegrenzte Handlungsmöglichkeiten beschränken und sogar vernichten.

Andererseits müssen sie so beschaffen sein, daß sie die Möglichkeit des Handelns in seiner Optionalität gerade offen halten. Dazu sind nur solche Institutionen in der Lage, die die Praktik des Handelns, das in ihnen stattfinden soll, von Inhalt auf Form umgestellt haben, deren eigene Praktik also formal definiert werden kann. Solche Institutionen regeln nicht, wenigstens nicht primär, *was* man tun und *was* man tun soll, sondern *wie* man es tut und *wie* man es tun soll, oder anders: sie regeln das *Was* über das *Wie* und halten das *Was* offen über die Begrenzung des *Wie*. Nur wenn es Optionen und Alternativen gibt und geben soll, macht ein solches formales Selektionsverfahren überhaupt Sinn. Alle inhaltlich-substanziellen Vorschriften sind eigentlich optionsfrei. Der Prototyp einer auf Optionalität gegründeten und Optionalität offen haltenden Institution ist die des Politischen und die jeweiligen Institutionen des Politischen zeigen diese Charaktere auf. Der hierbei verwendete Begriff des Politischen meint dieses *als* Form, als eine spezifische Art und Weise der Erzeugung und Erhaltung von Verbindlichkeit unter einer Menge von in sich differenten Menschen! Das läßt sich an der zugleich fundamentalsten und banalsten institutionellen Vorkehrung zeigen, die in politischen Kulturen zur Entscheidungsfindung und Entscheidungsbegründung angewendet wird: am Mehrheitsprinzip, an der bloßen Zählung der Stimmen[4]. Warum eine Entscheidung bindend sein soll, wird auf keinen inhaltlichen, sondern auf den formalsten aller denkbaren Gründe, die Stimmzählung, gestellt. Weil die Entscheidungsbegründung nicht substanziell – wahrheitsfähig! – abgestützt ist, ist sie zugleich revisionsfähig, bleibt folglich im Bereich der Optionalität, soweit das unter menschlichen Bedingungen überhaupt möglich ist.

Institutionen in hochgradig optional geprägten Kulturen und Gesellschaften – also in solchen, in denen eine komplexe Funktionaldifferenzierung sich abgespielt und durchgesetzt hat, denn das ist nichts anderes als ihr systemtheoretisch faßbaren Charakter – sind einer hohen Belastung ausgesetzt. Sie zeigt sich an dem Bewußtsein derjenigen, die in solchen anspruchsvollen Institutionen leben. Ihr Bewußtsein ist selbst in höchstem Maße von der Optionalität geprägt, es ist sozusagen ein Möglichkeitsbewußtsein, welches im extremsten Fall den Charakter einer eschatologisch expandierenden Subjektivität annimmt.

Für dieses Bewußtsein sind die optional geprägten Institutionen einerseits die Voraussetzung. Nur in solchen, also in denjenigen, in welchen – um einen griechischen Ausdruck zu wählen – es möglich ist: *prattein hōs ethelei tis*, ein jeder tun kann, was er will[5], also in den libertär-permissiven Demokratien, kann dieses Bewußtsein überhaupt aufkommen und sich halten. Andererseits sind ihm alle Institutionen ein Greuel. Sie begrenzen ja seinen Möglichkeitshorizont, sie verendlichen ihn. Sie verschaffen dem Bewußtsein allerdings durch Begrenzung auch Wirklichkeit, aber die Anerkennung dieser Verendlichung setzt, weil sie nicht natürlich erzeugt werden kann, Einsicht in die Struktur und das Konzept der Modernität voraus. So schwankt das moderne Bewußtsein in bezug auf die Institutionen und vor allem in bezug auf die politischen hin und her und ist darin noch mehr ein nur mögliches Bewußtsein. Der Zustand des modernen Bewußtseins ist, philosophisch gesprochen, der des Unglücks!

Der vollendete Ausdruck dieses Schwankens spricht sich in einem bekannten Satz von Niklas Luhmann aus: „Alles könnte anders sein, und nichts kann ich ändern" (Luhmann 1969: 324). Der Satz spricht das Zugleich der Unbegrenztheit von Optionalität überhaupt in modernen Gesellschaften und der Belanglosigkeit der jeweils ergriffenen Option aus, die gegen jede beliebige andere ausgetauscht werden könnte. Man kann die Systemtheorie als diejenige Antwort auf diese Zustandsbeschreibung auffassen, die erklärt, daß es gut so sei. Das Politische, das doch an der Herausführung dieser Lage heftig beteiligt gewesen ist, gerät nun in Abhängigkeit von ihr und das heißt, der an ihm einst – möglicherweise in gesteigerter Weise – aufdeckbare Optionscharakter wird irrelevant oder gar störend: es sollte eliminiert, zumindest neutralisiert werden. Eine Gesellschaft, in welcher der Anspruch auf alle möglichen Optionen sich durchgesetzt hat, verträgt es nicht, daß ihr irgendwelche Optionen von irgendeiner Instanz verweigert werden, weil diese die Kompetenz zur Entscheidung darüber sich vorbehalten hat, nicht nur *welche*, sondern *daß* überhaupt Entscheidungen verbindlich gefällt werden können. Institutionen dieser Art, also politische im nicht banalen Sinn, geraten gerade wegen ihrer Leistungen in den Gesellschaften in ein bedenkliches Ansehen, die ihnen ihren eigenen Charakter als zu höchst freie, weil vielfältige Wahlchancen eröffnenden Gesellschaften verdanken. Erklärt das nicht den bedenklichen

Tatbestand wenigstens teilweise, daß in jenen Gesellschaften die politische Apathie am größten ist, wo die Chancen zur Partizipation ebenfalls die besten sind? Entweder eine verblüffend geringe Teilnahme — Beispiel: geringe Wahlerbeteiligung bei den Präsidentenwahlen in den USA — oder einmal in vier oder fünf Jahren ein Kreuzchen hinter einen Namen setzen! Das wird dann auch noch als Vorteil einer ‚civic culture' ausgegeben, die sich als Standard für alle anderen betrachtet. Ihr Optionscharakter ist so gesteigert, daß in Vergessenheit zu geraten droht, daß er an Bedingungen gebunden ist. Eine dieser Bedingungen, vermutlich die oberste, ist die Existenz der Institution des Politischen selbst, daß solche Gesellschaften politisch verfaßt sind und daß die Form ihrer Verfaßtheit die des Politischen ist. Gerät dies, weil anscheinend selbstverständlich, in Vergessenheit, dann tritt das Politische nur noch sozusagen ‚stofflich' in Erscheinung, als die Institution, welche autoritative Entscheidungen zu erfüllen vermag, die andere Optionen verhindern oder ausschließen. Das moderne Möglichkeitsbewußtsein sieht sich von solchen Institutionen nur behindert und steht ihnen mißtrauisch gegenüber.

Das ist zumindest, wie gesagt, im Bewußtsein und für das Bewußtsein derjenigen der Fall, die den Optionscharakter moderner Gesellschaften zu schätzen wissen, weil sie an ihm partizipieren. Das Bewußtsein läßt sich zur Reflexion steigern, so daß es mit dem Anspruch hoher Theorie auftreten kann. Es gibt eine Reihe von Sozialtheorien, die den Optionscharakter dadurch steigern möchten, daß sie ihn aus der Reichweite von beschränkenden und begrenzenden Eingriffen von Instanzen, die mit Verbindlichkeitscharakteren ausgestattet sind, zu entfernen versuchen. Gesellschaften, die gemäß diesem Modell verfaßt werden, würden sich dadurch auszeichnen, daß sie durch Veränderungen nichts ändern, vor allem nicht *sich* — sie würden in der Tat ‚autopoetisch'. Was die Realität oder die Realisierung solcher Entwürfe anbelangt, kann man nur sagen: das wird geschehen, wenn nichts geschieht. Aber wer weiß das schon?

Anmerkungen

1 Der Begriff einer Handlungshermeneutik ist von G. Buck entwickelt worden: Buck 1981: bes. 24 ff., 39 ff. Ich merke an, was hier weiter keine Rolle spielen wird, daß dieser Entwurf einer Handlungshermeneutik die Grenzen überwunden hat, die einer Texthermeneutik gesetzt sind.
2 Der Begriff der ‚Praktik' wird hier im Sinne von M. Oakeshott verwendet (1975: 55 f.).
3 Hornung 1966; Nelson 1975; Grönbeck 1954.
4 Daher erfolgt mit der Entstehung des Politischen bei den Griechen prompt auch die Erfindung der Stimmzählung, d. h. der Mehrheitsregel (Larsen 1969: 184 f.).
5 Plato, Politeia 558c; Aristoteles, Politik 1280a7 f. et alibi.

Literatur

Buck, G., 1981: Hermeneutik und Bildung. Elemente einer verstehenden Bildungslehre. München.
Bühl, W., 1970: Evolution und Revolution. München.
Grönbeck, W., 1954: Kultur und Religion der Germanen. Darmstadt.
Hornung, E., 1966: Geschichte als Fest. Zwei Vorträge zum Geschichtsbild der frühen Menschheit. Darmstadt.

Larsen, J. A. O., 1969: Die Entstehung und Bedeutung der Stimmzählung. In: Geschnitzer, F. (Hrsg.): Zur Griechischen Staatskunde. Darmstadt.
Lévi-Strauss, Cl., 1981: Die elementaren Strukturen der Verwandtschaft (Les structures élémentaires de la parenté, dt.). Frankfurt am Main.
Luhmann, N., 1969: Komplexität und Demokratie. Politische Vierteljahreszeitschrift 10.
Luhmann, N., 1984: Soziale Systeme. Grundriß einer allgemeinen Theorie. Frankfurt am Main.
Mansfield Jr., H. C., 1982: The Forms and Formalities of Liberty. The Public Interest No. 80.
Meier, Ch., 1980: Die Entstehung des Politischen bei den Griechen. Frankfurt am Main 1. Aufl. 1980, 2. Aufl. 1983.
Münch, R., 1982: Theorie des Handelns. Zur Rekonstruktion der Beiträge von Talcott Parsons, Emile Durkheim und Max Weber. Frankfurt am Main.
Münch, R., 1984: Die Struktur der Moderne. Grundmuster und differentielle Gestaltung des institutionellen Aufbaus moderner Systeme. Frankfurt am Main.
Nelson, B., 1975: Der Ursprung der Moderne. Vergleichende Studien zum Zivilisationsprozeß. Frankfurt am Main.
Oakeshott, M., 1975: On Human Conduct. Oxford.

5. Institutionenkritik

Kritische Theorie als Institutionenkritik

Kurt Lenk

Der Umgang mit der Kritischen Theorie, insbesondere mit den Texten W. Adornos, darf in mehrfacher Hinsicht als gestört bezeichnet werden. Nicht erst bei Adornos Tod im August 1969 kam es zu typischen double-bind-Reaktionen: Je mehr man „rechts" von den vermeintlich beklagenswerten politischen Folgen seiner Theorie zu vermelden wußte, konnte man bei seinen „linken" Schülern gerade deren Folgenlosigkeit angeprangert oder bedauert sehen. Dem entsprach es, wenn in besorgten Feuilletons abwechselnd von seiner Abgehobenheit und Unverständlichkeit für „Normmaldenkende" gesprochen wurde, wobei dessenungeachtet diese hermetische „Esoterik" gerade als das Motiv einer Umsetzung in politische „Praxis" angesehen werden konnte. Da den meisten, die über Kritische Theorie sich zu Wort meldeten, die ganze Richtung suspekt erschien, war kaum zu erwarten, daß — mit wenigen Ausnahmen — die Kenntnis der von ihren Autoren vorgelegten Texte über Formeln wie „Das Ganze ist das Unwahre" (Adorno) oder „repressive Toleranz" (Marcuse) hinausging.

Schon deshalb sieht sich der Versuch, aus dem Kontext der Kritischen Theorie bündige Aussagen zur „Institutionenkritik" zu gewinnen, zunächst einmal vor der bescheideneren Aufgabe einer Befragung der Quellentexte. Es zeigt sich, daß seit Beginn der dreißiger Jahre von den beiden Hauptautoren der Kritischen Theorie, Horkheimer und Adorno, zwar eine Fülle von Bestimmungen der Integrationsfunktion des Bereichs der Kultur, des „kulturellen Apparats" vorliegen, daß soziale Institutionen jedoch vor allem am Paradigma der Familie Gegenstand von Untersuchungen wurden.

Die weitausgreifenden „Studien über Autorität und Familie" (Paris 1936) gehören zu den ersten Forschungsberichten des emigrierten Instituts für Sozialforschung (vgl. Horkheimer (Hrsg.) 1936). Zwar enthält die von 1932—1941 in insgesamt neun Jahrgängen von Max Horkheimer herausgegebene „Zeitschrift für Sozialforschung" eine Fülle von auch empirisch fundierten Detailstudien, doch fußten diese ebenso wie die 1949/1950 erschienenen Bände der Reihe „Studies in Prejudice" vorwiegend auf psychoanalytisch und sozialpsychologisch orientierten Arbeiten zum „autoritären Charakter", woraus sich kaum Bezüge zu — im engeren Sinne — institutionen-theoretischen Forschungen ergeben konnten.

Auch wer in den späteren Schriften der Autoren der Kritischen Theorie — beginnend mit der „Dialektik der Aufklärung" (Amsterdam 1947) — nach einer expliziten Kritik der Institutionen sucht, wird notwendig enttäuscht. Nirgends werden Institutionen als solche zum Gegenstand kritischer Reflexion, geschweige denn werden politische Institutionen im speziellen Sinne thematisiert.

Dennoch ist es erlaubt, von Umrissen einer fundamentalen Institutionenkritik zu sprechen, sofern man Institutionen mit Adorno als „Formen der Vergesellschaftung" (Adorno 1956: 29), als „Epiphänomene der lebendigen Arbeit der Menschen" (1956: 28) und „geronnene Arbeit" (1973: 115) begreift, als den Inbegriff dessen also, was bei Marx als „Produktionsverhältnisse" zur Schlüsselkategorie einer Kritik der Politischen Ökonomie werden konnte. Eine Rekonstruktion des Begriffs von Institution stößt im sachlichen Kern in der Tat auf das, was in der Marxschen Theorie mit dieser Kategorie umschrieben worden war.

Weil dem so ist, kann der Gang der Darstellung von „Institutionenkritik" auch nur den indirekten Weg einschlagen: Es gilt, sich Aufschluß über die im Kontext der Marxschen Theorie mit der Formel „Produktionsverhältnisse" bedeuteten sozioökonomischen Zusammenhänge zu verschaffen, um sodann den Versuch einer aktualisierenden Rezeption und auch Modifikation, wie er in der Kritischen Theorie vorliegt, näher zu bestimmen.

Die Kritische Theorie enthält zwei indirekte Zugangsweisen zu einer Institutionenkritik: einerseits entfaltet sie eine radikale Kritik jener Ideologien, die als Legitimation obsolet gewordener Herrschaftsstrukturen fungieren, zum andern – und dies ist vielleicht die empirienähere Verfahrensweise – fragt sie nach dem subjektiven Korrelat einer übermächtig gewordenen Institutionalisierung, die sich ihrer objektiven Struktur nach als „verwaltete Welt" darstellt.

Die von der Kritischen Theorie geleistete Institutionenkritik erschließt sich nur, wenn sie vor dem Hintergrund dieser Vision einer total verwalteten Welt gesehen wird. Die negative Utopie der Gründungsväter der Kritischen Theorie (Horkheimer, Adorno und Marcuse) stand von früh an unter den Erfahrungen der progagandistischen Manipulation der Massen im Ersten Weltkrieg, des schmählichen Endes der Weimarer Republik und nicht zuletzt unter dem Signum des totalen Staates, wie ihn die faschistischen Bewegungen und Staaten und der Stalinismus demonstrierten.

Was in diesen Phänomenen sich abzeichnete, war für die Autoren der Kritischen Theorie nicht irgendeine vorübergehende Periode der Regression in Politik und Gesellschaft, sondern das epochale Symptom eines generell sich abzeichnenden Schwundes humaner Substanz, subjektiver Spontaneität und Kritikfähigkeit. Mit dem Einbruch der Barbarei schien ihnen die Bedrohung der europäischen Kultur in ein akutes Stadium getreten. Das Erlöschen alles nicht zweckgebundenen Denkens, der Triumph der instrumentellen Vernunft über den kritischen Geist der Aufklärung bedeuten für sie die Infragestellung des Sinnes von Kultur und Zivilisation überhaupt:

„Das ist der heimliche Grund des Kulturzerfalls, daß die Menschen ihre Macht über die Natur nicht zur vernünftigen Einrichtung der Erde gebrauchen können, sondern unter dem Zwang der Verhältnisse und der unentrinnbaren Manipulation dem blinden individuellen und nationalen Egoismus sich überlassen müssen" (Horkheimer 1985: 75 ff.).

Kritik der Produktionsverhältnisse

Nach Marx besteht die Dialektik der neuzeitlichen Gesellschaftsentwicklung darin, daß die einzelnen, obwohl formal-rechtlich voneinander unabhängig, nun in eine neue und zugleich totale Abhängigkeit von den Produktionsverhältnissen geraten sind: An die Stelle personaler Abhängigkeitsverhältnisse im Feudalismus tritt nunmehr die Herrschaft von Abstraktionen und Dingen die ihren Ursprung in der realen Tauschabstraktion hat. Dies hat zur Folge, daß dem Bewußtsein der vergesellschafteten Individuen die geschichtlichen Bewegungen als von Ideen in Gang gesetzte erscheinen müssen. Die Herrschaft ideologischer Abstraktionen über die Menschen in der bürgerlichen Gesellschaft von Abstraktionen und Dingen, die ihren Ursprung in der realen Tauschabstraktion hat. Dies hat zur Folge, daß dem Bewußtsein der vergesellschafteten Individuen entwickelt. Doch erscheint dieser Vorgang der Fetischisierung der Warenwelt im Bewußtsein der beteiligten Individuen so, als hätten ewige Naturmächte die Herrschaft über sie angetreten. Ihre „zweite Natur" wird damit zu ersten. Die Scheinfreiheit der Konkurrenz am kapitalistischen Markt schlägt tendenziell um in Unfreiheit. Denn sie bedeutet für den „freien Lohnarbeiter" nichts anderes, als daß er frei von den Mitteln der Produktion und daher gezwungen ist, seine Arbeitskraft zeit seines Lebens als Ware zu veräußern. Dies hat nicht allein zur Folge, daß die von ihm erzeugten Produkte als Waren von vornherein dem Kapital zugehören, sondern daß in einem solchen System die Besitzer der Produktionsmittel, die Kapitaleigner, selbst zu Agenten der Verwertung des Werts, zu „Charaktermasken" degradiert werden.

Wurzel aller ideologischen und institutionellen Verselbständigung ist Marx zufolge die Tauschabstraktion. Sie, die ebenso ideologisch wie real, Schein und Wirklichkeit zugleich ist, bildet den Schlüssel für die Erklärung sowohl des verdinglichten Bewußtseins als auch der es beherrschenden Institutionen:

> „Angesichts der Tatsache, daß noch die übermachtigen sozialen Prozesse und Institutionen in menschlichen entsprangen, wesentlich vergegenständlichte Arbeit lebendiger Menschen, hat die Selbständigkeit des Übermächtigen zugleich den Charakter von Ideologie ... Die Schwerkraft der gesellschaftlichen Verhältnisse tut alles dazu, jenen Schein zu verdichten" (Adorno 1979: 17).

Die Schwierigkeiten, die sich einem Verständnis dieser Form von Institutionenkritik entgegenstellen, ergeben sich vor allem daraus, daß die als absolute Übermacht gefaßten Institutionen doch zugleich ihre Wirkkraft nur dadurch gewinnen können, daß die von ihnen subsumierten einzelnen dem Schein des Ansichseins der Institutionen erliegen.

Für ein adäquates Verständnis der Kritischen Theorie und ihrer Institutionenkritik ist es gleichermaßen gefordert, ihre Rezeption der Marxschen Fetischismusanalyse als auch die an den Perspektiven der Marxschen Gesellschaftstheorie vorgenommenen Modifikation zu beachten. Letztere betreffen vor allem zwei zentrale Motive: die Konzeption eines historischen Subjekts und das Verhältnis von Produktivkräften und Produktionsverhältnissen. Auf beiden beruhte die geschichtsphilosophische Perspektive einer Kritik der Politischen Ökonomie, die ihre Kategorien als solche der Vorgeschichte unter kritischen Vorbehalt stellt: Während nach Marx die mit den historischen wechselnden Produktionsweisen hervortretende strukturelle Antinomie zwischen dynamischen Produktivkräften und retardierenden Produktionsverhältnissen das Movens der geschichtlichen Entwicklung darstellt, tendiert die Kritische Theorie dazu, den Produktionsverhältnissen (= Institutionen) eine mittlerweile alles determinierende Priorität zuzusprechen. Hierdurch gerät der Fortschritt der Produktivkräfte zum „technologischen Schleier", der die Produktionsverhältnisse nicht bloß nicht mehr sprengt, sondern geradezu deren Versteinerung ermöglicht. Die instrumentell gewordene Vernunft unterwirft sich mittels technischer Medien die vordem − im Liberalismus − noch kritischen Potentiale einer subjektiven Widerständigkeit, indem sie diese in eigene Regie nimmt und neutralisiert.

Die total gewordene Vergesellschaftung fesselt die Produktivkräfte im System einer Herrschaft, vor der alle beteiligten Akteure zu bloßen Agenten der Reproduktion des Bestehenden werden müssen. Entgegen der Marxschen Hoffnung auf eine schließlich notwendig werdende Solidarisierung aller lohnabhängig gewordenen Proletarier, die sich zur „Klasse für sich" konstituieren könnten, geht Adorno von der ernüchternden Einsicht aus,

„daß in der gegenwärtigen Gesellschaft die objektiven Institutionen ... eine solche Vormacht über die Einzelpersonen gewonnen haben, daß diese ... zu Funktionären der über ihren Kopf sich durchsetzenden Tendenz werden ..., daß ... das Getriebe schwerlich sich erhalten könnte, wenn es nicht die Menschen selbst bis ins Innerste so gemodelt hätte, daß sie ihm konformieren" (Adorno 1969: 133).

„Institutionenkritik" vollzieht sich in der Kritischen Theorie vorwiegend in der Form, daß danach gefragt wird, welche Folgewirkungen die fortschreitende Vergesellschaftung für die ihnen unterworfenen Subjekte hat, wie die Präponderanz der Institutionen sich in den psychischen Strukturen der Menschen selbst niederschlägt. Die Verdinglichung aller sozialer Beziehungen, der die Gewalt der Institutionen sich verdankt, ist eine, die sich bis in die innersten psychischen Mechanismen der Menschen hinein fortsetzt und diese damit gleichschaltet. Es wäre demnach eine Illusion, anzunehmen, Institutionen hätte ihre Funktion darin, das Verhalten der Individuen zu beeinflussen und von außen her zu normieren. Vielmehr setzt sich der total gewordene Anspruch der verwalteten Welt als Standardisierung der Psyche durch. Denn Vergesellschaftung

„widerfährt einem vorgeblich bloß ideologischen Einzelwesen Mensch nicht länger nur von außen, sondern ergreift die Individuen auch im Inneren und schafft sie um zu Monaden der gesellschaftlichen Totalität, ein Prozeß, in dem fortschreitende Rationalisierung, als Standardisierung der Menschen, sich verbündet mit fortschreitender Regression. Sie müssen sich selber nochmals antun, was ihnen vielleicht früher bloß angetan wurde" (Adorno 1956: 36).

An der Wirkung einer massenkulturellen Institution wie der des Fernsehens hat Adorno diese These beispielhaft illustriert: das, was von früh an als Reklame und Werbung auf Konsumenten einströmt, sedimentiert sich nicht als ein von ihrem eigenen Ich noch Trennbares, sondern konstituiert ihr Welt- und Selbstbild von Grund auf. Im medienbestimmten Milieu sind alle darauf verwiesen, die jeweiligen Signale und Trends zu beachten, da sie sonst rettungslos ins Hintertreffen gerieten. Der „technologische Schleier" drängt Kritik, so treffend sie auch sein mag, in die Defensive (vgl. Adorno 1963: 69—98).

Verlust des historischen Subjekts

Mit der durch die technischen Instrumente fortschreitenden Beherrschung der Psyche ermöglichten Integration ist die Chance der Herausbildung eines Proletariats zum historischen Subjekt, von dem eine Aufhebung der fatalen Geschichtsdialektik zu erwarten wäre, endgültig geschwunden. An ihre Stelle tritt die nunmehr sozialpsychologisch zu leistende Analyse der Folgen einer losgelassenen technischen Produktivkraftentfaltung, deren Fortschritt sich letztlich als Regression erweist. Jener gilt die „Dialektik der Aufklärung", in der vom Umschlag der bürgerlichen Naturbeherrschung in neue Formen der Mythologie gehandelt wird (Horkheimer/Adorno 1947: 5—198). Dieser Umschlag begann mit der Vergötzung der sozialen Institutionen als einer zweiten Natur, der die Begrenzung des Fortschritts auf bloße Technik entspricht. Denn ihr Modell ist die zunehmende Kontrolle nicht bloß der außermenschlichen, sondern gleichermaßen der innermenschlichen Natur, die Internalisierung der mit der Reproduktion der Gattung gegebenen Zwänge:

„Der Begriff des Individuums ... erreicht seine historische Grenze ... Sie haben sich selbst der Apparatur ähnlich gemacht: nur so können sie unter den gegenwärtigen Bedingungen fortexistieren. Die Menschen werden nicht nur objektiv mehr stets zu Bestandstücken der Maschinerie geprägt, sondern sie werden auch für sich selber, ihrem eigenen Bewußtsein nach zu Werkzeugen, zu Mitteln anstatt zu Zwecken" (Adorno 1979: 450 f.).

Der gesellschaftliche Hintergrund dieser Funktionalisierung individueller Vernunft zur bloßen Naturgeschichte der Gattung ist das Verschwinden eines freien Marktes im Zeichen der Monopole des Staatskapitalismus. Die Bereiche der Distribution verlieren damit ihre Eigenständigkeit und werden zu Anhängseln direkter Verfügungsgewalt seitens kleiner Experten- und Planungsstäbe.
Als Agenten der menschlichen Gattung können die Einzelnen nicht mehr den gesellschaftlich vermittelten Charakter der institutionellen Ordnungen, denen sie auf Gedeih und Verderb unterworfen sind, durchschauen. Die in den Institutionen manifest gewordene gesellschaftliche Entfremdung wird nunmehr mit Vergesellschaftung schlechthin gleichgesetzt, „anstatt sie als Entsprungenes und der Möglichkeit nach Vergängliches zu erkennen" (Adorno 1979: 251). Die Vormacht der Institutionen über die Einzelnen reflektiert sich in deren Bewußtsein als Blindstelle. Gerade weil die Totale so universell herrscht, gerät sie den von ihr konstituierten Subjekten nicht mehr in den Blick. Ihnen wird das Wesen (die Gewalt der Tauschabstraktion) zum bloßen Schein, während der Schein ihrer Freiheit zum Wesen verklärt wird. Der alles beherrschende Verblendungszusammenhang sorgt für die Verdichtung eines quid pro quo, wie ihn der Fetischismus fortwährend erzeugt:

„Verliert ... das Denken ... die Spannung zwischen Institutionellem und Lebendigem aus dem Blickfeld, sucht sie (die Soziologie, K.L.) etwa das Gesellschaftliche rein ins Naturelle aufzulösen, so hilft sie nicht der Befreiung vom Zwang der Institutionen, sondern einer zweiten Mythologie, der Verherrlichung scheinhafter Urqualitäten" (Adorno 1956: 28).

In der Verkehrung der zweiten Natur der Institutionen zur ersten sieht Adorno den „Kitt", der das Getriebe zusammenhält. Paradox ausgedrückt: um als Gattung überleben zu können, müssen ihre Mitglieder darauf verzichten, mündig zu werden. Das soziale Erfordernis der Selbstbehauptung obsiegt über die Chancen menschlicher Emanzipation. Doch als Hohn über die falsche Versöhnung, die keine wirkliche Vermittlung zwischen Subjektivem und Institutionellem gestattet, etabliert sich das Gesetz der kollektiven Selbsterhaltung in den Monaden der gesellschaftlichen Totalität als „Freiheit". Deren Schein raubt ihnen die Möglichkeit einer Besinnung auf ihre faktische Unfreiheit. So sind sie zwar sozial weit mehr gegen die Risiken ihres gesellschaftlichen Lebens gesichert, doch verstärkt eben das, worauf diese Sicherheit beruht, ihre Abhängigkeit vom Kollektiv. Bestand die Idee der Mündigkeit einmal in der Kraft zum Widerstand gegen die institutionell vorgegebenen, sich zum Absoluten aufspreizenden Zwänge autoritärer Konventionen, so schlägt heute, unter den Bedingungen des Spätkapitalismus, eine positive Institutionenlehre in die Potenzierung von Herrschaft um.
Das von Marx erhoffte historische Subjekt ist der Kritischen Theorie zufolge selbst zum Instrument bloßer Reproduktion der Gattung geworden. Wenn es gleichwohl noch eine Perspektive zum Abbau obsolet gewordener, irrationaler Herrschaft gibt, so ist sie allein um die Möglichkeit spontaner Erfahrung der Individuen zentriert. Sie wäre Vorbedingung für eine jegliche kritische Regung gegen blinden Zwang.

Institutionenkritik als Kritik des Positivismus

In der Kritik am Positivismus, für den paradigmatisch das Werk Emile Durkheims steht, kommt die ideologiekritische Form der Institutionenkritik Adornos deutlich zum Vorschein. Bei Durkheim spielen die Institutionen als „konkret gewordene Abstraktionen der Gruppenfunktionen" (Simmel 1900: 159) eine überragende Rolle. Sie werden als der Inbegriff jenes sozialen Zwangs definiert, der ihm als die Substanz des Sozialen selber gilt. Die Schlüsselkategorien seiner Institutionenlehre heißen nicht zufällig „contrainte sociale", „faits sociaux" und „chosisme".
Adorno sieht das Verdienst Durkheims gerade in der bei ihm zutage tretenden „Einseitigkeit", Soziales als das zu definieren, was sich individuell-verstehendem Zugriff entzieht, als das Inkommensurable und in subjektive Rationalität nicht Auflösbare:

„Er hat es sich nicht ausreden lassen, daß Gesellschaft auf jeden Einzelnen primär als Nichtidentisches, als ‚Zwang' stößt. Insofern hebt Reflexion auf Gesellschaft dort an, wo Verstehbarkeit endet" (Adorno 1979: 12).

Die Idiosynkrasie Durkheims offenbart ein Wahrheitsmoment, das für Adorno mit jener der positivistischen Wissenschaft identisch ist: Indem das Unverstehbare am Institutionengeflecht in der Theorie festgehalten wird, spricht diese Wissenschaft, wenngleich ungewollt, ihr Urteil gegen falsche Versöhnung. Das Durkheimsche Beharren auf Nichtidentität wird der Kritischen Theorie zum Ausweis für ihr eigenes Bemühen, der Möglichkeit einer Differenz des Subjektiven vom Institutionellen Raum zu geben. Voraussetzung für dieses Vorhaben ist die kritische „Rettung" der Wahrheit des Positivismus derart, daß die dort ausgesprochene Antinomie zugleich aufgenommen und über sich hinausgetrieben wird:

„Am Ende ist es das tiefste Wahrheitsmoment des Positivismus, wenngleich eines, gegen das er sich sträubt wie gegen das Wort, auf das er verzaubert ist: daß die Fakten, das nun einmal so und nicht anders Seiende, einzig in einer Gesellschaft der Unfreiheit, deren ihre eigenen Subjekte nicht mächtig sind, jene undurchdringliche Gewalt angenommen haben, die dann der szientifische Faktenkult im wissenschaftlichen Gedanken verdoppelt" (Adorno 1969a: 76)

Mit den „Fakten, das nun einmal so und nicht anders Seiende" wird von Adorno jenes Moment an den geronnenen Institutionen bezeichnet, deren falscher Verewigung seine Institutionenkritik gilt. Gegenüber einem zur beherrschenden Wissenschaftsrichtung anvacierten Szientismus, der Soziales auf Natur reduziert, weil nur auf diesem Wege gesellschaftliche Größen in exakt meßbare transformiert werden können, hilft weder die Berufung auf die Dignität alles Geistigen noch auch die Leugnung der blinden Vorherrschaft der Institutionen über die konkreten und ihrer doch nicht als Subjekte — im emphatischen Sinne — innewerden könnenden Menschen. Vielmehr gilt es, den Positivismus als die richtige Widerspiegelung einer verkehrten Wirklichkeit zu begreifen, um so über beide hinauszugehen.

Für eine solchermaßen kritische Überwindung positivistischer Wissenschaft ist gefordert, Institutionen als das zu verstehen, was sie ihrer Genese nach sind: undurchschaubar gewordene Verdinglichung sozialer Lebensprozesse lebendiger Menschen. Nur darum konnte Gesellschaft sich „als kollektiver Zwangsmechanismus" (Adorno 1979: 12) über die Köpfe ihrer „Autoren" hinweg darstellen, weil von Anfang an die geronnenen Produkte menschlicher Arbeit und individuellen Zusammenhandlns unter dem Zeichen der Herrschaft standen. Ihre positivistische Verewigung dient nun der Verdichtung jenes Scheins, den die Institutionen kraft ihres Daseins verbreiten. Dadurch aber werden sie tendenziell zu Urphänomenen, zur zweiten Natur.

Im Dienste einer solchen Verabsolutierung steht eine Wissenschaft, die den vorgegebenen institutionellen Rahmen dadurch verklärt, daß sie ihn in ihren Kategorien bloß verdoppelt. So richtig der Verweis auf den opaken Charakter der Institutionen auch ist — er wird dann zur Ideologie, wenn diese umstandslos zu Objektivationen eines geschichts-enthobenen menschlichen „Wesens" erklärt werden. Für Kritische Theorie gilt ebenso wie für Marx:

„Nicht der Mensch schuf die Institutionen, sondern bestimmte Menschen in bestimmten Konstellationen mit der Natur und miteinander: sie drängte ihnen die Institutionen ebenso auf, wie sie sie bewußtlos errichteten" (Adorno 1964: 54).

Die Einlösung eines derartigen, historisch-kritischen Institutionenverständnisses wäre das Programm einer Theorie der Gesellschaft, die sich des methodischen Arsenals der Kritik der Politischen Ökonomie zu vergewissern hätte, ohne doch deren latentem Dogmatismus anheimzufallen.

Die Substanz der Kritischen Theorie ergibt sich aus der Weigerung, den gesellschaftlichen Vorrang des Objektiven auch als Wertprimat gegenüber dem Besonderen und Individuellen anzuerkennen. Dies geschieht aber, sofern in aller „positiven" Wissenschaft die ordnenden Begriffsschemata umstandslos mit dem subjektiv Vorfindlichen gleichgesetzt werden. So gerinnen die erhobenen Daten zu letzten Gegebenheiten, deren Dignität aus der Statistik erschlossen wird:

„Ideologisch bietet das den Vorteil, daß kritische Theorie der Gesellschaft durch ordnende Begriffsschemata substituiert wird, die ihrerseits nichts anderes sind als Klassifikationen von subjektiv Vorfindlichem" (Adorno 1979: 239).

Mit ihrem Insistieren auf der Differenz zwischen Allgemein-Gesellschaftlichem und Individuell-Besonderem verweigert Kritische Theorie das Einverständnis mit den vorgegebenen gesellschaftlichen Zuständen. Sie beharrt darauf, daß „das Besondere nicht im Allgemeinen sich wiederfindet" (Adorno 1979: 240).

Aus dieser Verweigerung der Apologie ergibt sich für die Kritische Theorie die Aufgabe, den objektiven gesellschaftlichen und historischen Gründen für die faktisch gegebene Nichtidentität nachzugehen, um so dem Zustandekommen institutioneller Verselbständigung und Verdinglichung auf die Spur zu kommen. Die Kritische Theorie steht damit in der Tradition sowohl der Kantischen Vernunftkritik als auch der mit Feuerbach einsetzenden linkshegelianischen Methode einer genetischen Kritik wissenschaftlicher Kategorien. Da diese selbst, als gesellschaftlich vermittelte Abstraktionen, nur im Zusammenhang mit dem sozialen Prozeß in ihrem historisch bestimmten Gehalt zu begreifen sind, vollzieht sich die Kritik verdinglichter Institutionen zugleich als Ideologiekritik. Denn die begrifflichen Abstraktionen bilden stets das Korrelat jener dinghaften Verselbständigung, die sich als institutionelles Gehäuse in der Gesellschaft sedimentiert hat.

Literatur

Adorno, Th. W., 1955: Prismen. Kulturkritik und Gesellschaft. Berlin, Frankfurt a. M.
Adorno, Th. W., 1956: In: Institut für Sozialforschung (Hrsg.): Soziologische Exkurse. Nach Vorträgen und Diskussionen. Frankfurt a. M.
Adorno, Th. W., 1963: Drei Studien zu Hegel, Frankfurt a. M.
Adorno, Th. W., 1963: Eingriffe. Neun kritische Modelle. Frankfurt a. M.
Adorno, Th. W., 1964: Jargon der Eigentlichkeit. Zur deutschen Ideologie. Frankfurt a. M.
Adorno, Th. W., 1966: Negative Dialektik. Frankfurt a. M.
Adorno, Th. W., 1967: Einleitung zu: Emile Durkheim, Soziologie und Philosophie. Frankfurt a. M.
Adorno, Th. W., 1969: Stichworte. Kritische Modelle. 2. Frankfurt a. M.
Adorno, Th. W., 1969a: Einleitung zu: Der Positivismusstreit in der deutschen Soziologie. Neuwied Berlin.

Adorno, Th. W., 1971: Kritik. Kleine Schriften zur Gesellschaft. Frankfurt a. M.
Adorno, Th. W. 1973: Vorlesung zur Einleitung in die Soziologie. Frankfurt a. M.
Adorno, Th. W., 1973a: Studien zum autoritären Charakter. Frankfurt a. M.
Adorno, Th. W., 1975: Gesellschaftstheorie und Kulturkritik. Frankfurt a. M.
Adorno, Th. W., 1979: Soziologische Schriften I (Gesammelte Schriften Bd. 8). Frankfurt a. M.
Bonß, W./Honneth, A. (Hrsg.), 1982: Sozialforschung als Kritik. Zum sozialwissenschaftlichen Potential der Kritischen Theorie. Frankfurt a. M.
Durkheim, E., 1961: Die Regeln der soziologischen Methode (hrsg. u. eingel. von René König). Neuwied, Berlin.
v. Friedeburg, L./Habermas, J. (Hrsg.), 1983: Adorno-Konferenz 1983. Frankfurt a. M.
Gamm, G. (Hrsg.), 1985: Angesichts objektiver Verblendung. Über die Paradoxien kritischer Theorie. Tübingen.
Hansen, K. (Hrsg.), 1981: Frankfurter Schule und Liberalismus. Baden-Baden.
Honneth, A., 1985: Kritik der Macht. Reflexionsstufen einer kritischen Gesellschaftstheorie. Frankfurt a. M.
Horkheimer, M., 1930: Anfänge der bürgerlichen Geschichtsphilophie. Stuttgart
Horkheimer, M. (Hrsg.), 1932–1950: Zeitschrift für Sozialforschung. München.
Horkheimer, M. (Hrsg.), 1936: Studien über Autorität und Familie. Forschungsberichte aus dem Institut für Sozialforschung. Paris.
Horkheimer, M./Adorno, Th. W., 1947: Dialektik der Aufklärung. Philosophische Fragmente. Amsterdam.
Horkheimer, M./Adorno, Th. W., 1962: Soziologie II, Reden und Vorträge, Frankfurt a. M.
Horkheimer, M., 1967: Zur Kritik der instrumentellen Vernunft. Aus den Vorträgen und Aufzeichnungen seit Kriegsende (Hrsg. A. Schmidt). Frankfurt a. M.
Horkheimer, M., 1972: Gesellschaft im Übergang. Aufsätze, Reden und Vorträge 1942–1970 (Hrsg. W. Brede). Frankfurt a. M.
Horkheimer, M., 1972: Sozialphilosophische Studien. Aufsätze, Reden und Vorträge 1930–1972 (Hrsg. W. Brede). Frankfurt a. M.
Horkheimer, M. u. a., 1981: Wirtschaft, Recht und Staat im Nationalsozialismus (Hrsg. H. Dubiel, A. Söllner). Frankfurt a. M.
Horkheimer, M., 1985: Gesammelte Schriften, Bd. 7. Vorträge und Aufzeichnungen 1949–1973. Frankfurt a. M.
Horkheimer, M., 1985a: Gesammelte Schriften, Bd. 8. Vorträge und Aufzeichnungen 1949–1973. Frankfurt a. M.
Horkheimer, M., 1985b: Gesammelte Schriften, Bd. 12. Nachgelassene Schriften 1931–1949. Frankfurt a. M.
Institut für Sozialforschung (Hrsg.), 1956: Soziologische Exkurse. Frankfurt a. M.
Institut für Sozialforschung, 1981: Gesellschaftliche Arbeit und Rationalisierung. Neuere Studien aus dem Institut für Sozialforschung in Frankfurt am Main. Leviathan, Sonderheft 4. Opladen.
Jay, M., 1976: Dialektische Phantasie. Die Geschichte der Frankfurter Schule und des Instituts für Sozialforschung 1923–1950. Frankfurt a. M.
Küsters, G.-W., 1980: Der Kritikbegriff der Kritischen Theorie Max Horkheimers. Historisch-systematische Untersuchung zur Theoriegeschichte. Frankfurt, New York.
Lenk, K. u. a., 1970: Kritik und Interpretation der Kritischen Theorie. Cuba-Lichtenstein.
Lenk, K., 1986: Ideologie und Ideologiebegriff im Werk Horkheimers. In: A. Schmidt/N. Altwicker (Hrsg.): Max Horkheimer heute: Werk und Wirkung. Frankfurt a. M.
Lenk, K., 1986: Marx in der Wissenssoziologie. Studien zur Rezeption der Marxschen Ideologiekritik. Neudruck Lüneburg.
Löbig, M./Schweppenhäuser, G. (Hrsg.), 1984: Hamburger Adorno-Symposion. Lüneburg.
Schrey, H.-H., (Hrsg.), 1975: Enfremdung. Darmstadt.
Simmel, G., 1900: Philosophie des Geldes. Leipzig.
Söllner, A., 1979: Geschichte und Herrschaft. Studien zur materialistischen Sozialwissenschaft 1929–1942. Frankfurt a. M.

Kritik der Institutionenkritik
Das institutionelle Defizit der „Kritischen Theorie" als fortgeschlepptes Erbe von Aufklärung und Sozialismus*

Bernard Willms

Die „Kritische Theorie" versteht sich vor allem auch als einen durch Marx zurechtgebrachten Hegelianismus. Dies geht aus ihren „klassischen" Arbeiten, aus ihren zentralen Kategorien, vor allem aus ihrem Begriff von „Totalität" hervor – von der Dialektik ganz zu schweigen.
Die Überlegenheit der marxistischen Theorievariante in den frühen Sozialismusdiskussionen des 19. Jahrhunderts resultierte nicht zuletzt aus deren Hegelianismus: d. h. vor allem aus dem Systemcharakter, den Marx von Hegel übernahm. Andererseits verstärkte dieser Systemcharakter und das entsprechende theoretische Selbstbewußtsein bei Marx allerdings einen Doktrinarismus, in dem Proudhon mit Recht das Entstehen einer neuen Kirche verzweifelt bekämpfte. Dieser Doktrinarismus war aber nun alles andere als Hegelsches Erbe. Marx und Engels waren bekanntlich nicht nur stolz auf ihre Herkunft aus dem Idealismus, sondern vor allem aus dem französischen Sozialismus. Der französische Sozialismus war aber – und dies läßt sich leicht belegen – eine teilradikalisierte Weiterführung der bürgerlichen Aufklärung im Frankreich vor der Revolution.
Der deutsche Idealismus war gegenüber dieser Aufklärung die philosophischere, gründlichere, strengere und, wenn man will, fortgeschrittenere Theorie. Eben dies vermittelte Marx u. a. seine formale Überlegenheit über die französischen und die anarchistischen Sozialismusvarianten. Indem sich Marx aber in Übernahme aufgeklärter Denkstrukturen aus dem 17. und 18. Jahrhundert auf deren Grundlagen bezog, ergab sich für ihn ein – philosophisch gesprochen – reaktionär verschnittener Idealismus, der, zusammen mit einem bestimmten Wissenschaftspositivismus, nun fälschlicherweise den Anspruch des theoretischen Fortschritts erheben konnte.
Jene Aufklärung, auf die Marx – und mit ihm dann die „Kritische Theorie" – rekurrierte, war aber aus einer bestimmten politisch-gesellschaftlichen Situation heraus intellektuell geprägt worden.
Das eigentliche Problem der französischen Aufklärung war es, in der zeitgenössischen Verbindung von Absolutismus und doktrinärem Christentum einen Gegner zu haben, der seit den Tagen Philips des Schönen und der Korruption der Avignon-Päpste zu-

---

* Die folgenden Ausführungen sind ein zum Zwecke dieser Veröffentlichung bearbeiteter Abschnitt aus meinem Buch „Idealismus und Nation. Zur Rekonstruktion des politischen Selbstbewußtseins der Deutschen" (Reihe: Philosophische Positionen) Paderborn 1986.

nehmend an politischer, vor allem aber auch an geistiger Substanz verloren hatte. Frankreich hatte die von Deutschland ausgehende Reformation, also die Auflösung der geistig verbindlichen Macht einer einheitlichen Kirche, zwar kennengelernt; aber der zentralisierte Absolutismus hatte jene Einheit gewaltsam wiederhergestellt — die Bartholomäus-Nacht (1572) und die Aufhebung des Toleranz-Edikts von Nantes (1685) waren die entscheidenden Daten dieser äußeren Wiederherstellung. Aber selbstverständlich blieb die Irritation des Bewußtseins, und diese steht zunächst am Anfang der französischen Aufklärung. Pascal begegnete dieser Irritation individuell in einer Weise, die bekanntlich noch den modernen Existentialismus befruchtete — durch die konsequente Ausbildung seines mathematischen Scharfsinns einerseits zusammen mit tiefempfundener jansenistischer Religiosität andererseits. Dem entsprach theoretisch seine Unterscheidung von mathematischen Denken und „esprit de finesse"[1].

Pascal realisierte für sich selbst eine Synthese zwischen katholischer und protestantischer Frömmigkeit — nicht von ungefähr wurden ja die Jansenisten sowohl staatlicherseits wie von den Jesuiten verfolgt. Seine Lösung mußte aber bloß subjektiv bleiben. Jene Irritation aber blieb objektiv und hatte bei Autoren der frühen Aufklärung wie Lesage, La Bruyere und Bayle die Folge, Welt als sinnlose Vielfalt zu erleben und darzustellen.[2]

Montesquieu zog dagegen für die politischen Verhältnisse als erster deskriptiv-politikwissenschaftliche Konsequenzen — ein gleichfalls relativ modern anmutender Versuch, mit jener Irritation in neutraler, eben wissenschaftlich reduzierter Form fertig zu werden. War Pascals Lösung jedoch rein individuell und subjektiv, so zeigte sich der Hauptstrom des französischen Denkens auch der distanzierten Annäherung Montesquieus noch nicht gewachsen: beides blieb Ausnahme. Gerade die Auseinandersetzung etwa, die die Aufklärer und die Denker der Französischen Revolution mit Montesquieu führten, zeigt den Sündenfall dieses Denkens an: Im Gegensatz zu Montesquieu und seiner historisch-wirklichkeitsgerechten Relativierung stellte dies aufklärerisch-revolutionäre Denken doch wiederum die Frage, ob Gesetze, Verfassungen, Moralen „richtig" oder „falsch" seien, d. h. es verblieb in praktischer Hinsicht prinzipiell auf der moralisierenden Ebene (Groethuysen 1971: 15 f.)[3]. Im Verlauf dieser Auseinandersetzung mußte eine diesseitig konstruierende Vernunft die Aufgabe der alten Sinn- und Wahrheitsvermittlung übernehmen. Groethuysen faßt das Ergebnis folgendermaßen zusammen: „Die Vernunft, die zu ihrer eigenen Vollendung gelangt, die im Laufe der Entwicklung der Welt konstruktiv wird, weil sie die kollektiven Lebensbedingungen verwandelt, weil sie für die zwischenmenschlichen Beziehungen eine vernunftgemäße Ordnung schafft und damit dem absurden Charakter des menschlichen Lebens dadurch ein Ende setzt, daß schließlich in ihm alles den Sinn erhält, den die Natur ihm weist ..." (45). Mit Recht bezeichnet Groethuysen dies als „den mystischen Sinn der Revolution" (19). Mit anderen Worten, das Denken der Aufklärung reproduziert die religiöse Denkstruktur, die es bekämpfte.

Jene Irritation, die am Beginn der Aufklärung steht, war ja nichts anderes als die Konfrontation der Menschen aus der scheinbaren, transzendent-religiös vermittelten Aufgehobenheit auf sich selbst — mit anderen Worten, das Bewußtsein der neuzeitlichen Freiheit. Um diese ging es auch den französischen Aufklärern sehr wohl, und, wie wir wissen, sehr konkret in der Auseinandersetzung mit dem überständigen Absolutismus. Aber die Konstruktion des vernünftigen Fortschritts der Menschheit zu einem „Reich der Freiheit" war bloß die Umsetzung des alten religiösen Denkens, und zwar eines religiösen Denkens, das die Härte und Strenge, die es auch, z. B. im Nominalismus Ockhams, haben konnte, zu Gunsten von diesseitig-pastoralen Erbaulichkeiten als Reaktion auf triviales Sinnbedürfnis aufgegeben hatte. Die Aufklärung reproduzierte nicht nur Theologie, sondern schlechte Theologie (Plessner 1974: 76).

Das ‚Reich der Freiheit', das als Summe der scheinbar so berechtigten Hoffnungen das Ziel der Auffassung der Aufklärer von „Bestimmung des Menschen" umschreibt, ist nichts anderes als der Ausweis ihrer Unfähigkeit gewesen, sich diesem neuzeitlichen Problem in radikaler Weise zu stellen.

Was ein „Reich der Freiheit' ist, hätte man auch im 18. Jahrhundert wissen können. Thomas Hobbes hatte schon im 17. Jahrhundert die Frage gestellt, wie ein Zustand menschlich-kollektiver Existenz unter der Voraussetzung von Freiheit zu denken sei. Dabei war Freiheit allerdings radikal aufgefaßt: Jeder sein eigener Herr, d. h. ein strikter Selbstbezug als Grundlage jeden denkbaren Handelns, auch jenes Handelns, das die anderen, unabweislich, einschloß. Und außerdem ergab der Vorsatz, Freiheit ernst zu nehmen, das Absehen von jeglicher übergeordneter Normativität. Das Ergebnis dieses radikalen Gedankenexperiments ist bekannt:

„In einer solchen Lage ist für Fleiß kein Raum, da man sich seiner Früchte nicht sicher sein kann; und folglich gibt es keinen Ackerbau, keine Schiffahrt, keine Waren, die auf dem Seewege eingeführt werden können, kein bequemes Gebäude, keine Geräte, Dinge, deren Fortbewegung viel Kraft erfordert, hin- und herzubewegen, keine Kenntnis von der Erdoberfläche, keine Zeitrechnung, keine Künste, keine Literatur, keine gesellschaftlichen Beziehungen, und es herrscht, was das schlimmste von allem ist, beständige Furcht und Gefahr eines gewaltsamen Todes – das menschliche Leben ist einsam armselig, ekelhaft, tierisch und von kurzer Dauer" (Hobbes; Leviathan, Kap. 13).

Wenn der Mensch in seiner Freiheit weiter existieren wollte und will – und es bleibt ihm nichts anderes übrig – dann muß er deren Verwirklichung ernst und in Angriff nehmen. Er muß die Bedingungen für die Existenz seiner Freiheit in ihr selbst sehen und aus ihr selbst schaffen, und dafür hat er wiederum nichts anderes als seine von Angst angeleitete Freiheit. Er muß also jene Bedingungen und Ordnungen selbst schaffen, unter denen er seine Freiheit verwirklichen kann. Er muß einsehen, daß Freiheit unausweichlich bedeutet, daß Menschen sowohl „Götter" wie „Wölfe" sein können und daß folglich die Freiheit, wenn anders man sie denn wirklich will, notwendigerweise auch Kampf gegen Freiheit einschließt. Unter der Voraussetzung des Willens zur allgemeinen Existenz ist das Ergebnis der durch Furcht vor sich selbst angeleiteten Freiheit die Instituionalisierung von Ordnungsmacht und Zwangsgewalt, und dies ist unausweichlich die andere Seite von Vernunft und Freiheit. Der „Leviathan" ist die Folge der Erkenntnis, daß es für Menschen nichts anderen als den Menschen

gibt, daß er sich selber alles ist, daß er alles selbst tun muß, daß es nichts gibt als: „Homo homini".
Daß das Aufklärungsdenken der Franzosen, jedenfalls in den Teilen, die die eigentliche, massenhafte Wirkung erreichten, dagegen nichts anderes ist als Reproduktion erbaulicher Religiosität, wäre durchgängig zu belegen. Dabei geht es keineswegs darum, Tatsachen wie etwa die, daß sich ein exklusiver Denkzirkel, zu dem auch Fontenelle zählte, in den 30er Jahren des 18. Jahrhunderts regelmäßig des Sonntags zu einer „Gelehrtenmesse" zusammenfand, überzubewerten. Wesentlicher ist schon der Hinweis, daß Pierre Bayles „Dictionaire historique et critique" von 1697, ein zentrales und ungemein einflußreiches Dokument der frühen französischen Aufklärung, „als Versuch der Säkularisierung, der Metamorphose und Umkehr des theologischen Weltbildes, diesem selbst noch verhaftet blieb" (Plessner 1974: 76)[4]. Natürlich muß man sehen, daß die Verhältnisse – die unterdrückte Reformation, der seit dem Tode Ludwigs XIV. sichtbare Bakrott des zentralisierten Absolutismus und dessen Bündnis mit der Kirche – es den Aufklärern zu leicht machte (Schröder u. a. 1979: 54 f.). Die Eindeutigkeit unhaltbarer Verhältnisse fördert die Simplizität der kämpferischen Denkmuster, die sozusagen nur den Spieß umdrehen, und dies nicht einmal durch begriffliche Transposition, sondern durch einfaches Übernehmen zentraler Inhalte des Gegners. So wenn Voltaire ausruft: „Nur Mut! Das Reich Gottes ist nicht mehr ferne, in ganz Europa erwachen die Geister!" Dabei ist es ziemlich unwichtig, ob es bei Voltaire noch um „Deismus", bei Holbach aber immerhin schon um „Materialismus" geht, eine Unterscheidung, auf die marxistische Autoren so großen Wert legen (Groethuysen 1971: 59). Zentral ist die Konstruktion eines Fortschritts zu einem sinnerfüllten, diesseitig aufgefaßten Endzustand allgemeiner Vernünftigkeit, wie ihn vor allem zuerst Fontenelle in aller naiven Eindeutigkeit und später auch Condorcet vertraten, und dies unter Beibehaltung des Bestehens auf einer eindeutigen Unterscheidung gut-böse und richtig-falsch. Das Beibehalten dieser Struktur ist das Entscheidende, ob diese nun noch eher im moralisch-erbaulichen Sinne der frühen Religiosität oder dann später – bei den Marxisten als Erben der Aufklärung – im Sinne positiver Wissenschaftlichkeit aufgefaßt wird. In jedem Fall geht es um ein Denken, das, im wesentlichen gesellschaftlich-revolutionär, die Dimension des Politischen im Sinne der konkreten Konsequenz aus der Freiheit nicht aufnehmen konnte oder wollte.
Der spezifisch Rousseausche Beitrag zu der Entwicklung dieses Denkens, also das, was Nietzsche später den „Rousseauschen Tarantelbiß" nannte[5], ist nun wiederum ein religiös-erbauliches Moment, der Gedanke nämlich, daß der Mensch als solcher „gut" sei. In dieser theoretisch nicht ableitbaren fundamentalen Annahme liegt nichts anderes als ein unpolitisches Ausweichen vor den Konsequenzen moderner Freiheit (Groethuysen 1971: 77)[6]. Als solche, als Menschen sind auch alle Menschen gleich (gut), und der Mensch also solcher oder an sich ist auch der eigentliche Mensch. Gesellschaft verleiht dem Menschen nur einen Scheinwert. Und hier bringt Rousseau, im Gegensatz zu Voltaire, eine Komponente ein, die dann in der Revolution brisant simplifiziert wurde. Nicht von den elitär-aufgeklärten Geistern ist Erlösung zu erwarten, sondern vom (einfachen) Volk, weil dieses sich etwas von der ursprünglichen Güte und Eigentlichkeit des Menschen bewahrt hat. Die Konsequenz für die revolutio-

näre Aufklärung war eindeutig. Sie propagierte nicht nur Souveränität „des Volkes", sondern auch den Glauben an „Öffentlichkeit" als Motor der Vernunftentwicklung (Schröder u. a. 1979: 634 f.).

Die erbauliche Verharmlosung der neuzeitlichen Freiheit zur quasi-religiösen Güte des Menschen, die revolutionär — als Kampf gegen die offensichtlich zur gesellschaftlich-politischen Katastrophe führenden Privilegien — scheinbar umfassend motivierte Auffassung von Gleichheit sowie das Säkularisat einer teleologischen Weltvorstellung führt zur verdiesseitigten Jenseitsvorstellung. Recht, Freiheit und Natur werden vollendbar gedacht, wenn vom „guten Volk" eingerichtet. „Das Volk" ist absolut souverän, d. h. nur „seinem eigenen Gesetz" unterworfen. Der Kern der Aufklärung wird zu einem neuen Glauben, der als Reproduktion religiöser Denkstrukturen eine neue „Priesterherrschaft der Intellektuellen" und damit den stets möglichen Terror der Tugendhaften und der Wissenden begründete.[7] Aufklärung wurde unter diesen Verhältnissen, philosophisch gesehen, zur Reaktion. Die Philosophie dieser Aufklärung und ihr sozialistisches Derivat zeigt sich als nichts anderes als die Unfähigkeit zur Freiheit, der Versuch, sich an den Konsequenzen der Neuzeit vorbeizudenken. Das Denken wurde zur Ideologie, weil es den Anschluß an die Wirklichkeit verlor, in der die Welt fortschreitend von Menschen umgeschaffen wurde. Nicht weil die neuzeitlichen europäischen Intellektuellen Gott verloren hatten oder ihn nicht behalten wollten, verlor ihr Denken diesen Anschluß an die Wirklichkeit und wurde es zur Ideologie, sondern weil sie in dem Interesse, dem Bedürfnis nach trivaler Erbauung zu entsprechen, den harten Konsequenzen der immanent zu denkenden Freiheit in eine einfache Umkehrung theologischer Erbaulichkeit ausgewichen sind.

Das Aufklärungsdenken entstand unter den Bedingungen gesellschaftlicher und politischer Verhältnisse, die seine Struktur ebenso mitbestimmten, wie es diese radikal verändern wollte. Es mußte zwangsläufig von diesen Verhältnissen in seinen theoretischen Entwürfen absehen, d. h. also, es abstrahierte von seinen eigenen historischen Grundlagen, blieb diesen gegenüber blind oder naiv und gelangte nie zu einer wirklichen Erfassung der Wirklichkeit — weswegen auch die realen Kämpfe die Intellektuellenherrschaft oder die der Funktionäre „der Vernunft", letzten Endes den Terror der „Tugend" derjenigen, die das „Richtige" wissen, und schließlich den napoleonischen Imperialismus hervorbrachten.

Der intensive, durch keine reformatorische Freiheit gemäßigte, von durchaus verständlichem Haß erfüllte Kampf gegen die Kirche und die Privilegienherrschaft der Priester zwang der Aufklärung deren Waffen auf. Ein solches Feindverhältnis schafft eine tiefgehende Verwandtschaft — nenne mir Deinen besten Feind und ich sage Dir, wie Du denkst. Der oft verzweifelte Kampf gegen die Perfidie der klerikal gestützten Privilegienstruktur erzeugte Blindheit für das anthropologische Bedürfnis nach Transzendenz. Es entstand eine diesseitige Trivialkirche — konsequent stiftete auch Marx später in diesem Geiste eine solche. Das Massenbedürfnis, auf das Marx ebenso spekulierte wie früher die Aufklärung mit ihrem Verständnis von ‚Volk' und ‚Gleichheit', geht auf Erbaulichkeit, auf billige Antworten und materiale Befriedigungsutopien. Aufklärung reproduzierte die religiösen Denkstrukturen und wurde trotz oder gerade wegen der prätendierten Irreligiosität ein objektiver Rückfall des Denkens gegenüber

z. B. Hobbes, der Glaube und Religion ernst nahm und sie ebenso wie später die Idealisten in das umfassende politikphilosophische Denken einholte.

Das Aufklärungsdenken mußte wegen der unausweichlichen Erscheinungsform als ideologisch-politische Stoßrichtung einseitig bleiben, es konnte die wirklichen Verhältnisse nur von sich ausschließen, abstoßen. Das Denken mußte abstrakt bleiben.

Dies alles hat ein zweifaches strukturelles Defizit zur Folge: Das Prinzip der Freiheit wurde individualistisch-einseitig aufgenommen, zu einer neuen Religion gemacht, und das Aufklärungsdenken mußte von Beginn an ein institutionelles Definzit aufweisen. Seitdem bleiben Aufklärung, Liberalismus und ihre sozialistischen Derivate darauf angewiesen, daß die konkreten Ordnungen, ohne die weder Menschen überhaupt, noch Aufklärer leben können, von anderen und anders begründet werden. Dagegen ist man dann ‚kritisch'. Das zweite Defizit ist das historische, das gleichfalls nicht durch Marx kompensiert wurde. Erklärten Aufklärung und Revolution alle Tradition für falsch und abstrahierten so von den Bedingtheiten auch durch ihre eigene Geschichte, so anerkannte Marx zwar die bisherige Geschichte als je „notwendige" Entwicklungsform, relativierte diese Einsicht jedoch in der Prävention eines wissenschaftlichen Zieles eben dieser Geschichte, so den eigentlichen Grund für den Weltbürgerkrieg unserer Gegenwart legend.

Anmerkungen

1 Ich teile die Meinung der Übersetzer von Groethuysen 1971), daß „esprit de finesse" nur annäherungsweise übersetzt werden kann. Sie schlagen (11/12) den Ausdruck „differenziertes Denken" vor, was ich freilich für nicht glücklich halte. Was Pascal zum Ausdruck bringen will, ist der Gegensatz des mathematisch konstruierenden Denkens und jenes Denkens, das auf Erfassung der unendlich vielfältigen Wirklichkeit und ihrer Differenzierungen ausgeht – zu denen Pascal auch Religion, bzw. die religionös-methaphysischen Bedürfnisse gehören. „Esprit de finesse" wäre also im Gegensatz zum formal-abstrakten Denken das konkret-wirklichkeitsbezogene. „Konkretes Denken" wäre im Sinne Hegels eine sinnvolle Übersetzung, setzt dessen Kenntnis jedoch voraus. Mit F.A. Hayek könnte man „esprit de finesse" mit „komplexes Denken" übersetzen.
2 „Mit scheint, die Philosophen haben im Moment leichtes Spiel. Die Feinde der Vernunft haben für uns gekämpft: Die jansenistischen ‚Verzückten' und die Jesuiten haben ihre ganze Schändlichkeit und ihre Scheußlichkeit gezeigt." (Voltaire an den Marquis d'Argenson, 1761, zitiert in: Schröder u. a. 1979: 54 f.). Daß dieser Kampf unter den gegebenen Umständen in Frankreich den Aufklärern als „leichtes Spiel" erschien, hatte gravierende Folgen für deren Denken und die mit diesem begründete Denktradition. Eine wichtige Arbeit, die gleichfalls versucht, bestimmte Defizite des Aufklärungsdenkens aus objektiven Problemkonstellationen zu erklären, ist: Buck 1973.
3 Groethuysen selbst erkennt freilich diesen „Sündenfall-Charakter", also den, wie ich meine, entscheidenden Rückfall des Aufklärungsdenkens nicht an. Aber die „leichtgemachte" Situation der anti-klerikalen Frontstellung ließ das französische politische Denken – zum Unheil der Nachfolgenden – von den Höhen Bodins, Montaignes und Montesquieus in eine neue Erbaulichkeit herabsinken.
4 Plessners These (1974: 76), die Groethuysen teilt, wird etwa in Hazards berühmter Darstellung breit belegt – ohne daß dieser sich zu der Schärfe der Umkehrthese entschließen mag. (vgl. Hazard 1949: Erster Teil). Völlig fremd ist diese ideenpolitisch-polemische Auffassung der Darstellung von Ernst Cassirer: Die Philosophie der Aufklärung (1932), der englische, französische und deutsche Aufklärung zwar differenzierend, aber doch als eine Bewegung behandelt, die Aufklärung durch ihren quasi-religiösen Charakter eher aufgewertet sieht. Mit Recht

machen neuere Arbeiten (bei aller Bewunderung der gelehrten Leistung) auf die problematische „geisteswissenschaftliche" Unangemessenheit der Arbeiten von Hazard und Cassirer aufmerksam (vgl. auch etwa Cornea 1983). Diese Umkehrthese eines ideenpolitischen Nahkampfes ist mit der Kategorie „Säkularisierung", auch wenn sie weiter gefaßt wird, nicht ganz zu greifen. Vgl. dazu Schrey 1981, Lübbe 1965, oder auch neuerdings Heckel 1981.

5 Der Denkrückschritt liegt in der Rücknahme des sich seit Machiavelli differenzierenden Denkens von Politik und Moral in die scheinbaren Eindeutigkeiten moralischer („vernünftiger") oder „wissenschaftlicher" Urteile, die prinzipiell von einer Beliebigkeit des Subjekts ausgehen müssen, diese Beliebigkeit aber konsequent zu kompensieren trachten, was theoretisch und praktisch nur abstrakt-gewaltsam möglich ist. Das entwickeltere Denken ging − von Hobbes vorbereitet − auf das Aushalten der Differenz, der Negaitivtät der Subjekte und deren Aufhebung − nicht Beseitigung − in einem politischen System der „Wirklichkeit der sittlichen Idee" (Freiheit).

6 Hegels berühmter Enthusiasmus, der die Französische Revolution als einen „herrlichen Sonnenaufgang" begrüßte, ist selbst schon nicht mehr „aufklärerisch", so sondern eben schon „idealistisch" aufzufassen (Philosophie der Geschichte, 4. Teil, 3. Abschnitt, 3. Kapitel). Vgl. dazu Joachim Ritter 1957; u. a. 1979: 631 f.

7 Zu der verfälschenden Interpretation Rousseaus nicht nur in der Revolution, sondern auch in der späteren Literatur, vgl. jetzt vor allem die überaus wichtige Ausgabe des Diskurses zur Ungleichheit von Heinrich Meier 1984.

Literatur

Buck, G., 1973: Selbsterhaltung und Historizität. In: Geschichte − Ereignis und Erzählung. Poetik und Hermeneutik 5. München.
Cassirer, E., 1932: Die Philosophie der Aufklärung. 3. Aufl. Tübingen 1973.
Cornea, P., 1983: Probleme der Aufklärungszeit in Südosteuropa. In: Sziklay, L. (Hrsg.): Aufklärung und Nationen im Osten Europas. Corvina Klado.
Groethuysen, B., 1971: Philosophie der Französischen Revolution. Neuwied. Berlin.
Hazard, P., 1949: Die Herrschaft der Vernunft. Hamburg.
Heckel. M., 1981: Korollarien zur Säkularisierung. Heidelberg (Sitzungsberichte der Heidelberger Akademie der Wissenschaften).
Lübbe, H., 1965: Säkularisierung. Freiburg. München.
Meier, H. (Hrsg.), 1984: Rousseau: Diskurs über die Ungleichheit. Paderborn.
Plessner, H., 1974: Die verspätete Nation. Frankfurt/M.
Ritter, J., 1957: Hegel und die Französische Revolution. Opladen.
Schrey, H.-H., (Hrsg.), 1981: Säkularisierung. Darmstadt.
Schröder, W. (u. a.), 1979: Französische Aufklärung, bürgerliche Emanzipation, Literatur und Bewußtseinsbildung. Leipzig.

Kann der Marxismus Institutionen begründen?

Peter Brokmeier-Lohfing

Die Frage bedarf vorweg einer terminologischen und methodologischen Klärung. Unter „Marxismus" sei im folgenden ausschließlich die theoretische Produktion von Marx und Engels verstanden. Der Terminus „Institution" wird ausschließlich in einem formal eingeschränkten Sinn, nämlich als politische Institution verwendet. Die Titelfrage ließe sich daher in der genaueren, freilich umständlicher formulierten Fassung stellen: Welches sind die Bedingungen der Möglichkeit einer Theorie politischer Institutionen bei Marx und Engels? Methodologisch orientiert sich der folgende Versuch einer Beantwortung dieser Frage an der von Louis Althusser eingeführten Unterscheidung zwischen einem empiristischen und einem theoretischen Typus des Denkens von Marx und Engels (vgl. Althusser und Balibar 1972: 26–32, 39 f., 112, 192 f.). Diese Orientierung erfolgt nicht zufällig. Sie beruht vielmehr auf der Einschätzung, daß Althusser „zu den großen Anregern der französischen Nachkriegsphilosophie und zu den wichtigsten Theoretikern eines erneuerten Marxismus" gehört.[1]

Das Folgende ist in drei Teile gegliedert. Teil 1 konfrontiert die im Marxismus tradierte Betrachtungsweise des Institutionenproblems als eines bloßen Überbauphänomens mit einem prinzipiell anders gearteten, jedoch ebenfalls marxistischen Frageansatz in der Absicht, die Aporien des gewohnten empiristischen Theorietyps zu unterlaufen. Teil 2 erörtert die Möglichkeiten der entgegengesetzten theoretischen Marx-Lektüre für die Bearbeitung unserer Thematik. Ein nur als knapper Hinweis konzipierter Schlußteil erinnert an die Bedeutung der Geschichte philosophisch-politischer Theorien für eben jene Bearbeitung.[2]

1. Das institutionentheoretische Defizit und seine mögliche Aufhebung

Vielfach sind die Anlässe, aus denen Marx und Engels dazu gelangen, politisch-historische Fragen zum Gegenstand ihrer literarischen Produktion zu machen. Journalistische Arbeiten zu aktuellen tagespolitischen Ereignissen wären hier ebenso zu nennen, wie die Kommentierung der Entwicklung der Arbeiterbewegung im Briefwerk oder die publizierten soziologischen und historischen Analysen größerer politischer Zusammenhänge. Jedesmal kommen dabei beide Autoren ziemlich rasch auf Institutionen zu sprechen, bleiben aber doch regelmäßig bei ihnen als empirischen Erscheinungen stehen. So Marx in seiner Kritik der sich immer weiter vervollkommnenden „Zentralisation der Regierungsgewalt" in Frankreich seit der Zeit der absoluten Monarchie, deren Endprodukt ihm erscheint als „diese Exekutivgewalt mit ihrer ungeheuern bürokratischen und militärischen Organisation, mit ihrer weitschichtigen und künstlichen Staatsmaschinerie, ein Beamtenheer von einer halben Million neben einer Armee von einer andern halben Million, dieser fürchterliche Parasitenkörper, der sich wie eine Netzhaut um den Leib der französischen Gesellschaft schlingt und ihr alle Poren verstopft ..." (Marx 1852: MEW 8/196); so aber auch Engels, wenn er vehement für den Gedanken der Selbstverwaltung eintritt: „Von 1792 bis 1798 besaß jedes französische Departement, jede Gemeinde vollständige Selbstverwaltung nach amerikanischem Muster, und das müssen wir auch haben. Wie die Selbstverwaltung einzurichten ist und wie man ohne Bürokratie fertig werden kann, das bewies uns Amerika und die erste französische Republik ..." (Engels 1891: MEW 22/236). Beiden Beispielen, denen sich eine Fülle weiterer Belege anfügen ließe, eignet eine eigentümliche Theorielosigkeit in dem Sinne, daß sie selbst und auch ihr jeweiliger Kontext nicht auf solche Prinzipien zurückverweisen, die ihre Konstruktion zu tragen imstande wären. Wenn Institutionen überhaupt, wenn ihr politischer Kern im besonderen, wenn schließlich das Politische selbst ins Blickfeld der beiden großen Theoretiker kommen, bleibt immer etwas unausgesprochen. Politische Institution existiert nicht als Kategorie, so wenig wie es bei Marx und Engels einen ausgeführten Begriff des Politischen gibt. Statt dessen werden Institutionen, mannigfach abgewandelt und in verschiedenen Konfigurationen, als Elemente eines Überbaus, einer Superstruktur über der ökonomischen Basis klassifiziert — dieser Überbau jedoch wird seinerseits von einer schier übermächtigen Figur beherrscht, derjenigen des „Staats". Dieser, verstanden als „Staat der mächtigsten, ökonomisch herrschenden Klasse, die vermittelst seiner auch politisch herrschende Klasse wird und so neue Mittel erwirbt zur Niederhaltung und Ausbeutung der unterdrückten Klasse" (Engels 1884, MEW 21/166 f.), ausgestattet mit bestimmten „Organen", die im wesentlichen repressive Funktionen ausüben (Armee, Polizei, Justiz, Verwaltungsapparat), gerinnt zu einem Gebilde, das über keine genuinen Quellen verfügt, sondern sich ausschließlich dem Wirken anderer, von außen kommender Kräfte verdankt: den antagonistischen Klassen und ihren Kämpfen und Konflikten in der Gesellschaft. Die Staatsmacht perfektioniert sich selbst zur „politischen Maschine" (Marx 1871: MEW 17/593). Für das Einbeziehen des Politischen oder gar seines Begriffs, für die Betrachtung oder gar die Begründung der politisch-institutionellen Konfigurationen besteht keinerlei Notwendigkeit — im Gegenteil, solange politische Herrschaft nur ein Synonym für Klassenherrschaft oder Klassendiktatur ist, kann das Politisch-Institutionelle nur als Störfaktor aufgefaßt werden, der am besten eliminiert wird, je eher umso besser: „Sind im Laufe der Entwicklung die Klassenunterschiede verschwunden und ist alle Produktion in den Händen der assoziierten Individuen konzentriert, so verliert die öffentliche Gewalt den politischen Charakter. Die politische Gewalt im eigentlichen Sinn ist die organisierte Gewalt einer Klasse zur Unterdrückung einer anderen" (Marx und Engels 1848: MEW 4/482). Diesen Lauf der Entwicklung zu beschleunigen und, wo es die Umstände zulassen, abzukürzen, ist das Werk der kommenden Umwälzung aller gesellschaftlichen Bereiche: der proletarischen sozialen Revolution. „Die soziale Revolution ist erst die wahre Revolution, in der die politische und philosophische Revolution ausmünden müssen" (MEW 1/550), schreibt der junge Engels im Jahre 1844, diesen Kernpunkt der marxistischen Revolutionstheorie schon

im frühesten Stadium ihrer Ausbildung formulierend, noch bevor sich Akkumulations- und Mehrwerttheorie zu ihrem eigentlichen Fundament zusammenschließen.
Damit scheinen alle Möglichkeiten einer theoretischen Begründung des Politischen und des Institutionellen zunächst verbaut zu sein. Angetreten gegen den Anspruch der Philosophie Hegels, „die bürgerliche Gesellschaft in legitimen Institutionen zu stabilisieren und die Bürger dieser Gesellschaft mit den Widersprüchen dieser Gesellschaft zu versöhnen" (Jonas 1976: 226), entfaltet das Denken der Revolution im Lichte des historischen Materialismus eine solche Sogkraft, daß die politisch-institutionelle Welt nur noch in ausgemergelter Gestalt, nur noch als Schemen in der *Theorie* erscheint. Der Kern des Politikbegriffs verflüchtigt sich — eines Politikbegriffs freilich, der bereits unter der Vorherrschaft bürgerlichen Nationalstaatsdenkens erheblichen Verengungen ausgesetzt war.
Es läge nun nahe, das hier erkennbare theoretische Defizit ausschließlich dem Denksystem anzulasten, dem es entstammt. Daß das eine mit dem anderen sich berührt, kann selbstverständlich nicht in Abrede gestellt werden. Dennoch sollten wir uns damit nicht zufrieden geben, sondern einen Schritt weitergehen und die Behauptung aufstellen, daß dem festgestellten Defizit in der Theorie ein realgeschichtliches gesellschaftliches Substrat zugrundeliegt. Diese Behauptung wiederum beruht auf einer Prämisse von entscheidender Bedeutung: das Politische selbst hat eine Geschichte. Dann aber käme es darauf an, die Geschichte des Politischen als gesellschaftlich bedingten Formenwandel zu begreifen, kurz: Politik als Produktion aufzufassen und dieser Produktion begrifflich einen Kern zu unterstellen. Dieser „Kern des Politikbegriffs" darf nicht als Platonismus mißverstanden werden, etwa in der Weise, als ob es ein Urbild, eine unwandelbare „Idee" des Politischen gäbe, zu deren Erkenntnis es lediglich der Anstrengung des Begriffs bedürfe. Vielmehr besteht der „Kern des Politikbegriffs" darin, Politik als grundsätzlich offenes Handlungsfeld[3] zu denken, das sich aus unterschiedlichen, sowohl divergierenden als auch konvergierenden Interessen und Motiven stets von neuem zusammensetzt; aber das historisch jeweils „produzierte" Ergebnis *in* diesem Handlungsfeld unterliegt erheblichen Wandlungen, bis hin zur Möglichkeit des Verschwindens z. B. im bürgerlichen Staatsdenken einerseits, in der marxistischen Revolutionstheorie andererseits.
Zur Verdeutlichung des hier Gemeinten verweise ich auf die in diesem Kontext neuerdings von Oskar Negt und Alexander Kluge vorgetragenen Überlegungen[4]. Demnach stellt Politik als Produktion ein Theorem dar, das

„... sich auf drei unterschiedliche Zentren (bezieht):
(1) Die Produktion von politischen Motiven, (2) die Produktion der Berührungsflächen und kollektiven Orts- und Zeitgestalten von Politik, also des politischen Zusammenhangs der *Formen*, (3) die Produktion der Produktionsbedingungen, der Werkzeuge, der Sprache, Produktionsweise, d. h. der Umproduktion von Menschen in Richtung dessen, was sie partiell als menschliches Gemeinwesen sind" (Negt und Kluge 1981: 1164. Hervorh. im Orig.).

Ohne diese Überlegungen weiter zu vertiefen, sei an dieser Stelle lediglich festgehalten, daß ich in dem zitierten „politischen Zusammenhang der Formen" (das ist das zweite

Zentrum des Politikbegriffs im Negt/Kluge'schen Verständnis) nichts anderes als eine Umschreibung des Institutionenbegriffs sehe, daß ich also im weiteren Verlauf der hier vorgelegten Skizze politische Institutionen als „Berührungsflächen und kollektive Orts- und Zeitgestalten von Politik" auffasse. Außerdem bedarf diese Begriffsbestimmung noch insofern einer Ergänzung, als die Verfasser eine zweite Ebene ins Spiel bringen; sie schlagen vor, das Politische als besonderen Intensitätsgrad der, wie sie sagen, „Gefühle zu begreifen und weisen damit − unter Berufung auf Carl Schmitt − in eine Richtung, die sie so benennen: der Begriff des Politischen beschreibt „... den äußersten *Intensitätsgrad* einer Verbindung oder Trennung, einer Abstoßung oder Anziehung, einer Assoziation oder Dissoziation (die Worte sind synonym): in jedem Zusammenhang möglich und in jeder Eigenschaft, die erfahrungsfähig ist, aktualisierbar" (1175, Hervorh. im Orig.). Auch diese Dimension[5]) wird im folgenden vorausgesetzt.

Diese erste Annäherung[6] an den Kern des Politikbegriffs erwies sich als notwendig, weil zwei Schlußfolgerungen sich daran anknüpfen: Erstens, solange politisches Handeln immanent nur als Ausfluß staatlich-bürokratischer Organisation zum Zwecke der Klassenherrschaft, ihrer Ausübung und Perfektionierung, verstanden wird, solange ist es müßig, vom Marxismus zu verlangen, einen Politik- und Institutionen*begriff* zu entwickeln. Damit ist jedoch − zweitens − über die generellen Chancen für einen historisch-materialistischen Politik- und Institutionenbegriff noch nichts Hinreichendes ausgesagt. Es könnte ja sein, daß ein solcher Begriff − dessen Umrisse sich m. E. bei Negt/Kluge abzeichnen − gar nicht dort auffindbar ist, wo wir ihn gewohnterweise vermuten, sondern in einer Schicht des Marx-Engels'schen Denkens, die wir vielleicht noch gar nicht kennen. Für diese Annahme spricht das Vorhandensein *anderer* marxistischer Theoreme, die mit unserem ersten Befund vom politiktheoretischen Defizit des Marxismus inkommensurabel sind und so auf Unaufgearbeitetes im „Überbau" zurückverweisen.

Eines dieser Theoreme bezieht sich auf die Perspektive des friedlichen Übergangs zum Sozialismus. Damit ist ein Gedanke angesprochen, der ohne positiven Bezug auf die Institutionen, auf ihre Geschichte und reale Existenz überhaupt nicht tragfähig wäre.[7] Marx etwa ist sich dessen durchaus bewußt, wenn er beispielsweise − ein Jahr nach der blutigen Niederschlagung der Pariser Kommune − in einer öffentlichen Rede erklärt: „Wir wissen, daß man die Institutionen, die Sitten und die Traditionen der verschiedenen Länder berücksichtigen muß, und wir leugnen nicht, daß es Länder gibt, wie Amerika, England, und wenn mir eure Institutionen besser bekannt wären, würde ich vielleicht noch Holland hinzufügen, wo die Arbeiter auf friedlichem Wege zu ihrem Ziel gelangen können" (Marx 1872: MEW 18/160). Ähnlich äußert sich Engels (MEW 22/234) in seiner Kritik des sozialdemokratischen Programmentwurfs von 1891.

Vor allem aber fällt auf, daß an keiner Stelle im Werk von Marx und Engels Institutionen politischer Provenienz ohne ihre jeweilige Verkoppelung mit den gesellschaftlichen Bewußtseinsformen auftauchen. So stellt Marx im „18. Brumaire des Louis Bonaparte" den Wechsel der Regierungsformen und die ihn bedingenden materiellen Determinanten einander in der Analyse gegenüber, aber von mindestens ebenso großem Gewicht ist für ihn das Medium, welches die Vermittlung dieser beiden Seiten des dialektischen Prozesses zuwegebringt: das ist „... ein ganzer Überbau verschiedener und eigentümlich gestalteter Empfindungen, Illusionen, Denkweisen und Lebensanschauungen", die dem „einzelnen Individuum durch Tradition und Erziehung zufließen" (Marx 1852, MEW 8/139). Das heißt, die politisch-institutionellen Konfigurationen bedürfen der *Ideologie*, um wirksam zu werden. Warum das so ist, mit welchen Instrumenten wann und wo hier gearbeitet wird, das freilich — als systematische Frage — wird nicht erklärt.[8]

Die klassischen Aussagen und Theoreme des Marxismus werfen einen langen Schatten. Weit ausgreifend kann der Schatten vieles verdecken. Im Fall der Institutionenproblematik scheint es die Kategorie der Staatsmacht zu sein, die die Rolle eines solchen Schattens übernommen und so den Zugang zum Marxschen Politikbegriff verschüttet hat. Daß es einen oder mehrere Zugänge geben muß, bezeugen die beiden soeben erwähnten Themenbereiche — das Konzept des friedlichen Wegs und eine spezifische Fassung des Begriffs des gesellschaftlichen Bewußtseins — hinreichend, wenn auch nur indirekt. Denn daß beide Bereiche (denen vielleicht sich weitere anfügen ließen) nicht schon von sich aus den Weg zu einem Begriff des Politischen (des Politisch-Institutionellen) bei Marx (und Engels) öffnen, liegt auf der Hand. Aber ihre Existenz zeigt uns, daß es möglich sein kann, über ein vertieftes Verständnis des Überbaubegriffs zur Institutionenbegründung und damit zum Politikbegriff des Marxismus zu kommen. Ist es dafür erforderlich, seine Revolutionstheorie und Basis-Überbau-Lehre in Frage zu stellen? Selbst bei Anlegung strengster Maßstäbe scheint mir dies ein überflüssiger Kraftaufwand zu sein. Hinsichtlich ihres methodologischen Status können beide, Revolutionstheorie und Basis-Überbau-Theorie, im Sinne einer Forschungshypothese in vollem Umfang erhalten bleiben, wenn es darum geht, den Marxismus im Hinblick auf seine (Politik- und) Institutionenbegründung zu befragen. Klar ist nur, daß für diese Befragung neue Wege eingeschlagen werden müssen. Die Befragung selbst sowie ihre möglichen Resultate können dann dazu beitragen, „etwas besser zu verstehen, was die mit dem Namen von Marx verbundene außergewöhnliche Theorie uns anbietet und noch vorbehält" (Althusser 1975: 91).

2. Gesellschaftliche Arbeit und der Raum des Politischen

Die marxistische Theorie der Arbeit verfolgt zwei Ziele. Sie führt, als Theorie, gewissermaßen eine Doppelexistenz. Sie will einmal darlegen, daß und warum das Lohnverhältnis unter kapitalistischen Bedingungen sinnvoll nur als Herrschaftsverhältnis zu analysieren ist. Sie entfaltet zum andern einen allgemeinen Arbeitsbegriff, der jedoch nicht allein als zeitlose Entität fungiert, sondern zugleich formationsspezifische Merkmale auszubilden in der Lage ist. Es lassen sich somit zwei Ebenen der Kategorialanalyse unterscheiden: wird auf der einen Ebene ein historisch spezifizierter Arbeitsbegriff im Rahmen der Kapitalismusanalyse und -kritik entfaltet, so ist auf der anderen Ebene zwar derselbe Arbeitsbegriff Gegenstand der Theorie, aber nunmehr im Rahmen einer „Ontologie des gesellschaftlichen Seins" (Lukács 1973).

Infolge ihrer Einbettung in die übergreifende ökonomische Theorie handelt es sich bei beiden Arbeitsbegriffen um äquivoke Begriffe. Dies zeigt ein Blick auf das jeweilige Aussagensystem: in der Terminologie der Kapitalismusanalyse – der ersten Zielebene – wird produktive Arbeit als mehrwert-produzierende Arbeit bestimmt; dieselbe Analyse verknüpft diese Bestimmung mit den allgemeinen Voraussetzungen der kapitalistischen Produktionsweise, wie sie bekanntlich in ökonomischen Kategorien wie „Ware", „Wert", „Geld", „Markt", „Profit" usw. vorliegen, um so die Gesetzmäßigkeiten der Kapitalakkumulation als eines ökonomischen Ausbeutungsprozesses beschreiben zu können. In der Terminologie der allgemeinen Kategorialanalyse von Arbeit – der zweiten Zielebene – geht es ebenfalls um ökonomische Sachverhalte, so wenn in der umfassenden Untersuchung des Arbeitsprozesses (zu Beginn des 3. Abschnitts im ersten Band des „Kapitals") Arbeit als produktiver Konsumtionsprozeß definiert wird, als „... zweckmäßige Tätigkeit zur Herstellung von Gebrauchswerten, Aneignung des Natürlichen für menschliche Bedürfnisse, allgemeine Bedingung des Stoffwechsels zwischen Mensch und Natur ..." (MEW 23/198).

Wir sehen also, daß auf beiden Ebenen die Theorie als ökonomische Analyse arbeitet. Die Einzelelemente der Theorie (hier: Theorie der Arbeit) sind auf einen gemeinsamen Bezugspunkt ausgerichtet. Aber dieser Bezugspunkt fungiert selbst nicht als ökonomischer Begriff, sondern ist – so die hier vertretene These – als Kern des Politikbegriffs zu rekognoszieren. Innerhalb des kategorialen Systems sind die Theorie-Elemente so angeordnet, daß sie um einen und denselben Mittelpunkt kreisen. Wenn wir diesen Mittelpunkt als *Kern* des Politikbegriffs bezeichnen und nicht schlechthin als Politikbegriff, dann in der Absicht, daran festzuhalten, daß das Politische selbst eine nicht benennbare Größe darstellt, sondern ein grundsätzlich offenes Handlungsfeld.

Die Rede vom Kern des Politikbegriffs ist eine aus dem weiter oben referierten Negt/Kluge'schen Forschungsansatz gebildete Konjektur. Negt/Kluge sprechen, daran sei hier noch einmal erinnert, von „Politik als Produktion". Sie unterscheiden dabei drei Zentren dieser Produktion: ein motivationales, ein formelles, ein anthropologisches Zentrum – um hier stark abkürzende Ausdrücke zu verwenden. Außerdem führen sie einen zweiten Begriff des Politischen ein, den des „politischen Rohstoffs", des „politischen Naturstoffs", der sich in verschiedenen Intensitätsgraden (der Trennung und Verbindung usw., das heißt des Feind-Freund-Verhältnisses) äußert.

In der folgenden Skizze sei nun der Versuch unternommen, die beiden äquivoken Arbeitsbegriffe des Marxismus, den historischen und den ontologischen Arbeitsbegriff, mit dem Kern des Politikbegriffs in Beziehung zu setzen, d.h. sowohl mit den Zentren als auch mit dem Intensitätsgrad des Politischen. Davon ausgehend, daß das Institutionelle untrennbar vermischt ist mit dem Politischen, dürfte dieses Verfahren dann hinreichend Aufschluß darüber geben, ob und in welcher Weise der Marxismus eine institutionentheoretische Fragestellung zu entwickeln in der Lage ist. Um die Übersicht zu erleichtern, seien diejenigen Schritte vorab genannt, die wir der Reihe nach dabei tun wollen. Wir beginnen (a) mit der Erörterung des „Politik- und Institutionenbegriffs im Hinblick auf Lohnarbeit im Kapitalismus", streifen danach sehr kurz (b) die „Widerstandspotentiale als Rohstoffpotentiale von Politik und Institutionen", um sodann (c) auf den „Politik- und Institutionenbegriff im Hinblick auf Marx' Begriff allgemeiner Arbeit" näher einzugehen.

(a) Der Politik- und Institutionenbegriff im Hinblick auf Lohnarbeit im Kapitalismus

Dort, wo die Theorie der Arbeit das kapitalistische Lohnverhältnis als Herrschaftsverhältnis begreift, muß sie zugleich konstatieren, daß dieses Herrschaftsverhältnis sich dauerhaft nur unter der Bedingung des permanenten Klassenkampfs von oben stabilisieren kann. Ausbeutung figuriert hier als sozialgeschichtlicher Prozeß, der von den herrschenden Klassen zunächst in der Produktion, d. h. *im* Fabriksystem *selbst*, aktiv durchgesetzt wird. „Klassen sind aber offensichtlich etwas anderes als eine bloße Summierung von Individuen ... *Klassen sind Funktionen des gesamten Produktionsprozesses*. Sie sind nicht dessen Subjekt, sondern sind im Gegenteil durch dessen Form determiniert" (Althusser und Balibar 1972: 360. Hervorh. im Orig.). Da die hier vorliegende „Einwirkung einer Struktur auf ihre Elemente" (34) empirisch als geschichtliche Ausbreitung des kapitalistischen Industrie- und Produktionssystems zunächst im nationalen, später im Weltmaßstab in Erscheinung tritt, wird so eine historisch bestimmte Spezifikation der Produktion von Politik einschließlich ihrer institutionellen Ausformungen faßbar: eine Spezifikation der „Produktion von politischen Motiven" einerseits, man denke nur an die protestantische Ethik und ihre Betonung innerweltlicher Askese (um nur ein Beispiel zu nennen) – eine Spezifikation der „Produktion der Produktionsbedingungen" andererseits, das heißt „der Umproduktion von Menschen in Richtung dessen, was sie partiell als menschliches Gemeinwesen sind", hier wäre beispielsweise an Volksgemeinschaftsideologien und ähnliche Deformationen dieses Politikzentrums zu erinnern. Hingegen das von Negt/Kluge an zweiter Stelle genannte Zentrum der Produktion von Politik – die „Berührungsflächen und kollektiven Orts- und Zeitgestalten von Politik, also der politische Zusammenhang der Formen" – wandert gewissermaßen von innen nach außen, indem Politikproduktion im Verlauf der bekannten Trennungsprozesse von Gesellschaft und Staat sich unter die Obhut des letzteren begibt und dort die ebenso bekannten Institutionen von zentraler Verwaltung und Regierung ausbildet.
In letzter Instanz liegt mithin – auf dieser ersten Ebene eines historisch spezifizierten Arbeitsbegriffs – ein vielfältiger Zerstörungsprozeß des Politischen am Ort seines Ursprungs vor. Hinsichtlich seiner wissenschaftlichen Untersuchung haben wir es dabei vorrangig mit dem deskriptiven Aspekt einer Theorie politischer Institutionen im Marxismus zu tun; die politisch-institutionellen Konfigurationen verflüchtigen sich in und durch den Prozeß der gesellschaftlichen Reproduktion unter kapitalistischem Vorzeichen jedoch in solch gigantischem Ausmaß, daß die Eule der Minerva ihren Flug nicht wird zu Ende bringen können – sie stürzt schon vorher ab.[9]

(b) Widerstandspotentiale als Rohstoffpotentiale von Politik und Institutionen

Nun zeigt die Geschichte der Arbeit ebenso deutlich, daß die Gegenbewegung der Arbeiterklassen nicht ausbleibt. Anfangs nur sporadisch, später immer weiter um sich greifend nimmt der Widerstand der Gegenmacht bewußte und organisierte Formen an: Tarifkonflikte, Kämpfe um Verbesserung der Arbeitsbedingungen, Streiks usw. – bis hin zur Zusammenfassung der Kräfte in Gewerkschaft und politischer Partei.

Dies ist das Terrain des als „Intensitätsgrad der Gefühle" bezeichneten Politikbegriffs, wonach das Politische mit dem „äußersten Intensitätsgrad einer Verbindung oder Trennung, einer Abstoßung oder Anziehung, einer Assoziation oder Dissoziation" identisch gesetzt wird, sofern es sich um „erfahrungsfähige Eigenschaften" handelt. Von zentraler Bedeutung für die Analyse scheint mir dabei zu sein, daß die jeweilige empirische Verbindung (oder Anziehung oder Assoziation) nicht als aparter Teilvorgang, sondern als ein die Trennung (oder Abstoßung oder Dissoziation) selbst setzender, die Trennung mit umfassender Prozeß zu begreifen ist. In dem Grad und Ausmaß, in dem die Verbindung einer sozialen Klasse wie z. B. der Klasse der lohnabhängigen Arbeiter zustandekommt, in demselben Grad und Maß vollzieht sich auch zugleich die Trennung vom Klassengegner – und vice versa.[10] Beides, Trennung wie Verbindung, sind nur Momente einer übergreifenden Struktur, derjenigen der Produktionsweise, d. h. der mit dem Verhältnis von Produktivkräften und Produktionsverhältnissen gegebenen Struktur.[11] Was diese Struktur in Bewegung hält, ist die Dialektik von Verbindung und Trennung in dem jeweils erreichten „äußersten Intensitätsgrad". Daß hier ein dialektisches Widerspruchsverhältnis vorliegt, geht u. a. aus einem Brief von Marx hervor, worin als das Maß des politischen Handelns *beider* Seiten im Klassenkampf – bis hin zur gesellschaftlichen Umwälzung als „unvermeidlicher Evolution" – die Fähigkeit genannt wird, mit dem Handeln des Gegners *autonom* Schritt zu halten – das heißt, mit den „Rohstoffpotentialen von Politik" (Negt und Kluge 1981: 1178) *autonom* umgehen zu können:

„... Wenn Sie sagen, daß Sie die Ansichten meiner Partei betreffs England nicht teilen, so kann ich nur erwidern, daß diese Partei eine englische Revolution nicht für notwendig hält, aber – nach den historischen Präzedenzfällen – für möglich. Wenn die unvermeidliche Evolution sich in eine Revolution verwandelt, würde es nicht nur die Schuld der herrschenden Klassen, sondern auch der Arbeiterklasse sein. Jedes friedliche Zugeständnis der herrschenden Klassen ist diesen durch ‚Druck von außen' abgerungen worden. Ihr Handeln hielt Schritt mit dem Druck, und wenn letzterer mehr und mehr nachließ, so nur, weil die englische Arbeiterklasse *nicht weiß*, wie sie ihre *Macht* ausüben und ihre *Freiheiten* benutzen soll, die sie beide legal besitzt." (Marx an Hyndman, 8. Dezember 1880, MEW 34/482. Hervor. von mir, PBL).

(c) Politik und Institutionen im Hinblick auf Marx' Begriff allgemeiner Arbeit

Das von Marx an dieser Stelle apostrophierte „Nichtwissen" der lohnabhängigen Klasse um die geschichtlichen *politischen* Möglichkeiten ihrer eigenen Macht kann in „Wissen" übergehen, muß es freilich nicht. Sofern man diesen Übergang vom Nichtwissen in Wissen theoretisch ins Auge faßt, ist er begrifflich gleichzusetzen mit dem praktischen Vollzug der „unvermeidlichen Evolution". Damit sind wir bei der anderen der beiden Dimensionen angelangt, die für die Entfaltung der marxistischen Theorie der Arbeit konstitutiv sind. Hier hat, wie wir sahen, der allgemeine Begriff der Arbeit – Arbeit als „Aneignung des Natürlichen für menschliche Bedürfnisse" – seinen systematischen Ort. Hinsichtlich der Politik- und Institutionenproblematik rückt jedoch hier der deskriptive Aspekt einer Theorie politischer Institutio-

nen in den Hintergrund, um einem normativen Begründungsversuch den Vortritt zu lassen. Wie können wir diesen Versuch charakterisieren?
Es ist davon auszugehen, daß der Denkfigur: „Aneignung des Natürlichen für menschliche Bedürfnisse" eine Modellvorstellung von Arbeit zugrundeliegt. Nach Marx sind es zwei Merkmale, die dieses Modell auszeichnen: im Zusammenwirken der subjektiven Arbeitsbedingung (Arbeitskraft) mit den objektiven Arbeitsbedingungen (Arbeitsmittel und Arbeitsgegenstand) wird, *erstens*, das Eigentum hergestellt, und zwar „über den wirklichen Aneignungsakt als die soziale Fundamentalrelation des arbeitenden Subjekts zu den Gegenständen und Mitteln seiner Arbeit" (Ruben 1978: 25). Den Arbeitsmitteln oder Instrumenten (oder Werkzeugen — einschließlich ihrer hochtechnisierten Gestalten) kommt in diesem Zusammenhang eine wesentliche Bedeutung zu: als „verlängerter menschlicher Arm" sind sie „die materialisierte *Wissenschaft der Gattung*" (26, Hervorh. von mir, PBL) — unter den Bedingungen der Herrschaft des Privateigentums kommt diese Wissenskraft jedoch nur deformiert zur Geltung, „weil die Produzenten auf Grund ihrer Enteignung (Entfremdung) nicht zum sozialen Urteil über den Wert ihrer Produkte zugelassen sind" und sich so „der Arbeitsakt auf die Betätigung fremder Instrumente (reduziert) und die Wertung auf die Kalkulation der Kosten und des Profits, den die Nichtarbeiter erzielen" (26). Das Phänomen des „entkenntnißten Arbeiters" (so Marx im 2. Entwurf des „Kapitals": MEGA II, 3.6/ 2062) verbreitet sich massenhaft in der Gesellschaft: „Die gesellschaftlichen Formen ihrer eignen Arbeit ... sind von den einzelnen Arbeitern ganz unabhängig gebildete Verhältnisse; die Arbeiter als unter das Capital subsumirt werden Elemente dieser gesellschaftlichen Bildungen, aber diese gesellschaftlichen Bildungen gehören nicht ihnen" (MEGA II 3.6./2161 f.).
Entfällt die im Modell vorausgesetzte Entfremdung (Enteignung), fallen also Eigentum und Arbeit nicht mehr auseinander, dann kann die „Aneignung des Natürlichen für menschliche Bedürfnisse" unter Bedingungen stattfinden, die der Wissenskraft der *Gattung* in vollem Umfang (und nicht mehr nur reduktionistisch) entsprechen; denn sie, die Gattung, ist das Subjekt der Arbeit (und nicht das atomisierte Individuum als Teil der kapitalistischen Produktionsweise). Womit wir das *zweite* Merkmal des Marxschen Modells der Arbeit angesprochen haben: das Subjekt der Arbeit „ist stets gesellschaftlicher Natur" (Ruben 1978: 27). Unter dem Signum der Nicht-Entfremdung entfällt die Notwendigkeit, das Gemeinwesen in ein abstraktes Ideal — den Staat — zu verwandeln; statt dessen wird Arbeit zur Lebensäußerung des Gemeinwesens selbst (vgl. Ruben und Warnke 1979), da ja „die materialisierte Wissenskraft" der menschlichen Gattung lediglich als Mittel zu ihrer eigenen Selbsterzeugung dient.
Genau dies ist nun der Punkt, an dem die normative Begründung von Institutionen Fuß fassen kann (im Modell) — und darüberhinaus von Politik überhaupt, nämlich von Politik als Produktion. Die oben referierte Negt/Kluge'sche Trias *dieser* Produktion findet hier, wenn überhaupt, ihr Betätigungsfeld. Das betrifft nicht nur die Produktion von politischen Motiven und nicht nur die „Umproduktion von Menschen in Richtung dessen, was sie partiell als menschliches Gemeinwesen sind", sondern vor allem die Produktion „der Berührungsflächen und kollektiven Orts- und Zeitgestalten von Politik" — also der politischen Institutionen. Diese lassen sich nunmehr in der

Kategorialanalyse als bewegende *Form* begreifen, die dem bewegten *Stoff* (der menschlichen Gattung, dem Gemeinwesen) zum Leben verhilft — und zwar dort, wo letzteres sich entäußert, in der Arbeit des gesellschaftlichen Gesamtarbeiters.[12] *Indem der gesellschaftliche Gesamtarbeiter dazu gelangt, die subjektiven und die objektiven Produktionsbedingungen wirklich zu verbinden, konstituiert sich zugleich der Raum des Politischen.*

Das hier angedeutete Modell der Arbeit sowie die darin enthaltenen politik- und institutionentheoretischen Implikationen lassen sich ohne weiteres utopisch mißverstehen. Damit soll nicht gesagt sein, daß die Theoreme von Marx und Engels frei von utopischen Bildern seien, ganz im Gegenteil. Andererseits aber existieren doch Verbindungsglieder zwischen der normativen Begründung von Ökonomie und Politik einerseits, der Analyse der kapitalistischen Produktionsverhältnisse andererseits. Diese Verbindungsglieder finden sich m. E. überall dort, wo Marx die „materialisierte Wissenskraft der Gattung" perspektivisch, d. h. im Hinblick auf die in ihr vorhandene Potentialität, thematisiert. Er tut dies, indem er die Entwicklung der Produktivkräfte des Gesamtarbeiters unter die Lupe nimmt und die damit einhergehende Anwendung der Naturkräfte und der Maschinerie auf die unmittelbare Produktion. Indem Marx den Zusammenhang von Technik, Wissenschaft und Kapital vom Standpunkt des *Arbeitsprozesses* untersucht — ein Unternehmen, dem das erstmals in der neuen Marx-Engels-Gesamtausgabe (MEGA) in seinem Gesamtzusammenhang veröffentlichte ökonomische Manuskript[13] der Jahre 1861—1863 gewidmet ist — öffnet sich die theoretische Reflexion der grundsätzlichen Frage, wie das Verhältnis zwischen dem Politischen und dem Ökonomischen begrifflich zu fassen sei, wenn Arbeit als Selbsterzeugungsprozeß der Gattung bestimmt wird? Liegt dann nicht in der spezifischen „Neu- und Rekombination der objektiven und subjektiven Produktionsbedingungen" (Ruben 1984: 985) auch der Schlüssel einer Begründung politischer Institutionen, die sich nicht mehr in der Welt bürgerlicher Abstraktionen verlieren?

3. Der geschichtliche Horizont einer marxistischen Politik- und Institutionentheorie

Jeder theoretische Begriff hat seine eigene Geschichte. Das im vorhergehenden Abschnitt skizzierte Tableau einer institutionentheoretischen Fragestellung des Marxismus wird man davon nicht ausnehmen dürfen. Mehr noch — dieses Tableau ließe sich nur dann konkret ausfüllen, wenn es gelänge, jene ideengeschichtlichen Quellen zu untersuchen, aus denen es sich speist. Damit meine ich nicht nur jenen theoretischen Komplex, der unmittelbar auf den dialektisch-historischen Materialismus hinführt und der im wesentlichen die Hegelsche Philosophie, die englische politische Ökonomie und den französischen Frühsozialismus umfaßt. Wichtiger noch erscheint mir der Umstand, daß der hier als Kern des Politik- (und Institutionen-)Begriffs umschriebene Sachverhalt keineswegs das Produkt einer bestimmten Denkweise ist (z. B. des wissenschaftlichen Sozialismus samt seinen Vorläufern), sondern überall dort eine zentrale Rolle spielt, wo man über Politik im allgemeinen und politisch-institutionelle Konfigurationen im besonderen nachgedacht hat. Friedrich Tomberg hat in seiner Studie

„Polis und Nationalstaat" (1973) in concreto dargetan, daß und warum ideengeschichtliche Forschungsarbeit nötig ist, um die Potenzen überhaupt zu ermessen, von denen der Marxismus und wir selbst zehren, wenn es darum geht, den Raum des Politischen zu denken und zu begreifen. „Denn die Philosophie, wie sie sich in ihrer Geschichte darstellt, ist ganz wesentlich nicht nur abstrakte Theorie über die Wirklichkeit und die sich in ihr vollziehende menschliche Praxis, sondern sie ist *selbst* der Versuch einer *Praxis*, sie ist der Versuch, menschlich ungebrochene und uneingeschränkte Praxis durch Reduktion auf Theorie in Abhebung von der gesellschaftlichen Realität zu vollziehen" (Tomberg 1976: 77). So käme es also darauf an, diejenigen Theorie-Elemente aus den großen kompakten Gedankenbewegungen der Vergangenheit herauszusprengen, die selber auf jene praktische Motivation zurückverweisen, von der soeben die Rede war. Wenn die aristotelische Politikphilosophie paradigmatisch die Reduktion von der Polis-Existenz auf die bloß geistige Existenz abbildet, dann erschließt sich von Spinozas Konzept der gesellschaftlichen Integration her der umgekehrte Weg: vom bios theoretikós zur politischen Existenz. Mit Aristoteles (vgl. Bien 1973; Tomberg 1973) und Spinoza (vgl. Walther 1981, 1985; Giancotti u. a. 1985) sind exemplarisch zwei Philosophen genannt, deren Werk in besonderer Weise geeignet erscheint für die Dimensionierung der Frage nach dem Politik- und Institutionenbegriff. Ohne Einbeziehung dieser und anderer Quellen würde sich über kurz oder lang jedes Räsonnement darüber, welches die Bedingungen der Möglichkeit einer Theorie politischer Institutionen im *Marxismus* seien, als Fehlschlag erweisen; die fällige theoriengeschichtliche Forschungsarbeit ist selber eine dieser Bedingungen.

Anmerkungen

1 So die Verlagsankündigung einer deutschen Neuausgabe der Schriften von Louis Althusser, die 1985 beim Argument-Verlag, Berlin, begonnen hat (vgl. Das Argument 153/1985: 639).
2 Wertvolle Anregungen für alle drei Teile verdankt der Vf. der seit mehreren Jahren andauernden kollegialen Diskussion mit Manfred Lauermann und Thomas Heerich, beide Universität Hannover.
3 Daß hier ein Bezug zum aristotelischen Handlungsbegriff (praxis im Unterschied zu poiesis) vorliegt, kann an dieser Stelle nur festgestellt, nicht weiter begründet werden. Die berühmte Formel lautet: „Das Leben ist ein Handeln, kein Hervorbringen" (Aristoteles, Pol. 1245a 8). Vgl. Aristoteles, NE 1094a 1–1094b 10.
4 Die u. d. T. „Geschichte und Eigensinn" vorgelegten Untersuchungen von Negt/Kluge zielen darauf ab, die Ökonomie des Kapitals durch die der Arbeitskraft – nicht zu ergänzen, sondern zu beleuchten. Daher stehen die hier herangezogenen politiktheoretischen Reflexionen nicht im Hauptteil von „Geschichte und Eigensinn", sondern im Anhang („Kommentare"). Das tut indessen ihrem innovativen Charakter keinen Abbruch.
5 Eine unpolemische und insoweit problemadäquate Erörterung des Carl Schmitt'schen Politikbegriffs aus marxistischer Sicht gibt erstmalig Neusüss (1984).
6 Zur Fortführung dieses Ansatzes vgl. Negt 1984: 144 ff.
7 Im Rahmen einer Ideengeschichte des Marxismus wäre an dieser Stelle auf Gramsci zu verweisen, der seinen Staatsbegriff im Kontext mit der Konzeption des friedlichen Wegs zum Sozialismus entwickelt. Vgl. Merle 1985: 554.
8 Einen ausgezeichneten Überblick über Ursprünge und Anwendungen des Marxschen Ideologiebegriffs unter dem Gesichtspunkt des „hochgradig offenen Charakters der Theorie" (522) gibt Labica (1985: 508–523).

9 Daher setzt eine andere theoretische Untersuchung ein – die der abstrakten Staatsmacht, der „politischen Maschine".
10 „Man muß ja ins Auge fassen, daß es zu den Gesetzen des Kapitals gehört, daß es sich als ein *eigenes* Prinzip durch die Summe von Krisen und Brüchen hindurch gar nicht realisiert. Seine Mechanismen schließen aus, daß es durch bloße Praxis auf seinen Begriff kommt. Dann wird auch alle Gegenwirkung am Mangel dieses Gegners leiden" (Negt und Kluge 1981: 736).
11 Für die Entfaltung des Strukturbegriffs vgl. den von Etienne Balibar verfaßten Teil von „Das Kapital lesen" (Althusser und Balibar 1972: 268–414).
12 Die Anknüpfung an Formbegriff und Stoffbegriff des Aristoteles erfolgt an dieser Stelle bewußt. Es ist hier nicht der Ort, die hier und an anderen Stellen der „Metaphysik" obwaltenden widerstreitenden Tendenzen zwischen materialitischem Ansatz und objektiv-idealistischer Fassung zu diskutieren. Vgl. dazu jetzt Seidel 1984: 37 ff.
13 Enthalten in den sechs Einzelbänden des MEGA-Bandes II/3. Einen informativen Überblick über diesen zweiten Rohentwurf des „Kapitals" (nach den „Grundrissen") geben Otto und Bischoff (1984). Interessante Einzelaspekte werden in dem vom Institut für Marxismus-Leninismus, Berlin/DDR und der Martin-Luther-Universität Halle 1983 gemeinsam herausgegebenen Sammelband erörtert.

Literatur

Althusser, L./Balibar, E., 1972: Das Kapital lesen I/II. Reinbek b. Hamburg.
Althusser, L., 1975: Elemente der Selbstkritik. Berlin/West.
Aristoteles (NE): Die Nikomachische Ethik. Hrsg. Gigon. München 1972.
Aristoteles (Pol.): Politik. Hrsg. Rolfes, Bien. Hamburg 1981.
Bien, G., 1973: Die Grundlegung der politischen Philosophie bei Aristoteles. Freiburg/München.
Engels, F., 1844: Die Lage Englands. In: MEW Bd. 1, 550 ff. 7. Aufl. Berlin 1970.
Engels, F., 1884: Der Ursprung der Familie, des Privateigentums und des Staats. In: MEW Bd. 21, 25 ff. 4. Aufl. Berlin 1973.
Engels, F., 1891: Zur Kritik des sozialdemokratischen Programmentwurfs. In: MEW Bd. 22, 225 ff. Berlin 1963
Giancotti, E./Matheron, A./Walther, M. (Hrsg.), 1985: Studia Spinozana, Vol. 1: Spinoza's Philosophy of Society.
Institut für Marxismus-Leninismus (IML) beim ZK der SED/Martin-Luther-Universität Halle-Wittenberg (Hrsg.), 1983: Der zweite Entwurf des „Kapitals". Analysen, Aspekte, Argumente. Berlin/DDR.
Jonas, F., 1976: Geschichte der Soziologie 1. Reinbek b. Hamburg.
Labica, G., 1985: Ideologie. In: Labica, G./Bensussan, G. (Hrsg.): Kritisches Wörterbuch des Marxismus, Bd. 3. Berlin/West. 508–523.
Lukács, G., 1973: Zur Ontologie des gesellschaftlichen Seins. Die Arbeit. Neuwied/Darmstadt.
Marx, K., 1852: Der 18. Brumaire des Louis Bonaparte. In: MEW Bd. 8, 111 ff. 7. Aufl. Berlin 1982.
Marx, K., 1861–63: Zur Kritik der politischen Ökonomie (Manuskript 1861–1863). In: Karl Marx/Friedrich Engels, Gesamtausgabe (MEGA), Bd. II/3, Berlin 1976–1982.
Marx, K., 1867: Das Kapital. Kritik der politischen Ökonomie. In: MEW Bd. 23. 4 Aufl. Berlin 1969.
Marx, K., 1871: Zweiter Entwurf zum „Bürgerkrieg in Frankreich" In: MEW Bd. 17, 572 ff. 4. Aufl. Berlin 1971.
Marx, K., 1872: Rede über den Haager Kongreß. In: MEW Bd. 18, 159 ff. 4 Aufl. Berlin 1971.
Marx, K., 1880: Brief an H. M. Hyndman vom 8. Dezember 1880. In: MEW Bd. 34, 482 f. 3. Aufl. Berlin 1977.
Marx, K./Engels, F., 1848: Manifest der Kommunistischen Partei. In: MEW Bd. 4, 459 ff. 4. Aufl. Berlin 1968.
Merle, Ph., 1985: Institution. In: Labica, G./Bensussan, G. (Hrsg.): Kritisches Wörterbuch des Marxismus, Bd. 3. Berlin/West. 553–555.
Negt, O., 1984: Lebendige Arbeit, enteignete Zeit. Politische und kulturelle Dimensionen des Kampfes um die Arbeitszeit. Frankfurt/New York.

Negt, O./Kluge, A., 1981: Geschichte und Eigensinn. Frankfurt.
Neusüss, A., 1984: Politik und Gewalt. Skizze zum Begriff des Politischen mit besonderer Berücksichtigung Carl Schmitts. Konsequent Sonderband 6: Streibarer Materialismus. 11–28.
Otto, A./Bischoff, J., 1984: Grundsätze der Politischen Ökonomie. Der zweite Entwurf des „Kapitals" (MEGA). Hamburg.
Ruben, P., 1978: Wissenschaft als allgemeine Arbeit. In ds.: Dialektik und Arbeit der Philosophie. Köln. 9–51.
Ruben, P., 1984: Über die Produktivkräfte und ihre Entwicklung. Deutsche Zeitschrift für Philosophie 32. 981–990. Berlin/DDR.
Ruben, P./Warnke, C., 1979: Arbeit – Telosrealisation oder Selbsterzeugung der menschlichen Gattung? Bemerkungen zu G. Lukács' Konzept der „Ontologie des gesellschaftlichen Seins". Deutsche Zeitschrift für Philosophie 27. 20–30. Berlin/DDR. – Nachdruck in ds.: Philosophische Schriften I. Aarhus, Paris, Florenz 1981. 7–17.
Seidel, H., 1984: Aristoteles und der Ausgang der antiken Philosophie. Vorlesungen zur Geschichte der Philosophie. Berlin/DDR.
Tomberg, F., 1973: Polis und Nationalstaat. Eine vergleichende Überbauanalyse im Anschluß an Aristoteles. Darmstadt, Neuwied.
Tomberg, F., 1976: Der dialektisch-historische Materialismus in philosophiegeschichtlicher Begründung. In: Materialismus – Wissenschaft und Weltanschauung im Fortschritt. Köln. 55–81.
Walther, M., 1981: Spinoza als Kritiker der Neuzeit? Bestimmungen der Aktualität Spinozas in der neueren Literatur. Philosophische Rundschau. 274–300.
Walther, M., 1985: Politische Theorie als „Statistik der Freiheit". Spinozas Theorie der politischen Institutionen. MS.

Zusammenfassende Literaturhinweise

Die Autoren wurden gebeten, aus ihren Beiträgen die wichtigste Literatur zu benennen und ggf. um weitere Titel zu ergänzen. Aus diesen Angaben hat der Herausgeber eine Auswahl getroffen, so daß jeder der fünf Abschnitte mit etwa 20–30 Titeln vertreten ist. Eine Aufgliederung nach Abschnitten erwies sich angesichts vielfacher Überschneidungen als unzweckmäßig; stattdessen ist für jeden Titel am Ende angegeben, auf welchen oder welche der Abschnitte er sich bezieht (→ Nummer im Inhaltsverzeichnis). Bei mehreren Auflagen oder Ausgaben ist die letzte veränderte Auflage oder Ausgabe aufgeführt und auf das erstmalige Erscheinungsjahr in Klammern hingewiesen.

Abendroth, W., 1967: Antagonistische Gesellschaft und politische Demokratie. Aufsätze zur politischen Soziologie, Neuwied, Berlin. → 1, 5
Adorno, Th. W., 1972: Soziologische Schriften I (= Gesammelte Schriften, Bd. 8). Frankfurt → 5
Althusser, L., 1977: Ideologie und ideologische Staatsapparate. Hamburg, Berlin. → 5

Bärsch, C.-E., 1974: Der Staatsbegriff in der neueren deutschen Staatslehre. Berlin. → 3
Bendix, R., 1964: Nation-Building and Citizenship. Studies of our Changing Social Order. New York. → 1
Berger, P. L./Luckmann, Th., 1969: Die gesellschaftliche Konstruktion der Wirklichkeit. Eine Theorie der Wissenssoziologie. Frankfurt (am. 1966). → 2
Bermbach, U., 1983: Defizite marxistischer Politiktheorie. Polit. Vierteljahresschrift 24. 15–30. → 1, 5
v. Beyme, K., 1985: Policy Analysis und traditionelle Politikwissenschaft. In: Hartwich, H.-H. (Hrsg.): Policy-Forschung in der Bundesrepublik Deutschland. Opladen. 7–29. → 1
v. Beyme, K., 1986: Die politischen Theorien der Gegenwart. II. 2: Der institutionelle Ansatz. München 6. Aufl. (1. Aufl. 1972). → 1
Böhret, C., 1985: Zum Stand und zur Orientierung der Politikwissenschaft in der Bundesrepublik Deutschland. In: Hartwich, H.-H. (Hrsg.): Policy-Forschung in der Bundesrepublik Deutschland. Opladen. 216–230. → 1
Bonß, W./Honneth, A. (Hrsg.), 1982: Sozialforschung als Kritik. Zum sozialwissenschaftlichen Potential der Kritischen Theorie. Frankfurt. → 5
Bracher, K.-D., 1985: Politische Institutionen in Krisenzeiten. In: Vierteljahreshefte für Zeitgesch. 33. 1–27. → 1
Buchheim, H., 1981: Theorie der Politik. München, Wien. → 1

Dubiel, H., 1973: Identität und Institution. Düsseldorf. → 2
Dubischar, R., 1983: Einführung in die Rechtstheorie. Darmstadt. → 3
Dyson, K. H. F., 1980: The State Tradition in Western Europe. A Study of an Idea and an Institution. Oxford. → 1

Ebbighausen, R., 1981: Politische Soziologie. Zur Geschichte und Ortsbestimmung. Opladen. → 1
Engels, F., 1884: Der Ursprung der Familie, des Privateigentums und des Staates. In: MEW Bd. 21, 25–173. → 5

Fikentscher, W., 1975–1977: Methoden des Rechts in vergleichender Darstellung. 5 Bde. Tübingen. → 3
Forsthoff, E., 1973: Lehrbuch des Verwaltungsrechts. Bd. 1: Allgemeiner Teil. München 10. Aufl. (1. Aufl. 1950). → 3

Gehlen, A., 1971: Über die Geburt der Freiheit aus der Entfremdung. In ds.: Studien zur Anthropologie und Soziologie. Neuwied, Berlin 2. Aufl. 232–246 (1. Aufl. 1963). → 2

Gehlen, A., 1977: Urmensch und Spätkultur. Philosophische Ergebnisse und Aussagen. Frankfurt/Wiesbaden 4. Aufl. (1. Aufl. 1956). → 2

Gehlen, A., 1978: Der Mensch. Seine Natur und seine Stellung in der Welt. 12. Aufl. Wiesbaden (1. Aufl. 1940). → 2

Gessner, V./Winter, G. (Hrsg.), 1982: Rechtsformen der Verflechtung von Staat und Wirtschaft. Jb. f. Rechtssoziologie und Rechtstheorie, Bd. 8. Opladen. → 3

Giddens, A., 1984: The Constitution of Society. Outline of the Theory of Structuration. Oxford (dt. Übersetzung: 1986). → 2, 4

Greven, M. Th., 1983: Gesellschaftliche Probleme als Anstoß und Folge von Politik – institutionelle Aspekte. In: Hartwich, H.-H. (Hrsg.): Gesellschaftliche Probleme als Anstoß und Folge von Politik. Opladen. 510–525. → 1

Habermas, J., 1981: Theorie des kommunikativen Handelns. 2 Bde. Frankfurt. → 2, 3, 4, 5

Habermas, J., 1985: Die Neue Unübersichtlichkeit. Frankfurt. → 2, 5

Hättich, M., 1969: Lehrbuch der Politikwissenschaft. Bd. 2: Theorie der politischen Ordnung. Mainz. → 1

Hauriou, M., 1965: Die Theorie der Institution und zwei andere Aufsätze. Berlin (frz. 1925). → 2, 3

Helle, H. H. (Hrsg.), 1982: Kultur und Institution. Berlin. → 1, 2

Heller, H., 1934: Staatslehre. Hrsg. Niemeyer. Leiden (auch in ds.: Gesammelte Schriften, Bd. 3. Leiden 1971). → 1, 3

Hennis, W., 1965: Aufgaben einer modernen Regierungslehre. In ds.: Politik als praktische Wissenschaft. München 1968. 81–104. → 1

Honneth, A., 1985: Kritik der Macht. Reflexionsstufen einer kritischen Gesellschaftstheorie. Frankfurt. → 5

Horkheimer, M. (Hrsg.), 1936: Studien über Autorität und Familie. Forschungsberichte aus dem Institut für Sozialforschung. Paris. → 5

Horkheimer, M., 1967: Zur Kritik der instrumentellen Vernunft. Frankfurt (zuerst am. 1947). → 5

Horkheimer, M., 1972: Invarianz und Dynamik in der Lehre von der Gesellschaft. In ds.: Gesellschaft im Übergang. Frankfurt. 73–81. → 5

Horkheimer, M./Adorno, Th. W., 1947: Dialektik der Aufklärung. Philosophische Fragmente. Amsterdam. (mit Nachwort von J. Habermas: Frankfurt 1986). → 5

Jonas, F., 1966: Die Institutionenlehre Arnold Gehlens. Tübingen. → 2

Käsler, D., 1973: Wege in die soziologische Theorie. In: Bahrdt, H. P.: Wege zur Soziologie. München 7. Aufl. → 2, 4

Kliemt, H., 1985: Moralische Institutionen. Empiristische Theorien ihrer Evolution. Freiburg, München. → 2

Lau, E. E., 1978: Interaktion und Institution. Zur Theorie der Institution und der Institutionalisierung aus der Perspektive einer verstehend-interaktionistischen Soziologie. Berlin. → 2

Lenk, K., 1986: Marx in der Wissenssoziologie. Studien zur Rezeption der Marxschen Ideologiekritik. Neudruck Lüneburg (zuerst 1972). → 5

Lepsius, M. R., 1977: Modernisierungspolitik als Institutionenbildung. In: Zapf, W. (Hrsg.): Modernisierungspolitik. Meisenheim. 17–28. → 1

Lipp, W., 1968: Institution und Veranstaltung. Zur Anthropologie der sozialen Dynamik. Berlin. → 2

Luhmann, N., 1974: Grundrechte als Institution. Berlin (1. Aufl. 1965). → 2, 3, 4

Luhmann, N., 1973: Politische Verfassungen im Kontext des Gesellschaftssystems. Der Staat 12. 1–22, 165–182. → 3, 4

Luhmann, N., 1981: Ausdifferenzierung des Rechts. Beiträge zur Rechtssoziologie und Rechtstheorie. Frankfurt. → 3, 4
Luhmann, N., 1983: Rechtssoziologie. Opladen 2. Aufl. (1. Aufl. 1972). → 3, 4
Luhmann, N., 1984: Soziale Systeme. Grundriß einer allgemeinen Theorie. Frankfurt. → 2, 4
March, J. G./Olson, J. P., 1984: The New Institutionalism: Organizational Factors in Political Life. American Political Science Review 78. 734—749. → 1
Markl, K.-P., 1976: The Identification of Polities. Oxford. → 1
Marx, K., 1859: Zur Kritik der politischen Ökonomie, Vorwort. In: MEW Bd. 13, 7—11. → 5
Marx, K., 1871: Der Bürgerkrieg in Frankreich. In: MEW Bd. 17, 313—362. → 5
Marx, K., 1890: Das Kapital. Kritik der politischen Ökonomie, Bd. 1. 4. Aufl. hrsg. v. Fr. Engels (1. Aufl. 1867). MEW Bd. 23. → 5
Maus, I., 1986: Rechtstheorie und politische Theorie im Industriekapitalismus. München. → 1, 3
Mayer-Maly, D. (Hrsg.), 1984: Recht als Sinn und Institution. Berlin. → 3
Merle, Ph., 1985: Institution. In: Labica, G./Bensusson, G. (Hrsg.): Kritisches Wörterbuch des Marxismus. Berlin (West). Bd. 3, 553—555. → 5
Münch, R., 1982a: Theorie des Handelns. Zur Rekonstruktion der Beiträge von Talcott Parsons, Emile Durkheim und Max Weber. Frankfurt. → 2, 4
Münch, R., 1982b: Basale Soziologie: Soziologie der Politik. Opladen. → 1, 4
Münch, R., 1984: Die Struktur der Moderne. Grundmuster und differentielle Gestaltung des institutionellen Aufbaus der modernen Gesellschaften. Frankfurt. → 2, 4

Negt, O., 1971: Die neue Linke und die Institutionen. In ds.: Politik als Protest. Frankfurt. 159—174. → 5
Nelson, B., 1975: Der Ursprung der Moderne. Vergleichende Studien zum Zivilisationsprozeß. Frankfurt. → 2, 4
Neumann, F., 1937: Der Funktionswandel des Gesetzes im Recht der bürgerlichen Gesellschaft. In ds.: Demokratischer und autoritärer Staat. Frankfurt 1967. 7—57. → 3, 5
Neumann, F., 1980: Die Herrschaft des Gesetzes. Hrsg. A. Söllner. Frankfurt (engl. 1936). → 3, 5

Oakeshott, M., 1975: On Human Conduct. Oxford. → 2, 4
Offe, C., 1972: Strukturprobleme des kapitalistischen Staates. Frankfurt. → 1, 4, 5
Opp. K.-D., 1983: Die Entstehung sozialer Normen. Ein Integrationsversuch soziologischer, sozialpsychologischer und ökonomischer Erklärungen. Tübingen. → 2

Parsons, T., 1963: The Social System. New York, London 4. Aufl. (zuerst 1951). → 2, 4
Parsons, T., 1968: The Structure of Social Action. New York (neue Einleitung, zuerst 1937). → 4
Parsons, T., 1982: On Institutions and Social Evolution. Selected Writings. Chicago, London. → 2, 4
Parsons, T./Smelser, N. J., 1956: Economy and Society. A Study in the Integration of Economic and Social Theory. London. → 2, 4
Puchta, G. F., 1856: Cursus der Institutionen. Leipzig 5. Aufl. (1. Aufl. 1841). → 3

Renard, G., 1930: La théorie de l'institution. Essai d'ontologie juridique. Paris. → 1, 3
Rohe, K., 1978: Politik. Begriffe und Wirklichkeiten. Stuttgart. → 1
Rüther, G. (u. a.), 1979: Die „vergessenen" Institutionen. Melle. → 1

Schelsky, H., 1970: Zur Theorie der Institution. Düsseldorf (Beiträge von Schelsky, Luhmann, Willms, E. Wolf u. a.). → 2, 3
Schmitt, C., 1934: Über die drei Arten des rechtswissenschaftlichen Denkens. Hamburg. → 3
Schmölz, F.-M. (Hrsg.), 1964: Der Mensch in der politischen Institution. Wien. → 1
Schotter, A., 1981: The Economic Theory of Social Institutions. Cambridge. → 2
Schülein, J. A., 1986: Theorie der Institution. Eine dogmengeschichtliche und konzeptionelle Analyse. Opladen. → 2
Sternberger, D., 1978: Drei Wurzeln der Politik. 2 Bde. Frankfurt (Schriften II, 1.2). → 1

Teubner, G., 1982: Reflexives Recht. Entwicklungsmodelle des Rechts in vergleichender Perspektive. Archiv für Rechts- und Sozialphilosophie 68. 13–59. → 3

Tomberg, F., 1973: Polis und Nationalstaat. Eine vergleichende Überbau-Analyse im Anschluß an Aristoteles. Darmstadt, Neuwied. → 5

Voigt, R. (Hrsg.), 1980: Verrechtlichung. Analysen zu Funktion und Wirkung von Parlamentarisierung, Bürokratisierung und Justizialisierung sozialer, politischer und ökonomischer Prozesse. Königstein. → 3

Voigt, R. (Hrsg.), 1983: Gegentendenzen zur Verrechtlichung. Jb. für Rechtssoziologie und Rechtstheorie, Bd. 9, Opladen. → 3

Voss, Th., 1985: Rationale Akteure und soziale Institutionen. Beitrag zu einer endogenen Theorie des sozialen Tauschs. München. → 2

Waschkuhn, A., 1974: Zur Theorie politischer Institutionen. Phil. Diss. München. → 1, 2

Waschkuhn, A., 1985: Art. „Institution(en)", „Institutionentheorie". In: Pipers Wörterbücher zur Politik, Bd. 1: Politikwissenschaft. Hrsg. Nohlen/Schultze. 376–380. → 1, 2

Weber, M., 1976: Wirtschaft und Gesellschaft. Grundriß der verstehenden Soziologie. Tübingen 5. Aufl. (1. Aufl. 1921). → 1, 2, 3, 4

Willms, B., 1971: Institution und Interesse. In ds.: Funktion – Rolle – Institution. Düsseldorf. 73–90. → 1, 2

Willms, B., 1973: Kritik und Politik. Jürgen Habermas oder das politische Defizit der Kritischen Theorie. Frankfurt. → 5

Willms, B., 1977: Selbstbehauptung und Anerkennung. Wiesbaden. → 1, 5

Willms, B., 1979: Einführung in die Staatslehre. Paderborn. → 1, 5

Die Autoren des Bandes

Claus E. Bärsch, geb. 1939, Studium der Rechtswissenschaft, Politik und Geschichte, Rechtsanwalt bis 1972, Promotion zum Dr. phil. 1972, Habilitation 1977. Seit 1984 Professor für Politische Theorie und Wissenschaftstheorie am Fachbereich 1 der Universität-GH-Duisburg.
Buchveröffentlichungen: Der Staatsbegriff in der neueren deutschen Staatslehre, 1974; Die Gleichheit der Ungleichen, 1979; Konservatismus, Liberalismus, Sozialismus, 1981 (mit H. J. Schoeps und J. H. Knoll); Dr. phil. Joseph Goebbels – Erlösung und Vernichtung. Zur Psyche und Ideologie eines jungen Nationalsozialisten (1924–1927), 1986.
Aufsätze über Hegel, Morus, Kelsen und Max Brod, zur Geschichtsphilosophie und zur Verfassungstheorie.

Klaus von Beyme, geb. 1934, Studium der Politikwissenschaft, Geschichte und Soziologie, Promotion 1963, Habilitation 1967. Seit 1967 Professor für Politische Wissenschaft in Tübingen, seit 1974 in Heidelberg.
Buchveröffentlichungen: Der Förderalismus in der Sowjetunion, 1964; Interessengruppen in der Demokratie, 1969, 5. Aufl. 1980; Die parlamentarischen Regierungssysteme in Europa, 1970, 2. Aufl. 1973; Die politische Elite in der Bundesrepublik Deutschland, 1971, 2. Aufl. 1974; Die politischen Theorien der Gegenwart, 1972, 6. Aufl. 1986; Ökonomie und Politik im Sozialismus, 1975, 1977; Das politische System der Bundesrepublik Deutschland, 1979, 4. Aufl. 1985; Parteien in westlichen Demokratien, 1982, 2. Aufl. 1984; Die Sowjetunion in der Weltpolitik, 1983, 2. Aufl. 1985; Vorbild Amerika? Der Einfluß der amerikanischen Demokratie in der Welt, 1986.

Peter Brokmeier-Lohfing, geb. 1935, Studium der Politikwissenschaft, Philosophie und Germanistik, Diplom 1966, Promotion 1971, Habilitation 1974. Seit 1980 Professor am Institut für Politische Wissenschaft der Universität Hannover.
Buchveröffentlichungen: Beiträge zur Sozialismusanalyse I-III, 1978–1981 (Hrsg. u. Mitverf.).
Aufsätze zur Geschichte des politischen Systems der DDR, Sozialismustheorie, politischen Ideengeschichte.

Rolf Ebbighausen, geb. 1937, Studium der Wirtschaftswissenschaften, Politikwissenschaft und Soziologie, Promotion 1968, Habilitation 1972. Seit 1972 Professor für Politische Soziologie am Zentralinstitut für sozialwissenschaftliche Forschung sowie am Institut für Soziologie der Freien Universität Berlin.
Buchveröffentlichungen: Die Krise der Parteiendemokratie und die Parteiensoziologie,

1969; Parteiensystem in der Legitimationskrise, 1973 (Hrsg., mit J. Dittberner); Monopol und Staat, 1974, dän. 1975 (Hrsg.); Bürgerlicher Staat und politische Legitimation, 1976 (Hrsg.); Politische Soziologie. Geschichte und Ortsbestimmung, 1981; Das Ende der Arbeiterbewegung in Deutschland? 1984 (Hrsg., mit F. Tiemann).
Aufsätze zu wissenschaftsgeschichtlichen, methodisch-theoretischen und historisch-empirischen Fragen von Politikwissenschaft und Soziologie.

Gerhard Göhler, geb. 1941, Studium der Philosophie, Politik und Geschichte, Promotion 1971, Habilitation 1976. Seit 1978 Professor für Politische Theorie und Wissenschaftstheorie am Fachbereich Politische Wissenschaft der Freien Universität Berlin.
Buchveröffentlichungen: Hegel, Phänomenologie des Geistes, 1973 (Hrsg.); Hegel, Frühe politische Systeme, 1974 (Hrsg.); Dialektik und Politik in Hegels frühen politischen Systemen. Kommentar und Analyse (ebd.); Politische Theorie, 1978 (Hrsg.); Die Reduktion der Dialektik durch Marx, 1980; Grundfragen der Theorie politischer Institutionen, 1986 (Hrsg.).
Aufsätze zur politischen Ideengeschichte, Theorie und Geschichte der Politikwissenschaft, Wissenschaftsforschung, zu Marxismus und Institutionentheorie.

Michael Th. Greven, geb. 1947, Studium der Politikwissenschaft, Philosophie und Germanistik, M. A., Promotion 1973, Habilitation 1976. Seit 1978 Professor für Politikwissenschaft und Soziologie in Marburg; Gastprofessuren in Ile-Ife (Nigeria) und New Delhi.
Buchveröffentlichungen: Systemtheorie und Gesellschaftsanalyse, 1974; Krise des Staates? 1975 (mit B. Guggenberger, J. Strasser); Parteien und politische Herrschaft, 1977; Sozialstaat und Sozialpolitik, 1980 (mit R. Prätorius, Th. Schiller); Collected Essays on History and Policy of Science, 1984; Die Traumhölle des Justemilieu, 1984 (Hrsg., mit van de Moetter, H. Maus); Politische Willensbildung und Interessenvermittlung, 1984 (Hrsg., mit J. Falter, Chr. Fenner); Helfen und helfende Berufe als soziale Kontrolle, 1984 (Hrsg., mit A. Bellebaum, H. J. Becher); Political Science and Science Policy in an Age of Uncertainty, 1985 (mit B. Crousse).
Aufsätze zur Politikwissenschaft und Soziologie.

Kurt Lenk, geb. 1929, Studium der Philosophie, Soziologie, Politikwissenschaft in Frankfurt a. M., Promotion 1956, Habilitation 1964. 1966–1972 Professor für Politische Wissenschaft an der Universität Erlangen-Nürnberg, seither Professor an der Rheinisch-Westfälischen Technischen Hochschule Aachen.
Buchveröffentlichungen (u. a.): Ideologie, 9. Aufl. 1984 (Hrsg.); Marx in der Wissenssoziologie, Neudr. 1986; Theorien der Revolution, 2. Aufl. 1981; Politische Wissenschaft, 1975; Staatsgewalt und Gesellschaftstheorie, 1980; Politische Soziologie, 1982; Theorie der Politik, 1986 (mit B. Franke).
Zahlreiche Beiträge zur politischen Soziologie, politischen Theorie, Innenpolitik und Zeitgeschichte.

Karl-Peter Markl, geb. 1942, Dr. rer. oec. soc., Dipl. Sciences Pô (Paris), M. Litt. (Cantab), D. Phil. (Oxon). Lehrt seit 1979 Philosophie und Politikwissenschaft an der Universität München, zuvor als Kennedy Memorial Fellow in Harvard, als Gastprofessor für Philosophie in Stanford, als Fellow am Centre for Contemporary European Studies der Universität Sussex und als Supervisor for Social and Political Sciences in Cambridge. 1976–8 Leiter einer Forschungsgruppe zur Strukturanalyse eines benachteiligten Raumes in Rheinland-Pfalz, Veröffentlichungen hierzu: Probleme und Strategien kleinregionaler Beschäftigungspolitik; gemeinsam mit W. Stützel: Arbeitslose und offene Stellen 1977–78 (Landkreis Birkenfeld/Nahe). Seit 1979 Koordinator der Deutsch-Englischen Politikphilosophiegruppe und Herausgeber ihrer Arbeitsergebnisse: Analytische Politikphilosophie und ökonomische Rationalität, 2 Bde. Weitere Veröffentlichungen: siehe Literaturverzeichnis im Anschluß an seinen Beitrag.

Ingeborg Maus, geb. 1937, Studium der Politikwissenschaft, Philosophie und Germanistik, Promotion 1971, Habilitation 1980. Privatdozentin, bis 1983 Professorin auf Zeit für Politikwissenschaft (Schwerpunkt Verfassungstheorie und Rechtssoziologie) am Fachbereich Gesellschaftswissenschaften der Universität Frankfurt am Main.
Buchveröffentlichungen: Bürgerliche Rechtstheorie und Faschismus. Zur sozialen Funktion und aktuellen Wirkung der Theorie Carl Schmitts, 1976, 2. Aufl. 1980; Rechtstheorie und politische Theorie im Industriekapitalismus, 1986.
Aufsätze zur Rechts- und Verfassungstheorie des 19. und 20. Jahrhunderts, zu Konservatismus und Nationalsozialismus, zur Justizfunktion, juristischen Methodik und marxistischen Rechtstheorie.

Richard Münch, geb. 1945, Studium der Soziologie, Philosophie, Politikwissenschaft und Psychologie, Promotion 1971, Habilitation 1972. Von 1974 bis 1976 Professor für Soziologie an der Universität zu Köln, seit 1977 Professor für Sozialwissenschaft an der Universität Düsseldorf.
Buchveröffentlichungen: Mentales System und Verhalten, 1972; Gesellschaftstheorie und Ideologiekritik, 1973; Theorie sozialer Systeme, 1976; Legitimität und politische Macht, 1976; Theorie des Handelns, 1982; Basale Soziologie: Soziologie der Politik, 1982; Die Struktur der Moderne, 1984; Die Kultur der Moderne, 2 Bde., 1986.
Aufsätze zur soziologischen Theorie und historisch-vergleichenden Soziologie in nationalen und internationalen Fachzeitschriften.

Ernst Vollrath, geb. 1932, Studium der Philosophie, Geschichte und Germanistik, Promotion 1959, Habilitation 1967. 1967/68 Professor für Philosophie an der Universität Dakar im Senegal. Seit 1970 Professor für Philosophie an der Universität Köln. 1973–1976 Gastprofessor und Theodor-Heuss-Professor an der Graduate Faculty of the New School for Social Research in New York. Seit 1985 Vice-President der Study Group on Political Philosophy der International Political Science Association.
Buchveröffentlichungen: Studien zur Kategorienlehre des Aristoteles, 1969; Die These der Metaphysik, 1969; Lenin und der Staat, 1970; Die Rekonstruktion der politischen

Urteilskraft, 1977; Grundlegung einer philosophischen Theorie des Politischen (wird 1987 erscheinen).
50 Aufsätze zur Theorie des Politischen in deutschen und englischsprachigen Zeitschriften.

Arno Waschkuhn, geb. 1946, Studium der Politischen Wissenschaften, Soziologie, Kommunikationswissenschaft und Amerikanistik, Promotion 1974, Habilitation 1983. Seit 1984 Verwalter einer Professur für Politikwissenschaft mit dem Schwerpunkt Politische Theorien im Fachbereich Sozialwissenschaften der Universität Oldenburg.
Buchveröffentlichungen: Partizipation und Vertrauen. Grundlagen von Demokratie und politischer Praxis, 1984; Politische Systemtheorie. Darstellung, Kritik und Ausblick (im Erscheinen).
Aufsätze zur Politischen Theorie, politischen Soziologie, politischen Kulturforschung, Institutionenproblematik und zum demokratischen Sozialismus.

Bernard Willms, geb. 1931, Promotion 1964, Habilitation 1969. Seit 1970 Professor für Politikwissenschaft mit dem Schwerpunkt Politische Theorie und Ideengeschichte an der Ruhr-Universität Bochum.
Buchveröffentlichungen (u. a.): Die totale Freiheit. Fichtes politische Philosophie, 1965; Die Antwort des Leviathan. Thomas Hobbes' politische Theorie, 1970; Die politischen Ideen von Hobbes bis Ho Tschi Minh, 1971; Selbstbehauptung und Anerkennung. Grundriß der politischen Dialektik, 1977; Einführung in die Staatslehre. 1979; Der Weg des Leviathan. Die Hobbes-Forschung von 1968—1978, 1980; Die Deutsche Nation — Theorie, Lage, Zukunft, 1982; Idealismus und Nation. Zur Rekonstruktion des politischen Selbstbewußtseins der Deutschen, 1986; Thomas Hobbes. Das Reich des Leviathan (wird 1987 erscheinen).
Aufsätze zur Ideengeschichte, zur Hobbes-Forschung, zur Dialektik des Ost-West-Konflikts und zur Deutschlandfrage.

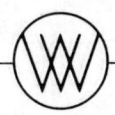

Klaus von Beyme (Hrsg.)
Politikwissenschaft in der Bundesrepublik Deutschland
Entwicklungstendenzen der Disziplin
1986. 273 S. 15,5 X 22,6 cm. (Politische Vierteljahresschrift, Sonderheft 17.)
Kart. DM 44,—

Der Band „Politikwissenschaft in der Bundesrepublik Deutschland" ist der Versuch einer umfassenden Bestandsaufnahme der Entwicklungstendenzen in einer Disziplin, die es schwer hatte, sich akademisch zu etablieren. Im Vergleich zu früheren Synthesen, die überwiegend theoretische Trendentwicklungen nachzeichneten, wird hier nicht nur eine Analyse der Forschungsbeiträge der deutschen Politikwissenschaft in allen Unterdisziplinen des Faches gegeben — von der Politischen Theorie bis zur Internationalen Politik. Es wird darüber hinaus den Wechselwirkungen von Politikwissenschaft und Gesellschaft nachgegangen, von den Einflüssen der politischen Entwicklung auf die Sozialwissenschaften bis zur Rückwirkung der Politikwissenschaft auf Forschungspolitik, Arbeitsmarkt und Beratung der Politiker.

Udo Bermbach (Hrsg.)
Politische Theoriengeschichte
Probleme einer Teildisziplin der Politischen Wissenschaft
1985. 281 S. 15,5 X 23,5 cm. (Politische Vierteljahresschrift, Sonderheft 15.)
Kart.

Durch die praxisorientierte Professionalisierung der deutschen Politikwissenschaft scheint „politische Ideengeschichte" als historischer Kernbereich dieser Disziplin ihre beherrschende Rolle verloren zu haben. Dieses Sonderheft zieht eine Bilanz, eröffnet neue Perspektiven und zeigt, in welchem Maße politische Theoriengeschichte aktuell, fruchtbar und für die Entwicklung des Fachs unverzichtbar ist. Im 1. Teil wird das Verhältnis ideengeschichtlicher Forschung zu Nachbardisziplinen thematisiert, gefolgt von Überlegungen zu Fragen von Interpretationskonzepten. Der 3. Teil enthält Aufsätze zur außerdeutschen Lage der deutschen ideengeschichtlichen Forschung.

Udo Bermbach und Klaus Kodalle (Hrsg.)
Furcht und Freiheit
Leviathan — Diskussion 300 Jahre nach Thomas Hobbes
1982. 260 S. 15,5 X 22,6 cm. Kart.

Der Band geht zurück auf ein Symposium zum 300. Todestag von Thomas Hobbes an der Universität Hamburg, auf dem Philosophen, Soziologen, Politikwissenschaftler und Historiker die Aktualität von Hobbes untersuchten. Der Band bietet eine umfassende Bestandsaufnahme der internationalen Hobbes-Forschung und macht zugleich deutlich, daß die Hobbesschen Gedanken über den „Leviathan" Staat an analytischer Bedeutung und anregender Kraft nichts eingebüßt haben.

Westdeutscher Verlag

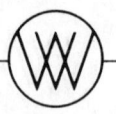

Karl-Peter Markl (Hrsg.)
Analytische Politikphilosophie und ökonomische Rationalität
Band 1: Vom Hobbes'schen Wissenschaftsbegriff zum liberalen Paradox
1985. XII, 260 S. 15,5 X 22,6 cm. Kart.
Band 2: Verfassungen, Gerechtigkeit und Utopien
1985. XXVII, 306 S. 15,5 X 22,6 cm. Kart.

Die beiden Bände enthalten die Arbeitsergebnisse der deutsch-englischen Arbeitsgruppe für Politikphilosophie. In thematisch weitgespanntem Bogen bieten sie eine aktuelle Bilanz der Debatte um Grundfragen der neuen politischen Ökonomie, außerdem werden die zentralen Probleme einer analytischen Politikphilosophie und einer modernen Politiktheorie in fundamentaler Weise behandelt.

Lucian Kern und Hans-Peter Müller (Hrsg.)
Gerechtigkeit, Diskurs oder Markt?
Die neuen Ansätze in der Vertragstheorie
1986. VIII, 178 S. 15,5 X 22,6 cm. Kart.

Der Band umfaßt eine Reihe weiterführender Beiträge zur Diskussion der neuen Ansätze in der Vertragstheorie, die durch die Arbeiten von J. Rawls, J. Buchhanan, R. Nozick und anderen eine Renaissance erlebt. Die Beiträge sind um drei zentrale Themen gruppiert: Gerechtigkeit als Leitidee des Vertrags; der Vertrag als Diskurs im Sinne von Habermas; die Idee der Begründung des Vertrags unter Voraussetzung rationaler, am Eigenwohl interessierter Individuen.

Dirk Käsler
Soziologische Abenteuer
Earle Edward Eubank besucht die europäischen Soziologen im Sommer 1934
1985. 195 S. mit zahlr. Fotos. 14,8 X 21 cm. Kart.

Im Sommer des Jahres 1934 reiste der amerikanische Soziologe Earle Edward Eubank durch Europa und besuchte die zu jener Zeit namhaftesten Soziologen in England, Deutschland, Österreich, der Tschechoslowakei und in Frankreich. Über diese Reise, ihre Ergebnisse und Folgen gibt das Buch anschaulich Auskunft. Zusammen mit zahlreichen Fotografien bietet der Text einmaliges Quellenmaterial zur Lage der europäischen Soziologie unmittelbar nach dem Beginn der nationalsozialistischen Machtergreifung.

Westdeutscher Verlag